화엄경소론찬요
華嚴經疏論纂要

화엄경소론찬요 ㉓
華嚴經疏論纂要

◉ **일러두기** ◉

1. 이 책의 원서는 명말청초 때의 승려인 도패 스님*이 약술 편저한《화엄경소론찬요》이다.《대방광불화엄경》80권본을 기초로 하여, 경문에 청량 스님의 소초(疎鈔)와 이통현 장자의 논(論)을 붙여 상세하게 풀이하였다.

2. 경(經), 소(疎), 논(論)은 원문에 토를 붙여서 그 뜻을 이해하기 편하도록 했으며, 원문 바로 아래 번역문을 넣었다.

3. 원문을 살려 그대로 옮겨 놓음을 원칙으로 하다 보니 본문의 제목 번호에 있어서 다소 혼동이 올 수 있다. 그럴 경우 목차를 참고하기 바란다.

4. 산스크리트어 표기는 〈표준국어대사전〉과 〈불광 사전〉 등에 등재된 음역어를 사용하였으며, 불교 용어에 대한 설명은 주로 〈불광 사전〉을 참고하였다.

5. 내용을 좀 더 쉽게 풀기 위하여 중간에 체계가 약간 바뀌었음을 밝힌다.

※ 위림도패(爲霖道霈, 1615~1702) 스님은 명말청초 때의 조동종 승려이다. 14세 때 백운사(白雲寺)에서 출가하여 경교(經教)를 공부했다. 영각원현을 모시며 법을 이었고, 천동산(天童山) 밀운원오(密雲圓悟)에게 배워 크게 깨달았다. 그 후 백장산(百丈山)에 암자를 짓고 5년 동안 정업(淨業)을 닦았다. 나중에 고산(鼓山)으로 옮겨 20여 년 동안 살았는데 귀의하는 사람이 매우 많았다.

저술로는《인왕반야경합소(仁王般若經合疏)》3권을 비롯하여《화엄경소론찬요(華嚴經疏論纂要)》120권,《법화경문구찬요(法華經文句纂要)》7권,《불조삼경지남(佛祖三經指南)》3권,《위림도패선사병불어록(爲霖道霈禪師秉拂語錄)》2권,《여박암고(旅泊庵稿)》4권,《선해십진(禪海十珍)》1권,《사십이장경지남(四十二章經指南)》,《불유교경지남(佛遺教經指南)》,《고산록(鼓山錄)》6권,《반야심경청익설(般若心經請益說)》,《팔십팔불참(八十八佛懺)》,《준제참(準提懺)》,《발원문주(發願文註)》등이 있다.

• 간행사 •

《화엄경소론찬요》번역서를 간행하면서

《화엄경》은 비로자나 세존께서 보리도량에서 처음 정각을 성취하신 후, 일곱 도량 아홉 차례의 법문에서 일진(一眞)의 법계(法界)와 제불의 과원(果願)을 보여주시어 미묘한 현지(玄旨)와 그지없는 종취(宗趣)를 밝혀주신 최상의 경전이다. 이처럼 《화엄경》은 법계와 우주가 둘이 아닌 하나로 그 광대함을 말하면 포괄하지 않음이 없고, 그 심오함을 말하면 갖춰져 있지 않음이 없어 공간으로는 법계에 다하고 시간으로는 삼세에 통하고 있다.

이러한 이유에서 《화엄경》은 근본 법륜으로 중국은 물론 동양 각국에서 높이 받들며 수많은 주석서가 간행되어 왔다. 그러나 세상에 널리 알려진 것은 청량 국사의 《대방광불화엄경소초(大方廣佛華嚴經疏鈔)》와 통현 장자의 《대방광불화엄경론(大方廣佛華嚴經論)》이다. 소초(疏鈔)는 철저한 장구(章句)의 분석으로 본말을 지극히 밝혀주었고, 논(論)은 부처님의 논지를 널리 논변하여 자심(自心)으로 회귀하고 있는 것이 특징이다. 이처럼 청량소초와 통현론은 양대 명저(名著)로 모두 수증(修證)하는 데에 지극한 궤범(軌範)이었다.

탄허 대종사께서는 이러한 점을 토대로 통현론을 주(主)로 하고 청량소초를 보(補)로 하여 번역하심으로써《화엄경》이 동양에 전해진 이후 동양 최초의《화엄경》번역이라는 쾌거를 이룩하시었다. 일찍이 한국불교에 침체된 화엄사상은 대종사의 번역에 힘입어 다시 온누리에 화엄의 꽃비가 내려 화엄의 향기로 불국정토를 성취하여 더할 수 없는, 지극한 법륜을 설하셨다.

그러나 대종사께서 열반하신 이후, 불법은 날로 쇠퇴하고 중생의 근기는 날로 용렬하여 방대한 소초와 논을 열람하기에는 역부족이었다. 이에 대종사의《화엄경》을 다시 한 번 밝히기 위해서는 또 다른 모색을 필요로 할 시점에 이르렀다. 보다 쉽게 볼 수 있고 간명한 데에서 심오한 데로, 물줄기에서 본원을 찾아갈 수 있는 진량(津梁)을 찾지 않는다면 대종사의 평생 정력을 저버리게 된다는 절박한 마음이 없지 않았다.

청대(淸代) 도패(道霈) 대사는 청량의 소초와 통현의 논 가운데 그 정요(精要)만을 뽑아《화엄경소론찬요(華嚴經疏論纂要)》를 편집하였다. 이는 매우 방대한 소초와 논을 축약하여, 가까이는 청량 국사와 통현 장자의 심법을 전수하였고 멀리는 비로자나불의 묘체(妙諦)를 밝혀주는 오늘날 최고의《화엄경》주석서이다.

이에《화엄경소론찬요》를 대본으로 하여, 다시 대종사의 번역서를 참고하면서 현대인이 보다 쉽게 이해할 수 있는 번역서를 간행하기에 이르렀다.

이제 돌이켜 생각하면 무상한 세월 속에 감회가 적지 않다. 내 지난날 출가 입산하여 겨우 이레가 되던 날, 처음 접한 경전이《화엄경》이었다. 행자 생활을 시작한 영은사는 대종사께서 오대산 수도원이 해산된 후, 이의 연장선상에서 3년 결사(結社)를 선포하시고《화엄경》번역이라는 대작불사를 시작하여 강의하셨던, 한국불교사에 한 획을 그려준 역사의 도량이었다.

그 당시 대종사께서는 행자인 나에게《화엄경》을 청강하라 하시면서 "설령 알아듣지 못할지라도 들어두면 글눈이 생겨 안 들은 것보다 낫다."고 권면하셨다. 이제 생각해보면 행자 출가 즉시《화엄경》공부 자리에 참여했다는 것은 전생의 숙연(宿緣)이 아니었으면 어떻게 그 당시 그 법회에 참석이나 할 수 있었겠는가. 이는 행운 중 행운으로 다겁의 선근공덕이 아닐까 생각되며, 아울러 늦게나마 대종사의 영전에 하나의 향을 올리는 바이다.

처음《화엄경》설법을 듣는 순간, 끝없는 우주법계의 장엄세계가 황홀하고 법계를 맑혀주고 무진 보배를 담고 있는 바다의 불가사의한 공덕이라는 대종사의 사자후가 머릿속에 쟁쟁하게 울려왔을 뿐, 그 도리를 이해한다는 것은 나의 근기로써는 도저히 불가능한 일이었다. "쭉정이만도 못하다."고 꾸지람을 하시던 대종사의 방할(棒喝)을 맞으며 영은사에서의 결사가 끝난 후, 나는 단 한 번도《화엄경》을 펼쳐 볼 엄두를 내지 못했다.

그러던 몇 해 전, 무비 스님께서 범어사에서《화엄경》을 강좌하시면서 서울에서도《화엄경》강좌를 열어보라고 권할 적만 하더라도 언감생심《화엄경》을 강의하겠다는 생각을 하지 못하였다. 그러나 씨앗을 뿌려놓으면 새싹이 돋아나듯, 반드시 인연법은 사라지지 않는 모양이다. 영은사에서의 《화엄경》 인연이 자곡동 탄허기념박물관에 화엄각건립불사를 발원하게 되었고, 화엄각건립불사를 위하여 《화엄경》 강좌를 열기에 이를 줄은 꿈에도 생각지 못하였다.
　미력한 소견으로 강좌를 열면서 정리된 강의 자료를 여러 뜻있는 이들과 다시 한 번 토론하고 강마하면서 우선 〈세주묘엄품〉 출간을 시작으로 계속 연차적으로 간행하고 있다.
　이 책이 간행되어 그동안 추진되어온 화엄각 창건 불사 또한 원만히 성취되길 기원한다. 이 귀한 인연공덕으로 다시 한 번 화엄사상이 꽃피어 온 누리에 탄허 대종사의 공덕이 빛나고, 아울러 화엄정토가 구현되어 남북의 통일과 세계의 평화가 이루어지길 진심으로 축원하는 바이다.

五臺山 後學 慧炬 合掌 再拜

• 추 천 사 •

인류사에서 가장 위대한 화엄경의 가르침

평소에 늘 두려워하며 존경하는 도반 혜거 스님이 《화엄경소론찬요》를 번역하고 출판하여 이 분야의 사람들을 온통 놀라게 하였습니다. 본디 화엄경에 이 몸을 바친 사람으로서, 어찌 가슴 떨리는 일이 아니겠습니까. 《화엄경소론찬요》 번역을 세상에 알리고 추천하는 글을 이 우둔한 글솜씨로라도 백 번이라도 쓰고 싶습니다.

　화엄경이란 무엇입니까? 만약 화엄경을 알지 못하면 불법의 이치를 알지 못합니다. 또 화엄경을 알지 못하면 사람이 본래로 청정 법신비로자나 부처님이라는 사실을 알지 못합니다. 이 세상이 그대로 화장장엄세계라는 사실도 알지 못합니다. 세간과 출세간의 진리를 전혀 알지 못합니다. 아름다운 세상과 환희로운 인생을 결코 알 길이 없습니다. 그러니 화엄경을 읽지 않고 어찌 불교를 입에 담으며 어찌 부처님을 입에 담겠습니까. 그래서 청량(清涼) 스님은 화엄경을 두고 "이 몸을 바쳐서 그 죽을 곳을 얻었다[亡軀得其死所]."라고 하였습니다. 이 얼마나 가슴 저미는 말씀입니까. 그러므로 "화엄경이 있고서야 비로소 불교가 있다."라고 하겠습니다.

화엄경이 흥하면 불교가 흥하고, 화엄경이 흥하면 국가가 흥하였습니다. 원효(元曉) 스님과 의상(義湘) 스님이 화엄경을 흥성(興盛)시키던 신라가 그러했으며, 청량 스님과 통현(通玄) 장자가 화엄경을 흥성시키던 당(唐)나라가 그러하였습니다.

거기에 더하여 찬요(纂要)란 무엇입니까? 그것은 청량 스님의 화엄경에 대한 소(疏)와 통현 장자의 논(論)을 잎과 가지는 남겨두고 뿌리와 큰 줄기에 해당하는 요점만을 추려서 모아온 것입니다. 마치 흙과 잡석들을 걷어내고 진금들만을 모아왔으니 이 어찌 빛나지 않겠습니까. 그래서 화엄경을 그토록 빛나게 한 것은 알고 보면 소론찬요(疏論纂要)였던 것입니다.

옛말에 "산고수장(山高水長)이요, 근고지영(根固枝榮)"이라 하였습니다. 근세 한국의 불교를 중흥시킨 경허(鏡虛) 스님은 수월(水月)·혜월(慧月)·만공(滿空)·한암(寒巖) 등 기라성 같은 제자들을 길러내었는데, 한암 스님 밑으로 선교(禪敎)를 겸비하신 희대의 대석학이요 대선사이신 탄허(呑虛) 큰스님이 계셨습니다.

한암 스님 밑에서 오래 사셨던 범용(梵龍) 스님은 평소에 상원사에서 한암 스님이 화엄경을 강의하시던 일을 들려주셨습니다. 당시 교재는 통현 장자의《화엄경합론(華嚴經合論)》이었으며 중강(仲講)은 언제나 탄허 스님이셨으므로, 대중들이 모두 동원되는 큰 운력까지도 면해주셨다고 하였습니다. 그날의 그 화엄법수(華嚴法水)가 흘러흘러 영은사의 혜거 행자에게까지 전해지더니 수십 년이 지난 오늘에는 드디어 이와 같은《화엄경소론찬요》출판 불사의 큰 바다를 이루게 되었습니다. 이 얼마나 기쁘지 아니합니까. 큰스님께서도 또한 크게 환희용약하시리라 믿습니다.

필자도 또한 작은 인연이 있어서 역경연수원 수학과 큰스님께서 《화엄경합론》을 번역하신 후 교열하고 출판하고 기념 강의를 하시던 일까지 함께하였으니, 가슴이 뜨거운 홍복(洪福)이라는 사실을 알고 있습니다. 그것에 더하여 처음 통도사 강주로 가기 전에 법맥을 전해주시어 큰스님의 뜻을 잇게 하였으니 더없는 영광이지만, 그 보답을 다하지 못하여 아직도 큰 짐을 내려놓지 못하고 있습니다.

앞으로 남은 시간이라도 혜거 화엄도반과 함께 인류사에서 가장 위대한 화엄경의 가르침을 깊이깊이 공부하여 더욱 널리, 더욱 왕성하게 펼쳐서 크나큰 은혜에 보답하려 합니다.

나아가서 이 아름다운 출판 불사에 뜻을 함께한 모든 분께도 큰 감사의 인사를 올리며 이 책이 만천하에 널리 유포되기를 마음 다해 추천하는 바입니다. 이 인연으로 부디 화엄의 큰 물결이 온 세상에 흘러넘쳐서 집집마다 평화와 행복이 가득하기를 기도드립니다.

나무 대방광불화엄경
나무 대방광불화엄경
나무 대방광불화엄경

신라 화엄종찰 금정산 범어사 如天 無比 삼가 씀

● 목차 ●

간행사 《화엄경소론찬요》 번역서를 간행하면서 5
추천사 인류사에서 가장 위대한 화엄경의 가르침 9

화엄경소론찬요 제102권 ● 입법계품 제39-5

제4. 미가장자彌伽長者, 생귀주生貴住 선지식 21
1. 가르침을 따라 선지식을 찾아가 법을 구하다 21
2. 친견하여 절을 올리고 법을 묻다 23
3. 선재동자를 칭찬하면서 법을 전수하다 27
   (1) 법기를 칭찬하다 27
   (2) 자기의 법문을 전수하다 38
4. 몸을 낮추면서 선지식의 훌륭함을 추켜올리다 44
5. 뒤의 선지식을 소개하다 47
6. 덕망을 흠모하면서 절을 올리고 떠나가다 48

제5. 해탈장자解脫長者, 구족방편주具足方便住 선지식 55
1. 가르침을 따라 선지식을 찾아가 법을 구하다 55
2. 친견하여 절을 올리고 법을 묻다 61
3. 바로 법계를 보여주다 70
4. 몸을 낮추면서 선지식의 훌륭함을 추켜올리다 103

5. 뒤의 선지식을 소개하다 105
　　　6. 덕망을 흠모하면서 절을 올리고 떠나가다 106

　제6. 해당비구海幢比丘, 정심주正心住 선지식 109
　　　1. 가르침을 생각하며 선지식을 찾아가 법을 구하다 109
　　　2. 친견하여 절을 올리고 법을 묻다 112
　　　⑴ 만나 뵙고 공경히 절을 올리다 112
　　　⑵ 바로 물음을 밝히다 160
　　　3. 몸을 낮추면서 선지식의 훌륭함을 추켜올리다 171
　　　4. 뒤의 선지식을 소개하다 173

화엄경소론찬요 제103권 ● 입법계품 제39-6

　제7. 휴사우바이休捨優婆夷, 불퇴주不退住 선지식 183
　　　1. 가르침을 따라 선지식을 찾아가 법을 구하다 183
　　　2. 친견하여 절을 올리고 법을 묻다 185
　　　3. 선재동자를 칭찬하면서 법을 전수하다 199
　　　4. 몸을 낮추면서 선지식의 훌륭함을 추켜올리다 219
　　　5. 뒤의 선지식을 소개하다 221

제8. 비목선인毘目仙人, 동진주童眞住 선지식 228
    1. 가르침을 따라 선지식을 찾아가 법을 구하다 228
    2. 친견하여 절을 올리고 법을 묻다 230
    3. 선재동자를 칭찬하면서 법을 전수하다 236
    4. 몸을 낮추면서 선지식의 훌륭함을 추켜올리다 249
    5. 뒤의 선지식을 소개하다 251

제9. 승열바라문勝熱婆羅門, 법왕자주法王子住 선지식 257
    1. 가르침을 따라 선지식을 찾아가 법을 구하다 257
    2. 친견하여 절을 올리고 법을 묻다 262
    3. 바로 법계를 보여주다 265
    4. 몸을 낮추면서 선지식의 훌륭함을 추켜올리다 296
    5. 뒤의 선지식을 소개하다 298

화엄경소론찬요 제104권 ● 입법계품 제39-7

제10. 자행동녀慈行童女, 관정주灌頂住 선지식 305
    1. 가르침을 따라 선지식을 찾아가 법을 구하다 305
    2. 친견하여 절을 올리고 법을 묻다 308
    3. 바로 법계를 보여주다 312
    4. 몸을 낮추면서 선지식의 훌륭함을 추켜올리다 327
    5. 뒤의 선지식을 소개하다 329

[3] 10명의 선지식을 십행에 붙여 말하다 344

제1. 선견비구善見比丘, 환희행歡喜行 선지식 344
　　1. 가르침을 따라 선지식을 찾아가 법을 구하다 344
　　2. 친견하여 절을 올리고 법을 묻다 351
　　3. 바로 법계를 보여주다 358
　　4. 몸을 낮추면서 선지식의 훌륭함을 추켜올리다 364

제2. 자재주동자自在主童子, 요익행饒益行 선지식 382
　　1. 가르침을 따라 선지식을 찾아가 법을 구하다 382
　　2. 친견하여 절을 올리고 법을 묻다 384
　　3. 바로 법계를 보여주다 385

제3. 구족우바이具足優婆夷, 무위역행無違逆行 선지식 398
　　1. 가르침을 따라 선지식을 찾아가 법을 구하다 398
　　2. 친견하여 절을 올리고 법을 묻다 401
　　3. 바로 법계를 보여주다 405

제4. 명지거사明智居士, 무굴요행無屈撓行 선지식 424
　　1. 가르침을 따라 선지식을 찾아가 법을 구하다 424
　　2. 친견하여 절을 올리고 법을 묻다 428
　　3. 선재동자를 칭찬하면서 법을 전수하다 431
　　4. 몸을 낮추면서 선지식의 훌륭함을 추켜올리다 440
　　5. 뒤의 선지식을 소개하다 440

화엄경소론찬요 제105권 ⊙ 입법계품 제39-8

제5. 법보계장자法寶髻長者, 무치란행無癡亂行 선지식 453
    1. 가르침을 따라 선지식을 찾아가 법을 구하다 453
    2. 친견하여 절을 올리고 법을 묻다 454
    3. 자기의 법계를 전수하다 455
    4. 몸을 낮추면서 선지식의 훌륭함을 추켜올리다 471

제6. 보안장자普眼長者, 선현행善現行 선지식 482
    1. 가르침을 따라 선지식을 찾아가 법을 구하다 482
    2. 친견하여 절을 올리고 법을 묻다 486
    3. 선재동자를 칭찬하면서 법을 전수하다 489
    4. 몸을 낮추면서 선지식의 훌륭함을 추켜올리다 499

제7. 무염족왕無厭足王, 무착행無著行 선지식 507
    1. 가르침을 따라 선지식을 찾아가 법을 구하다 507
    2. 친견하여 절을 올리고 법을 묻다 509
    3. 자기의 법계를 전수하다 517
    4. 몸을 낮추면서 선지식의 훌륭함을 추켜올리다 522

제8. 대광왕大光王, 난득행難得行 선지식 526

1. 가르침을 따라 선지식을 찾아가 법을 구하다 526
2. 친견하여 절을 올리고 법을 묻다 529
3. 자기의 법계를 전수하다 541
4. 몸을 낮추면서 선지식의 훌륭함을 추켜올리다 552

제9. 부동우바이不動優婆夷, 선법행善法行 선지식 560

1. 가르침을 따라 선지식을 찾아가 법을 구하다 561
2. 친견하여 절을 올리고 법을 묻다 568
3. 선재동자를 칭찬하면서 법을 전수하다 572
4. 몸을 낮추면서 선지식의 훌륭함을 추켜올리다 590
5. 뒤의 선지식을 소개하다 592

제10. 변행외도徧行外道, 진실행眞實行 선지식 600

1. 가르침을 따라 선지식을 찾아가 법을 구하다 600
2. 친견하여 절을 올리고 법을 묻다 601
3. 선재동자를 칭찬하면서 법을 전수하다 603
4. 몸을 낮추면서 선지식의 훌륭함을 추켜올리다 609

화엄경소론찬요 제102권
華嚴經疏論纂要 卷第一百之二

◉

입법계품 제39-5
入法界品 第三十九之五

一

第四는 彌伽니 寄生貴住라

亦具六分이니

第一은 依敎趣求라

> 제4. 미가장자, 생귀주 선지식
>
> 이의 경문 또한 6단락으로 나뉜다.
>
> 1. 가르침을 따라 선지식을 찾아가 법을 구하다

經

爾時에 善財童子

一心正念法光明法門하고

深信趣入하며

專念於佛하야 不斷三寶하며

歎離欲性하야 念善知識하며

普照三世하야 憶諸大願하며

普救衆生호되 不着有爲하며

究竟思惟諸法自性하며

悉能嚴淨一切世界하며

於一切佛衆會道場에 心無所着하고

漸次南行하야 至自在城하야 求覓彌伽하니라

> 그때, 선재동자가
>
> 한결같은 마음으로 법의 광명 법문을 바르게 생각하고,

깊은 믿음으로 찾아가 들어갔으며,

오롯이 부처님을 생각하여 삼보를 끊이지 않게 하며,

욕심을 여읜 성품을 찬탄하면서 선지식을 생각하며,

삼세를 널리 비춰 큰 서원을 기억하며,

중생을 널리 구제하되 유위법에 집착하지 않으며,

마침내 모든 법의 자성을 생각하며,

일체 세계를 모두 장엄 청정케 하며,

일체 부처님의 대중법회 도량에 마음이 집착한 바 없이

차츰차츰 남쪽으로 내려가면서 자재성에 이르러 미가장자를 찾았다.

● 疏 ●

於中二니
先은 念前友教니 十句라 初는 總이니 卽前所得法門이라
'深信'已下는 皆別起觀修니 文顯可知니라【鈔_ 寄生貴住者는 生佛法家하야 種性尊貴故니라】

　이는 2단락이다.
　(1) 앞의 선지식의 가르침을 생각함이다. 이는 10구이다.
　첫 구절은 총괄이다. 앞에서 얻은 바의 법문이다.
　'深信趣入' 이하 구절은 모두 관조와 수행을 개별로 일으킴이다.
　문장의 뜻이 분명하여 말하지 않아도 알 수 있다.【초_ 생귀주에 붙여 말한 것은 부처의 법가에 태어나 종성이 존귀하기 때문이다.】

後漸次下는 趣求後友라

(2) '漸次南行' 이하는 뒤의 선지식을 찾아가 법을 구함이다.

第二. 見敬諮問

2. 친견하여 절을 올리고 법을 묻다

經

乃見其人이 於市肆中에 坐於說法師子之座하사 十千人衆의 所共圍遶로 說輪字莊嚴法門하고
時에 善財童子 頂禮其足하며 遶無量匝하고 於前合掌하야
而作是言호되 聖者여 我已先發阿耨多羅三藐三菩提心호니
而我未知菩薩이
云何修菩薩行이며
云何修菩薩道며
云何流轉於諸有趣호되 常不忘失菩提之心이며
云何得平等意하야 堅固不動이며
云何獲淸淨心하야 無能沮壞며
云何生大悲力하야 恒不勞疲며
云何入陀羅尼하야 普得淸淨이며
云何發生智慧廣大光明하야 於一切法에 離諸闇障이며

云何具無礙解辯才之力하야 決了一切甚深義藏이며
云何得正念力하야 憶持一切差別法輪이며
云何得淨趣力하야 於一切趣에 普演諸法이며
云何得智慧力하야 於一切法에 悉能決定分別其義리잇고

그 사람이 저잣거리 한가운데 설법하는 사자법좌에 앉아 있는데, 십천 사람들에게 둘러싸여 바퀴 윤(輪) 자의 장엄 법문을 연설하고 있는 모습을 보았다.

그때, 선재동자가 그의 발아래 엎드려 절하고 한량없이 돌고 그의 앞에서 합장하고서 말하였다.

"거룩하신 이여, 저는 이미 아뇩다라삼먁삼보리심을 내었습니다.

그러나 아직 알지 못하고 있습니다.

보살이

어떻게 보살의 행을 배우며,

어떻게 보살의 도를 닦으며,

어떻게 하여 여러 생사의 길에 헤매면서도 언제나 보리심을 잊지 않으며,

어떻게 평등한 뜻을 얻어 든든하게 흔들리지 않으며,

어떻게 청정한 마음을 얻어 파괴할 이 없으며,

어떻게 크게 가엾이 여기는 힘을 내어 언제나 고달파하지 않으며,

어떻게 다라니에 들어가 두루 청정함을 얻으며,

어떻게 지혜의 광대한 광명을 내어 일체 법에 어둠과 장애를 여의며,

어떻게 걸림 없는 이해와 변재의 힘을 얻어 일체 깊은 이치의 법장을 결정하며,

어떻게 바른 생각의 힘을 얻어 일체 각기 다른 법륜을 기억하여 지니며,

어떻게 길을 청정케 하는 힘을 얻어 모든 길에서 법을 널리 연설하며,

어떻게 지혜의 힘을 얻어 일체 법을 모두 결정하고 이치를 분별하는 것입니까?"

● 疏 ●

於中三이니

初는 見이오 次는 敬이오 後而作下는 諮問이니

於中二니

先은 自陳發心이오 後而我下는 正問이니 有十二句라

初二句는 總이오 餘十句는 別이라 釋通橫竪니 橫釋은 可知오 竪配十地니 一은 證發心故不退오 二는 不誤犯故오 三은 得禪定故오 四는 精進故오 五는 入俗故로 須總持오 六은 般若現故오 七은 權實雙行이 爲甚深義오 得觀察智慧地라 故具足辯才이오 八은 無功用이 方爲正念이오 九는 力增上故오 十은 智增上故니라

이 부분은 3단락이다.

(1) 친견이며,

(2) 경례이며,

(3) '而作' 이하는 물음이다.

'(3) 물음'은 다시 2단락이다.

(ㄱ) 발심을 스스로 말하였고,

(ㄴ) '而我' 이하는 물음이다. 12구이다.

앞의 2구[修菩薩行·修菩薩道]는 총상이며, 나머지 10구는 별상이다.

해석은 횡의 공간과 종의 시간에 모두 통한다.

횡의 해석은 말하지 않아도 알 수 있다.

종의 해석은 십지에 짝하였다.

제1구[流轉有趣]는 발심을 증득하였기 때문에 물러서지 않고,

제2구[得平等意]는 잘못하거나 범하지 않기 때문이며,

제3구[獲淸淨心]는 선정을 얻었기 때문이며,

제4구[生大悲力]는 정진하기 때문이며,

제5구[入陀羅尼]는 세속에 들어간 까닭에 總持를 구하며,

제6구[發生智慧]는 반야가 나타났기 때문이며,

제7구[具無礙解]는 權敎와 實敎를 모두 행함이 매우 깊은 의의가 되며, 관찰하는 지혜의 지위를 얻은 까닭에 변재가 구족하며,

제8구[得正念力]는 功用이 없어야 바야흐로 바른 생각이며,

제9구[得淨趣力]는 힘이 증상이기 때문이며,

제10구[得智慧力]는 지혜가 증상이기 때문이다.

一

第三 稱讚授法

中에 二니 先은 稱讚法器요 後는 授己法門이라

前中二니 初는 審定이라

> 3. 선재동자를 칭찬하면서 법을 전수하다
>
> 이는 2단락이다.
>
> (1) 法器를 칭찬하였고,
>
> (2) 자기의 법문을 전수하였다.
>
> '(1) 법기를 칭찬한' 단락은 다시 2단락이다.
>
> (ㄱ) 살펴서 결정함이다.

經

爾時에 彌伽 告善財言하사대 善男子야 汝已發阿耨多羅三藐三菩提心耶아

善財 言호되 唯라 我已先發阿耨多羅三藐三菩提心호이다

> 그때, 미가장자는 선재동자에게 말하였다.
>
> "선남자여, 그대는 아뇩다라삼먁삼보리심을 이미 내었는가."
>
> "그렇습니다. 저는 아뇩다라삼먁삼보리심을 이미 내었습니다."

二

二. 敬讚

於中에 二니 先은 敬이라

(ㄴ) 공경하고 찬탄하다

이는 2단락이다.

① 공경함이다.

經

彌伽 遽卽下師子座하사 於善財所에 五體投地하사 散金銀華와 無價寶珠와 及以上妙碎末栴檀과 無量種衣하야 以覆其上하며 復散無量種種香華와 種種供具하야 以爲供養하고

미가장자는 곧바로 사자법좌에서 내려와 선재동자가 있는 곳에 이르러 두 팔꿈치, 두 무릎, 이마를 땅에 대고 절하면서 금꽃, 은꽃과 값을 따질 수 없는 보배와 훌륭한 가루 전단향을 흩뿌리고, 한량없는 여러 가지 옷을 그 위에 덮고, 또다시 한량없는 가지가지 향과 꽃과 가지가지 공양거리를 흩뿌리면서 공양하고,

● 疏 ●

所以師禮資者는 以菩提心이 是佛因故오 能廣出生諸功德故니라 故法界無差別論에 云 敬禮菩提心者는 如人禮白分初月이니 不禮滿月은 以希現故오 滿月由此故니라 又 發心·畢竟이 二不別이라 如是二心에 先心難이라 是故로 我禮初發心이라하니 況未說法에 未定爲師아

後授己法하고 方升本座는 不乖重法이라 前諸知識이 不爾者는 爲

僧敬俗이 事不便故니라

　　스승이 제자에게 예를 갖춘 것은 보리심이 부처의 원인이기 때문이며, 많은 공덕을 널리 내기 때문이다. 따라서 법계무차별론에 이르기를, "보리심에 경례하는 것은 사람이 초승달에 절을 올리는 것과 같다. 보름달에 절을 올리지 않는 것은 드물게 나타나기 때문이며, 보름달은 초승달에 연유하기 때문이다. 또한 발심과 필경 2가지가 다르지 않다. 이와 같은 두 마음 가운데 앞의 발심이 어렵기 때문에 나는 처음 발심한 사람에게 절을 한다."고 하였다. 하물며 아직 설법하지 않은 상태이기에 반드시 스승의 입장도 아닌 처지에서야 오죽하겠는가.

　　뒤에 자기의 법을 전수하고 바야흐로 본래 사자법좌에 올라섬은 법을 존중함에 있어 어긋난 처사가 아니다. 앞에 여러 선지식이 그와 같이 하지 않았던 것은 승려의 몸으로 세속의 사람에게 경례를 갖춘다는 것은 불편한 사안이기 때문이다.

後讚
中二니 先은 讚發心이오 後는 讚其求友라
前中二니 初는 總讚이라

　　② 찬탄
이는 2단락이다.
　　㉠ 발심을 찬탄하였고,

ⓒ 선지식을 찾음을 찬탄하였다.
'㉠ 발심의 찬탄'은 2단락이다.
첫째, 총괄하여 찬탄하였다.

經

然後起立하야 而稱歎言하사대 善哉善哉라 善男子야 乃能發阿耨多羅三藐三菩提心이로다

그런 뒤에 일어서서 칭찬하였다.
"훌륭하고 훌륭하다. 선남자여, 그대가 아뇩다라삼먁삼보리심을 내었구나.

二 別讚

둘째, 개별로 찬탄하다

經

善男子야 若有能發阿耨多羅三藐三菩提心이면
則爲不斷一切佛種이며
則爲嚴淨一切佛刹이며
則爲成熟一切衆生이며
則爲了達一切法性이며
則爲悟解一切業種이며

則爲圓滿一切諸行이며

則爲不斷一切大願이며

則如實解離貪種性이며

則能明見三世差別이며

則令信解로 永得堅固며

則爲一切如來所持며

則爲一切諸佛憶念이며

則與一切菩薩平等이며

則爲一切賢聖讚喜며

則爲一切梵王禮覲이며

則爲一切天主供養이며

則爲一切夜叉守護며

則爲一切羅刹侍衛며

則爲一切龍王迎接이며

則爲一切緊那羅王의 歌詠讚歎이며

則爲一切諸世間主의 稱揚慶悅이며

則令一切諸衆生界로 悉得安穩이니

所謂令捨惡趣故며

令出難處故며

斷一切貧窮根本故며

生一切天人快樂故며

遇善知識親近故며

聞廣大法受持故며
生菩提心故며
淨菩提心故며
照菩薩道故며
入菩薩智故며
住菩薩地故니라

선남자여, 만약 아뇩다라삼먁삼보리심을 내게 되면,

일체 부처의 종성이 끊이지 않게 되며,

일체 부처의 세계를 장엄 청정하게 하며,

일체중생을 성숙케 하며,

일체 법의 성품을 통달하며,

일체 업의 종자를 깨달으며,

일체 모든 행이 원만하며,

일체 큰 서원을 끊이지 않게 하며,

탐욕을 여읜 종성을 사실대로 이해하며,

삼세에 각기 다른 것을 분명히 보며,

믿음과 이해가 영원히 견고하게 되며,

일체 여래의 거두어 주심이 되며,

일체 부처님의 생각하심이 되며,

일체 보살과 평등하며,

일체 성현이 찬탄하며,

일체 범왕이 절하여 뵈며,

일체 천왕이 공양하며,

일체 야차가 수호하며,

일체 나찰이 호위하며,

일체 용왕이 영접하며,

일체 긴나라왕이 노래하여 찬탄하며,

일체 세간 임금이 칭찬하고 경하하며,

일체 중생 세계를 모두 편안하게 할 것이다.

이른바 악도를 버리게 하기 때문이며,

어려운 데서 벗어나게 하기 때문이며,

일체 가난의 근본을 끊어주기 때문이며,

일체 하늘 사람의 쾌락을 내어주기 때문이며,

선지식을 만나서 가까이하기 때문이며,

광대한 법을 듣고서 받아 지니기 때문이며,

보리심을 내기 때문이며,

보리심을 청정케 하기 때문이며,

보살의 도를 비추기 때문이며,

보살의 지혜에 들어가기 때문이며,

보살의 지위에 머물기 때문이다.

● 疏 ●

於中三이니

初有十句는 因德深廣이니 斯德終成에 功歸初發이어늘 而汝能發하

니 是謂希奇라 其相이 多同初發心品하다 此中에 亦具深·直·悲心이니 可以意得이라

次則爲一切下는 十王敬護오

後則令一切衆生界下는 外益衆生이라

이 부분은 3단락이다.

처음 10구는 원인의 공덕이 깊고도 넓음이다. 이 공덕이 끝내 이뤄짐에 그 공은 처음 발심한 데로 귀결 지어지는 것이다. 이처럼 발심하니 이를 드물고 기이한 일이라 할 것이다. 그 양상이 대체로 제17 초발심품에서 말한 바와 같다.

여기에는 또한 深心·直心·大悲心을 갖추고 있다. 이는 그 뜻을 알 수 있다.

다음 '則爲一切' 이하는 十王이 공경하고 수호함이며,

뒤의 '則令一切衆生界' 이하는 밖으로 중생에게 이익을 베풂이다.

第二 讚求友

ⓛ 선지식을 찾음을 찬탄하다

經

善男子야 應知菩薩의 所作이 甚難하야 難出難値오 見菩薩者는 倍更難有라

菩薩이 爲一切衆生特怙니 生長成就故며
爲一切衆生拯濟니 拔諸苦難故며
爲一切衆生依處니 守護世間故며
爲一切衆生救護니 令免怖畏故며
菩薩이 如風輪이니 持諸世間하야 不令墮落惡趣故며
如大地니 增長衆生善根故며
如大海니 福德充滿無盡故며
如淨日이니 智慧光明普照故며
如須彌니 善根高出故며
如明月이니 智光出現故며
如猛將이니 摧伏魔軍故며
如君主니 佛法城中에 得自在故며
如猛火니 燒盡衆生我愛心故며
如大雲이니 降霆無量妙法雨故며
如時雨니 增長一切信根芽故며
如船師니 示導法海津濟處故며
如橋梁이니 令其得度渡生死海故니라

선남자여, 그대는 알아야 한다.

보살의 하는 일이 매우 어렵다. 보살이 세상에 나오기도 어렵고 보살을 만나기도 어려우며, 보살을 만나본다는 것은 곱절이나 더욱 어려운 일이다.

보살은 일체중생이 부모처럼 믿을 의지이다. 낳아주고 길러주고 성취시켜 주기 때문이다.

일체중생을 구제하여 준다. 많은 고난에서 빼내주기 때문이다.

일체중생의 의지할 곳이다. 세간을 수호하기 때문이다.

일체중생의 구호자이다. 두려움에서 벗어나게 해주기 때문이다.

보살은 바람 둘레와 같다. 세간을 부지하여 악도에 떨어지지 않도록 해주기 때문이다.

땅과 같다. 중생의 선근을 더욱 키워주기 때문이다.

큰 바다와 같다. 복덕이 충만하여 그지없기 때문이다.

밝은 태양과 같다. 지혜의 광명을 널리 비춰주기 때문이다.

수미산과 같다. 선근이 높이 솟아나기 때문이다.

밝은 달과 같다. 지혜의 빛이 나타나기 때문이다.

용맹한 장수와 같다. 마군을 굴복시키기 때문이다.

임금과 같다. 불법의 성에서 마음대로 하기 때문이다.

사나운 불과 같다. 중생의 자아를 애착하는 마음을 태워주기 때문이다.

큰 구름과 같다. 한량없는 미묘한 법비를 내려주기 때문이다.

때맞춰 내리는 단비와 같다. 일체 신심의 싹을 더욱 키워주기 때문이다.

뱃사공과 같다. 법 바다의 나루를 보여 인도해 주기 때문이다.

다리와 같다. 생사의 바다를 건네주기 때문이다."

● *疏* ●

求友中에 以菩薩難遇어늘 而能求能遇라 故知善財 是深法器니라
亦預誡求友之心일새 故解脫處에 歷十二年이로되 不生疲厭이라
於中二니 初는 總讚機·應難得이오.
二菩薩爲下는 別讚善友니 於中二니 先法 後喻라 有十三喻하니
初二는 喻恃怙오 次四는 喻拯濟오 次君은 喻依處오 餘는 喻救護니라.

선지식을 찾는 부분은 보살을 만나기 어려운 일인데, 보살을 찾고 보살을 만났기에, 선재동자가 심오한 法器임을 알았다.

또한 선지식을 찾는 마음을 미리 경계하였기 때문에 해탈한 곳에서 12년이 지났지만 고달파하거나 싫어하는 마음을 내지 않았다.

이는 2단락으로 나뉜다.

첫째, 중생의 機緣과 보살의 감응을 얻기 어려움을 총상으로 찬탄하였고,

둘째, '菩薩爲一切' 이하는 선지식을 별상으로 찬탄하였다.

'선지식의 별상 찬탄'은 2단락이다.

앞은 법으로 말하였고,

뒤는 비유로 말하였는데, 12가지의 비유이다.

첫 2구는 부모처럼 의지가 됨을 비유하였고,

다음 4구는 구제를 비유하였고,

다음 세간의 임금은 의지처를 비유하였고,

나머지는 구제와 수호를 비유하였다.

第二授己法門

中二니

先은 現通益物하야 令其目覩오 後는 升座說授하야 令其聽聞이라

今은 初라

(2) 자기의 법문을 전수하다

이는 2단락이다.

㈀ 신통을 나타내어 중생에게 이익이 되게 하여 그들로 하여금 직접 보도록 하였고,

㈁ 사자법좌에 올라가 설법으로 전수하여 선재동자로 하여금 듣도록 하였다.

이는 '㈀ 신통을 나타내어 보여줌'이다.

經

彌伽 如是讚歎善財하샤 令諸菩薩로 皆歡喜已하고 從其面門하야 出種種光하샤 普照三千大千世界한대 其中衆生이 遇斯光已에 諸龍神等과 乃至梵天이 悉皆來至彌伽之所어늘

彌伽大士 卽以方便으로 爲開示演說分別解釋輪字品莊嚴法門하시니

彼諸衆生이 聞此法已하고 皆於阿耨多羅三藐三菩提에 得不退轉하니라

미가장자는 이처럼 선재동자를 찬탄하여, 여러 보살을 모두 기쁘게 하고, 그의 얼굴에서 가지가지 광명을 쏟아내어 삼천대천세계를 비춰주었다.

그 가운데 있는 중생들이 이 광명을 만나고서, 용과 귀신 내지 범천들이 모두 미가장자가 있는 곳으로 모여들었다.

미가대사가 곧 방편으로 바퀴 윤(輪) 자 품의 장엄 법문을 보여서 연설하고 분별하여 해석하니, 저 중생들이 그 법문을 듣고서 모두 아뇩다라삼먁삼보리에서 물러서지 않았다.

● 疏 ●

言輪字品莊嚴法門者는 賢首 引日照三藏解하야 云輪有多義하니 一은 約字相이니 楞伽中에 云字輪圓滿이 猶如象迹等이오 二는 約所詮이니 盡理圓備 如輪滿足이오 三은 約用이니 謂妙音陀羅尼 有轉授義와 滅惑義하니 如法輪等이니 卽輪字敎法으로 詮示莊嚴이라하니

此釋已佳어니와 今更依毘羅遮那經第五컨대 別有字輪品하니 彼經에 云是徧一切處法門이니 謂菩薩이 若住此字輪法門이면 始從初發妙菩提心으로 乃至成佛히 於是中間에 所有一切自利利他 種種事業이 皆得成就하나니 如最初阿字는 卽是菩提之心이니 若觀此字而與相應이면 卽同毘盧遮那法身之體니 謂此阿上字輪이 猶如孔雀尾輪光明이 圍繞行者而住其中하나니 卽是住於佛位니라

又阿(平聲長呼)娑嚩三字는 總攝三部니 阿字는 如來部오 娑字는 蓮華部오 嚩字는 金剛部니 隨一部中하야 皆有五字하니 所謂字輪者는 從此輪轉而生諸字하나니 輪은 是生義니 如從阿菩提字하야 即轉生四字라 謂一阿字(上聲長呼)는 是修行輪이니 既已發心이면 必修諸行이오 二 闇字는 是成菩提輪이니 既修行已이면 必證菩提오 三 噁字는 是大寂滅涅槃輪이니 即菩提所至오 四 惡字(長呼)는 是方便輪이니 而阿字當中이오 四字繞之호되 從下次第右旋이 亦如輪相이니 舉一爲例하야 餘字準之니라 若行者 如是了達이면 則能入陀羅尼門하나니 旋轉無礙라 故名字輪品이오 種種布列圓位라 故名莊嚴이라하니라 餘如彼釋하다

其字下深義는 至衆藝中에 當廣分別호리라

所以次前而辨斯者는 前無礙解脫은 即無相智光이니 今將入俗에 兼存有無일새 寄字表義니라 又爲總持하야 令不失故오 既爲醫人일새 亦以字輪消伏障故오 聖教中生하야 宜持字故니라

　'바퀴 윤(輪) 자 품의 장엄 법문'이라 말한 것은, 현수보살이 일조삼장의 해석을 인용하여 말하였다.

　"'輪' 자에는 여러 가지 뜻이 있다.

　① 字相으로 말한다. 능가경에서 '字輪의 원만함이 마치 코끼리의 발자취와 같다.'는 등이며,

　② 문자에 의해 나타나는 뜻[所詮]으로 말한다. 이치를 다하여 원만하게 갖춤이 輪의 만족과 같음이며,

　③ 작용으로 말한다. 묘음다라니에 '轉授'의 뜻과 '滅惑'의 뜻

이 있음이 법륜과 같다는 등이다. 이는 '輪' 자의 가르침의 法으로 장엄을 말하여 보여줌이다."

이런 해석은 이미 아름답지만 여기에서 다시 비라자나경 제5에 의하면, 별도로 字輪品이 있다. 비라자나경에서 다음과 같이 말하였다.

"이는 일체 모든 곳에 두루 존재하는 법문이다.

보살이 字輪 법문에 머물면 비로소 처음 보리심을 일으킴으로부터 성불에 이르기까지 그 중간에 있는 일체 자리이타의 가지가지 사업들이 모두 성취된다.

예컨대 최초의 '阿' 자는 보리의 마음이다. 만일 이 글자를 관조하면서 서로 응하면 바로 비로자나 법신의 본체와 같다. '阿(上聲)'의 字輪이 마치 공작의 꼬리 깃의 둥근[尾輪] 광명이 수행자를 에워싸고 그 가운데에 머물게 한다. 이는 곧 佛位에 머묾이다.

또한 阿(平聲長呼)·婆·囀 3글자가 三部를 총괄하고 있다.

'阿' 자는 여래부이며, '婆' 자는 연화부이며, '囀' 자는 금강부이다.

하나의 部에 따라서 모두 5자가 있다. 이른바 字輪이란 이로부터 돌아가면서 모든 글자를 만들어 내는 것이다. '輪'이란 만들어 낸다는 뜻이다. 예컨대 '阿菩提' 3자로부터 곧 4자를 만들어 내는 것과 같다.

① '阿' 자(上聲 長呼)는 수행의 字輪이다. 이미 발심하였으면 반드시 모든 행을 닦는다.

② '闇' 자는 보리 성취의 자륜이다. 이미 수행을 마치면 반드시 보리를 증득한다.

③ '噁' 자는 大寂滅 열반의 자륜이다. 이는 보리의 이른 바이다.

④ '惡' 자(長呼)는 방편의 자륜이다.

'阿' 자는 중앙에 해당하고, 4글자는 빙 둘러 있되 아래로부터 차례에 따라 우측으로 선회함이 또한 바퀴의 모양과 같다. 하나의 예를 들어 나머지 글자들도 이에 준한다.

만일 수행자가 이와 같이 깨달으면 곧 다라니 법문에 들어가게 된다. 걸림 없이 선회하기 때문에 그 이름을 '字輪品'이라 하고, 가지가지로 원의 지위에 펼쳐 나열하기 때문에 그 이름을 '장엄'이라 한다."

나머지는 비라자나경에서 해석한 바와 같다.

그 글자에 담겨진 깊은 뜻은 知衆藝童子(Śilpābhijña) 부분에서 자세히 분별하고자 한다.

앞의 다음으로 이를 논변한 바는 앞서 말한 '걸림 없는 해탈'은 곧 '상이 없는 지혜 광명[無相智光]'이다. 여기에서는 장차 세속으로 들어감에 有와 無가 모두 존재하기에 글자에 붙여 그 뜻을 밝혔다.

또한 다라니[總持]를 삼아 잃지 않도록 하기 때문이며,

이미 병을 치유하는 의원이기에 또한 자륜으로써 장애를 없애기 때문이며,

성인의 가르침 속에서 생겨난 터라, 마땅히 글자를 지녀야 하기 때문이다.

第二 升座說授

(ㄴ) 사자법좌에 올라가 설법으로 전수하다

經

彌伽 於是에 還昇本座하사 告善財言하사대
善男子야 我已獲得妙音陀羅尼하야
能分別知三千大千世界中諸天語言과 諸龍夜叉와 乾
闥婆와 阿修羅와 迦樓羅와 緊那羅와 摩睺羅伽와 人與
非人과 及諸梵天의 所有語言하며 如此三千大千世界하
야 十方無數와 乃至不可說不可說世界도 悉亦如是로라

미가장자는 이에 다시 사자법좌에 올라가 선재에게 말하였다.

"선남자여, 나는 이미 미묘한 음성 다라니를 얻었다.

삼천대천세계에 있는 모든 하늘의 언어,

용, 야차, 건달바, 아수라, 가루라, 긴나라, 마후라가, 사람, 사람 아닌 이, 범천에 있는 언어들을 모두 분별하여 아노라.

이 삼천대천세계의 언어를 아는 것처럼, 시방의 수없는 세계, 내지 말할 수 없이 말할 수 없는 세계의 언어 또한 그와 같이 아노라.

● **疏** ●

妙音陀羅尼者는 標名이오 能分別下는 顯用이니 此妙音持는 即前
輪字法門이라 然字即四十二字오 音即十四音이니 謂哀·阿·億·

伊等이니 以十四音으로 徧入諸字라 故出字無盡이니 若於音窮妙면 則善萬類之言하야 究聲明之論耳라 二處互擧로되 理實相成이라

'미묘한 음성 다라니'는 명제를 내세웠고,

'能分別' 이하는 작용을 나타냈다.

이 '미묘한 음성 다라니'는 바로 앞의 輪字 법문이다. 그러나 글자는 42자이고, 음가는 곧 14음이다. 哀·阿·憶·伊 등을 말한다. 14음으로 모든 글자에 두루 적용하기 때문에 나오는 글자가 그지 없다.

만일 음의 미묘한 이치를 궁구하면, 모든 유의 언어에 능통하여 聲明의 논을 다할 수 있다. 2곳을 서로 들어 말했으나, 이치는 실로 서로 이뤄진 것이다.

第四謙己推勝

4. 몸을 낮추면서 선지식의 훌륭함을 추켜올리다

經

善男子야 我唯知此菩薩妙音陀羅尼光明法門이어니와 如諸菩薩摩訶薩은
能普入一切衆生의 種種想海와 種種施設海와 種種名號海와 種種語言海하며
能普入說一切深密法句海와 說一切究竟法句海와 說

一切所緣中有一切三世所緣法句海와 說上法句海와 說上上法句海와 說差別法句海와 說一切差別法句海하며 能普入一切世間呪術海와 一切音聲莊嚴輪과 一切差別字輪際하나니

如是功德을 我今云何能知能說이리오

　선남자여, 나는 오직 이 보살들의 미묘한 음성 다라니 광명 법문만을 알 뿐이지만,

　저 여러 보살마하살은 일체중생의 가지가지 생각 바다, 가지가지 시설 바다, 가지가지 이름 바다, 가지가지 언어 바다에 들어갔으며,

　일체 심오하고 비밀스러움을 말한 법구 바다,

　모든 마지막 경계를 말한 법구 바다,

　일체 반연 대상 가운데 일체 삼세에 반연할 바를 말한 법구 바다,

　상품을 말한 법구 바다,

　상상품을 말한 법구 바다,

　각기 다름을 말한 법구 바다,

　일체 각기 다름을 말한 법구 바다에 두루 들어갔으며,

　일체 세간의 주문 바다,

　일체 음성의 장엄한 바퀴,

　일체 각기 다른 글자 바퀴의 경계에 두루 들어갔다.

　이러한 공덕을 내가 어떻게 알고 말할 수 있겠는가.

● 疏 ●

推勝中二이니 先은 謙己結前이라 言光明者는 智鑑妙音故니라
後'如諸'下는 仰推勝進이니 別有十四句니
前四는 可知오 五는 詮深密故오 六은 無餘說故오 七은 法融時法故
오 八은 勝故오 九는 勝中勝故라
次三은 可知니 十三十四는 卽前所得이니 而言際者는 窮理盡性故
니라

  선지식의 훌륭함을 추켜올린 부분은 2단락이다.
  앞은 자신을 낮추면서 앞의 말을 끝맺음이다. '光明'이라 말한 것은 지혜로 미묘한 음성을 비춰보기 때문이다.
  뒤의 '如諸' 이하는 우러러 선지식의 훌륭함을 추켜올리면서 닦아나가도록 함이다.
  별상은 14구이다.
  앞의 4구는 말하지 않아도 알 수 있다.
  제5구는 심오하고 비밀스러운 부분을 말하기 때문이며,
  제6구는 남김 없는 말이기 때문이며,
  제7구는 법이 時法에 융통하기 때문이며,
  제8구는 수승하기 때문이며,
  제9구는 수승한 가운데 보다 수승하기 때문이다.
  다음 제10, 제11, 제12의 3구는 말하지 않아도 알 수 있다.
  제13구와 제14구는 곧 앞에서 얻은 바이다. '際'라 말한 것은 이치를 다 알고, 성품을 모두 알기 때문이다.

第五指示後友

5. 뒤의 선지식을 소개하다

經

善男子야 從此南行에 有一聚落하니 名曰住林이오 彼有
長者하니 名曰解脫이니 汝詣彼問호되 菩薩이 云何修菩
薩行이며 菩薩이 云何成菩薩行이며 菩薩이 云何集菩薩
行이며 菩薩이 云何思菩薩行이리잇고하라
爾時에 善財童子 以善知識故로 於一切智法에 深生尊
重하며 深植淨信하며 深自增益하야 禮彌伽足하고 涕泗
悲泣하며 遶無量匝하며 戀慕瞻仰하고 辭退而去하니라

　선남자여, 여기에서 남방으로 내려가면 한 마을이 있는데, 그 이름을 '주림(住林)'이라 한다.

　그 마을에 장자가 계시는데, 그 이름을 '해탈장자'라 한다.

　그대는 그 장자를 찾아가

　'보살이 어떻게 보살의 행을 닦으며,

　보살이 어떻게 보살의 행을 이루며,

　보살이 어떻게 보살의 행을 모으며,

　보살이 어떻게 보살의 행을 생각하는가.'

　이를 묻도록 하라."

　그때, 선재동자는 선지식으로부터 얻은 바 있었기 때문에 일체 지혜의 법에 깊이 존중한 마음을 내고, 깊이 청정한 신심을 심고, 깊이 스스로 더욱 더한 바 있었다.

미가장자의 발에 절하고 눈물을 흘리며 수없이 돌면서 미가장자의 덕행을 다시 한 번 사모하고 우러르면서 하직하고 떠났다.

◉ 疏 ◉

住林者는 方便具足住니 衆德建立故니라 年耆德艾하야 事長於人일세 故稱長者오 於其身內에 現無邊佛境하야 定用自在라 故名解脫이니 表此住位所修善根이 皆爲度脫一切衆生이오 乃至令證大涅槃故니라
第六 戀德禮辭니 可知니라

'住林'이란 방편구족주이다. 많은 공덕을 세워주기 때문이다.

나이가 많고 덕이 높아서 하는 일이 남들보다 뛰어나기 때문에 '長者'라 칭하며,

그의 몸에 그지없는 부처의 경계를 나타내어 선정의 작용이 자재하기 때문에 그의 이름을 '해탈'이라 한다. 그의 방편구족주 지위에서 닦은 바의 선근이 모두 일체중생을 제도하기 위함이며, 내지 하여금 대열반을 증득하도록 함을 나타내기 때문이다.

6. 덕망을 흠모하면서 절을 올리고 떠나감은 설명하지 않아도 알 수 있다.

◉ 論 ◉

彌伽 速自下其座하사 五體投地하야 致敬善財者는 言遽者는 疾
也니 明彌伽 敬能發大菩提心者는 與十方諸佛로 同一體性이며
同一智慧며 同一解脫이라 人天所依어니 何得不敬이리오
以善財 先於前三善知識에 已得出世菩提心하야 已得同於十方
諸佛法身根本智하고 至彌伽所하야 學世間差別言音名字句義
智는 明世間俗智로 敬出世間眞智慧故니 以明約眞而有世間俗
智하야 卽眞俗自在故라 故로 城名自在니라

"미가장자가 서둘러 스스로 그 사자법좌에서 내려와 두 팔꿈치, 두 무릎, 이마를 땅에 대고 절하면서 선재동자에게 공경을 다 하였다."에서 '서둘러[遽]'라는 것은 '빠르게'를 말한다. 미가장자가 대보리심을 일으킨 자에게 공경함을 밝힌 것은 시방 모든 부처와 동일한 체성이며, 동일한 지혜이며, 동일한 해탈이라, 인간계와 천상계가 의지할 바이니 어찌 공경하지 않겠는가.

선재동자가 먼저 앞의 덕운·해운·선주 비구 3선지식에게 이미 출세간의 보리심을 얻어 벌써 시방 모든 부처의 법신근본지와 같음을 얻었는데, 미가장자의 처소에 이르러 세간의 각기 다른 언어와 음성, 名字와 句義의 지혜를 배운 것은 세간의 세속 지혜로 출세간의 참 지혜에 공경함을 밝힌 것이다. 眞諦로 세간의 세속 지혜가 있음을 들어서 眞諦와 俗諦에 자재함을 밝힌 것이다. 이 때문에 성곽의 명칭을 '자재'라 한다.

是以로 彌伽 敬彼善財所得諸佛出世間智慧는 是世間智慧의

根本故라 是以敬之하야 以表俗諦差別智로 敬眞諦根本智니 以
俗智 是根本智中起故로 令後學者로 貴出世道根本智故니 以
根本智 與一切衆生으로 作無明生死之因果일세 善財 初覺에 彌
伽 敬之라
十方一切諸菩薩이 恒常頂禮初發心은 以貴初覺根本智 是出
三界智慧相應하야 與一切諸佛智慧解脫로 同一體性故니 普賢
行海因玆而起일세 是故彌伽 敬之而禮며 又表無知法慢故라

 그러므로 미가장자가 모든 부처의 출세간 지혜를 얻은 선재동
자를 공경함은 바로 세간 지혜의 근본이기 때문이다. 따라서 그를
공경하여 속제의 차별지로써 진제의 근본지를 공경함을 나타낸
것이다.
 이는 세속의 지혜가 근본지에서 일어났기 때문에 후학으로 하
여금 출세간도의 근본지를 귀하게 여기도록 함이다. 근본지가 일
체중생의 無明生死 인과를 지으므로 선재동자가 처음 이를 깨달
았기에, 미가장자가 그를 공경한 것이다.
 시방 일체 보살이 언제나 초발심자에 대해 頂禮하는 것은 처
음 깨달은 근본지가 삼계를 벗어나는 지혜와 상응하여, 일체 부처
의 지혜 해탈과 동일한 체성임을 귀하게 여긴 때문이다. 보현행의
바다가 이로 인하여 일어나기 때문에 미가장자가 공손히 예를 드
리고, 또한 법을 안다는 것으로 아만이 없음을 나타낸 때문이다.
又此第四生貴住는 明三界業謝 名生在佛家故며 第四地도 亦
名生在佛家라 與此住位로 同知同得同見이니 其法이 依本而安

立之하야 修學者 初生後熟이니라

또한 이 제4 생귀주는 삼계의 업이 사라짐이 '부처 집안에 태어남'이라 말함을 밝힌 것이며, 제4 염혜지 또한 그 이름이 '부처 집안에 태어남'이다. 이 제4 생귀주의 지위와 똑같이 알고 똑같이 얻고 똑같이 본 것이다. 그 법이 근본에 의해 안립하기에 배우는 자가 처음엔 설고 나중엔 익숙한 것이다.

輪字品莊嚴法門者는 明於一名字法門과 於一音聲에 言音無二體와 名字無二性으로 莊嚴種種名字하야 以爲助伴하야 而與人天六道衆生으로 說種種法門하야 令生歡喜하며 令得解脫이나 然其不離無聲一聲과 無名一名으로 爲隨順衆生의 世間言詞일새 故說一切世間諸法無時엔 卽以無名字로 爲主하야 卽以有一切出世間法으로 而爲莊嚴하고 若說無有出世間法時엔 卽有一切世間으로 爲莊嚴하야 如是互爲主伴하며 互爲莊嚴하야 有無緣起 皆無自性일새 將用敎化衆生에 隨根開解하야 令得解脫이라

衆生及名字言音이 皆無自性일새 以此名字圓滿淸淨音聲輪이 無所障礙하야 以一音聲으로 說無量名에 皆以一音聲이 與無量名無量字로 作體故니 卽無量名無量字總是一字故며

以聲性無體故로 無量名字 與一切聲으로 作體故니 卽以名字體自無能所分別性相故며

以衆生이 自無性故로 以此無聲之聲과 無名之名과 無說之說로 敎化一切無性衆生하야 令其破業하야 至其本地하며 又以無依之智와 無聲之聲과 無名之名이 猶如虛空하야 徧一切六道衆生音

聲일세 同其類音하야 爲其說法하야 令其歡喜나 然이나 身心智慧名字六根은 總無受者說者라 然一字中에 偏含多字之義하야 互爲主件이나 然亦各不相知하야 無彼無此故니

'윤자품 장엄 법문'이란 하나의 名字 법문과, 하나의 음성에서 언어와 음성의 둘이 없는 본체와, 명제와 문자의 둘이 없는 성품으로 가지가지 명제와 문자를 장엄하여 보조의 반려로 삼아서, 인간계와 천상계의 6도 중생에게 가지가지 법문을 연설하여 환희심을 내게 하고 해탈을 얻게 한다.

그러나 그 음성 없는 하나의 음성과 명자 없는 하나의 명자를 여의지 않고, 중생의 세간 언어를 따르는 것이다. 따라서 일체 세간 모든 법의 無를 말할 때, 명제와 문자가 없는 것으로 주체를 삼아, 일체의 출세간법으로 장엄하고, 만약 無를 밝히는 출세간법을 말할 때는 일체 세간의 有로써 장엄하는 것이다.

이처럼 서로 주체와 객체가 되고, 서로 장엄하여 유와 무의 연기가 모두 자성이 없기 때문에, 장차 중생을 교화함에 있어서 중생의 근기에 따라 깨우쳐주고 알려주어 그들로 하여금 해탈을 얻도록 함을 밝힌 것이다.

중생과 명자와 言音이 모두 자성이 없기 때문에 명자의 원만 청정한 音聲輪이 걸린 바가 없어, 하나의 음성으로 한량없는 명자를 말하여 모두 하나의 음성이 한량없는 명제와 한량없는 문자와 일체가 되는 것이다. 한량없는 명제와 한량없는 문자가 모두 한 글자이기 때문이다.

음성의 자성이 본체가 없기 때문에 한량없는 명자가 일체 음성과 일체가 되기 때문이다. 이는 명제와 문자의 본체가 스스로 주체와 대상을 분별하는 性相이 없기 때문이다.

또한 중생이 스스로 성품이 없기 때문에 이 소리 없는 소리, 명자 없는 명자, 언설 없는 언설로써 일체 성품 없는 중생을 교화하여, 그들로 하여금 업을 타파하여 本地에 이르도록 하며,

또한 의지함이 없는 지혜, 소리 없는 소리, 명자 없는 명자가 마치 허공과 같아서 일체 6도 중생의 음성에 두루 통한다. 그 부류와 똑같은 음성으로 그들을 위해 설법하여 기쁨을 주는 것이다. 그러나 몸과 마음, 지혜, 명자, 6근은 모두 받는 자와 설법하는 자의 차이가 없다.

그러나 한 자 속에 많은 글자의 뜻을 두루 포함하여 서로 주체와 객체가 되지만, 또한 각각 서로 알지를 못하여 저것과 이것의 분별이 없기 때문이다.

是故 當知하라 一切名字 皆以有無二字로 互爲緣起하야 若說一切法有字時엔 卽一切有法이 自具無故로 自相成壞하야 自有自無 自在하며 說一切法本自無엔 卽有法自具하야 以有無自相成壞故로 卽無與有 自在니 以從有無無體하야 如法緣生일새 無盡名言이 互爲主伴하야 隨世安立하야 更相成壞하나니 皆一一字中에 有無盡義 猶如帝網의 影像相入이어니와 若究之本源인댄 皆幻緣有하야 各無主宰니

當知名不與聲作聲이오 聲不與名作字라 智慧本無 猶如虛空하

야 徧一切處하며 等衆生界하야 以智體性으로 隨其類音하야 皆令歡 喜하야 而得解脫일새 故名妙音陀羅尼光明法門이니 此是第四生 貴住善知識이라 以精進波羅蜜로 爲體하고 餘九로 爲伴이니 若約 智인댄 通修五位어니와 若約位인댄 徧修俗智輪字莊嚴法門이라 前 三善友는 明出世智慧일새 以三比丘로 表之어니와 此彌伽와 及解 脫長者二人은 明處世間解脫故로 還以俗士로 表之라 餘義는 如 文自具니라

　따라서 일체의 명자가 모두 유와 무 2글자로 서로 연기가 됨을 반드시 알아야 한다. 만약 일체 법의 '有' 자를 말할 때는 곧 일체의 유의 법이 절로 無를 갖추었기 때문에 스스로 서로 이뤄지고 무너지면서 스스로 유와 스스로 무가 자재하며, 일체 법이 본래 스스로 '무'임을 말할 적에 곧 '유'의 법이 스스로 갖춰져 있어 유와 무가 스스로 서로 이뤄지고 무너지기 때문에 무와 유가 자재하다.

　유와 무의 체성이 없음을 따라서 법과 같이 연기로 생겨나기 [緣生] 때문에 다함이 없는 명언이 서로 주체와 객체가 되어 세간을 따라 안립하여 서로 이뤄지고 무너지는 것이다. 모두 하나하나의 글자 속에 그지없는 뜻이 있음이 마치 인드라망의 영상이 서로 들어가는 것과 같다. 그러나 만약 그 본원을 살펴보면 모두가 허깨비와 같은 반연으로 각각 주재가 없다.

　이에 반드시 알아야 한다. 명자는 소리와 소리를 만들지 않고, 소리는 명자와 문자를 만들지 않는다. 지혜가 본래 없음이 마치 허공과 같아서 일체 모든 곳에 두루 통하고, 중생계와 같아서 지혜의

체성으로 그들 부류의 음성을 따라 모두 기쁨을 주어 해탈을 얻게 하기에 그 이름을 '묘음 다라니 광명 법문'이라 한다.

　　이는 제4 생귀주의 선지식이다. 정진바라밀로 본체를 삼고, 나머지 9바라밀로 반려를 삼는다.

　　만약 지혜로 말하면 5위를 모두 닦는 것이지만, 지위로 말하면 세속 지혜의 輪字 장엄 법문만을 닦는 것이다. 앞의 3선지식은 출세간의 지혜를 밝혔기에 덕운·해운·선주 3비구로 나타냈지만, 미가와 해탈장자 2사람은 세간에서의 해탈을 밝힌 까닭에 도리어 세속의 선지식으로 이를 나타낸 것이다. 나머지 뜻은 경문에서 말한 바와 같이 잘 갖춰져 있다.

第五解脫長者寄具足方便住

分六이니

初는 依教趣求라

　　제5. 해탈장자, 구족방편주 선지식

　　경문은 6단락으로 나뉜다.

　　1. 가르침을 따라 선지식을 찾아가 법을 구하다

經
爾時에 善財童子
思惟諸菩薩無礙解陀羅尼光明莊嚴門하며

深入諸菩薩語言海門하며
憶念諸菩薩知一切衆生微細方便門하며
觀察諸菩薩淸淨心門하며
成就諸菩薩善根光明門하며
淨治諸菩薩敎化衆生門하며
明利諸菩薩攝衆生智門하며
堅固諸菩薩廣大志樂門하며
住持諸菩薩殊勝志樂門하며
淨治諸菩薩種種信解門하며
思惟諸菩薩無量善心門하니라
誓願堅固하야 心無疲厭하며
以諸甲冑로 而自莊嚴하며
精進深心이 不可退轉하며
具不壞信하야 其心堅固 猶如金剛과 及那羅延하야 無能壞者하며
守持一切善知識敎하야 於諸境界에 得不壞智하며
普門淸淨하야 所行無礙하며
智光圓滿하야 普照一切하며
具足諸地의 總持光明하며
了知法界의 種種差別하며
無依無住하야 平等無二하며
自性淸淨하야 而普莊嚴하며

於諸所行에 皆得究竟하며
智慧淸淨하야 離諸執着하며
知十方差別法하야 智無障礙하며
往十方差別處호되 身不疲懈하며
於十方差別業에 皆得明了하며
於十方差別佛에 無不現見하며
於十方差別時에 悉得深入하며
淸淨妙法이 充滿其心하며
普智三昧로 明照其心하며
心恒普入平等境界하며
如來智慧之所照觸하며
一切智流 相續不斷하며
若身若心이 不離佛法하며
一切諸佛의 神力所加며
一切如來의 光明所照며
成就大願하야 願身이 周徧一切刹網하며 一切法界 普入其身하니라
漸次遊行 十有二年에 至住林城하야 周徧推求解脫長者라가

    그때, 선재동자는

    보살의 걸림 없는 지혜 다라니의 광명으로 장엄한 법문을 생각하고,

보살들의 언어 바다 법문에 깊이 들어가고,

보살들이 일체중생을 아는 미세한 방편 법문을 기억하고,

보살들의 청정한 마음 법문을 관찰하고,

보살들의 선근 광명 법문을 성취하고,

보살들의 중생 교화 법문을 청정하게 다스리고,

보살들이 중생을 거두어 주는 지혜 법문을 밝히고,

보살들의 광대한 뜻과 즐거운 법문을 견고히 하고,

보살들의 훌륭한 뜻과 즐거운 법문에 머물고,

보살들이 가지가지 신심과 이해의 법문을 청정히 다스리고,

보살들의 한량없이 착한 마음의 법문을 생각하였다.

서원이 견고하여 마음에 고달픈 생각이 없고,

많은 갑옷과 투구로 스스로 장엄하고,

정진의 깊은 마음이 물러서지 않으며,

깨뜨릴 수 없는 신심을 갖추어, 그 마음의 견고함이 금강과 나라연(那羅延)처럼 파괴할 자가 없고,

일체 선지식의 가르침을 지니고서 모든 경계에서 깨뜨릴 수 없는 지혜를 얻으며,

넓은 문이 청정하여 행히는 데 걸림이 없고,

지혜의 광명이 원만하여 일체 모든 것을 두루 비춰주며,

모든 지위의 다라니 광명을 두루 갖추고,

법계의 가지가지 차별을 잘 알며,

의지함도 없고 머무름도 없어 평등하여 둘이 없고,

자기의 성품이 청정하여 두루 장엄하며,
모든 행하는 바에 모두 최고의 경계를 얻고,
지혜가 청정하여 모든 집착을 여의며,
시방의 각기 다른 법을 알고서 지혜가 걸림 없고,
시방의 각기 다른 곳에 가되 몸이 고달프지 않으며,
시방의 각기 다른 업을 모두 분명히 알고,
시방의 각기 다른 부처님을 모두 친견하며,
시방의 각기 다른 시간에 모두 깊이 들어가고,
청정 미묘한 법이 그 마음에 충만하며,
넓은 지혜 삼매로 그 마음을 밝게 비추고,
마음이 항상 평등한 경계에 널리 들어가며,
여래의 지혜를 비추어 알고,
일체 지혜의 흐름이 계속하여 끊어지지 않으며,
몸과 마음이 불법을 떠나지 않고,
일체 부처님의 신통력의 가피를 받으며,
일체 여래의 광명으로 비춰주는 바이고,
큰 서원을 성취하여 서원의 몸이 일체 세계에 두루 찾아가며, 일체 법계가 모두 그 몸으로 들어갔다.

차례차례 걸어가면서 12년 만에 주림성에 이르러 해탈장자를 두루 찾다가,

● 疏 ●

於中二니

先은 思念前教라

於中에 亦二니 初 十一句는 思修前法이니 初總餘別이라 後 '誓願堅固'下는 顯修之益이라【鈔_ 寄具足方便住者는 帶眞隨俗하야 習無量善巧하야 化無住故니라】

이는 2단락이다.

(1) 앞 선지식의 가르침을 생각하였다.

이는 또 2단락으로 나뉜다.

앞의 11구는 앞의 법을 생각하고 닦음이다.

첫 구절은 총상이며, 나머지 구절은 별상이다.

뒤의 '誓願堅固' 이하는 수행의 이익을 밝혔다.【초_ 구족방편주에 붙여 말한 것은 眞諦를 지니고서 俗諦를 따라서 한량없는 뛰어남을 익혀 교화가 머묾이 없기 때문이다.】

二 '漸次'下는 趣求後友라 十二年者는 昔云自分勝進에 各修六度故요 亦顯徧觀十二住故요 亦表不住十二緣故일새 故云遊行이라 若不住緣이면 則得解脫이라 故下云得見이라하니라

(2) '漸次' 이하는 뒤의 선지식을 찾아가 법을 구하였다.

'12년'이란 옛사람이 말하였다.

"자신의 본분과 잘 닦아나가는 데에 각각 6바라밀을 닦기 때문이며,

또한 12住를 두루 관찰함을 나타내기 때문이며,

또한 12연기에 머물지 않음을 나타내기 때문이다.

이 때문에 이를 '遊行'이라 한다.

만약 12연기에 머물지 않으면 해탈을 얻기 때문에 아래의 경문에서 '그를 만나봤다[得見].'고 말하였다."

第二 見敬諮問

中三이니

初는 明見敬이라

2. 친견하여 절을 올리고 법을 묻다

이는 3단락이다.

⑴ 친견하고서 공경히 절을 올림을 밝혔다.

經

旣得見已에 五體投地하며 起立合掌하고

白言호되 聖者여 我今得與善知識會 是我獲得廣大善利니

何以故오

善知識者는 難可得見이며 難可得聞이며 難可出現이며 難得奉事며 難得親近이며 難得承接이며 難可逢値며 難得共居며 難令喜悅이며 難得隨逐이어늘 我今會遇하니 爲得善利로소이다

이미 장자를 보고서 두 팔꿈치, 두 무릎, 이마를 땅에 대고 절하였고, 일어서서 합장하고 말하였다.

"거룩하신 이여, 제가 지금 선지식을 만나 뵌 것은 제가 큰 좋은 이익을 얻은 것입니다.

무엇 때문일까?

선지식은 만나 뵙기 어렵고,

말씀을 듣기 어려우며,

나타나기도 어렵고,

받들어 섬기기도 어려우며,

가까이 모시기도 어렵고,

대하여 뵈옵기도 어려우며,

만나기도 어렵고,

함께 있기도 어려우며,

기쁨을 드리기도 어렵고

따르기도 어려운 일인데,

저는 이제 만났사오니 좋은 이익을 얻은 것입니다.

● 疏 ●

見敬而自慶者는 希望多年故니라

친견하고 절을 올리고서 스스로 경하하는 것은 12년 동안 오랜 세월을 바라왔기 때문이다.

二 自陳發心

(2) 스스로 발심을 말씀드리다

經

聖者여 我已先發阿耨多羅三藐三菩提心호니

爲欲事一切佛故며

爲欲値一切佛故며

爲欲見一切佛故며

爲欲觀一切佛故며

爲欲知一切佛故며

爲欲證一切佛平等故며

爲欲發一切佛大願故며

爲欲滿一切佛大願故며

爲欲具一切佛智光故며

爲欲成一切佛衆行故며

爲欲得一切佛神通故며

爲欲具一切佛諸力故며

爲欲獲一切佛無畏故며

爲欲聞一切佛法故며

爲欲受一切佛法故며

爲欲持一切佛法故며

爲欲解一切佛法故며

爲欲護一切佛法故며

爲欲與一切諸菩薩衆으로 同一體故며

爲欲與一切菩薩善根으로 等無異故며

爲欲圓滿一切菩薩波羅蜜故며

爲欲成就一切菩薩所修行故며

爲欲出生一切菩薩淸淨願故며

爲欲得一切諸佛菩薩威神藏故며

爲欲得一切菩薩法藏無盡智慧大光明故며

爲欲得一切菩薩三昧廣大藏故며

爲欲成就一切菩薩無量無數神通藏故며

爲欲以大悲藏으로 敎化調伏一切衆生하야 皆令究竟到邊際故며

爲欲顯現神變藏故며

爲於一切自在藏中에 悉以自心으로 得自在故며

爲欲入於淸淨藏中하야 以一切相으로 而莊嚴故니

거룩하신 이여, 저는 이미 아뇩다라삼먁삼보리심을 내었습니다.

일체 부처님을 섬기기 위함이며,

일체 부처님을 만나기 위함이며,

일체 부처님을 뵙기 위함이며,

일체 부처님을 관찰하기 위함이며,

일체 부처님을 알기 위함이며,

일체 부처의 평등함을 증득하기 위함이며,

일체 부처의 큰 서원을 내고자 함이며,

일체 부처의 큰 서원을 원만히 하고자 함이며,

일체 부처의 지혜 광명을 갖추기 위함이며,

일체 부처의 여러 가지 행을 성취하기 위함이며,

일체 부처의 신통을 얻기 위함이며,

일체 부처의 여러 힘을 갖추기 위함이며,

일체 부처의 두려움 없음을 얻기 위함이며,

일체 부처의 법을 듣고자 함이며,

일체 부처의 법을 받고자 함이며,

일체 부처의 법을 지니고자 함이며,

일체 부처의 법을 이해하고자 함이며,

일체 부처의 법을 보호하고자 함이며,

일체 보살 대중과 일체가 되고자 함이며,

일체 보살의 선근과 평등하여 다름이 없고자 함이며,

일체 보살의 바라밀을 원만히 하고자 함이며,

일체 보살이 수행한 바를 성취하고자 함이며,

일체 보살의 청정한 서원을 내고자 함이며,

일체 보살의 위신력의 법장을 얻고자 함이며,

일체 보살의 법장의 그지없는 지혜 큰 광명을 얻고자 함이며,

일체 보살의 삼매 광대한 법장을 얻고자 함이며,

일체 보살의 한량없고 수없는 신통력의 법장을 성취하고자 함

이며,

　　대비(大悲)의 법장으로 일체중생을 교화하고 조복하여, 모두 구경에 저 경지에 이르게 하고자 함이며,

　　신통변화의 법장을 나타내고자 함이며,

　　일체 자재한 법장에서 모두 자기의 마음으로 자재함을 얻고자 함이며,

　　청정한 법장 속에 들어가 일체 모습으로 장엄하고자 함입니다.

● 疏 ●

發心中에 先은 總이오 後爲欲下는 別陳發心之相이라
於中三이니
初는 欲上窮佛境이오
二'爲欲聞一切'下는 欲罄盡法源이오
三'爲欲與一切'下는 欲齊菩薩行이며 亦僧寶境이니 文竝可知니라

　　발심 부분의 앞은 총상이고, 뒤의 '爲欲' 이하는 발심의 양상을 별상으로 말하였다.

　　이 부분은 3단락이다.

　　(ㄱ) 위로 부처의 경계를 궁구하고사 하고,

　　(ㄴ) '爲欲聞一切' 이하는 법의 본원을 다하고자 하며,

　　(ㄷ) '爲欲與一切' 이하는 보살행과 똑같이 하고자 하며, 또한 僧寶의 경계이다.

　　이의 경문은 아울러 말하지 않아도 알 수 있다.

三 方陳請問

(3) 바야흐로 물음을 청하다

經

聖者여 我今以如是心과 如是意와 如是樂과 如是欲과 如是希求와 如是思惟와 如是尊重과 如是方便과 如是究竟과 如是謙下로 至聖者所호이다

我聞聖者는 善能誘誨諸菩薩衆하사 能以方便으로 闡明所得하사 示其道路와 與其津梁하며 授其法門하사 令除迷倒障하며 拔猶豫箭하고 截疑惑網하며 照心稠林하고 浣心垢濁하며 令心潔白하고 使心清淨하며 正心諂曲하고 絶心生死하며 止心不善하고 解心執着하며 於執着處에 令心解脫하고 於染愛處에 使心轉動하며 令其速入一切智境하고 使其疾到無上法城하며 令住大悲하고 令住大慈하며 令入菩薩行하고 令修三昧門하며 令入證位하고 令觀法性하며 令增長力하고 令修習行하야 普於一切에 其心平等이라하니

唯願聖者는 爲我宣說하소서 菩薩이 云何學菩薩行하며 修菩薩道하야 隨所修習하야 疾得清淨하며 疾得明了리잇고

　거룩하신 이여, 저는 이제 이와 같은 마음, 이와 같은 뜻, 이와

같은 즐거움, 이와 같은 욕망, 이와 같은 희망, 이와 같은 생각, 이와 같은 존경, 이와 같은 방편, 이와 같은 구경, 이와 같은 겸양으로 거룩하신 분이 계신 곳에 왔습니다.

제가 듣자오니 거룩하신 이께서는 보살 대중을 잘 가르쳐,
방편으로써 얻어야 할 바를 밝혀 그 길과 그 나루터를 보여주며,
그 법문을 전수하여 혼미의 전도된 장애를 없애주고,
머뭇거리는 화살을 뽑아주고, 의혹의 그물을 끊어주며,
마음의 빽빽한 숲을 비춰주고, 마음의 때를 씻어주며,
마음을 깨끗이 해주고, 마음을 청정케 하며,
마음의 아첨을 바르게 하고,
마음의 생사를 끊어주며,
마음의 착하지 못함을 멈춰주고,
마음의 집착을 풀어주며,
집착한 데서 마음을 해탈케 하고,
물든 애욕이 있는 곳에서 마음을 돌리게 하며,
일체 지혜의 경계에 빨리 들어가게 하고,
위없는 법성(法城)에 빨리 이르게 하며,
크게 가엾이 여김에 머물게 하고,
크게 사랑함에 머물게 하며,
보살의 행에 들어가게 하고,
삼매의 문을 닦게 하며,
증득하는 지위에 들게 하고,

법의 성품을 보게 하며,

힘을 증장케 하고,

행을 익히게 하여 일체중생에게 그 마음을 평등케 하신다고 하였습니다.

원하옵건대 거룩하신 이여, 저를 위하여 말해주십시오.

보살이 어떻게 보살의 행을 배우며,

어떻게 보살의 도를 닦으며,

어떻게 닦아 익힌 것이 빨리 청정해지며,

어떻게 빨리 잘 알 수 있는 것입니까?"

◉ 疏 ◉

於中 亦三이니

初는 結前生後니 謂結前發心之相하야 便爲請問之端이라 故云以如是心으로 至聖者所라하니라

二我聞聖者下는 讚能誘誨요

三唯願聖者下는 請說所疑라【鈔_ 謂結前發心之相者는 如前經言호대 爲欲入於淸淨藏中하야 以一切相而莊嚴故니 卽爲請問호대 云何得入於淸淨藏中'等이라 餘皆倣此하니라】

이 부분 또한 3단락이다.

(ㄱ) 앞의 문장을 끝맺으면서 뒤의 문장을 일으켰다. 앞의 발심한 양상을 끝맺으면서 물음의 실마리를 삼기에 "이와 같은 마음으로 거룩하신 분이 계신 곳에 찾아왔다."고 말하였다.

(ㄴ) '我聞聖者' 이하는 잘 가르침을 찬탄하였고,

(ㄷ) '唯願聖者' 이하는 의심 부분에 대해 말해줄 것을 청하였다.【초_ "앞의 발심한 양상을 끝맺었다."는 것은 앞의 경문에서 이르기를, "청정한 법장 속에 들어가 일체 모습으로 장엄하고자 함이다."고 하였다. 이에 이어서 묻기를, "어떻게 청정한 법장 속에 들어갈 수 있습니까?" 등이다. 나머지는 모두 이와 같다.】

第三 正示法界

分二니

初는 入定默示요 後는 出定言答이라

今은 初라

3. 바로 법계를 보여주다

2단락으로 나뉜다.

(1) 선정에 들어 침묵으로 보여주었고,

(2) 선정에서 나와 말씀으로 답하였다.

이는 '(1) 선정의 침묵'이다.

經

時에 解脫長者 以過去善根力과 佛威神力과 文殊師利童子憶念力故로 卽入菩薩三昧門하시니 名普攝一切佛刹無邊旋陀羅尼라

入此三昧已하야는 得淸淨身하사

於其身中에 顯現十方各十佛刹微塵數佛과 及佛國土 衆會道場과 種種光明諸莊嚴事하며

亦現彼佛往昔所行神通變化와 一切大願助道之法과 諸出離行淸淨莊嚴하며

亦見諸佛의 成等正覺과 轉妙法輪과 敎化衆生하사 如是 一切를 於其身中에 悉皆顯現하야 無所障礙하며

種種形相과 種種次第 如本而住하야 不相雜亂하니

所謂種種國土와 種種衆會와 種種道場과 種種嚴飾이니

其中諸佛이 現種種神力하며 立種種乘道하며 示種種願 門하며

或於一世界에 處兜率宮하야 而作佛事하며

或於一世界에 歿兜率宮하야 而作佛事하며

如是或有住胎하며 或復誕生하며 或處宮中하며 或復出 家하며 或詣道場하며 或破魔軍하며 或諸天龍이 恭敬圍 遶하며 或諸世主 勸請說法하며 或轉法輪하며 或般涅槃 하며 或分舍利하며 或起塔廟하며

彼諸如來 於種種衆會와 種種世間과 種種趣生과 種種 家族과 種種欲樂과 種種業行과 種種語言과 種種根性과 種種煩惱의 隨眠習氣인 諸衆生中에

或處微細道場하며 或處廣大道場하며 或處一由旬量道 場하며 或處十由旬量道場하며 或處不可說不可說佛刹

微塵數由旬量道場하사
以種種神通과 種種言辭와 種種音聲과 種種法門과 種種總持門과 種種辯才門하며
以種種聖諦海와 種種無畏大師子吼로 說諸衆生의 種種善根과 種種憶念하며 授種種菩薩記하며 說種種諸佛法이어시든
彼諸如來의 所有言說을 善財童子- 悉能聽受하며
亦見諸佛과 及諸菩薩의 不可思議三昧神變하니라

그때, 해탈장자는 과거의 선근의 힘, 부처님 위신의 힘, 문수사리동자의 생각하는 힘으로 바로 보살의 삼매 법문에 들어갔다. 그 삼매의 이름을 '일체 부처의 세계를 널리 거두어 그지없이 선회하는 다라니[普攝一切佛刹無邊旋陀羅尼]'라 한다.

이 삼매에 들어가 청정한 몸을 얻어,

그의 몸에서는 시방으로 각각 열 세계의 티끌 수 부처님, 부처님의 국토와 대중법회 도량, 가지가지 광명으로 장엄한 일을 나타냈고,

또한 저 부처님들이 옛적에 행하셨던 신통변화, 일체 큰 서원과 도를 돕는 법, 삼계를 벗어나는 행, 청정한 장엄을 나타냈으며,

또한 부처님들의 등정각 성취, 미묘한 법륜을 굴림, 중생의 교화를 나타냈는데, 이와 같은 모든 일들이 그의 몸에서 모두 나타났지만 장애된 바 없었으며,

가지가지 형상, 가지가지 차례가 본래와 같이 머물면서도 섞이

거나 혼란하지 않았다.

이른바 가지가지 국토, 가지가지 대중 모임, 가지가지 도량, 가지가지 장엄들이다.

그 가운데 계시는 부처님이 가지가지 신통력을 나타내고, 가지가지 법의 도를 세우고, 가지가지 서원의 법문을 보여주었다.

혹은 한 세계의 도솔천궁에 계시면서 불사를 짓기도 하고,

혹은 한 세계의 도솔천궁에서 죽으면서 불사를 짓기도 하며,

이와 같이 혹은 모태에 있기도 하고,

혹은 탄생하기도 하며,

혹은 궁중에 계시기도 하고,

혹은 출가하기도 하며,

혹은 도량에 나아가기도 하고,

혹은 마군을 깨뜨리기도 하며,

혹은 하늘과 용들이 공경하여 둘러 모시기도 하고,

혹은 세간의 임금들이 설법을 청하기도 하며,

혹은 법륜을 굴리기도 하고,

혹은 열반에 들기도 하며,

혹은 사리를 나누기도 하고,

혹은 탑을 쌓기도 하며,

저 여래께서 가지가지 대중의 모임, 가지가지 세간, 가지가지 태어나는 길, 가지가지 가족, 가지가지 욕망, 가지가지 업행, 가지가지 언어, 가지가지 근성, 가지가지 번뇌의 수면습기를 지닌 중생

들 가운데,

　　혹은 작은 도량에 있기도 하고,

　　혹은 넓은 도량에 있기도 하며,

　　혹은 1유순쯤의 도량에 있기도 하고

　　혹은 10유순쯤의 도량에 있기도 하며,

　　혹은 말할 수 없이 말할 수 없는 세계의 티끌 수 유순쯤의 도량에 있기도 하면서,

　　가지가지 신통, 가지가지 언어, 가지가지 음성, 가지가지 법문, 가지가지 총지문, 가지가지 변재의 법문,

　　가지가지 성인의 진리의 바다, 가지가지 두려움이 없는 대사자후로써 중생의 가지가지 선근, 가지가지 생각을 말하며, 가지가지 보살의 수기를 주며, 가지가지 불법을 말하였다.

　　저 모든 여래의 말씀을 선재동자가 모두 들었으며,

　　또한 부처님들과 보살들이 불가사의한 삼매와 신통변화를 보기도 하였다.

● 疏 ●

所以此中入定示者는 亦顯此位定增上故니라

文中三이니

初는 彰入定因緣이니 宿善爲因이니 表自修故오 後二는 爲緣이니 主佛威力은 表本覺故오 文殊念力은 顯信智故니 已彰善財 因文殊故니라

二卽入下는 擧定名體니 謂普攝諸刹하야 在於身中은 由唯心之智 稱性總持하야 令如體用하야 旋轉無礙라 故以爲名이라

三入此三昧下는 明定業用이니 卽普攝等義라 於中三이니 初는 總明普攝이오 次種種形下는 別彰廣多이오 三彼諸如來所有言下는 令善財聞見이라

이 부분에서 선정에 들어가 보여준 바는 또한 이 지위의 선정 增上을 밝힌 때문이다.

이의 경문은 3단락이다.

(ㄱ) 선정에 든 인연을 밝혔다.

과거 세상의 선근은 원인이다. 스스로의 수행을 나타낸 때문이며,

뒤의 2가지는 보조의 반연이다. 主佛의 위신력은 本覺에 나타낸 때문이며,

문수보살의 念力은 믿음의 지혜를 밝힌 때문이다. 이미 선재동자가 문수보살로 인함을 밝혔기 때문이다.

(ㄴ) '卽入' 이하는 선정을 들어 체성을 명명하였다. 널리 모든 세계를 받아들여서 몸속에 있는 것은 오직 마음의 지혜가 성품에 부합하여 모두 지니고서 하여금 체용과 같이 걸림 없이 선회함을 연유하기에 그 이름을 삼은 것이다.

(ㄷ) '入此三昧' 이하는 선정의 작용을 밝혔다. 이는 널리 받아들임 등의 뜻이다.

이 부분은 3단락이다.

① 널리 받아들임을 총상으로 밝혔고,

② '種種形' 이하는 광대하고 많음을 별상으로 밝혔으며,

③ '彼諸如來所有言' 이하는 선재동자로 하여금 듣고 보도록 하였다.

第二 出定言告

中四니

一은 明起定이오

二 '告善財'下는 示定名體라

名如來無礙莊嚴者는 總有五義니

一은 一切如來 各具一切無礙莊嚴이오

二는 一一如來互徧無礙오

三은 一切如來莊嚴이 悉入長者之身이오

四는 長者徹見十方佛海오

五는 長者 智持 不以爲礙라 故無礙言이 兼得旋持니 不違上文經家所序라

三 '善男子我入出'下는 明定業用이라

 (2) 선정에서 나와 말씀으로 답하다

 이는 4단락이다.

 (ㄱ) 선정에서 일어남을 밝혔고,

 (ㄴ) '告善財' 이하는 선정을 들어 체성을 명명하였다.

'如來無礙莊嚴'이라는 명제에는 모두 5가지 뜻이 있다.
① 일체 여래가 각각 일체 걸림 없는 장엄을 갖추었고,
② 하나하나 여래가 서로 걸림이 없으며,
③ 일체 여래의 장엄이 모두 해탈장자의 몸에 들어가고,
④ 장자가 시방의 부처 바다를 모두 보았으며,
⑤ 장자의 지혜 지님이 장애가 되지 않기 때문에 '걸림 없다.'는 말에 선회하여 지님을 겸하고 있다. 위 경문의 경학가의 서술한 바에 어긋나지 않는다.

㈃ '善男子我入出' 이하는 선정의 작용을 밝혔다.

經

爾時에 解脫長者 從三昧起하사
告善財童子言하사대 善男子야 我已入出如來無礙莊嚴解脫門호니
善男子야 我入出此解脫門時에
卽見東方閻浮檀金光明世界에 龍自在王如來應正等覺의 道場衆會之所圍遶에 毘盧遮那藏菩薩이 而爲上首하며
又見南方速疾力世界에 普香如來應正等覺의 道場衆會之所圍遶에 心王菩薩이 而爲上首하며
又見西方香光世界에 須彌燈王如來應正等覺의 道場衆會之所圍遶에 無礙心菩薩이 而爲上首하며

又見北方袈裟幢世界에 不可壞金剛如來應正等覺의 道場衆會之所圍遶에 金剛步勇猛菩薩이 而爲上首하며
又見東北方一切上妙寶世界에 無所得境界眼如來應正等覺의 道場衆會之所圍遶에 無所得善變化菩薩이 而爲上首하며
又見東南方香焰光音世界에 香燈如來應正等覺의 道場衆會之所圍遶에 金剛焰慧菩薩이 而爲上首하며
又見西南方智慧日普光明世界에 法界輪幢如來應正等覺의 道場衆會之所圍遶에 現一切變化幢菩薩이 而爲上首하며
又見西北方普淸淨世界에 一切佛寶高勝幢如來應正等覺의 道場衆會之所圍遶에 法幢王菩薩이 而爲上首하며
又見上方佛次第出現無盡世界에 無邊智慧光圓滿幢如來應正等覺의 道場衆會之所圍遶에 法界門幢王菩薩이 而爲上首하며
又見下方佛光明世界에 無礙智幢如來應正等覺의 道場衆會之所圍遶에 一切世間刹幢王菩薩이 而爲上首하노니

그때, 해탈장자가 삼매에서 일어나 선재동자에게 말하였다.

"선남자여, 나는 이미 여래의 걸림 없는 장엄 해탈문에 들어갔다가 나왔다.

선남자여, 내가 이 해탈문에 들어갔다가 나올 적에

동방의 염부단금광명세계의 용자재왕 여래, 응공, 정등각의 도량에 모인 대중이 둘러쌌는데 비로자나장보살이 상수보살임을 보았다.

또 남방의 속질력세계의 보향 여래, 응공, 정등각의 도량에 모인 대중이 둘러쌌는데 심왕보살이 상수보살임을 보았다.

또 서방의 향광세계의 수미등왕 여래, 응공, 정등각의 도량에 모인 대중이 둘러쌌는데 무애심보살이 상수보살임을 보았다.

또 북방의 가사당세계의 불가괴금강 여래, 응공, 정등각의 도량에 모인 대중이 둘러쌌는데 금강보용맹보살이 상수보살임을 보았다.

또 동북방의 일체상묘보세계의 무소득경계안 여래, 응공, 정등각의 도량에 모인 대중이 둘러쌌는데 무소득선변화보살이 상수보살임을 보았다.

또 동남방의 향염광음세계의 향등 여래, 응공, 정등각의 도량에 모인 대중이 둘러쌌는데 금강염혜보살이 상수보살임을 보았다.

또 서남방의 지혜일보광명세계의 법계윤당 여래, 응공, 정등각의 도량에 모인 대중이 둘러쌌는데 현일체변화당보살이 상수보살임을 보았다.

또 서북방의 보청정세계의 일체불보고승당 여래, 응공, 정등각의 도량에 모인 대중이 둘러쌌는데 법당왕보살이 상수보살임을 보았다.

또 상방의 불차제출현무진세계의 무변지혜광원만당 여래, 응공, 정등각의 도량에 모인 대중이 둘러쌌는데 법계문당왕보살이 상수보살임을 보았다.

또 하방의 불광명세계의 무애지당 여래, 응공, 정등각의 도량에 모인 대중이 둘러쌌는데 일체세간찰당왕보살이 상수보살임을 보았다.

◉ 疏 ◉

上三科는 可知라

위 3단락 과목 부분은 말하지 않아도 알 수 있다.

■

四 彰定體相

卽無來去는 唯心觀故라

於中二니

一은 結前所見이 體無來往이라

 (ㄹ) 선정의 體相을 밝히다

 이는 오고 감이 없는 唯心觀이기 때문이다.

 이는 2단락이다.

 ① 앞에서 보았던 체성이 오고 감이 없음을 끝맺었다.

經

善男子야 **我見如是等十方各十佛刹微塵數如來**나 **彼諸如來 不來至此**며 **我不往彼**로라

선남자여, 내가 이처럼 시방으로 각각 열 세계의 티끌 수 여래를 보았지만, 저 모든 여래는 여기 오시지도 않았고, 내가 그곳에 찾아가지도 않았노라.

◉ 疏 ◉

所以次前顯此定者는 唯心之觀이 亦其要故며 亦顯此位知衆生界無量無邊이 皆心現故니라

앞서 말한 다음으로 이 선정을 밝힌 바는 唯心觀이 또한 그 요체이기 때문이며,

또한 이 지위에 중생계의 한량없고 그지없음이 모두 마음으로 나타난 것인 줄을 알아야 함을 밝혔기 때문이다.

二廣顯隨心見佛體相

於中四니

一은 明隨心念佛하야 諸佛現前이오

二는 正顯唯心念佛觀體오

三은 以唯心觀으로 徧該萬法이오

四는 結勸修學하야 令證唯心이라

今은 初라

② 마음에 따라서 부처의 체상을 본 것임을 자세히 밝히다

이 부분은 4단락이다.

㉠ 마음 따라 부처를 생각하여, 제불이 앞에 나타남을 밝혔고,

㉡ 유심관으로 부처를 생각하여 체성을 봄을 바로 밝혔으며,

㉢ 유심관으로써 모든 법을 두루 갖춤이며,

㉣ 학문 닦을 것을 끝맺으면서 권면하여, 마음을 증득하도록 하였다.

이는 '㉠ 마음 따라 부처를 생각함'이다.

經

我若欲見安樂世界阿彌陀如來하면 隨意卽見하며
我若欲見梅檀世界金剛光明如來와
妙香世界寶光明如來와
蓮華世界寶蓮華光明如來와
妙金世界寂靜光如來와
妙喜世界不動如來와
善住世界師子如來와
鏡光明世界月覺如來와
寶師子莊嚴世界毘盧遮那如來하면
如是一切를 悉皆卽見이나

내가 안락세계의 아미타여래를 보고자 원하면 생각하는 바를

따라서 바로 보게 되고,

　　내가 전단세계의 금강광명여래,

　　묘향세계의 보광명여래,

　　연화세계의 보련화광명여래,

　　묘금세계의 적정광여래,

　　묘희세계의 부동여래,

　　선주세계의 사자여래,

　　경광명세계의 월각여래,

　　보사자장엄세계의 비로자나여래를 보고자 원하면,

　　이와 같은 일체 부처님을 모두 보게 되지만,

● 疏 ●

旣了境唯心이오 了心卽佛일새 故隨所念하야 無非佛矣니 何難見哉아【鈔_ 旣了境唯心者는 上經云 若人欲了知 三世一切佛인댄 應觀法界性에 一切唯心造니라하니라

言了心卽佛者는 經云 如心佛亦爾하며 如佛衆生然하니 應知佛與心이 體性皆無盡이로다 旣境卽是心이오 心卽是佛인댄 則無境非佛이온 況心心耶아 加以志一不撓하야 精詣造微하니 佛應克誠이어늘 于何不見고】

　　이미 경계가 오직 마음인 줄 알며, 마음이 부처임을 알기 때문에 생각하는 바를 따라서 부처 아닌 것이 없다. 어찌 부처를 보기 어렵겠는가.【초_ "이미 경계가 오직 마음인 줄 안다."는 것은 위의

제20 야마천궁게찬품의 게송에서 말하였다.

"만일 어떤 사람이 삼세 일체 부처님을 알고자 한다면, 법계의 성품에 일체 모든 경계는 오직 마음이다."

"마음이 부처임을 안다."는 것은 위의 제20 야마천궁게찬품의 게송에서 또 말하였다.

"마음처럼 부처님 또한 그러하고, 부처님처럼 중생 또한 그러하다. 부처님이나 마음의 체성이 모두 그지없음을 알아야 한다."

이미 경계가 바로 마음이고, 마음이 부처인데 어느 경계이든 부처 아닌 것이 없다. 하물며 마음과 마음이야. 여기에 한결같은 뜻으로 흔들리지 않고서 정미한 경계에 나아갔는 바, 부처는 성의에 감응하는 법인데, 어찌 부처를 보지 못할 턱이 있겠는가.】

二는 正顯唯心 念佛觀體

㉡ 유심관으로 부처를 생각하여 체성을 봄을 바로 밝히다

經

然彼如來 不來至此며 我身도 亦不往詣於彼라
知一切佛과 及與我心이 悉皆如夢하며
知一切佛이 猶如影像하고 自心如水하며
知一切佛의 所有色相과 及以自心이 悉皆如幻하며
知一切佛과 及以己心이 悉皆如響하노니

我如是知하며 如是憶念하니 所見諸佛이 皆由自心이니라

그러나 저 여래께서 여기에 오시지도 않았고, 나의 몸 또한 그 곳에 찾아가지도 않았다.

일체 부처님과 나의 마음이 모두 꿈과 같음을 알며,

일체 부처님이 그림자와 같고, 나의 마음은 물 같은 줄을 알며,

일체 부처님이 지닌 모습과 나의 마음이 모두 허깨비와 같음을 알며,

일체 부처님과 나의 마음이 메아리 같음을 아노라.

나는 이렇게 알고 이렇게 생각한다. 친견한 바의 부처님이 모두 나의 마음에 의해 나타나는 것이다.

● 疏 ●

初는 總明相無來往이라【鈔_ '今初總明無來往'者는 體性寂滅故니라】

첫 부분은 여래와 내가 모두 오고 감이 없음을 총괄하여 밝혔다.【초_ "첫 부분은 여래와 내가 모두 오고 감이 없음을 총괄하여 밝혔다."는 것은 체성이 적멸한 까닭이다.】

'知一切'下는 釋其所由니 所以上言'普見諸佛'이오 又無來去는 其故何耶아 了彼相虛하야 唯心現故니라【鈔_ '了彼相虛 唯心現故'者는 以我卽寂之唯心으로 明彼卽體之妙用이니 能念·所念이 何動寂之相干이리오】

'知一切' 이하는 그 이유를 해석하였다. 위에서는 "널리 여러

부처를 보았다."고 말하였는데, 또 오고 감이 없다는 그 까닭이 무엇인가. 저 모양이 공허하여 오직 나의 마음에 의해 나타난 것임을 알기 때문이다.【초_ "저 모양이 공허하여 오직 나의 마음에 의해 나타난 것임을 알기 때문이다."는 것은 나의 적멸과 하나가 된 마음으로 저 본체와 하나가 된 妙用을 두들긴 것이다. 생각하는 주체와 생각하는 대상이 어찌 움직임과 고요함에 서로 관여함이 있겠는가.】

於中에 前은 別顯이오 後는 結成이라
別中에 文有四對니 意含通別이니 謂通顯唯心인댄 喩無來往이오 別喩唯心인댄 兼明不出入等이라
一은 如夢對니 般舟三昧經에 云如夢見七寶에 親屬歡樂이라가 覺已追念에 不知在何處하나니 如是念佛이라하니 此喩唯心所作이라 卽有而空일새 故無來去니라
又云 如舍衛國에 有女하니 名曰須門이라 聞之心喜하야 夜夢從事라가 覺已念之에 彼不來하고 我不往이로되 而樂事宛然하니 當如是念佛이라하니 此正喩體無來往이오 但隨心變이니라【鈔_ 般舟下는 引證이라 此經에 有三卷하니 題云般舟三昧經이오 一名十方現在佛悉在前立定經이라 後魏沙門 支婁迦讖 譯이오 在羅閱祇迦鄰竹園說이라 跋陀和菩薩問이니 第一問事品이라 今引도 亦第一卷이라 行品第二에 佛이 先令遠惡近善하야 修此念佛三昧라 故擧諸喩하야 示念佛相하니 經文浩博이라 今疏畧引하야 各當具引一喩라 經云 何因緣으로 致現在諸佛이 悉在前立三昧오

如是跋陀和여 其有比丘比丘尼優婆塞優婆夷가 持戒完具하고 獨於一處止하야 心念西方阿彌陀佛하라 今現在에 隨所聞하라 當念하라 彼國이 去此千億萬佛刹에 其國을 名須摩提라 佛 在衆菩薩中央說經하시고 一切時에 常念阿彌陀佛이니라

佛 告跋陀和하사되 譬如人臥라가 卽於夢中에 見有種種金銀珍寶이나 或復夢見父母兄弟妻子와 親屬知識하야 相與娛樂에 喜樂無比라가 及其覺已에 爲人說之니라

如是跋陀和여 若沙門이 白衣所聞西方阿彌陀佛을 當念彼佛하야 不得缺戒하고 一心專念으로 若一晝夜 若七日七夜면 過七日已後에 見阿彌陀佛호되 於覺에 不見이나 於夢中에 見之리라

譬如夢中所見은 不知晝夜오 亦不知內오 亦不見外로되 不用在冥中故不見이오 不用有所蔽礙故不見이니라

如是니라 跋陀和여 菩薩은 當如是念이니라

時 佛國界에 名大須彌山하니 其有幽冥之處 悉爲開闢하야 目亦不蔽하고 心亦不礙라 是菩薩摩訶薩은 不持天眼徹視하고 不持天耳徹聽하고 不持神足코 到其佛刹이로되 不於是間終하고 不生彼間佛刹耳라 乃見 便於此間坐에 見阿彌陀佛이라 聞所說法을 悉受持得하고 從三昧起하야 悉能具足하야 爲人說之니라

釋曰 次下는 卽有須門女喩라】

이 부분의 앞은 별상으로 밝혔고, 뒤는 끝맺었다.

별상 부분의 경문에는 4대구가 있다. 그 뜻은 通相과 별상을 모두 포함하고 있다. 唯心을 통상으로 밝히면 오고 감이 없음을 비

유하였고, 유심의 별상을 비유하면 오고 가지 않았다는 등을 겸하여 밝힌 것이다.

첫째, 꿈과 같다는 대구이다. 반주삼매경에서 말하였다.

"꿈속에서 칠보를 보았을 적에 친속이 기뻐했는데, 꿈을 깬 뒤에 미뤄 생각해 보았지만, 칠보가 어느 곳에 있는지 알 길이 없었다. 이와 같이 부처를 생각해야 한다."

이는 오직 마음으로 만들어 낸 것이다. 有와 하나가 된 空이기에 오고 감이 없음을 비유하였다.

또 말하였다.

"사위국에 '須門'이라는 음탕한 여인이 있었다. 그 여인에 대한 말을 듣고서 마음속으로 좋아한 나머지 꿈속에서 그 여인을 만났지만 꿈을 깬 뒤에 생각해 보니, 그 여인은 오지도 않았고 나는 찾아가지도 않았지만, 즐거웠던 일은 어렴풋이 생각난다. 마땅히 이와 같이 부처를 생각해야 한다."

이는 바로 나의 몸은 오고 감이 없다. 다만 마음을 따라 변하였을 뿐임을 비유하였다.【초_ '반주삼매경' 이하는 인증이다. 이의 경전은 3권이다. 책의 제목은 '반주삼매경'이며, 또 다른 이름은 '十方現在佛悉在前立定經'이다. 後魏의 스님인 지루가참의 번역이며, 羅閱祇迦鄰竹園에서 설법한 내용이다. 이는 발타화보살의 물음이다. 제1 問事品이다.

여기에서 인용한 부분 또한 제1권이다.

行品 제2에서 부처님이 먼저 악업을 멀리하고 선업을 가까이

한 뒤에 이 염불삼매를 닦도록 하였다. 이 때문에 여러 비유를 들어 念佛相을 보여준 것이다. 이에 관한 경문은 많은 양이다. 여기에서는 간추려 인용하여 각기 하나의 비유를 구체적으로 인용하고자 한다.

반주삼매경에서 말하였다.

"무슨 인연으로 현재 많은 부처님이 모두 앞에 나타난 삼매를 얻을 수 있습니까?"

부처님께서 발타화에게 말씀하셨다.

"그렇다. 발타화보살이여, 비구, 비구니, 우바새, 우바이가 계를 지킴이 완전히 구족하고 홀로 한곳에 머물면서 마음으로 서방의 아미타불을 염하라. 지금 현재에 들리는 바를 따라 나타날 것이다.

잘 생각하라. 그 나라는 여기에서 천억만 부처님 나라만큼 떨어진 곳에 須摩提[sukhāvatī. 안락국·극락이라 번역. 아미타불이 계시는 청정한 국토]라는 나라가 있다. 부처님이 대중보살의 중앙에서 경전을 연설하시고 모든 시간에 항상 아미타불을 염하였다."

부처님께서 발타화에게 말씀하셨다.

"비유하면 어떤 사람이 누워 자다가 꿈속에서 가지가지 금은 보화를 보았거나 혹은 꿈속에서 부모 형제 처자와 친속과 아는 이를 만나서 서로 즐기면서 비할 데 없이 좋아하다가 잠에서 깨어난 뒤에 남들에게 이를 이야기하는 것과 같다.

이와 같다. 발타화여, 만약 스님이 속가에 있을 적에 들었던 서방의 아미타불을 염불하면서 계율을 잃지 않고서 하루 낮밤이나 혹은 이레 날밤을 하나같은 마음으로 염불하면, 이레가 지난 후에 아미타불을 뵐 것이지만, 꿈을 깬 뒤에는 볼 수 없으나 꿈속에서는 보게 될 것이다.

비유하면 사람이 꿈을 꿀 적이면 밤낮인 줄도 모르고, 또한 안팎인지도 모르지만, 어둠 속에 있기 때문에 보지 못한 것도 아니며, 가리고 막힌 것이 있기 때문에 보지 못한 것도 아니다.

이와 같다. 발타화여, 보살은 이렇게 생각해야 한다.

이때 모든 부처님 나라의 경계에 큰 수미산이 있었다. 그 그윽하고 어두운 곳이 모두 열려 있어 눈으로도 가리지 않고 보였으며, 마음 또한 막힘이 없었다. 이 보살마하살은 천안통을 가지지 않고서도 뚫어보고, 천이통을 가지지 않고서도 훤히 듣고, 신족통을 가지지 않고서도 그 부처님 나라에 이르되, 이곳에서 생을 마치고 저곳에 태어나는 것이 아니라, 곧 여기에 앉아서 아미타불을 보는 것이다. 설법한 바를 듣고서 모두 받아 지니고 삼매에서 일어나 모두 두루 갖추어 남들을 위하여 이 법을 연설하였다."

이에 대한 해석은 다음과 같다.

"다음 아래에는 음탕한 여인 '수문'의 비유가 있다."】

二. 水影對中에 若月滿秋空이면 隨水而現이로되 澄潭皎淨이면 則月影圓明이어니와 水濁波騰이면 則光昏影散이라 有水면 月現이나 曾何入來오 無水면 影空이나 未曾出去니 雖水中見月이나 誰能執持오 心之定散을 準喩思擇하라【鈔_ 然其大意는 佛旣如影이니 安有有無리오 一多·勝劣·去來·入出等相은 非空非有라 中道觀成이라

若水는 喩心性이니 則佛之月影은 皆是衆生眞心中物이니 心佛交徹이 眞唯心也니라】

둘째, 물과 달그림자의 대구이다. 이 가운데 만약 달이 가을 하늘에 보름달이 되면 물을 따라 그림자가 나타나는데, 맑은 연못이 깨끗하면 달그림자가 둥글게 뚜렷하지만, 물이 혼탁하고 물결이 일면 달빛이 어둡고 그림자가 흩어지게 된다.

물이 있으면 달그림자가 나타나지만, 어찌 달이 들어온 것이겠는가. 물이 없으면 달그림자가 없지만 달이 일찍이 떠나간 것이 아니다. 비록 물속에서 달을 볼 수 있으나 그 누가 달을 잡을 수 있겠는가. 마음의 선정과 산란을 이에 준해 비유하여 생각하고 선택해야 한다.【초_ 그러나 여기에서 말한 큰 뜻은 부처는 이미 그림자와 같다. 어찌 있다느니 없다느니 말할 수 있겠는가. 하나와 많음, 훌륭함과 못남, 오고 감, 들고 나감 등의 양상은 공한 것도 아니요, 있는 것도 아니다. 中道觀으로 이뤄진 것이다. 물은 심성을 비유함이니, 부처의 달그림자는 모두 중생 眞心 속에 있는 존재이다. 마음과 부처가 서로 통함이 진실한 唯心이다.】

三은 如幻對니 如幻非實이면 則心佛兩亡이오 而不無幻相이면 則不壞心佛이니 正喩空有無礙故로 即無來去나 不妨普見하고 見即無見일새 常契中道니라【鈔_ 三如幻對는 但有通喩어늘 新經에 別喩云 又知自心이 猶如幻術이오 知一切佛이 如幻所作이라하니 謂有能幻法이라야 方有幻事오 無能念心이면 無所見佛이라 疏中에 具顯三觀이니 初는 空觀이오 次而不無幻相下는 即假觀이오 後正喩

下는 中道觀也니라】

셋째, 허깨비와 같다는 대구이다. 허깨비와 같아 실상이 아니면 마음과 부처가 모두 사라짐이며, 허깨비의 모양이 없지 않으면 마음과 부처가 무너지지 않음이다. 바로 空·有가 걸림이 없기 때문에 곧 오고 감이 없으나 널리 보는 데에 방해가 되지 않고, 보는 것이 곧 보는 것 자체가 없기에 언제나 中道에 계합함을 비유하였다.【초_ '셋째, 허깨비와 같다는 대구'는 단 通相의 비유만 있을 뿐인데, 新經에서 별상의 비유로 이르기를, "또한 나의 마음이 오히려 요술과 같음을 알 수 있고, 일체 부처가 요술로 만들어진 것과 같음을 알 수 있다."고 하였다. 이는 요술에 능해야 비로소 요술을 부릴 수 있고, 염불하는 마음이 없으면 볼 수 있는 부처가 없음을 말한다.

청량소에는 3가지 觀을 갖추어 밝히고 있다. 처음은 空觀, 다음 '而不無幻相' 이하는 假觀, 뒤의 '正喩' 이하는 中道觀이다.】

四는 如響對니 以心爲緣하야 而佛響應이나 佛無分別하고 以佛爲緣하야 而心見佛이나 心何去來오 此는 但總喩緣成之義라【鈔_ '四 如響對'도 亦唯通喩어늘 新經에 別喩云 '譬如空谷이 隨聲發響하나니 悟解自心이 隨念見佛이라'하니

釋曰 此唯一義니 則法身은 如空谷이오 自心은 如發聲이오 見佛은 如響應이어늘 而疏釋經通相之喩는 心佛이 皆響이라 故兩句釋之니라 初는 喩佛如響이니 則谷等은 同上이오 後 '以佛爲緣'下는 喩心如響이니 則以自性淸淨心으로 爲空谷하고 佛應으로 爲聲하고 起見佛心은

卽喩響也라 故疏에 結云此但總喩緣成之義라하니라
然亦聲·谷 皆緣이니 喩以心爲緣하야 而有佛響이오 以佛爲緣而心得見이라 故二皆響이라
而上四喩에 皆言對者는 雖喩有三이나 法本但喩於心佛二故니라 上之四喩는 皆具四觀하니 一은 正喩唯心이오 二는 唯心故空이오 三은 唯心故假오 四는 唯心故中이니 融而無礙가 卽華嚴意라】

　넷째, 음향과 같다는 대구이다. 마음으로 반연을 삼아 부처가 울림처럼 감응하지만 부처는 차별하는 마음이 없다. 부처로 반연을 삼아 마음으로 부처를 보지만, 마음이 어찌 오고 감이 있겠는가. 이는 다만 반연으로 이뤄진다는 뜻을 총괄하여 비유하였다.
【초_ '넷째, 음향과 같다는 대구' 또한 通相의 비유인데, 新經에서 별상의 비유로 이르기를, "비유하면 빈 골짜기가 소리를 따라서 울림이 일어난다. 나의 마음이 염불을 따라 부처를 만나봄임을 알 수 있다."고 하였다.

　이에 대한 해석은 다음과 같다.

　이는 오직 하나의 의의일 뿐이다. 법신은 빈 골짜기와 같고, 나의 마음은 일어나는 소리와 같고, 부처를 만나봄은 울림과 같다. 그러나 청량소에서 경문을 通相의 비유로 해석함은 마음과 부처가 모두 울림이다. 이 때문에 2구절로 이를 해석한 것이다.

　첫 부분은 부처가 울림과 같다는 비유이다. 골짜기 등은 위에서 말한 바와 같다.

　뒤의 '以佛爲緣' 이하는 마음이 울림과 같다는 비유이다. 자성

의 청정한 마음으로 빈 골짜기를 삼고, 부처의 감응으로 소리를 삼고, 부처를 보았다는 마음을 일으킴은 울림에 비유한 것이다. 이 때문에 청량소에서 끝맺어 이르기를, "이는 다만 반연으로 이뤄진다는 뜻을 총상으로 비유하였을 뿐이다."고 하였다.

그러나 또한 소리와 골짜기 모두 반연이다. 마음으로 반연을 삼아 부처의 울림이 있고, 부처로 반연을 삼아 마음으로 볼 수 있음을 비유하였다. 이 때문에 소리와 골짜기 2가지 모두 울림이다.

위의 4가지 비유에 모두 '대구'라 말한 것은 비록 비유에는 3가지가 있으나 법은 본래 마음과 부처 2가지를 비유하였을 뿐이기 때문이다.

위의 4가지 비유에는 모두 4가지 觀을 갖추고 있다.

① 바로 唯心觀을 비유하였고,
② 유심관이기 때문에 空觀이고,
③ 유심관이기 때문에 假觀이며,
④ 유심관이기 때문에 中道觀이다.

서로 원융하여 걸림이 없는 것이 바로 화엄의 뜻이다.】

後는 結成唯心이라 故無量壽觀經에 云 '是心作佛이오 是心是佛이라 諸佛正徧知海가 從心想生이라'하고 般舟三昧經에 結云 '自念佛從何所來며 我亦無所至니 我所念이 卽見心作佛이며 心自見心이 是佛心이오 是我心見佛이라'하니 上方攝境歸心이라

下又拂云 '心不自知心하고 心不自見心하나니 心有想이면 爲癡오 無想이면 卽泥洹이라 是法無可示者어늘 皆念所爲하나니 設有念이라

도 亦了無所有空耳라하니 此卽喩中에 意已具矣니라【鈔_ 般舟는 依止觀中引이니 文稍闕畧이라 今當次第具引호리라

經云作是念호되 佛從何所來며 去到何所오하고 自念佛何所從來오 我亦無所至로되 自念三處 欲處 色處 無想處호되 是三處는 意所爲耳라 我所念이 卽見이오 心作佛이며 心自見이오 心是佛이며 心是怛薩阿竭心(此云如來)이오 是我身心見佛호되 心不自知心이오 心不自見心이라

心有想이면 爲痴오 心無想이면 是泥洹이라 是法無可示者어늘 皆念所爲하니 設有念이라도 爲空耳오 設有念이라도 亦了無所有空耳라 如是라 跋陀和야 菩薩 在三昧中立者 所見如是로다

佛이 爾時에 頌偈言하사되

心者不知心이오 有心不見心이라 心起想則痴오 無想이 是泥洹이라 是法無堅固오 常立在於念이라 以解見空者는 一切無想念이어다

釋曰 對疏廣畧을 可知니라】

뒤는 唯心을 끝맺음이다. 이 때문에 무량수관경에서는 "이 마음이 부처를 만들고, 이 마음이 이 부처이다. 모든 부처의 正徧知 바다가 마음의 생각에서 나온다."고 하며, 반주삼매경에서 끝맺어 말하기를, "부처는 어느 곳에서 오며, 나 또한 이를 바가 없음을 스스로 생각해야 한다. 나의 생각하는 바가 곧 마음이 부처님을 만듦을 봄이며, 마음이 스스로 마음을 보는 것이 부처님의 마음이며, 나의 마음이 부처를 본 것이다."고 하였다. 위에서는 바야흐로 경계를 들어서 마음에 귀결 지은 것이다.

아래에서는 또한 모두 이를 떨쳐버렸다.

"마음이 스스로 마음을 알지 못하고, 마음이 스스로 마음을 보지 못한다. 마음에 생각이 있으면 어리석고, 생각이 없으면 이것이 열반이다. 이러한 법은 보여줄 사람이 없는데, 모두 생각으로 만들어 낸 것이다. 설령 생각이 있을지라도 또한 無所有의 空을 알아야 한다."

이는 곧 비유 속에 그 뜻이 이미 갖춰져 있다.【초_ 반주삼매경은 止觀에 의한 부분을 인용한 것으로, 문장을 약간 생략하였다. 여기에서 마땅히 차례대로 모두 갖추어 인용하고자 한다.

반주삼매경에서 말하였다.

"이런 생각을 한다.

부처는 어디에서 왔고 나는 어디서 왔는가.

그리고 스스로 이런 생각을 한다.

부처는 오신 곳도 없고 나도 이른 곳이 없다.

스스로 세 곳, 욕계의 곳, 색계의 곳, 무상계의 곳을 생각하되, 이 세 곳은 나의 생각으로 만들어진 것이다.

내가 생각하는 바가 바로 이를 봄이며,

마음이 부처를 만들고, 마음이 스스로 만나보게 됨이며,

마음 이것이 부처님이고, 마음이 부처님의 마음이며,

이는 내 몸의 마음이 부처를 보되 마음이 스스로 마음을 알지 못하고, 마음이 스스로 마음을 보지 못한다.

마음에 생각이 있으면 어리석고, 마음에 생각이 없으면 이것이

열반이다. 이러한 법을 보여줄 사람이 없는데, 모두 생각으로 만들어 낸 것이다. 설령 생각한다 해도 공일 뿐이고, 설령 생각한다 해도 또한 있는 바 없음을 알 것이다.

이와 같다. 발타화여, 보살이 삼매 가운데 서 있는 이가 보는 것이 이와 같다.

부처님께서 이때 게송으로 말씀하셨다.

마음이란 마음을 알지 못하고, 마음이 있어도 마음을 보지 못한다.

마음에 생각을 일으키면 어리석고, 생각이 없으면 열반이다.

이 법은 견고함이 없고, 항상 생각에 서 있다.

이해로써 공을 보는 이는 일체 생각이 없다."

이에 대한 해석은 다음과 같다.

청량소를 상대로 자세하고 간략함을 알 수 있다.}

第三 以唯心觀 徧該萬法

ⓒ 유심관으로써 모든 법을 두루 갖추다

經

善男子야 **當知菩薩**이
修諸佛法하야 **淨諸佛刹**하며
積集妙行하야 **調伏衆生**하며

發大誓願하야 入一切智하며
自在遊戲不可思議解脫之門하며
得佛菩提하야 現大神通하며
徧往一切十方法界하며
以微細智로 普入諸劫하나니
如是一切悉由自心이라

    선남자여, 마땅히 알아야 한다.
    보살이 불법을 닦아 부처의 세계를 청정케 하며,
    미묘한 행을 쌓아 중생을 조복하며,
    큰 서원을 내어 일체 지혜에 들어가며,
    자재하게 불가사의 해탈문에 유희하며,
    부처의 보리를 얻어 큰 신통을 나타내며,
    일체 시방세계에 두루 가며,
    미세한 지혜로 여러 겁에 널리 들어가니,
    이와 같이 일체가 모두 자기의 마음에서 연유한 것이다.

● 疏 ●

謂非但一念佛觀이 由於自心이라 菩薩萬行과 佛果體用도 亦不離心이니 如有偈云 諸佛從心得解脫하나니 心者淸淨名無垢라 五道鮮潔不受色하니 有解此者成大道라라

    하나의 염불관이 자기의 마음에서 연유할 뿐 아니라, 보살의 모든 행과 佛果의 체용 또한 마음에서 벗어나지 않는다. 반주삼매

경의 게송에서 말한 바와 같다.

"모든 부처가 마음으로부터 해탈을 얻는다.

마음은 청정하여, 때가 없다고 말한다.

천상, 인간, 지옥, 아귀, 축생의 길이 깨끗하여 색을 받아들이지 않으니,

이를 아는 자가 대도를 이루리라."

第四 結勸修學 令證唯心

㈣ 학문 닦을 것을 끝맺으면서 권면하여, 마음을 증득하다

經

是故로 善男子야

應以善法으로 扶助自心하며

應以法水로 潤澤自心하며

應於境界에 淨治自心하며

應以精進으로 堅固自心하며

應以忍辱으로 坦蕩自心하며

應以智證으로 潔白自心하며

應以智慧로 明利自心하며

應以佛自在로 開發自心하며

應以佛平等으로 廣大自心하며

應以佛十力으로 照察自心이니라

그러기에 선남자여,

마땅히 착한 법으로 제 마음을 붙들며,

마땅히 법의 물로 제 마음을 윤택케 하며,

마땅히 경계에서 제 마음을 깨끗이 다스리며,

마땅히 정진으로 제 마음을 굳건히 하며,

마땅히 인욕으로 제 마음을 평탄케 하며,

마땅히 지혜의 증득으로 제 마음을 깨끗이 하며,

마땅히 지혜로써 제 마음을 밝게 하며,

마땅히 부처의 자재함으로 제 마음을 개발하며,

마땅히 부처의 평등으로 제 마음을 드넓게 하며,

마땅히 부처의 열 가지 힘으로 제 마음을 비춰 살펴야 한다.

● 疏 ●

旣萬法不離自心인댄 但修自心이면 萬法行備니라 亦遣愚人妄解之失이니 謂有計云 萬法皆心이라 任之是佛이니 驅馳萬法이 豈不唐勞아 故今廣明이니 心雖卽佛이나 久翳塵勞라 故以萬行增修하야 令其瑩徹이라 又但說萬行由心이언정 不說不修爲是니라 又萬法卽心이어니 修何礙心가

文有十句니

一은 如彼病人이 非杖不起라 煩惱病重에 假善相資니라

二는 若無法水면 法芽不生이라

三은 對境忘心이면 卽六塵不染이라

四는 舊善不雜하고 新善進修를 可謂堅固니라

五는 違順不干이면 則坦然寬廓이라

六은 寂照內證이면 皎然無瑕니라

七은 觸境了如하야 無不鑑達이라

八은 六自在王이 性同於佛일새 開塵發用에 知見分明이라

九는 與佛同如하야 體周法界라

十은 以調生十力으로 察獲疎遺니 如是修心이면 則圓前佛法이니라

이미 모든 법이 나의 마음을 여의지 않았다면, 나의 마음만 닦으면 모든 법의 행이 갖추어질 것이다. 또한 어리석은 사람의 허튼 이해의 잘못을 떨쳐버림이다. 잘못된 생각으로 모든 법을 모두 마음에 맡겨둔 채, '이것이 바로 부처라, 모든 법에 치달림이 어찌 헛된 고생이 아니겠는가.'라고 여기는 까닭에 여기에서 자세히 밝힌 것이다. 마음이 비록 부처라 하지만, 번뇌[塵勞]에 가려진 지 오랜 터라, 모든 행을 더욱 닦아 그로 하여금 밝고 통하도록 하였다.

또한 '모든 행이 마음에 연유한다.'고 말할 뿐이지, 닦지 않는 것이 옳다는 말은 아니다. 또한 모든 법이 바로 마음인데, 닦아감이 어찌 마음에 장애가 되겠는가.

경문은 10구이다.

제1구 '善法扶助'는 병을 앓는 사람이 지팡이가 아니면 일어서지 못함과 같다. 번뇌의 병이 무거울 때 선을 빌려서 서로 힘입는다.

제2구 '法水潤澤'은 만약 法水가 없으면 法芽가 싹트지 못한다.

제3구 '境界淨治'는 경계를 상대로 마음을 잊으면 六塵에 물들지 않는다.

제4구 '精進堅固'는 옛 선이 혼잡하지 않고 새로운 선을 닦아 나가면 견고하다고 말할 수 있다.

제5구 '忍辱坦蕩'은 거스르거나 순조로운 일에 간섭하지 않으면 평탄하여 드넓게 된다.

제6구 '智證潔白'은 내면으로 寂照를 증득하면 밝아서 하자가 없다.

제7구 '智慧明利'는 모든 경계에 진여를 알고서 비춰보지 않음이 없다.

제8구 '佛自在開發'은 여섯 自在王의 성품이 부처와 같기에 세속을 열치고 작용을 일으킴에 지견이 분명하다.

제9구 '佛平等廣大'는 부처와 똑같이 여여하여 본체가 법계에 두루 광대함이다.

제10구 '佛十力照察'은 중생을 조복하는 10가지의 힘으로써 빠뜨린 바를 살펴서 얻음이다. 이와 같이 마음을 닦으면 앞의 불법을 원만하게 할 수 있다.

第四 謙己推勝

4. 몸을 낮추면서 선지식의 훌륭함을 추켜올리다

善男子야 我唯於此如來無礙莊嚴解脫門에 而得入出이어니와 如諸菩薩摩訶薩은

得無礙智하며

住無礙行하며

得常見一切佛三昧하며

得不住涅槃際三昧하며

了達三昧普門境界하며

於三世法에 悉皆平等하며

能善分身하야 徧一切刹하며

住於諸佛平等境界하며

十方境界 皆悉現前하며

智慧觀察하야 無不明了하며

於其身中에 悉現一切世界成壞호되 而於己身과 及諸世界에 不生二想하나니

如是妙行을 而我云何能知能說이리오

　선남자여, 나는 오직 여래의 걸림 없는 장엄 해탈문에서 드나들 수 있지만,

　여러 보살마하살은

　걸림 없는 지혜를 얻고,

　걸림 없는 행에 머물며,

　일체 부처를 언제나 볼 수 있는 삼매를 얻고,

열반의 경계에 머물지 않는 삼매를 얻으며,

삼매의 보문 경계를 통달하고,

삼세 법에 모두 평등하며,

잘 분신으로 일체 세계에 두루 이르고,

부처님의 평등한 경계에 머물며,

시방의 경계가 모두 앞에 나타나고,

지혜로 관찰하여 분명히 알지 않음이 없으며,

그의 몸에서 모두 일체 세계가 이뤄지고 무너짐을 나타내되, 자기의 몸과 여러 세계가 둘이라는 생각을 내지 않는다.

이처럼 미묘한 행을 내가 어떻게 알며, 어떻게 말할 수 있겠는가.

● 疏 ●

不住涅槃際는 至下當知오 餘는 文相이 顯이라

열반의 경계에 머물지 않는다는 것은 아래 부분에서 알 수 있다.

나머지는 문장의 양상이 분명하다.

第五 指示後友

5. 뒤의 선지식을 소개하다

善男子야 從此南行하야 至閻浮提畔하면 有一國土하니
名摩利伽羅오 彼有比丘하니 名曰海幢이니
汝詣彼問호되 菩薩이 云何學菩薩行이며 修菩薩道리잇고
하라

　선남자여, 이로부터 남방으로 내려가면서 염부제의 언덕에 이르면 한 나라가 있는데, 그 이름을 '마리가라국'이라 한다.

　그 나라에 비구가 있는데, 그 이름을 '해당비구'라 한다.

　그대는 그를 찾아가 '보살이 어떻게 보살의 행을 배우며, 보살의 도를 닦는가.'를 묻도록 하라."

◉ 疏 ◉

閻浮提畔者는 此洲南際니 表將隣不退故오 亦云所得般若 六度後邊故니라 摩利伽羅는 晉經에 譯爲莊嚴이라 比丘海幢者는 業用深廣而高出故오 正心不動如海하야 最高勝故니라

　'염부제의 언덕'이란 염부제의 남쪽 끝자락이다. 머지않아 不退地에 가까이함을 나타내기 위함이다. 또한 얻은 바의 반야가 6바라밀의 뒤쪽이기 때문이다.

　'마리가라'는 60화엄경에서는 '장엄'으로 해석하였다.

　'해당비구'란 하는 일과 작용이 심오하고 광대하여 높이 뛰어나기 때문이며, 바른 마음으로 흔들리지 않음이 바다와 같아서 가장 드높고 뛰어나기 때문이다.

第六 戀德禮辭

6. 덕망을 흠모하면서 절을 올리고 떠나가다

經

時에 善財童子 頂禮解脫長者足하고 右遶觀察하며 稱揚讚歎하고 思惟戀仰하며 悲泣流淚하고 一心憶念하야
依善知識하며
事善知識하며
敬善知識하며
由善知識하야 見一切智하며
於善知識에 不生違逆하며
於善知識에 心無諂誑하며
於善知識에 心常隨順하며
於善知識에 起慈母想하야 捨離一切無益法故며
於善知識에 起慈父想하야 出生一切諸善法故로 辭退而去하니라

그때, 선재동자는 해탈장자의 발에 예배하고, 오른쪽으로 돌고 관찰하며, 일컬어 찬탄하고, 생각하여 앙모하며, 슬피 울면서 눈물을 흘리고, 하나같은 마음으로 생각하였다.

선지식을 의지하고,

선지식을 섬기며,

선지식을 공경하고,

선지식에 의하여 일체 지혜를 보며,

선지식에게 거스르는 생각을 내지 않고,

선지식에게 아첨하거나 속이는 마음이 없으며,

선지식에게 항상 따르는 마음을 가지고,

선지식에게 어머니란 생각을 일으켜 일체 이익이 없는 법을 버리기 때문이며,

선지식에게 아버지란 생각을 일으켜 일체 선법을 내게 하기 때문이다.

이런 생각으로 하직하고 떠나갔다.

● 論 ●

善財 見解脫長者는 明以眞會俗하야 眞俗自體 本性解脫也오
見已에 五體投地는 眞俗無依하야 五位同會也며 亦明五蘊十二緣이 總禪林也오
合掌者는 眞俗會而不二也오
已上은 以觀察禪定冥會오 已下는 以言更申所求니라
已下에 入三昧하야 十方各現十佛刹者는 明定體徧周圓滿故니 以十爲圓數也오
又已下에 從定中所見十佛如來와 及上首菩薩은 是三昧所現自位佛果及行故오
又已下에 隨念而見諸佛者는 以自心應眞이 是佛故로 所念이 皆

是佛境界오 更無餘也니 明自心是佛에 諸念總佛이라 餘는 如文自
具니라
此是第五具足方便住니 以禪波羅蜜爲體오 餘九는 爲伴이니 若
以智境之中에 卽五位通修어니와 若以約位之中인댄 偏治眞俗靜
亂二障하야 會五蘊十二緣이 爲法界性自禪用하야 而無作緣生
之定門으로 以明一切世間心境이 總皆禪也니라

'선재동자가 해탈장자를 본' 것은 眞諦로 俗諦를 회통하여 진
제와 속제 자체의 본성이 해탈임을 밝힌 것이다.

'해탈장자를 보고서 두 팔꿈치, 두 무릎, 이마를 땅에 대고 절
한' 것은 진제와 속제가 의지함이 없어 5위가 똑같이 회통함이며,
또한 5온과 12연기가 모두 禪林임을 밝힌 것이다.

'합장'한 것은 진제와 속제가 회통하여 둘이 아님을 밝혔다.

이상은 관찰의 선정으로 그윽이 회통함이며, 이하는 말로써 다
시 구할 법을 말한 것이다.

아래에 삼매에 들어가 시방으로 제각기 10불찰에 몸을 나타낸
다는 것은 선정의 본체가 두루 원만함을 밝힌 것이다. 10으로 원만
의 수효를 삼았다.

또 아래에 선정 속에서 보았던 10불 여래와 상수보살은 삼매
가 나타낸 自位의 불과와 행이기 때문이며,

또 아래에 생각함에 따라 모든 부처를 본 것은 나의 마음의 부
처[應眞]가 바로 부처이기 때문에 생각하는 바가 모두 부처의 경계
이며, 다시 나머지는 없다. 이는 자기의 마음이 부처이며, 모든 생

각이 모두 부처임을 밝힌 것이다.

나머지는 경문에 갖춰져 있는 바와 같다.

이는 제5 구족방편주이다. 선정바라밀로 본체를 삼고 나머지 9바라밀은 반려이다. 만약 지혜 경계의 부분으로 말하면 5위가 닦음이 모두 통하지만, 만약 지위의 부분으로 말하면 진제와 속제의 고요함과 산란함의 두 장애만을 다스려서 5온 12연기가 법계 성품의 자체 선정의 작용이 됨을 회통하여, 작위 없는 緣生의 선정 법문으로 일체 세간의 마음 경계가 모두 선정임을 밝힌 것이다.

一

第六海幢寄正心住

文但有五라

初는 念教趣求라

제6. 해당비구, 정심주 선지식

이의 경문은 단 5단락이다.

1. 가르침을 생각하며 선지식을 찾아가 법을 구하다

經

爾時에 善財童子 一心正念彼長者敎하며 觀察彼長者敎하야

憶念彼不思議菩薩解脫門하며

思惟彼不思議菩薩智光明하며

深入彼不思議法界門하며
趣向彼不思議菩薩普入門하며
明見彼不思議如來神變하며
解了彼不思議普入佛刹하며
分別彼不思議佛力莊嚴하며
思惟彼不思議菩薩三昧解脫境界分位하며
了達彼不思議差別世界究竟無礙하며
修行彼不思議菩薩堅固深心하며
發起彼不思議菩薩大願淨業하니라
漸次南行하야 至閻浮提畔摩利聚落하야 周徧求覓海幢比丘라가

그때, 선재동자는 하나같은 마음으로 해탈장자의 가르침을 바르게 생각하고, 해탈장자의 가르침을 살펴보면서,

그 불가사의한 보살의 해탈문을 기억하고,

그 불가사의한 보살의 지혜 광명을 생각하며,

그 불가사의한 법계문에 깊이 들어가고,

그 불가사의한 보살의 널리 들어가는 문에 향하여 나아가며,

그 불가사의한 여래의 신통변화를 밝게 보고,

그 불가사의한 부처의 세계에 널리 들어가는 문을 이해하며,

그 불가사의한 부처의 힘으로 장엄함을 분별하고,

그 불가사의한 보살의 삼매 해탈 경계의 나뉘는 지위를 생각하며,

그 불가사의한 각기 다른 세계가 결국 걸림이 없음을 통달하고,

그 불가사의한 보살의 견고하고 깊은 마음을 닦아 행하며,

그 불가사의한 보살의 큰 서원과 청정한 업을 일으켰다.

점점 남방으로 내려가면서 염부제의 언덕 마리마을에 이르러, 해당비구를 두루 찾다가,

● 疏 ●

有二니 初는 念前教詔라【鈔_ 海幢比丘 寄正心住는 成就般若하야 了法性空하야 無住無依하고 無邪無正이라 故聞讚毁코 眞正其心하야 念不動故니라】

2단락이다.

(1) 앞의 해탈장자 가르침을 생각함이다.【초_ 해당비구는 正心住에 붙여 말한 것은 반야를 성취하여 법성이 공함을 알고서 머묾이 없고 의지함이 없으며, 삿됨이 없고 바름이 없기 때문에 찬탄과 헐뜯는 말을 듣고서도 그 마음을 진실하고 바르게 지녀 생각이 흔들리지 않기 때문이다.】

二는 趣求後友니 文顯可知니라

(2) 뒤의 선지식에게 찾아감이다.

문장의 뜻이 뚜렷하여 말하지 않아도 알 수 있다.

第二 見敬諮問

中二니 先은 見敬이오 後善財童子讚言 下는 諮問이라

今은 初라 小異前來니 謂便見其入定體用이 卽同前文正示法界오 下諸夜神도 類多如是니라

文中有五니

一은 見入定相이오 二는 覩定勝用이오 三은 瞻敬證入이오 四는 所經時分이오 五는 覩從定起라

今은 初라

2. 친견하여 절을 올리고 법을 묻다

이는 2단락이다.

⑴ 만나 뵙고 공경히 절을 올림이며,

⑵ '善財童子讚言' 이하는 물음이다.

'⑴ 만나 뵌' 단락은 앞과 대동소이하다. 바로 선정에 든 본체와 작용을 봄이 앞의 경문에서 법계를 보이는 것과 같다. 아래의 문장에 여러 夜神의 부류도 대부분 이와 같다.

경문은 5단락이다.

㈀ 선정에 든 모양을 봄이며,

㈁ 선정의 뛰어난 작용을 봄이며,

㈂ 증득하여 들어감을 우러러 공경함이며,

㈃ 거쳐 온 바의 시간 부분이며,

㈄ 선정에서 일어남을 봄이다.

이는 '㈀ 선정에 든 모양'이다.

乃見其在經行地側하야 **結跏趺坐**하고 **入於三昧**하야 **離出入息**하고 **無別思覺**하야 **身安不動**하며

그가 사람들이 다니는 길 곁에서 가부좌하고 삼매에 들어, 들숨 날숨을 멈추고서 별로 생각이 없어 몸이 편안하게 움직이지 않았으며,

● 疏 ●

此通二定이니
一은 卽滅受想定이니 謂無別思覺하야 七轉已息하고 唯第八識이 持身하나니 定前加行誓願力故로 令於定身에 起諸業用이어니와 若圓教中인댄 融攝法界自在無礙故로 業用無方이나 未曾起念이라 是以로 六地에 能入滅定而起通用하나니 住似地故니라 淨名에 云 不起滅定이오 而現諸威儀라하니 正當此也니라
二者는 卽第四禪 以起用多依彼故오 四禪에 無出入息아오 亦無覺觀이나 內淨喜樂諸思覺故며 通表此位心定不動故니라
又 經行地側은 是動之所오 而滅思覺者는 表卽動而寂故니 而言 側者는 不住行故니라

이는 2가지 선정에 통한다.

첫째, 滅受想定[滅盡定]이다. 별다른 생각이나 감각이 없어 七轉識이 이미 사라지고 오직 제8식이 몸을 부지하는 것이다. 선정 이전에 加行하는 서원의 힘이기 때문에 선정의 몸에 모든 일과 작

113

용을 일으키게 하지만, 만약 圓敎로 말하면 법계를 원융하게 섭수하여 자재하게 걸림이 없는 까닭에 일과 작용이 일정하지 않으나 일찍이 생각을 일으키지 않는다. 이로써 제6地에서 멸진정에 들어가 신통의 작용을 일으키는 것이다. 십주가 십지를 짝한 때문이다. 유마경에 이르기를, "멸진정에 일어나지 않고서 모든 위의를 나타낸다."고 하니 바로 이에 해당한다.

둘째, 第四禪이다. 작용을 일으킴에 제4선을 의지함이 많기 때문이며, 제4선에 호흡의 출입이 없고, 또한 감각의 관찰도 없다. 안으로 기뻐하고 좋아하는 모든 생각과 감각을 청정히 하기 때문이며, 이 지위에서 마음의 선정으로 흔들림이 없음을 모두 나타내기 때문이다.

또한 "사람들이 다니는 길 곁"이란 움직임의 장소이며, "생각이 없다."는 것은 움직임과 하나가 된 고요를 나타내기 때문이다. '곁[側]'이라 말한 것은 머물지 않는 행이기 때문이다.

▬

二 見定業用

中二니

先은 別明身分作用處別이오 後'海幢比丘又於其身'下는 總顯毛孔光明業用이라

今은 初라 總十四處作用不同이니 總相而明인댄 從下至上히 漸漸增勝이오 別則各表不同이라

一은 足出長者等이라

(ㄴ) 선정의 뛰어난 작용을 보다

이는 2단락이다.

첫째, 몸의 작용처가 각기 다른 것을 개별로 밝혔고,

둘째, '海幢比丘又於其身' 이하는 모공 광명의 작용을 총괄하여 밝혔다.

이의 '첫째, 몸의 작용처' 단락은 모두 14곳에 작용이 똑같지 않다.

총상으로 밝히면, 아래의 발로부터 위로 올라가면서 점점 더욱 훌륭함이며,

별상으로 말하면, 똑같지 않음을 각각 밝히고 있다.

① 발바닥에서 장자 등이 나옴이다.

經

從其足下하야 出無數百千億長者居士婆羅門衆하니 皆以種種諸莊嚴具로 莊嚴其身하야 悉着寶冠호되 頂繫明珠하고 普往十方一切世界하야 雨一切寶와 一切瓔珞과 一切衣服과 一切飮食如法上味와 一切華와 一切鬘과 一切香과 一切塗香과 一切欲樂資生之具하야 於一切處에 救攝一切貧窮衆生하고 安慰一切苦惱衆生하야 皆令歡喜하야 心意淸淨하야 成就無上菩提之道하니라

그 발바닥에서 수없는 백천억 장자, 거사, 바라문들이 나왔다.

그 모두가 가지가지 장엄 도구로 그 몸을 장엄하였고, 모두 보배 관을 쓰되 정수리에 밝은 구슬을 달았으며, 시방의 일체 세계로 널리 찾아가

일체 보배, 일체 영락, 일체 의복, 법답게 맛있는 일체 음식, 일체 꽃, 일체 화만, 일체 향, 일체 바르는 향, 일체 원하고 좋아하는 살림살이 도구들을 내려주어,

모든 곳에서 일체 빈궁한 중생을 구제하여 거두어 주었고, 일체 고통받는 중생을 위로하여 모두 기쁨을 주어서 그들이 마음이 청정하여 위없는 보리의 도를 성취케 하였다.

● 疏 ●

'足出長者等'者는 足有二義하니
一은 最初故니 多顯施行萬行首故요
二는 行住義라
長者는 行之長故요 居士는 得安處故요 婆羅門은 淨行故요 成就菩提는 是利行故니라

'발바닥에서 장자 등이 나왔다.'는 것은 발바닥에 2가지 뜻이 있다.

㉠ 최초이기 때문이다. 보시행이 모든 행의 으뜸임을 밝힌 바 많기 때문이며,

㉡ 걷고 멈춘다는 뜻이다.

장자는 행의 으뜸이기 때문이며,

거사는 편안한 거처를 얻기 때문이며,

바라문은 청정행이기 때문이며,

보리를 성취함은 이타행이기 때문이다.

二. 膝出刹帝利等

② 무릎에서 찰제리와 바라문 등이 나오다

經

從其兩膝하야 出無數百千億刹帝利婆羅門衆하니
皆悉聰慧하야 種種色相과 種種形貌와 種種衣服上妙莊
嚴으로 普徧十方一切世界하야 愛語同事로 攝諸衆生하니
所謂貧者令足하고 病者令愈하고 危者令安하고 怖者令
止하고 有憂苦者로 咸使快樂하며
復以方便으로 而勸導之하야 皆令捨惡하고 安住善法하
니라

두 무릎에서는 수없는 백천억 찰제리와 바라문들이 나왔다.

그들은 모두 총명하고 슬기로운데, 가지가지 빛깔, 가지가지 형상, 가지가지 의복의 가장 훌륭한 장엄을 갖추고서, 시방의 일체 세계에 두루 찾아가 사랑스러운 말과 일을 같이함으로 중생을 거두어 주었다.

이른바 가난한 이는 풍족하게 해주고,

병든 이는 치유해 주며,

위태한 이는 평안케 하고,

두려워하는 이는 두려움을 멈추게 하며,

근심과 고통을 받는 이는 모두 쾌락을 주었고,

또 방편으로 그들을 권면하고 인도하여, 모두 악을 버리고 선한 법에 머물게 하였다.

◉ 疏 ◉

刹帝利等者는 土由帝主 屈申自在故니 行由於膝일세 故出淨行이오 次前二攝일세 故說愛語·同事니라

'찰제리 등'이란 土由 제왕은 굴신이 자재하기 때문이다. 걸음을 걷는 것은 무릎을 연유하기 때문에 청정행을 나타냈으며, 앞의 2가지를 섭수한 다음이기에 사랑스러운 말과 일을 같이함을 말하였다.

三 腰出仙人

③ 허리에서 신선이 나오다

經

從其腰間하야 出等衆生數無量仙人하니
或服草衣하며 或樹皮衣하고 皆執澡瓶하야 威儀寂靜하며

周旋往返十方世界하야 於虛空中에 以佛妙音으로 稱讚
如來하고 演說諸法하며
或說淸淨梵行之道하야 令其修習하야 調伏諸根하며
或說諸法이 皆無自性하야 使其觀察하야 發生智慧하며
或說世間言論軌則하며
或復開示一切智智出要方便하야 令隨次第하야 各修其
業하니라

 허리에서는 중생의 수효와 같은 한량없는 신선들이 나왔다.

 어떤 이는 풀로 엮은 옷을 입기도 하고, 어떤 이는 나무껍질로 만든 옷을 입고서 모두 물병을 들고 위의가 조용하며, 시방세계를 두루 다니면서 허공에서 부처의 미묘한 음성으로 여래를 칭찬하고 법을 연설하며,

 어떤 이는 청정한 범행의 도를 말하여, 그들로 하여금 닦고 익혀 여러 감관기관을 조복케 하며,

 어떤 이는 모든 법이 모두 자성이 없다고 말하여, 그들로 하여금 살펴서 지혜를 내게 하며,

 어떤 이는 세간 언어의 법을 말하기도 하며,

 어떤 이는 또한 일체 지혜의 지혜와 벗어나는 방편을 말하여, 그들로 하여금 차례대로 제각기 업을 닦도록 하였다.

● 疏 ●

腰出仙人者는 腰는 謂臍輪之下 氣海之間이니 是吐故納新出儶

之所라 故梵本에 云那髀曼陀羅라하니 此云臍輪이라

'허리에서 신선이 나왔다.'는 것은 허리란 배꼽[臍輪]의 아래, 氣海의 사이를 말한다. 이는 '낡은 공기를 뱉어 내고 신선한 공기를 받아들이는[吐故納新]' 것으로 신선이 나오는 곳이다. 따라서 범본에서는 '나비만다라'라고 말하는데, 중국에서는 '배꼽[臍輪]'이라는 뜻이다.

四 脇出龍

④ 옆구리에서 용이 나오다

經

從其兩脇하야 出不思議龍과 不思議龍女하야 示現不思議諸龍神變하니
所謂雨不思議香雲과
不思議華雲과
不思議鬘雲과
不思議寶蓋雲과
不思議寶旛雲과
不思議妙寶莊嚴具雲과
不思議大摩尼寶雲과
不思議寶瓔珞雲과

不思議寶座雲과

不思議寶宮殿雲과

不思議寶蓮華雲과

不思議寶冠雲과

不思議天身雲과

不思議婇女雲하야

悉徧虛空하야 而爲莊嚴하고

充滿一切十方世界諸佛道場하야 而爲供養하야

令諸衆生으로 皆生歡喜하니라

양 옆구리에서 불가사의한 용과 불가사의한 용녀를 내어, 불가사의한 용의 신통변화를 보여주었다.

이른바 불가사의한 향 구름,

불가사의한 꽃구름,

불가사의한 화만 구름,

불가사의한 보배 일산 구름,

불가사의한 보배 번기 구름,

불가사의한 보배 장엄거리 구름,

불가사의한 큰 마니보배 구름,

불가사의한 보배 영락 구름,

불가사의한 보배 자리 구름,

불가사의한 보배 궁전 구름,

불가사의한 보배 연꽃 구름,

불가사의한 보배 관 구름,

불가사의한 하늘 몸 구름,

불가사의한 채녀 구름을 내려서,

허공에 두루 장엄하고 일체 시방세계의 부처님 도량에 가득 공양하여, 중생으로 하여금 모두 기쁜 마음을 내게 하였다.

◉ 疏 ◉

龍者는 是旁生故니라

용이란 축생이기 때문이다.

___

五. 於胸德相 出修羅라

⑤ 가슴의 덕스러운 모양에서 아수라가 나오다

經

從胸前卍字中하야 出無數百千億阿修羅王하니
皆悉示現不可思議自在幻力하야 令百世界로 皆大震動하야
一切海水 自然涌沸하고
一切山王이 互相衝擊하고
諸天宮殿이 無不動搖하고
諸魔光明이 無不隱蔽하고

諸魔兵衆이 無不摧伏하며
普令衆生으로 捨憍慢心하고
除怒害心하고
破煩惱山하고
息衆惡法하고
長無鬪諍하야 永共和善하며
復以幻力으로 開悟衆生하야
令滅罪惡하고
令怖生死하고
令出諸趣하고
令離染着하고
令住無上菩提之心하고
令修一切諸菩薩行하고
令住一切諸波羅蜜하고
令入一切諸菩薩地하고
令觀一切微妙法門하고
令知一切諸佛方便하야
如是所作이 周徧法界하나니라

　　가슴의 만(卍) 자에서 수없는 백천억 아수라왕을 내었다.

　　모두 헤아릴 수 없이 자재한 요술의 힘을 보여서 백천 세계를 모두 진동케 하여,

　　일체 바닷물이 저절로 솟구치고,

일체 산들이 서로 부딪치며,
하늘의 궁전은 흔들리지 않은 게 없고,
마군들의 광명은 가려지지 않은 게 없으며,
마군의 병사들은 굴복하지 않은 이 없고,
널리 중생으로 하여금 교만한 마음을 버리게 하며,
성내거나 해코지의 마음을 없애주고,
번뇌의 산을 파괴하며,
많은 악법을 멈추게 하고,
길이 싸움은 없어 영원히 모두 화평하였다.
또한 요술의 힘으로 중생들을 깨우쳐
죄악을 없애주고,
생사를 두렵게 하며,
여러 악도에서 벗어나게 하고,
물듦과 집착을 여의게 하며,
위없는 보리심에 머물게 하고,
일체 보살의 행을 닦도록 하며,
일체 바라밀에 머물게 하고,
일체 보살의 지위에 들어가게 하며,
일체 미묘한 법문을 관찰하게 하고,
일체 부처님의 방편을 알게 하였다.
이처럼 하는 일이 법계에 두루 가득하였다.

● 疏 ●

胸德相出修羅者는 胸은 是能生能滅憍慢幻術之所故ㅇ 又明德相能降魔故니라

'가슴의 덕스러운 모양에서 아수라가 나왔다.'는 것은 가슴이란 교만의 요술을 만들어 내기도 하고 사라지게 하는 곳이기 때문이며, 또 德相이 마군을 항복 받음을 밝힌 때문이다.

六 背出二乘

⑥ 등에서 이승을 내다

經

從其背上하야 爲應以二乘으로 而得度者하야 出無數百千億聲聞獨覺하니
爲着我者하야 說無有我하며
爲執常者하야 說一切行이 皆悉無常하며
爲貪行者하야 說不淨觀하며
爲瞋行者하야 說慈心觀하며
爲癡行者하야 說緣起觀하며
爲等分行者하야 說與智慧相應境界法하며
爲樂着境界者하야 說無所有法하며
爲樂着寂靜處者하야 說發大誓願普饒益一切衆生法

125

하니

如是所作이 周徧法界하니라

등짝에서 이승의 법으로 제도할 자를 위하여 수없는 백천억 성문과 독각을 내었다.

'나'라는 생각에 집착한 자를 위하여 '나'라는 것이 없다고 말하고,

'영원'하다는 생각에 집착한 자를 위하여 일체 모든 행이 모두 무상하다고 말하며,

탐욕의 행이 있는 자를 위하여 부정(不淨)하다는 관을 말하고,

성냄의 행이 있는 자를 위하여 자비 마음의 관을 말하며,

어리석은 행이 있는 자를 위하여 12연기의 관을 말하고,

탐·진·치 3독의 행을 모두 지닌 자를 위하여 지혜와 상응하는 경계의 법을 말하며,

경계를 좋아한 자를 위하여 무소유의 법을 말하고,

고요한 곳을 좋아한 자를 위하여 큰 서원을 내어 일체중생에게 두루 이익을 베푸는 법을 말하였다.

이처럼 하는 일이 법계에 두루 가득하였다.

● 疏 ●

背出二乘者는 背大乘故니라

등에서 이승을 내었다는 것은 대승을 등졌기 때문이다.

七肩出夜叉等

⑦ 어깨에서 야차 등을 내다

經

從其兩肩하야 出無數百千億諸夜叉羅刹王하니
種種形貌와 種種色相이 或長或短하야 皆可怖畏어든 無
量眷屬이 而自圍遶하야 守護一切行善衆生과 幷諸賢聖
菩薩衆會와 若向正住와 及正住者하며
或時現作執金剛神하야 守護諸佛과 及佛住處하며
或徧守護一切世間하야 有怖畏者는 令得安穩하고 有疾
病者는 令得除差하고 有煩惱者는 令得免離하고 有過惡
者는 令其厭悔하고 有災橫者는 令其息滅하야
如是利益一切衆生하야 皆悉令其捨生死輪하고 轉正法
輪하니라

　그 양어깨에서 수없는 백천억 야차왕과 나찰왕들이 나왔다.
　가지가지 형체와 모습, 가지가지 색상으로 큰 키, 작은 키, 모두 무섭게 생겼는데, 한량없는 그런 권속들이 둘러싸고서, 선업을 행하는 일체중생, 여러 성현과 보살 대중, 바르게 머무는 데로 향하는 자, 바르게 머무는 자를 수호하였으며,
　어떤 때는 금강 몽둥이를 든 신의 몸을 나타내어 부처님과 부처님 계신 곳을 수호하였으며,

어떤 때는 일체 세간을 두루 수호하여, 두려워하는 이는 편안하게 해주고, 병을 앓는 이는 쾌차케 해주고, 번뇌가 있는 이는 벗어나도록 해주고, 허물이 있는 이는 뉘우치게 해주고, 횡액을 당한 이는 없애주었다.

이와 같이 일체중생에게 이익을 주어 모두 그들로 하여금 생사의 윤회를 버리고 바른 법륜을 굴리도록 하였다.

● 疏 ●

'肩出夜叉等'者는 肩은 是可畏勇力之所故요 又是荷負之所故로 爲守護業이라

'어깨에서 야차 등을 내었다.'는 것은 어깨란 두려울 만큼 세찬 힘이 있는 곳이기 때문이며, 또한 짐을 짊어지는 곳이기 때문에 수호의 업이 된다.

八 腹出緊那羅等

⑧ 배에서 긴나라 등을 내다

經

從其腹하야 出無數百千億緊那羅王하니 各有無數緊那羅女하야 前後圍遶하며
又出無數百千億乾闥婆王하니 各有無數乾闥婆女 前

後圍遶하며 各奏無數百千天樂하야
歌詠讚歎諸法實性하며
歌詠讚歎一切諸佛하며
歌詠讚歎發菩提心하며
歌詠讚歎修菩薩行하며
歌詠讚歎一切諸佛成正覺門하며
歌詠讚歎一切諸佛轉法輪門하며
歌詠讚歎一切諸佛現神變門하며
開示演說一切諸佛般涅槃門하며
開示演說守護一切諸佛教門하며
開示演說令一切眾生皆歡喜門하며
開示演說嚴淨一切諸佛刹門하며
開示演說顯示一切微妙法門하며
開示演說捨離一切諸障礙門하며
開示演說發生一切諸善根門하야
如是周徧十方法界하니라

　그의 배에서 수없는 백천억 긴나라왕이 나왔는데, 각각 수없는 긴나라 여인들이 앞뒤로 둘러싸며,

　또 수없는 백천억 건달바왕이 나왔는데, 각각 수없는 건달바 여인들이 앞뒤로 둘러싸고서, 각각 수없는 백천의 하늘의 음악을 연주하면서

　모든 법의 진실한 성품을 노래하고 찬탄하였으며,

일체 부처님을 노래하고 찬탄하였으며,

보리심 내는 것을 노래하고 찬탄하였으며,

보살행을 닦음을 노래하고 찬탄하였으며,

일체 부처님이 정각을 성취한 법문을 노래하고 찬탄하였으며,

일체 부처님이 법륜 굴리는 법문을 노래하고 찬탄하였으며,

일체 부처님이 나타낸 신통변화의 법문을 노래하고 찬탄하였다.

일체 부처님이 열반에 드시는 법문을 보여주고 연설하였으며,

일체 부처의 가르침을 수호하는 법문을 보여주고 연설하였으며,

일체중생을 모두 기쁘게 하는 법문을 보여주고 연설하였으며,

일체 부처 세계를 장엄 청정하게 하는 법문을 보여주고 연설하였으며,

일체 미묘한 법을 밝혀주는 법문을 보여주고 연설하였으며,

일체 장애를 여의는 법문을 보여주고 연설하였으며,

일체 선근을 내주는 법문을 보여주고 연설하여,

이처럼 시방 법계에 두루 가득하였다.

● 疏 ●

腹出緊那羅等者는 鼓腹絃歌가 音樂之所故니라

'배에서 긴나라 등을 내었다.'는 것은 배를 두들기면서 장단을 맞추고 노래하는 음악을 내는 곳이기 때문이다.

九 面門出輪王

⑨ 얼굴에서 전륜왕이 나오다

> 經

從其面門하야 出無數百千億轉輪聖王하니 七寶具足하고 四兵圍遶하며 放大捨光하고 雨無量寶하야
諸貧乏者로 悉使充足하야 令其永斷不與取行하며
端正婇女無數百千을 悉以捨施호되 心無所着하야 令其永斷邪淫之行하며
令生慈心하야 不斷生命하며
令其究竟常眞實語하야 不作虛誑無益談說하며
令攝他語하야 不行離間하며
令柔軟語하야 無有麤惡하며
令常演說甚深決定明了之義하야 不作無義綺飾言辭하며
爲說少欲하야 令除貪愛하야 心無瑕垢하며
爲說大悲하야 令除忿怒하야 意得淸淨하며
爲說實義하야 令其觀察一切諸法호되 深入因緣하야 善明諦理하야 拔邪見刺하고 破疑惑山하야 一切障礙를 悉皆除滅하야
如是所作이 充滿法界하니라

그의 얼굴에서 수없는 백천억 전륜성왕이 나왔다.

칠보가 두루 넉넉하고 네 가지 무기를 든 병사들이 둘러싸고, 크게 버리는 광명을 쏟아내고, 한량없는 보배를 내려서

모든 가난한 이를 모두 만족케 하여 영원히 훔치는 행위를 끊도록 하였으며,

수없는 백천의 단정한 아가씨들을 모두 보시하되 마음에 집착한 바 없어 영원히 음란한 행위를 끊도록 하였으며,

자비의 마음을 내어 생명을 죽이지 않도록 하였으며,

그 끝까지 진실한 말을 하여 허황하고 쓸모없는 말을 하지 않도록 하였으며,

남을 거두어 주는 말을 하여 이간질하지 않도록 하였으며,

부드러운 말을 하여 추악한 말이 없도록 하였으며,

항상 깊이 결정하여 분명한 뜻을 연설하여, 뜻이 없이 꾸미는 말을 하지 않도록 하였으며,

욕심을 없앨 것을 말하여 탐욕을 없애어 마음에 때가 없도록 하였으며,

크게 가엾이 여김을 말하여 분함과 성냄을 없애어 생각을 청정토록 하였으며,

진실한 이치를 말하여 일체 모든 법을 관찰하되 깊이 인연의 법에 들어가 참된 이치를 잘 밝혀서 삿된 소견의 가시를 뽑아주고, 의혹의 산을 깨뜨려서 일체 장애를 모두 없애주었다.

이처럼 하는 일이 법계에 가득하였다.

◉ 疏 ◉

輪王者는 布十善하야 令向佛法故니라【鈔_ 布十善下는 經文自
具니 細尋可知라】

　　전륜왕이란 10가지 선을 펼쳐 불법으로 향하도록 하기 때문이
다.【초_ '布十善' 이하는 경문에 그 나름 잘 갖춰져 있으니, 자세히
살펴보면 알 수 있다.】

十 目出日輪

　⑩ 눈에서 태양이 나오다

經

從其兩目하야 出無數百千億日輪하니
普照一切諸大地獄과 及諸惡趣하야 皆令離苦하며
又照一切世界中間하야 令除黑暗하며
又照一切十方衆生하야 皆令捨離愚癡翳障하고
於垢濁國土에 放淸淨光하며
白銀國土에 放黃金色光하고
黃金國土에 放白銀色光하며
瑠璃國土에 放玻瓈色光하고
玻瓈國土에 放瑠璃色光하며
硨磲國土에 放瑪瑙色光하고

133

瑪瑙國土에 放硨磲色光하며
帝靑國土에 放日藏摩尼王色光하고
日藏摩尼王國土에 放帝靑色光하며
赤眞珠國土에 放月光網藏摩尼王色光하고
月光網藏摩尼王國土에 放赤眞珠色光하며
一寶所成國土에 放種種寶色光하고
種種寶所成國土에 放一寶色光하야
照諸衆生心之稠林하며 辨諸衆生의 無量事業하며 嚴飾
一切世間境界하야 令諸衆生으로 心得淸凉하야 生大歡
喜하니 如是所作이 充滿法界하니라

 그 두 눈에서 수없는 백천억 태양이 나왔다.
 일체 모든 큰 지옥과 여러 악도를 널리 비추어 모두 고통을 여의게 하고,
 또한 일체 세계의 중간을 비추어 어둠을 없애주며,
 또한 일체 시방의 중생을 비추어 모두 어리석은 장애를 버리도록 하고,
 더러운 국토에는 청정한 광명을 쏟아내며,
 은빛 국토에는 황금빛 광명을 쏟아내고,
 황금빛 국토에는 은빛 광명을 쏟아내며,
 유리 국토에는 파리빛 광명을 쏟아내고,
 파리 국토에는 유리빛 광명을 쏟아내며,
 차거 국토에는 마노빛 광명을 쏟아내고,

마노 국토에는 차거빛 광명을 쏟아내며,

제청보배 국토에는 일장마니왕빛 광명을 쏟아내고,

일장마니왕 국토에는 제청보배빛 광명을 쏟아내며,

적진주 국토에는 월광망장마니왕빛 광명을 쏟아내고,

월광망장마니왕 국토에는 적진줏빛 광명을 쏟아내며,

하나의 보배로 이뤄진 국토에는 가지가지 보배빛 광명을 쏟아내고,

가지가지 보배로 이뤄진 국토에는 하나의 보배빛 광명을 쏟아내어,

모든 중생의 마음 숲을 비춰주고,

모든 중생의 한량없는 사업을 이뤄주며,

일체 세간의 경계를 장엄하여 중생의 마음에 청정함을 얻어 큰 기쁨을 내도록 하였다.

이처럼 하는 일이 법계에 두루 가득하였다.

● 疏 ●

目出日輪은 目等日照故니라

눈에서 태양이 나옴은 눈이란 태양의 비춤과 같기 때문이다.

十一 眉間出帝釋

⑪ 눈썹 사이에서 제석천왕이 나오다

經

從其眉間白毫相中하야 出無數百千億帝釋하니
皆於境界에 而得自在하며
摩尼寶珠로 繫其頂上하며
光照一切諸天宮殿하며
震動一切須彌山王하며
覺悟一切諸天大衆하며
歎福德力하며
說智慧力하며
生其樂力하며
持其志力하며
淨其念力하며
堅其所發菩提心力하며
讚樂見佛하야 令除世欲하며
讚樂聞法하야 令厭世境하며
讚樂觀智하야 令絶世染하며
止修羅戰하고 斷煩惱諍하며
滅怖死心하고 發降魔願하며
興立正法須彌山王하고 成辦衆生一切事業하야 如是所作이 周徧法界하니라

그 눈썹 사이의 흰 털에서 수없는 백천억 제석천왕이 나왔다.
모두 경계에 대하여 자재함을 얻었고,

마니주를 정수리에 달았으며,

광명이 일체 하늘 궁전에 비치고,

일체 수미산을 진동하며,

일체 하늘 대중들을 깨우치고,

복덕의 힘을 찬탄하며,

지혜의 힘을 말하고,

좋아하는 힘을 내며,

의지의 힘을 지니고,

생각하는 힘을 청정히 하며,

그 보리심을 일으키는 힘을 굳건히 하고,

부처님의 친견을 찬탄하고 좋아하여 세상의 탐욕을 없애며,

법문 들음을 찬탄하고 좋아하여 세간의 경계를 싫어하게 하고,

관찰하는 지혜를 찬탄하고 좋아하여 세간에 물듦을 끊게 하며,

아수라의 싸움을 멈추고 번뇌의 다툼을 끊으며,

죽음을 두려워하는 마음을 없애고 마군 항복 받을 서원을 내며,

바른 법의 수미산을 세우고 중생의 일체 사업을 마련하였다.

이처럼 하는 일이 법계에 두루 가득하였다.

● 疏 ●

眉間出帝釋者는 於地居中에 最尊勝故요 中道般若로 化衆生故요 令離五欲하야 得淨法故니라

'눈썹 사이에서 제석천왕이 나왔다.'는 것은 지상세계의 거처

가운데 가장 존귀하고 뛰어나기 때문이며, 중도반야로 중생을 교화하기 때문이며, 五欲을 벗어나 청정한 법을 얻게 하기 때문이다.

十二 額出梵王

⑫ 이마에서 범왕이 나오다

經

從其額上하야 出無數百千億梵天하니
色相端嚴하야 世間無比하며 威儀寂靜하고 言音美妙하며
勸佛說法하고 歎佛功德하야 令諸菩薩로 悉皆歡喜하며
能辨衆生의 無量事業하야 普徧一切十方世界하니라

이마에서 수없는 백천억 범천이 나왔다.

색상이 단정하여 세간에 비할 데 없고,

위의가 조용하고 음성이 아름다우며,

부처님께 설법해 줄 것을 권하고 부처님의 공덕을 찬탄하여, 보살들을 모두 기쁘게 하며,

중생의 한량없는 사업을 마련하여 일체 시방세계에 두루 가득하였다.

● 疏 ●

'額出梵王'者는 梵超欲故로 次於眉上이오 又是稽顙請法之所故

니라

'이마에서 범왕이 나왔다.'는 것은 범천은 욕계를 초월한 까닭에 눈썹의 다음으로 말하였고, 또한 이마를 조아려 법을 청하는 부위이기 때문이다.

十三 頭出菩薩
⑬ 머리에서 보살이 나오다

經
從其頭上하야 出無量佛刹微塵數諸菩薩衆하니
悉以相好로 莊嚴其身하며 放無邊光하야 說種種行하니
所謂讚歎布施하야 令捨慳貪하고 得衆妙寶하야 莊嚴世界하며
稱揚讚歎持戒功德하야 令諸衆生으로 永斷諸惡하고 住於菩薩大慈悲戒하며
說一切有 悉皆如夢하고 說諸欲樂이 無有滋味하야 令諸衆生으로 離煩惱縛하며
說忍辱力하야 令於諸法에 心得自在하며
讚金色身하야 令諸衆生으로 離瞋恚垢하고 起對治行하야 絶畜生道하며
歎精進行하야 令其遠離世間放逸하고 皆悉勤修無量妙

法하며

又爲讚歎禪波羅蜜하야 令其一切로 心得自在하며

又爲演說般若波羅蜜하야 開示正見하야 令諸衆生으로 樂自在智하야 拔諸見毒하며

又爲演說隨順世間種種所作하야 令諸衆生으로 雖離生死나 而於諸趣에 自在受生하며

又爲示現神通變化하야 說壽命自在하야 令諸衆生으로 發大誓願하며

又爲演說成就總持力과 出生大願力과 淨治三昧力과 自在受生力하며

又爲演說種種諸智하니 所謂普知衆生諸根智와 普知一切心行智와 普知如來十力智와 普知諸佛自在智니 如是所作이 周徧法界하니라

그 머리에서 한량없는 부처 세계의 티끌 수 보살 대중이 나왔다.

모두 훌륭한 모습으로 그 몸을 장엄하고, 그지없는 광명을 쏟아내어 가지가지 행을 연설하였다.

이른바 보시를 찬탄하여 간탐심을 버리고 미묘한 보배를 얻어 세계를 장엄케 하였으며,

계율을 지니는 공덕을 일컫고 찬탄하여, 중생으로 하여금 영원히 모든 악업을 끊고 보살의 대자비 계율에 머물게 하였으며,

일체의 모든 것이 모두 꿈과 같음을 연설하고, 모든 욕락이 재미가 없다고 말하여 중생으로 하여금 번뇌의 속박을 여의게 하였으며,

인욕의 힘을 말하여 모든 법에 마음이 자재함을 얻도록 하였으며,

황금빛 몸을 찬탄하여 중생으로 하여금 성내는 때를 벗어내고 다스리는 행을 일으켜 축생의 길을 끊도록 하였으며,

정진의 행을 찬탄하여 세간의 방일한 일들을 멀리 여의고 모두 한량없는 미묘한 법을 부지런히 닦도록 하였으며,

또 선정바라밀을 찬탄하여 일체중생으로 하여금 마음에 자재함을 얻도록 하였으며,

또 반야바라밀을 연설하여 바른 소견을 열어 보여 중생으로 하여금 자재한 지혜를 좋아하고 나쁜 소견의 독을 뽑도록 하였으며,

또 세간을 따라 가지가지 하는 일을 연설하여 중생으로 하여금 생사를 여의었으나 여러 길에서 뜻대로 태어나게 하였으며,

또 신통변화를 나타내어 목숨의 자재함을 연설하여 중생으로 하여금 큰 서원을 내도록 하였으며,

또 총지를 성취하는 힘, 큰 서원을 내는 힘, 삼매를 청정히 다스리는 힘, 뜻대로 태어나는 힘을 연설하였으며,

또 가지가지 지혜를 연설하니, 이른바 중생의 모든 근기를 널리 아는 지혜, 모든 이의 마음과 행을 널리 아는 지혜, 여래의 열 가지 힘을 널리 아는 지혜, 부처님의 자재함을 널리 아는 지혜이다.

이처럼 하는 일이 법계에 두루 가득하였다.

◉ 疏 ◉

頭出菩薩者는 最上首故라 說十度行은 竝顯可知니라

'머리에서 보살이 나왔다.'는 것은 가장 위에 있는 머리이기 때문이다.

십바라밀을 말한 뜻은 모두 뚜렷하여 말하지 않아도 알 수 있다.

十四 頂出佛

⑭ 정수리에서 여래가 나오다

經

從其頂上하야 出無數百千億如來身하니
其身無等하야 諸相隨好 淸淨莊嚴하며
威光赫奕이 如眞金山하며
無量光明이 普照十方하며
出妙音聲하야 充滿法界하며
示現無量大神通力하며
爲一切世間하야 普雨法雨하니

그 정수리에서 수없는 백천억 여래의 몸이 나왔다.

그 몸은 그 누구도 그와 같을 이가 없어 모두 거룩한 모습과 잘 생긴 모양으로 청정하게 장엄하고,

위엄의 빛이 찬란하여 진짜 황금의 산과 같으며,

한량없는 광명이 시방에 널리 비치고,

미묘한 음성이 울려 나와 법계에 가득하며,

한량없는 큰 신통을 나타내고,

일체 세간을 위하여 널리 법비를 내려주었다.

● 疏 ●

頂出佛者는 尊極無上故니라

文中三이니

初는 總顯所出身語之相이오

次所謂下는 別彰法雨不同이오

後如是下一句는 總結이라

'정수리에서 여래가 나왔다.'는 것은 지극히 존귀하여 더 이상 높은 자리가 없기 때문이다.

이의 경문은 3단락이다.

㉠ 나온 여래의 몸과 말씀의 모양을 총상으로 나타냈고,

㉡ '所謂' 이하는 法雨가 똑같지 않음을 별상으로 밝혔으며,

㉢ '如是' 이하 1구는 총괄하여 끝맺었다.

經

所謂爲坐菩提道場諸菩薩하야 雨普知平等法雨하며

爲灌頂位諸菩薩하야 雨入普門法雨하며

爲法王子位諸菩薩하야 雨普莊嚴法雨하며

爲童子位諸菩薩하야 雨堅固山法雨하며
爲不退位諸菩薩하야 雨海藏法雨하며
爲成就正心位諸菩薩하야 雨普境界法雨하며
爲方便具足位諸菩薩하야 雨自性門法雨하며
爲生貴位諸菩薩하야 雨隨順世間法雨하며
爲修行位諸菩薩하야 雨普悲愍法雨하며
爲新學諸菩薩하야 雨積集藏法雨하며
爲初發心諸菩薩하야 雨攝衆生法雨하며
爲信解諸菩薩하야 雨無盡境界普現前法雨하며

이른바 보리도량에 앉아 있는 많은 보살을 위하여 평등함을 두루 아는 법비를 내려주었으며,

관정 지위[灌頂住]의 보살을 위하여 보문에 들어가는 법비를 내려주었으며,

법왕자 지위[法王子住]의 보살을 위하여 두루 장엄하는 법비를 내려주었으며,

동자 지위[童眞住]의 보살을 위하여 견고한 산의 법비를 내려주었으며,

물러서지 않는 지위[不退住]의 보살을 위하여 바다법장의 법비를 내려주었으며,

바른 마음을 성취한 지위[正心住]의 보살을 위하여 넓은 경계의 법비를 내려주었으며,

방편이 구족한 지위[方便住]의 보살을 위하여 자성 법문의 법비

를 내려주었으며,

고귀한 집에 태어나는 지위[生貴住]의 보살을 위하여 세간을 따르는 법비를 내려주었으며,

수행 지위[修行住]의 보살을 위하여 두루 가없이 여기는 법비를 내려주었으며,

새로 배우는 보살[治地住]을 위하여 모아 쌓아가는 법장의 법비를 내려주었으며,

처음 발심한 보살[初發心住]을 위하여 중생을 받아들이는 법비를 내려주었으며,

신심과 이해하는 보살[十信菩薩]을 위하여 그지없는 경계가 널리 앞에 나타나는 법비를 내려주었으며,

● *疏* ●

就別彰法雨中에 總有三十二種하니 前十二法雨는 爲菩薩이오 餘는 爲雜類라

今初一普知平等法雨者는 畧有三等하니 一은 始覺同本이니 無始本之異故오 二는 等諸佛故오 三은 生佛一性故니라 得此三等이면 則轉成妙覺이라

二普門法雨者는 下十法雨 卽十住者는 圓敎位中에 十住位滿에 便成佛故로 此前에 更無別位오 此約以位攝位니 非一乘宗이면 餘無此說이라 然此十法은 皆是勸學十法이니 已住自分하야 勸勝進故니라 普門은 卽三世等十種智慧니 勸彼灌頂하야 令其進修니 下

皆倣此하다

三은 令普學法王善巧等하야 爲莊嚴故니라

四는 令學知刹動刹等이니 皆無能壞하야 最高出故니라

五는 令學說一卽多하야 說多卽一等의 十種廣大深法일새 故名海藏이라

六은 令學一切法無相無體等이니 旣一切皆然이라 名普境界니라

七은 知衆生無邊으로 乃至知衆生無自性이 皆是自性門이니 以無邊等이 亦如自性故니라

八은 了知圓滿三世佛法이 皆是隨順世間故니라

九는 徧觀察衆生界等이 爲悲愍故니라

十은 誦習多聞虛閑寂靜하고 近善知識等이 皆爲積集包藏於法行故니 創治心地니 故名新學이라

十一은 令其勤供養佛하고 主導世間이 爲攝衆生이니 若作十地等釋인댄 類可思準이라

十二는 卽十信菩薩이니 令普緣如來와 及普賢無盡境界하야 而生信心하야 分明現前하야 進入位故니라【鈔_ '十法雨卽十住'者는 尋經易了니라】

　　'법비가 똑같지 않음을 별상으로 밝힌' 부분은 모두 32가지이다.

　　앞의 12가지의 법비는 보살을 위함이고,

　　나머지 20가지의 법비는 잡류를 위함이다.

　　'앞의 12가지의 법비' 단락은 다음과 같다.

　　① "평등함을 두루 아는 법비를 내려주었다."는 것은 간단하게

3가지가 있다.

㉠ 始覺은 本覺과 같다. 시각과 본각의 차이가 없기 때문이며,

㉡ 모든 부처가 똑같기 때문이며,

㉢ 중생과 부처가 하나의 성품이기 때문이다.

이 3가지를 얻으면 도리어 妙覺을 성취할 수 있다.

② '보문의 법비'란, 아래에 10가지 법비는 곧 十住인 것은 원교 지위에서 십주 지위가 원만하면 바로 성불하기 때문에 이의 앞은 다시 또 다른 지위가 없다. 이는 지위로써 지위를 포괄하는 것으로 말한 것이다. 一乘宗이 아니면 나머지는 이런 말이 있을 수 없다. 그러나 이 10가지 법은 모두 배움을 권면하는 10가지 법이다. 이미 자신의 본분에 머물렀기에 잘 닦아나가기를 권면하기 때문이다.

普門은 삼세 등 10가지 지혜이다. 그 灌頂을 권면하여 그들로 하여금 닦아나가도록 함이다. 아래는 모두 이와 같다.

③ 그들로 하여금 법왕의 훌륭함 등을 널리 배워서 장엄하도록 한 때문이다.

④ 그들로 하여금 세계를 알고 세계를 움직임 등을 배우도록 함이다. 이는 그 누구도 무너뜨릴 이가 없어 가장 높이 뛰어나기 때문이다.

⑤ 그들로 하여금 하나가 바로 많음이라는 말과 많음이 바로 하나라는 말 등의 10가지 광대하고 심오한 법을 배우도록 함이다. 이 때문에 그 이름을 海藏이라 하였다.

⑥ 그들로 하여금 일체 법의 모양이 없고 체성이 없음 등을 배우도록 함이다. 이미 일체가 모두 그러하기에 그 이름을 '넓은 경계[普境界]'라 한다.

⑦ 중생이 그지없음으로부터 중생이 자성 없음을 아는 데까지 모두 자성 법문이다. '중생이 그지없음' 등이 또한 자성과 같기 때문이다.

⑧ 원만한 삼세 불법을 아는 것이 모두 세간을 따르기 때문이다.

⑨ 중생계 등을 두루 관찰함이 가엾이 여기는 마음 때문이다.

⑩ 많이 듣고 한가함과 고요함을 외우고 익히며, 선지식을 가까이하는 등이 모두 법행을 쌓아가고 포함하여 간직함이기 때문이다. 처음 마음을 다스리기에 그 이름을 '新學'이라 한다.

⑪ 그들로 하여금 부지런히 부처께 공양하고, 세간을 주도하도록 함이 중생을 받아들임이다. 만일 十地 등으로 해석한다면 유에 따라 생각하고 준하면 된다.

⑫ 이는 十信 보살이다. 그들로 하여금 여래 및 보현의 그지없는 경계를 널리 반연하여 신심을 내어 분명하게 앞에 나타나 지위에 들어가도록 한 까닭이다.【초_ "10가지 법비는 곧 십주이다."란 경문을 살펴보면 쉽게 이해할 수 있다.】

經

爲色界諸衆生하야 雨普門法雨하며
爲諸梵天하야 雨普藏法雨하며

爲諸自在天하야 雨生力法雨하며
爲諸魔衆하야 雨心幢法雨하며
爲諸化樂天하야 雨淨念法雨하며
爲諸兜率天하야 雨生意法雨하며
爲諸夜摩天하야 雨歡喜法雨하며
爲諸忉利天하야 雨疾莊嚴虛空界法雨하며
爲諸夜叉王하야 雨歡喜法雨하며
爲諸乾闥婆王하야 雨金剛輪法雨하며
爲諸阿修羅王하야 雨大境界法雨하며
爲諸迦樓羅王하야 雨無邊光明法雨하며
爲諸緊那羅王하야 雨一切世間殊勝智法雨하며
爲諸人王하야 雨無樂着法雨하며
爲諸龍王하야 雨歡喜幢法雨하며
爲諸摩睺羅伽王하야 雨大休息法雨하며
爲諸地獄衆生하야 雨正念莊嚴法雨하며
爲諸畜生하야 雨智慧藏法雨하며
爲閻羅王界衆生하야 雨無畏法雨하며
爲諸厄難處衆生하야 雨普安慰法雨하야 悉令得入賢聖衆會니
如是所作이 充滿法界하니라

색계의 모든 중생을 위하여 보문의 법비를 내려주었으며,
모든 범천을 위하여 넓은 법장의 법비를 내려주었으며,

모든 자재천을 위하여 힘을 내는 법비를 내려주었으며,

모든 마군을 위하여 마음 깃발의 법비를 내려주었으며,

모든 화락천을 위하여 청정한 생각의 법비를 내려주었으며,

모든 도솔천을 위하여 뜻을 내는 법비를 내려주었으며,

모든 야마천을 위하여 환희의 법비를 내려주었으며,

모든 도리천을 위하여 허공계를 빨리 장엄하는 법비를 내려주었으며,

모든 야차왕을 위하여 환희의 법비를 내려주었으며,

모든 건달바왕을 위하여 금강륜의 법비를 내려주었으며,

모든 아수라왕을 위하여 큰 경계의 법비를 내려주었으며,

모든 가루라왕을 위하여 그지없는 광명의 법비를 내려주었으며,

모든 긴나라왕을 위하여 일체 세간의 훌륭한 지혜의 법비를 내려주었으며,

모든 사람의 왕을 위하여 쾌락에 집착하지 않는 법비를 내려주었으며,

모든 용왕을 위하여 환희 깃발의 법비를 내려주었으며,

모든 마후라가왕을 위하여 큰 휴식의 법비를 내려주었으며,

모든 지옥 중생을 위하여 바른 생각으로 장엄하는 법비를 내려주었으며,

모든 축생을 위하여 지혜 법장의 법비를 내려주었으며,

염라왕 세계의 중생을 위하여 두려움 없는 법비를 내려주었

으며,

　수많은 액난을 겪는 곳 중생을 위하여 널리 위로의 법비를 내려주어, 모두 성현의 법회에 들어가도록 하였다.

　이처럼 하는 일들이 법계에 가득하였다.

◉ 疏 ◉

後爲色界下二十法雨는 普爲人天雜類니

一은 總爲色界衆生하야 捨外住內하야 令得心境無礙라 故曰普門이오

二는 偏語初禪이니 以宿習多慈로 而偏己眷屬일새 今令慈普하야 含福無窮이오

三은 卽他化自在天이니 轉世自在하야 生十力自在오

四는 就他化中하야 分出魔衆이니 魔는 好摧他自高일새 今令得慈心法幢하야 摧其邪慢이오

五는 隨念化樂하야 但汙自心이라 故轉令淨念이오

六은 雖於世樂知足이나 宜生出世之意오

七은 世樂時分稱快 不及法喜之歡이오

八은 地居之極이 羨空居爲勝하야 不及福智일새 嚴法性空이오

九는 夜叉 性多暴害라 故令歡喜於含生이니 此는 約對治明喜어니와 前夜摩天은 約隨便宜오

十은 以彼善奏樂音로 上德聲聞 亦爲摧壞어늘 今令得金剛智하야 無所不摧일새 無不圓滿이오

十一은 彼恃大身而生憍慢이어늘 令見法身하야 稱法界境이오
十二는 彼以淨眼觀海하고 意欲吞龍일세 令以慈眼智光으로 徧照機感이오
十三은 隨彼善歌하야 令得卽空涉有殊勝世智오
十四는 人王著樂이라 故偏對治오
十五는 龍多恚毒라 故爲說喜하고 有熱沙等怖일세 說法幢能摧오
十六은 蟒多毒害하고 又爲蟲唼食無休일세 故說內休毒心하고 外苦休息이오
十七은 地獄衆生이 身受無邊苦하고 心念無邊惡하나니 若以正念三寶爲嚴이면 則頓脫衆苦오
十八은 畜生多癡故오
十九는 炎魔鬼卒이 互相怖畏하고 乃至王身도 亦有熱鐵鎔銅等怖故오
二十 諸難者는 所謂八難과 及在人間 獄囚繫閉等으로 而多不安이라 故普安慰하야 悉令得入賢聖衆會하야 翻彼難處니라
後는 結周徧이니 稱性用故니라

뒤의 '爲色界' 이하 20가지 법비는 널리 인간계와 천상계의 잡류를 위해 내려줌이다.

① 모두 색계 중생을 위해서 바깥을 버리고 내면에 머물면서 하여금 마음과 경계에 걸림이 없음을 얻도록 하기 위하여 '普門'을 말하였다.

② 오직 初禪만을 말하였다. 사랑이 많은 숙세의 습기로써 자

기의 권속만을 편애하기에, 여기에서는 그 사랑을 널리 베풀도록 하여 얻은 복덕이 무궁함이다.

③ 자재천이란 타화자재천이다. 세간 자재를 전변하여 十力의 자재함을 낸 것이다.

④ 타화자재천에서 마군중을 구분하여 낸 것이다. 마군은 스스로 자신을 드높이는 이들을 꺾기 좋아한 까닭에 여기에서 자애의 마음 法幢을 얻어서 그 삿된 거만을 꺾도록 하였다.

⑤ 화락천은 생각을 따라 안락으로 변화하여 자기의 마음만을 더럽히기에 이를 전변하여 생각을 청정하게 하였다.

⑥ 도솔천은 비록 세간의 즐거움에 만족할 줄 알지만 마땅히 출세간의 마음을 내야 한다.

⑦ 야마천은 세간의 낙을 누리는 시간의 쾌락이 法喜의 즐거움에 미치지 못한다.

⑧ 도리천은 지상 거처의 극치가 '허공계 거처, 훌륭한 곳의 복덕과 지혜'에 미치지 못함을 부러워한 까닭에 법성의 공으로 장엄하였다.

⑨ 야차의 성품은 사납고 해코지가 많기 때문에 그로 하여금 모든 생명을 좋아하도록 하였다. 이는 다스림을 들어 기쁨을 밝힌 것이지만, 앞서 말한 야마천은 편의를 따라 말하였다.

⑩ 건달바왕이 음악을 잘 연주함으로써 최상의 공덕을 지닌 성문 또한 꺾이거나 무너지기에, 여기에서는 그로 하여금 금강지혜를 얻어 꺾이지 않은 바가 없기에 원만하지 않음이 없다.

⑪ 아수라왕은 자기의 큰 몸을 믿고서 교만의 마음을 내기에 그로 하여금 법신을 보고서 법계 경계에 맞추도록 하였다.

⑫ 가루라왕은 청정한 눈으로 바다를 바라보면서 용을 잡아먹으려는 생각이 있기 때문에 그로 하여금 자비의 눈, 지혜의 광명으로써 중생의 근기에 따라 감응하여 두루 비춰주도록 하였다.

⑬ 긴나라왕은 노래를 잘함에 따라서 그로 하여금 空과 하나가 된 有의 수승한 세간 지혜를 얻도록 하였다.

⑭ 사람의 왕이란 쾌락에 집착하기 때문에 유독 이를 다스리도록 하였다.

⑮ 용이 성냄과 독기가 많기 때문에 그를 위해 기쁨을 말해주었고, 熱沙 등을 겁내는 마음이 있기에 法幢으로 꺾어야 함을 말해주었다.

⑯ 이무기는 독과 해코지가 많으며, 또한 벌레들이 끊임없이 그의 몸을 물어뜯기 때문에, 안으로 독기의 마음을 잠재우고 밖의 고통을 멈추게 함을 말해주었다.

⑰ 지옥 중생이란 몸으로 그지없는 고통을 받고, 마음으로 끝없는 악을 생각한다. 만약 삼보의 바른 생각으로 장엄하면 수많은 고통에서 일시에 벗어날 것이다.

⑱ 축생은 어리석음이 많기 때문이다.

⑲ 炎魔와 鬼卒이 서로가 서로를 두려워하고, 염라왕까지도 또한 뜨거운 쇳물, 녹아내리는 구리물 등에 대한 공포가 있기 때문이다.

⑳ '수많은 액난'이란 이른바 八難과 인간에 있어서의 옥에 갇힘과 묶임 등의 편치 못한 일이 많기 때문에 널리 위로하여, 모두 그들로 하여금 성현의 대중법회에 들어가 그들의 어려움을 번복하도록 하였다.

뒤는 두루 가득함을 끝맺음이다. 법성에 걸맞은 작용 때문이다.

二는 總顯毛孔光明業用이라

둘째, 모공 광명의 작용을 총괄하여 밝히다

經

海幢比丘 又於其身一切毛孔에 一一皆出阿僧祇佛刹微塵數光明網이어든 一一光明網이 俱阿僧祇色相과 阿僧祇莊嚴과 阿僧祇境界와 阿僧祇事業하야 充滿十方一切法界하니라

해당비구는 또한 그의 몸에 있는 모든 모공마다 하나하나 모든 데에서 아승지 세계의 티끌 수 광명 그물을 쏟아내었는데, 하나하나의 광명 그물마다 아승지 색상, 아승지 장엄, 아승지 경계, 아승지 사업을 갖추고서 시방의 일체 법계에 가득하였다.

◉ 疏 ◉

可知라

이는 설명하지 않아도 알 수 있다.

上來 見定相用 竟하다

위의 선정 양상의 작용을 봄에 대해 끝마치다.

第三 瞻敬證入

㈐ 증득하여 들어감을 우러러 공경하다

經

爾時에 **善財童子 一心觀察海幢比丘**하고 **深生渴仰**하야
憶念彼三昧解脫하며
思惟彼不思議菩薩三昧하며
思惟彼不思議利益衆生方便海하며
思惟彼不思議無作用普莊嚴門하며
思惟彼莊嚴法界淸淨智하며
思惟彼受佛加持智하며
思惟彼出生菩薩自在力하며
思惟彼堅固菩薩大願力하며
思惟彼增廣菩薩諸行力하야

　그때, 선재동자는 하나같은 마음으로 해당비구를 관찰하고 깊이 우러러 사모하는 마음을 내어,

　그 삼매의 해탈을 생각하고,

그 불가사의한 보살의 삼매를 생각하고,

그 불가사의한 중생의 이익 방편 바다를 생각하고,

그 불가사의한 하는 일이 없는 널리 장엄하는 법문을 생각하고,

그 법계를 장엄하는 청정한 지혜를 생각하고,

부처님 가피를 받은 그의 지혜를 생각하고,

보살의 자재함을 내는 그의 힘을 생각하고,

보살의 큰 서원을 견고히 하는 그의 힘을 생각하고,

보살의 모든 행을 증장하는 그의 힘을 생각하였다.

● 疏 ●

證入中에 十句니 初句는 思人이니 證入法界오 餘句는 思法이니 證法法界니

於中에 初一句는 總이니 謂三昧是體오 解脫是用이니 體用合明이라 二는 別思彼體오

次二句는 別思彼用이니 一은 益生廣多오 二는 無思普徧이니 即用而寂故니라

次二句는 思前體用所因이니 一은 內智淨故오 二는 外緣加故니라

後三句는 思其勝進이니 依前體用하야 進益後三故니라

증득하여 들어간 부분은 10구이다.

첫 1구는 사람을 생각함이다. 증득한 사람의 법계이며,

나머지 구절은 법을 생각함이다. 증득한 법의 법계이다.

'나머지 구절' 가운데 첫 구절[憶念彼三昧解脫]은 총상이다. 삼매

157

는 본체이고, 해탈은 작용이다. 본체와 작용을 합하여 밝혔다.

제2구[不思議菩薩三昧]는 그 본체를 개별로 생각함이며,

다음 2구는 그 작용을 개별로 생각함이다.

첫째, 제3구[利益衆生方便海]는 중생의 이익이 넓고 많음이며,

둘째, 제4구[無作用普莊嚴門]는 생각이 없이 널리 두루 갖춤이다. 작용과 하나가 된 고요이기 때문이다.

다음 2구는 앞서 말한 본체와 작용의 원인이 되는 바를 생각함이다.

첫째, 제5구[莊嚴法界淸淨智]는 내면의 지혜가 청정하기 때문이며,

둘째, 제6구[受佛加持智]는 밖의 반연으로 더하기 때문이다.

뒤의 3구는 그 훌륭히 닦아나감을 생각함이다. 앞서 말한 본체와 작용에 의하여 뒤의 3가지를 더욱 닦아나가기 때문이다.

第四所經時分

(ㄹ) 거쳐 온 바의 시간 부분

經

如是住立思惟觀察하야 經一日一夜하며 乃至經於七日七夜와 半月一月과 乃至六月하고 復經六日하니

이처럼 우두커니 서서 생각하고 관찰하면서 하루 밤낮을 지내

고, 이레 밤낮, 보름, 한 달, 여섯 달을 지내고, 또 엿새를 지냈다.

◉ 疏 ◉

六月六日者는 第六住中에 滿第六度故니 以法味資神일새 故身心都忘하야 不覺時久니라

"여섯 달을 지내고, 또 엿새를 지냈다."는 것은 제6 正心住 가운데 제6 바라밀이 원만하기 때문이다. 法味로써 정신을 힘입은 까닭에 몸과 마음을 모두 잊어서 오랜 시간이 흐른 줄을 깨닫지 못하였다.

第五明出定

(ㅁ) 선정에서 일어남을 밝히다

經

過此已後에 海幢比丘 從三昧出이시니라

이처럼 지낸 뒤에 해당비구는 삼매에서 나왔다.

◉ 疏 ◉

出定者는 所作訖故니라

선정에서 나온 것은 하는 바를 끝마쳤기 때문이다.

先 見敬 竟하다

앞의 만나 뵙고 절을 올린 부분을 끝마치다.

一

第二 正明諮問

中에 二니

先讚 後問이라

今은 初라

(2) 바로 물음을 밝히다

이는 2단락이다.

㈀ 찬탄이고,

㈁ 물음이다.

이는 '㈀ 찬탄'이다.

經

善財童子 讚言호되 聖者여 希有奇特다
如此三昧 最爲甚深이며
如此三昧 最爲廣大며
如此三昧 境界無量이며
如此三昧 神力難思며
如此三昧 光明無等이며
如此三昧 莊嚴無數며
如此三昧 威力難制며

如此三昧 境界平等이며
如此三昧 普照十方이며
如此三昧 利益無限하야
以能除滅一切衆生의 無量苦故니
所謂能令一切衆生으로
離貧苦故며
出地獄故며
免畜生故며
閉諸難門故며
開人天道故며
令人天衆生喜樂故며
令其愛樂禪境界故며
能令增長有爲樂故며
能爲顯示出有樂故며
能爲引發菩提心故며
能使增長福智行故며
能令增長大悲心故며
能令生起大願力故며
能令明了菩薩道故며
能使莊嚴究竟智故며
能令趣入大乘境故며
能令照了普賢行故며

能令證得諸菩薩地智光明故며
能令成就一切菩薩諸願行故며
能令安住一切智智境界中故니이다

"거룩하신 이여, 드문 일이고 기특하나이다.
이런 삼매는 가장 깊고,
이런 삼매는 가장 광대하고,
이런 삼매의 경계는 한량이 없고,
이런 삼매의 신통력은 생각하기 어렵고,
이런 삼매의 광명은 비길 데 없고,
이런 삼매의 장엄은 수가 없고,
이런 삼매의 위신력은 제어하기 어렵고,
이런 삼매의 경계는 평등하고,
이런 삼매는 널리 시방을 비추고,
이런 삼매는 이익이 한량없어
일체중생의 한량없는 고통을 없애주었기 때문입니다.
이른바 일체중생으로 하여금
가난한 고통을 여의게 하고,
지옥에서 벗어나게 하고,
축생을 면하게 하고,
액난의 문을 닫아주고,
사람과 하늘의 길을 열어주고,
천상과 인간의 중생을 기쁘게 하고,

선정의 경계를 사랑하게 하고,

유위의 즐거움을 더욱 키워주고,

생사의 유에서 벗어나는 낙을 보여주고,

보리심을 이끌어 내주고,

복덕과 지혜의 행을 더욱 키워주고,

가엾이 여기는 마음을 더욱 키워주고,

큰 서원의 힘을 일으키게 하고,

보살의 도를 분명히 알게 하고,

마지막 경계의 지혜를 장엄케 하고,

대승의 경지에 나아가게 하고,

보현의 행을 비춰 알게 하고,

보살 지위의 지혜 광명을 증득케 하고,

일체 보살의 원과 행을 성취케 하고,

일체 지혜의 경계에 머물게 하기 위한 때문입니다.

● 疏 ●

分二니

初는 標讚深勝이오 後 以能除滅下는 出讚所因이니 由具此下諸因일새 故上云 甚深廣大 等이라 其中에 云 能令增長有爲樂 者는 不捨有爲故오 出有樂 者는 不染有故니라

又上句는 爲凡夫오 次句는 爲二乘이오 下云 引發菩提 는 卽爲大器니라

이의 경문은 2단락으로 나뉜다.

첫째, 심오하고 뛰어남을 나타내어 찬탄하였고,

둘째, '以能除滅' 이하는 찬탄의 원인이 되는 바를 말하였다.

이 아래의 모든 원인을 갖춘 데서 연유하기 때문에 위에서 '甚深廣大' 등이라 말하였다.

그 가운데 "유위의 즐거움을 더욱 키워준다[能令增長有爲樂]."고 말한 것은 유위를 버리지 않기 때문이며,

"생사의 유에서 벗어나게 한다."는 것은 有에 오염되지 않기 때문이다.

또한 위의 구절은 범부를 위하고,

다음 구절은 이승을 위하며,

아래의 '引發菩提'라 말함은 큰 法器를 위함이다.

第二正問

有二問答이니

先은 問名이오 後는 問用이라

初中에 先問 後答이라

(ㄴ) 물음

2가지의 문답이 있다.

첫째, 삼매의 이름을 물었고,

둘째, 삼매의 작용을 물었다.

'첫째, 삼매의 이름' 부분은 앞은 물음이고, 뒤는 대답이다.

經

聖者여 此三昧者 名爲何等이니잇고
海幢比丘 言하사대 善男子야
此三昧 名普眼捨得이며
又名般若波羅蜜境界淸淨光明이며
又名普莊嚴淸淨門이니
善男子야 我以修習般若波羅蜜故로 得此普莊嚴淸淨
三昧等百萬阿僧祇三昧호라

거룩하신 이여, 이 삼매의 이름은 무엇입니까?"

해당비구가 말하였다.

"선남자여, 이 삼매의 이름은 '보안으로 얻은 것을 버림'이라 하고,

또한 '반야바라밀 경계의 청정한 광명'이라고도 하며,

또한 '두루 장엄한 청정한 법문'이라고도 한다.

선남자여, 나는 반야바라밀을 닦았으므로 이 두루 장엄한 청정한 삼매 등 백만 아승지 삼매를 얻었노라."

● **疏** ●

上旣修入이어늘 何更問名가 其猶世人이 得大王饍하야 雖餐勝味나
何必知名가 答이라 有三名者하니 初一은 從智立이오 次一은 雙就境

智오 後一은 雙融境智立이라

名普眼捨得者는 般若之智 照一切法일새 故名普眼이오 皆無所得일새 故云捨得이라 若有所得이면 不能卽寂而用이어니와 以無所得일새 卽無所不得이니 菩薩無得이면 心無罣礙오 諸佛無得이면 則得菩提니라 昔云障無不寂曰捨오 理無不證曰得이라하니 非無此理로되 則未造玄이니라

二는 合稱中에 般若淸淨故로 境界淸淨이니 淸淨之境은 皆般若境故니라

三 雙融立稱者는 般若了境에 無境非般若니 何所不嚴이리오 故智論에 云 說智及智處 俱名爲般若라하니 是則若般若淸淨과 若境淸淨이 無二無二分이며 無別無斷故니라 故一莊嚴이 一切莊嚴일새 名普莊嚴이오 及攝眷屬이니 可知니라

"위에서 이미 삼매를 닦아 들어갔는데, 어찌하여 다시 삼매의 이름을 묻는 것일까?

그것은 마치 세간 사람이 왕의 수라를 얻어서 맛있는 음식을 먹으면서 굳이 그 음식 이름을 알아야 할까?"

대답하였다.

3가지 이름이 있다.

① 지혜에 의해 붙여진 이름,

② 경계와 지혜에 모두 나아간 데서 붙여진 이름,

③ 경계와 지혜를 모두 원융한 데서 붙여진 이름이다.

① '보안으로 얻은 것을 버림'이라 말한 것은 반야의 지혜가 일

체 법을 비추기 때문에 그 이름을 普眼이라 하고, 모두 얻은 바 없기 때문에 '얻은 것을 버렸다.'고 말한다.

만일 얻은 바가 있으면 고요함과 하나가 된 작용이 아니지만, 얻은 바 없기에 얻지 못할 바가 없다. 보살이 얻은 바 없으면 마음이 걸림이 없고, 제불이 얻은 바 없으면 바로 보리를 얻는다.

옛사람이 말하였다.

"장애가 고요하지 않음이 없는 것을 '버림[捨]'이라 말하고, 이치를 증득하지 않음이 없는 것을 '얻음[得]'이라고 한다."

전혀 이치가 없는 말은 아니지만 현묘한 뜻을 가진 말이라고 할 수는 없다.

② 경계와 지혜를 종합하여 말한 가운데 반야가 청정하기 때문에 경계가 청정하다. 청정한 경계가 모두 반야의 경계이기 때문이다.

③ '경계와 지혜를 모두 원융한 데서 붙여진 이름'이란 반야로 경계를 잘 앎에 경계마다 반야 아닌 게 없다. 그 무엇을 장엄하지 못할 바 있겠는가.

이 때문에 지도론에 이르기를, "지혜와 지혜가 있는 곳을 모두 반야라 말한다."고 하였다. 이는 반야의 청정과 경계의 청정이 둘이 없고 둘로 구분함이 없으며, 분별이 없고 단절이 없기 때문이다.

그러므로 하나의 장엄이 일체의 장엄이기에 그 이름을 '普莊嚴'이라 하며, '攝眷屬'이라 말한다. 이는 설명하지 않아도 알 수 있다.

一

二 問境界

中에 先問 後答

둘째, 삼매의 경계를 묻다

이는 앞은 물음이고, 뒤는 대답이다.

經

善財童子 言호되 聖者여 此三昧境界 究竟唯如是耶잇가
海幢이 言하사대 善男子야 入此三昧時에
了知一切世界호되 無所障礙하며
往詣一切世界호되 無所障礙하며
超過一切世界호되 無所障礙하며
莊嚴一切世界호되 無所障礙하며
修治一切世界호되 無所障礙하며
嚴淨一切世界호되 無所障礙하며
見一切佛호되 無所障礙하며
觀一切佛廣大威德호되 無所障礙하며
知一切佛自在神力호되 無所障礙하며
證一切佛諸廣大力호되 無所障礙하며
入一切佛諸功德海호되 無所障礙하며
受一切佛無量妙法호되 無所障礙하며
入一切佛法中하야 修習妙行호되 無所障礙하며

證一切佛轉法輪平等智호되 無所障礙하며
入一切諸佛衆會道場海호되 無所障礙하며
觀十方佛法호되 無所障礙하며
大悲攝受十方衆生호되 無所障礙하며
常起大慈하야 充滿十方호되 無所障礙하며
見十方佛에 心無厭足호되 無所障礙하며
入一切衆生海호되 無所障礙하며
知一切衆生根海호되 無所障礙하며
知一切衆生諸根差別智호되 無所障礙니라

선재동자가 말하였다.

"거룩하신 이여, 이 삼매의 경계는 결국 이것뿐입니까?"

해당비구가 말하였다.

"선남자여, 이 삼매에 들어갈 때에는

일체 세계를 잘 알되 장애된 바 없고,

일체 세계에 찾아가되 장애된 바 없고,

일체 세계를 초월하되 장애된 바 없고,

일체 세계를 장엄하되 장애된 바 없고,

일체 세계를 다스리되 장애된 바 없고,

일체 세계를 청정 장엄하되 장애된 바 없고,

일체 부처님을 친견하되 장애된 바 없고,

일체 부처님의 광대한 위엄과 공덕을 보되 장애된 바 없고,

일체 부처님의 자재한 신통력을 알되 장애된 바 없고,

일체 부처님의 광대한 힘을 증득하되 장애된 바 없고,

일체 부처님의 공덕 바다에 들어가되 장애된 바 없고,

일체 부처님의 한량없는 미묘한 법을 받아들이되 장애된 바 없고,

일체 부처님의 법 가운데 들어가 미묘한 행을 닦되 장애된 바 없고,

일체 부처님이 법륜을 굴리는 평등한 지혜를 증득하되 장애된 바 없고,

일체 부처님의 대중법회의 도량 바다에 들어가되 장애된 바 없고,

시방 부처의 법을 관찰하되 장애된 바 없고,

크게 가엾이 여기는 마음으로 시방 중생을 받아들이되 장애된 바 없고,

크게 사랑의 마음을 항상 일으켜 시방에 충만하되 장애된 바 없고,

시방 부처님을 볼 적에 싫어하는 마음이 없되 장애된 바 없고,

일체중생 바다에 들어가되 장애된 바 없고,

일체중생의 근기 바다를 알되 장애된 바 없고,

일체중생의 각기 다른 지혜의 근기를 알되 장애된 바 없다.

◉ 疏 ◉

問云唯如是者는 上所目覩는 頗已修入일세 視聽之外에 更希異

聞이라

後答中에 皆是上來之所不及이라

於中三이니 初 六句는 明於器世間無礙요 次見一切佛下 十句는 於智正覺世間無礙요 後大悲攝受下 六句는 於衆生世間無礙라 其中 見佛도 亦爲攝生故니 文竝可知니라

"이것뿐입니까?[唯如是]"라고 물은 것은 위에서 눈으로 직접 보았던 바는 이미 닦아 들어갔기에 보거나 들은 것 외에 또 다른 말을 듣고자 원한 것이다.

뒤의 대답 부분은 모두 위에서 언급하지 않은 바이다.

이 부분은 3단락이다.

① 기세간에 장애가 없음을 밝혔고,

② '見一切佛' 이하는 지정각세간에 장애가 없음을 밝혔으며,

③ '大悲攝受' 이하는 중생세간에 장애가 없음을 밝혔다.

이 부분에서 부처를 보는 것 또한 중생을 받아들이는 것이기 때문이다.

경문은 아울러 말하지 않아도 알 수 있다.

第三 謙己推勝

3. 몸을 낮추면서 선지식의 훌륭함을 추켜올리다

善男子야 我唯知此一般若波羅蜜三昧光明이어니와
如諸菩薩은
入智慧海하야 淨法界境하며
達一切趣하야 徧無量刹하며
總持自在하야 三昧淸淨하며
神通廣大하야 辯才無盡하며
善說諸地하야 爲衆生依하나니
而我何能知其妙行이며 辯其功德이며 了其所行이며 明
其境界며 究其願力이며 入其要門이며 達其所證이며 說
其道分이며 住其三昧며 見其心境이며 得其所有平等智
慧리오

선남자여, 나는 오직 이 하나의 반야바라밀 삼매의 광명만을 알 뿐이지만,

보살들은 지혜 바다에 들어가 법계의 경계를 청정히 하며,

모든 길을 통달하여 한량없는 세계에 두루 찾아가며,

총지가 자재하여 삼매가 청정하며,

신통이 광대하여 변재가 다함이 없으며,

여러 지위를 잘 말하여 중생의 의지가 되었다.

내가 어떻게 그 미묘한 행을 알며, 그 공덕을 말하며, 그 행할 바를 알며, 그 경계를 밝히며, 그 원력을 끝까지 다하며, 그 중요한 문에 들어가며, 그 증득한 바를 통달하며, 그 도의 부분을 말하며,

그 삼매에 머물며, 그 마음의 경지를 보며, 그 지닌 바의 평등한 지혜를 얻을 수 있겠는가.

◉ 疏 ◉

謙己推勝中에 初는 謙己知一이오
後如諸下는 推勝中二니
先은 擧彼所知오 後而我下는 顯不能測이라

몸을 낮추면서 선지식의 훌륭함을 추켜올리는 부분에서, 첫째는 자기는 하나만을 알 뿐이라고 겸양한 것이며,

뒤의 '如諸' 이하는 선지식의 훌륭함을 추켜올린 것으로 2단락이다.

앞은 해당비구가 아는 바를 들어 말하였고,

뒤의 '而我' 이하는 뒤의 선지식이 아는 바를 헤아릴 수 없음을 나타냈다.

第四指示後友

4. 뒤의 선지식을 소개하다

經

善男子야 從此南行에 有一住處하니 名曰海潮오
彼有園林하니 名普莊嚴이며

於其園中에 有優婆夷하니 名曰休捨니
汝往彼問호되 菩薩이 云何學菩薩行이며 修菩薩道리잇고
하라

　선남자여, 여기에서 남쪽으로 내려가면 하나의 머문 곳이 있는데, 그 이름을 '해조'라 한다.

　그곳에 동산이 있는데, 그 이름을 '보장엄'이라 하며,

　그 동산에 우바이가 있는데, 그 이름을 '휴사(休捨)'라 한다.

　그대는 그를 찾아가 '보살이 어떻게 보살의 행을 배우며, 보살의 도를 닦는가.'를 묻도록 하라."

● 疏 ●

處名海潮者는 但言有處면 則猶是前國이니 顯方便行 不離般若故니라

言海潮者는 謂潮所至處니 顯方便就機하야 不過限故오 亦將入生死海하야 以濟物故오 能知三世佛法海故라 故上法門에 名爲海藏이라하니라

園名普莊嚴者는 約相인댄 廣有衆嚴故오 約表인댄 以生死爲園苑이며 萬行爲莊嚴故。又文義相隨等으로 莊嚴總持無漏法故니라

友名休捨者는 此云意樂이며 亦云希望이며 亦云滿願이니 謂隨衆生意樂하야 希望得圓滿故오 亦能圓滿性相法故니라 前般若了眞일세 故寄比丘하고 此以慈心方便으로 入俗일세 故寄優婆夷矣니라【鈔_ '顯方便行不離般若'者는 旣了俗由證眞이라 故說後得하

야 明不離也라】

　머문 곳을 '해조'라 이름 붙인 것은 다만 '어느 곳이 있다[有處].'고 말하였을 뿐이면, 오히려 이는 앞서 말한 나라에 있는 곳이다. 방편행이 반야에서 벗어날 수 없음을 나타낸 때문이다.

　'해조'라 말한 것은 조숫물이 밀려오는 곳을 말한다. 방편으로 근기에 맞춰 시한을 벗어나지 않음을 나타내기 때문이며, 또한 장차 생사의 바다에 들어가 중생을 구제하기 때문이며, 삼세 불법의 바다를 알기 때문이다. 이 때문에 위의 법문 이름을 '海藏'이라 하였다.

　동산을 '보장엄'이라 말한 것은 모양으로 말하면 많은 장엄이 널리 있기 때문이며, 표면으로 말하면 생사로 동산을 삼고, 만행으로 장엄을 삼기 때문이며, 또한 문장의 뜻이 서로 따르는 등으로 무루법을 장엄하고 모두 지니기 때문이다.

　선지식을 '休捨'라 이름 붙인 것은 중국에서는 좋아하는 마음이라는 것으로 '意樂'의 뜻이다. 또한 '희망'이라 말하기도 하고, 또한 '원한 바의 만족[滿願]'이라 말하기도 한다. 중생의 좋아하는 마음을 따라서 원만함을 얻기를 희망하였기 때문이며, 또한 性相法을 원만하게 이루었기 때문이다.

　앞에서는 반야로 眞諦를 잘 알고 있기에 비구에 붙여 말하였고, 이는 자비심의 방편으로써 俗諦에 들어간 까닭에 우바이에 붙여 말하였다.【초_ "방편행이 반야에서 벗어날 수 없다."는 것은 이미 속제를 잘 아는 것이 진제를 증득한 데서 연유함이기 때문에 방

175

편의 後得智를 말하여 벗어날 수 없음을 밝혔다.】

經
時에 善財童子 於海幢比丘所에
得堅固身하며
獲妙法財하며
入深境界하며
智慧明徹하며
三昧照耀하며
住淸淨解하며
見甚深法하며
其心安住諸淸淨門하며
智慧光明이 充滿十方하야 心生歡喜하야 踊躍無量하며
五體投地하야 頂禮其足하며
遶無量匝하야 恭敬瞻仰하며
思惟觀察하고 咨嗟戀慕하야 持其名號하며
想其容止하며
念其音聲하며
思其三昧와 及彼大願所行境界하며
受其智慧淸淨光明하고 辭退而行하니라

    그때, 선재동자는 해당비구에게서
    견고한 몸을 얻었고,

미묘한 법의 재물을 얻었으며,

깊은 경계에 들어갔고,

지혜가 밝게 통달하였으며,

삼매가 밝게 비쳤고,

청정한 이해에 머물렀으며,

아주 깊은 법을 보았고,

그 마음이 청정한 법문에 안주하였으며,

지혜 광명이 시방에 가득하여, 환희의 마음으로 한량없이 날뛰었고,

두 팔꿈치, 두 무릎, 이마를 땅에 대고 그의 발에 절을 하였으며,

한량없이 돌고서 공경하고 우러렀고,

생각하고 관찰하며, 찬탄하고 사모하여 그 명호를 외워 지니며,

그의 동작을 생각하고,

그의 음성을 기억하며,

그의 삼매와 그의 큰 서원과 행한 바의 경계를 생각하고,

그 지혜와 청정 광명을 받고서 하직하고 떠나갔다.

● 論 ●

經行地側하야 結跏趺坐하고 入於三昧하야 離出入息하야 無別思覺이오

五는 明入三昧中하야 身分出衆하야 十方敎化니라

何故로 在經行地側하야 結跏趺坐하야 入於三昧오

表寂用自在라 以經行地 是用이며 三昧 是寂이니 表依用有寂이오
地側者는 表不住寂用之中하야 而任運自在故오
離出入息은 明稱理而寂하고 稱理而用일새 性自徧周하야 非同二
乘의 作寂滅證也라 此同十地中第六地也니 以十地行이 依此十
住行樣修行일새 至彼에 同此本故라
是故로 第六地菩薩이 得寂滅定神通現前이니 此是隨空慧寂用
門이오 十地는 大悲寂用이니라

사람들이 다니는 길 곁에서 결가부좌하고서 삼매에 들어 들숨
날숨을 멈추고서 별다른 생각이나 감각이 없음을 본 것이다.

다섯째는 삼매 속에 들어가 몸의 분신으로 대중을 나타내어
시방에 교화함을 밝힌 것이다.

무슨 까닭으로 사람이 다니는 길 옆에 결가부좌하고 앉아서
삼매에 들었는가.

이는 고요함과 작용이 자재함을 나타낸 것이다. 지나는 길이
작용이고, 삼매가 고요함이다. 작용에 의해 고요함이 있음을 나타
낸 것이다.

'길 옆'이란 고요함과 작용 가운데 머물지 않고 마음대로 자재
함을 나타낸 것이며,

"들숨 날숨을 멈추었다."는 것은 이치에 맞게 고요하고, 이치에
맞게 작용하기 때문에 성품이 스스로 두루 원만하여, 적멸 증득을
짓는 이승과 같지 않음을 밝힌 것이다. 이는 10지 가운데 제6 현전
지와 같다. 십지의 행이 십주 행의 양상에 의해 수행함에 있어 거

기에 이르면 이 근본과 같기 때문이다. 이 때문에 제6 현전지의 보살이 寂滅定의 신통이 앞에 나타남을 얻는다. 이는 바로 空慧를 따르는 寂用의 법문이고, 십지는 大悲의 寂用이다.

입법계품 제39-5 入法界品 第三十九之五
화엄경소론찬요 제102권 華嚴經疏論纂要 卷第一百之二

화엄경소론찬요 제103권
華嚴經疏論纂要 卷第一百之三

◉

입법계품 제39-6
入法界品 第三十九之六

一

第七休捨優婆夷 寄不退住【鈔_ 寄不退住는 入於無生畢竟空理하야 心心이 常行空無相願하야 止觀雙運하야 緣不能壞 湛猶澄海니라】

제7. 휴사우바이, 불퇴주 선지식【초_ 불퇴주에 붙여 말한 것은 無生의 畢竟 空의 이치에 들어가 마음과 마음이 空하여 모양이 없는 서원을 항상 행하여 止·觀을 모두 운용하여 인연이 무너지지 않기에 담담함이 맑은 바다와 같다.】

文中具六이라

第一依敎趣求

이의 경문은 6단락으로 갖춰져 있다.

1. 가르침을 따라 선지식을 찾아가 법을 구하다

經

爾時에 善財童子

蒙善知識力하며

依善知識敎하며

念善知識語하고

於善知識에 深心愛樂하야

作是念言호되

因善知識하야 令我見佛이며

因善知識하야 令我聞法이라

183

善知識者는 是我師傅이니 示導於我諸佛法故며
善知識者는 是我眼目이니 令我見佛如虛空故며
善知識者는 是我津濟니 令我得入諸佛如來蓮華池故
라하고
漸漸南行하야 至海潮處하나니라

    그때, 선재동자가 선지식의 힘을 입고,

    선지식의 가르침을 따르며,

    선지식의 가르침을 생각하고,

    선지식에게 깊은 사랑의 마음을 내어, 이렇게 생각하였다.

    '선지식에 의하여 나는 부처님을 뵙게 되었고,

    선지식에 의하여 나는 법을 들을 수 있었다.

    선지식은 나의 스승이다. 나에게 부처의 법을 보여준 때문이다.

    선지식은 나의 눈이다. 나로 하여금 부처님을 허공처럼 보도록 한 때문이다.

    선지식은 나의 나룻목이다. 나로 하여금 부처님 여래의 연꽃으로 둘러싸인 못에 들어가도록 한 때문이다.'

    차츰차츰 남쪽으로 내려가면서 '해조'라는 곳에 이르렀다.

● 疏 ●

中에 二니
先念前友教니 文有十句라 前五는 集經者序오 後五는 正陳所念이라
二漸次下는 趣求後友니 竝可知라

이의 경문은 2단락이다.

⑴ 앞 선지식의 교화를 생각함이다. 이의 경문은 10구이다.

앞의 5구는 경문을 편집한 자의 서술이며,

뒤의 5구는 바로 생각한 바를 말하였다. 이는 설명하지 않아도 알 수 있다.

⑵ '漸次' 이하는 뒤의 선지식에게 찾아감이다. 이 또한 설명하지 않아도 알 수 있다.

―

第二. 見敬諮問

中三이니 初는 見이오 次는 敬이오 後는 諮問이라

前中二니 先은 見依報殊勝이라

2. 친견하여 절을 올리고 법을 묻다

3단락이다.

⑴ 친견, ⑵ 경례, ⑶ 물음이다.

'⑴ 친견'은 2단락이다.

㈀ 의보의 뛰어남을 봄이다.

經

見普莊嚴園에

衆寶垣牆이 周匝圍遶하며

一切寶樹 行列莊嚴하며

一切寶華樹 雨衆妙華하야 布散其地하며
一切寶香樹 香氣氛氳하야 普熏十方하며
一切寶鬘樹 雨大寶鬘하야 處處垂下하며
一切摩尼寶王樹 雨大摩尼寶하야 徧布充滿하며
一切寶衣樹 雨種種色衣하야 隨其所應하야 周匝敷布하며
一切音樂樹 風動成音에 其音美妙하야 過於天樂하며
一切莊嚴具樹 各雨珍玩奇妙之物하야 處處分布하야 以爲嚴飾하니

其地淸淨하야 無有高下하며 於中에 具有百萬殿堂하니 大摩尼寶之所合成이며

百萬樓閣이 閻浮檀金으로 以覆其上하며

百萬宮殿이 毘盧遮那摩尼寶로 間錯莊嚴하며

一萬浴池 衆寶合成하야 七寶欄楯이 周匝圍遶하고 七寶階道 四面分布하며

八功德水 湛然盈滿하야 其水香氣 如天栴檀하고 金沙布底하야 水淸寶珠 周徧間錯하며

鳧雁孔雀과 俱枳羅鳥 遊戱其中하야 出和雅音하며

寶多羅樹 周匝行列하야 覆以寶網하고 垂諸金鈴하야 微風徐搖에 恒出美音하며

施大寶帳하야 寶樹圍遶하며

建立無數摩尼寶幢하야 光明普照百千由旬하며

其中에 復有百萬陂池하니 黑栴檀泥 凝積其底하고 一切

妙寶로 以爲蓮華하야 敷布水上하고 大摩尼華 光色照耀하나니라

園中에 復有廣大宮殿하니 名莊嚴幢이라

海藏妙寶로 以爲其地하고

毘瑠璃寶로 以爲其柱하고

閻浮檀金으로 以覆其上하고

光藏摩尼로 以爲莊嚴하고

無數寶王이 光焰熾然하고

重樓挾閣으로 種種莊飾하고

阿盧那香王과 覺悟香王이 皆出妙香하야 普熏一切하며

其宮殿中에 復有無量寶蓮華座 周廻布列하니

所謂照耀十方摩尼寶蓮華座와

毘盧遮那摩尼寶蓮華座와

照耀世間摩尼寶蓮華座와

妙藏摩尼寶蓮華座와

師子藏摩尼寶蓮華座와

離垢藏摩尼寶蓮華座와

普門摩尼寶蓮華座와

光嚴摩尼寶蓮華座와

安住大海藏淸淨摩尼王寶蓮華座와

金剛師子摩尼寶蓮華座하니라

園中에 復有百萬種帳하니

所謂衣帳과 鬘帳과 香帳과 華帳과 枝帳과 摩尼帳과 眞
金帳과 莊嚴具帳과 音樂帳과 象王神變帳과 馬王神變
帳과 帝釋所着摩尼寶帳이니 如是等其數百萬이며
有百萬大寶網이 彌覆其上하니
所謂寶鈴網과 寶蓋網과 寶身網과 海藏眞珠網과 紺瑠
璃摩尼寶網과 師子摩尼網과 月光摩尼網과 種種形像
衆香網과 寶冠網과 寶瓔珞網이니 如是等其數百萬이며
有百萬大光明之所照耀하니
所謂焰光摩尼寶光明과
日藏摩尼寶光明과
月幢摩尼寶光明과
香焰摩尼寶光明과
勝藏摩尼寶光明과
蓮華藏摩尼寶光明과
焰幢摩尼寶光明과
大燈摩尼寶光明과
普照十方摩尼寶光明과
香光摩尼寶光明이니 如是等 其數百萬이며
常雨百萬莊嚴具하니
百萬黑栴檀香이 出妙音聲하고
百萬出過諸天曼陀羅華로 而以散之하고
百萬出過諸天瓔珞로 以爲莊嚴하고

百萬出過諸天妙寶鬘帶로 處處垂下하고
百萬出過諸天衆色妙衣와
百萬雜色摩尼寶 妙光普照하며
百萬天子- 欣樂瞻仰하야 頭面作禮하고
百萬婇女 於虛空中에 投身而下하고
百萬菩薩이 恭敬親近하야 常樂聞法이어든

    널리 장엄한 동산을 살펴보니,

    수많은 보배로 만들어진 담장이 빙 둘러 있고,

    일체 보배 나무는 줄지어 장엄하고,

    일체 보배 꽃나무는 여러 가지 미묘한 꽃잎을 뿌려 그 땅에 깔려 있고,

    일체 보배 향나무는 향기가 자욱하여 널리 시방에 풍기고,

    일체 보배 화만 나무는 큰 보배 화만을 내려 곳곳에 드리우고,

    일체 마니보배왕 나무는 큰 마니보배를 내려 널리 펼쳐 가득하고,

    일체 보배 옷 나무는 가지가지 옷을 내려 그에 알맞게 두루 펼치고,

    일체 음악 나무는 바람 따라 울리는 음악의 소리가 아름답고 미묘하여 하늘의 풍류보다 뛰어나고,

    일체 장엄거리 나무는 각각 진귀하고 기묘한 물건을 내려 곳곳마다 펼쳐 장엄하였다.

    그 땅은 청정하여 울퉁불퉁하지 않으며,

그 가운데 백만 궁전이 갖춰져 있다.

큰 마니보배로 합하여 만들고,

백만 누각은 염부단금으로 그 위를 덮고,

백만 궁전은 비로자나 마니보배로 사이사이 장엄하였다.

1만 곳의 목욕하는 연못은 여러 보배를 합하여 만들어 칠보 난간을 두루 돌렸고, 칠보 계단 길은 사면으로 뻗어 있으며,

여덟 가지 공덕의 물은 맑고 가득하여 물의 향기가 하늘의 전단향과 같고, 금모래가 밑에 깔려 물을 맑히는 구슬이 사이사이 장식되었으며,

오리, 기러기, 공작, 구기라 새들이 그 속에서 놀면서 맑은 소리를 내었으며,

보배 다라나무가 주위로 줄지어 서 있는데, 보배 그물로 그 위를 덮고, 금으로 만든 풍경을 달아 솔솔 부는 바람에 서서히 흔들리면서 언제나 아름다운 소리가 울려 나오며,

보배 휘장을 둘러치고 보배 나무가 둘러섰으며,

수없는 마니보배 당기를 세워서 그 광명이 백천 유순까지 널리 비추며,

그 가운데 또 백만 곳의 연못이 있는데 흑전단 앙금이 밑에 깔려 쌓여 있고, 여러 가지 기묘한 보배로 만든 연꽃들이 물 위에 덮여 있고, 큰 마니보배 연꽃은 빛이 찬란하였다.

동산 안에는 또한 광대한 궁전이 있는데, 그 이름을 '장엄당궁전'이라 한다.

미묘한 해장보배[海藏寶]로 땅을 삼고,

비유리보배로 기둥을 삼고,

염부단금으로 위를 덮고,

광장 마니주로 장엄하고,

수없는 보배는 빛이 찬란하고,

거듭된 누각과 양쪽의 대청으로 가지가지 꾸미고,

아로나향과 각오향에서 모두 미묘한 향기를 풍겨 모든 곳에 널리 퍼졌다.

그 궁전 안에 또한 한량없는 보배 연꽃의 법좌가 빙 둘러 놓여 있었다.

이른바 시방을 밝게 비춰주는 마니보배 연꽃 법좌,

비로자나 마니보배 연꽃 법좌,

세간에 밝게 비춰주는 마니보배 연꽃 법좌,

묘장 마니보배 연꽃 법좌,

사자장 마니보배 연꽃 법좌,

이구장 마니보배 연꽃 법좌,

보문 마니보배 연꽃 법좌,

광엄 마니보배 연꽃 법좌,

큰 바다 법장에 안주한 청정 마니보배 연꽃 법좌,

금강사자 마니보배 연꽃 법좌이다.

동산 가운데에는 또한 백만 가지의 휘장이 있었다.

이른바 옷 휘장, 화만 휘장, 향 휘장, 꽃 휘장, 가지 휘장, 마니주 휘장, 진금 휘장, 장엄거리 휘장, 음악 휘장, 코끼리 신통변화 휘장, 말 신통변화 휘장, 제석천왕이 입는 마니보배 휘장이다.

이와 같은 수효가 백만이었다.

백만 가지 보배 그물이 그 위를 덮었다.

이른바 보배 풍경 그물, 보배 일산 그물, 보배 몸 그물, 해장 진주 그물, 연보랏빛 유리 마니보배 그물, 사자 마니 그물, 월광 마니 그물, 가지가지 형상에 많은 향기 그물, 보배 관 그물, 보배 영락 그물이다.

이와 같은 수효가 백만이었다.

백만 가지 큰 광명이 비쳤다.

이른바 불꽃빛 마니보배 광명, 일장 마니보배 광명, 월당 마니보배 광명, 향불꽃 마니보배 광명, 승장 마니보배 광명, 연화장 마니보배 광명, 염당 마니보배 광명, 큰 등불 마니보배 광명, 시방에 널리 비치는 마니보배 광명, 향빛 마니보배 광명이다.

이와 같은 수효가 백만이었다.

항상 백만 가지 장엄거리가 쏟아져 내렸다.

백만 가지 흑전단향이 미묘한 소리를 울려 내고,

하늘 만다라보다 더 좋은 백만 가지 꽃을 흩뿌리고,

하늘 영락보다 더 좋은 백만 가지 영락으로 장엄하고,

하늘 화만보다 더 좋은 백만 가지 화만을 곳곳에 드리우고,

하늘 옷보다 더 좋은 백만 가지 여러 빛깔 옷,

백만 가지 잡색 마니보배의 미묘한 광명이 널리 비쳤다.

백만 천자들은 좋아하고 우러러 엎드려 절하고,

백만 여인들은 허공에서 몸을 던져 내려오고,

백만 보살들은 공경하고 가까이에서 언제나 법문 듣기를 좋아하였다.

● 疏 ●

有十事莊嚴하니

一은 寶墻圍繞오

二 一切寶樹下는 林樹行列이오

三 其地下는 堂閣崇麗오

四 一萬浴池下는 浴沼淸華오

五 其中復有百萬陂下는 暎帶池流오

六 園中復有廣大下는 嚴敷殿座니 卽別明善友所坐니 先殿後坐니 可知니라

七 園中復有下는 羅以帳網이니 先帳後網이라

八 有百萬大光下는 耀以光明이오

九 常雨下는 雨散雜嚴이오

十 百萬天子下는 凡聖欣敬이라

10가지 장엄의 일이 있다.

제1 장엄, 보배로 만들어진 담장이 둘러 있음이며,

제2 장엄, '一切寶樹' 이하는 숲속의 나무가 줄지어 서 있음이며,

제3 장엄, '其地' 이하는 대청과 누각이 드높고 화려함이며,

제4 장엄, '一萬浴池' 이하는 목욕하는 곳과 연못이 맑고 화려함이며,

제5 장엄, '其中復有百萬陂' 이하는 연못이 둘러 흐름이며,

제6 장엄, '園中復有廣大' 이하는 궁전과 법좌가 장엄하게 펼쳐져 있음을 말한다. 이는 개별로 선지식이 앉을 좌석임을 밝혔다. 앞의 궁전과 뒤의 법좌는 말하지 않아도 알 수 있다.

제7 장엄, '園中復有' 이하는 휘장과 그물을 펼쳐놓음이다. 앞은 휘장, 뒤는 그물이다.

제8 장엄, '有百萬大光' 이하는 광명이 비춤이며,

제9 장엄, '常雨' 이하는 여러 가지의 장엄을 흩뿌림이며,

제10 장엄, '百萬天子' 이하는 범부와 성자가 좋아하고 공경함이다.

―

二. 明見正報端嚴

　(ㄴ) 정보의 단정 장엄함을 분명히 보다

經

時에 休捨優婆夷 坐眞金座하사 戴海藏眞珠網冠하고 挂出過諸天眞金寶釧하고 垂紺靑髮하야 大摩尼網으로 莊嚴其首하고 師子口摩尼寶로 以爲耳璫하고 如意摩尼寶

王으로 以爲瓔珞하고 一切寶網으로 垂覆其身하사 百千億那由他衆生이 曲躬恭敬하며 東方에 有無量衆生이 來詣其所하니 所謂梵天과 梵衆天과 大梵天과 梵輔天과 自在天과 乃至一切人及非人이며 南西北方과 四維上下도 皆亦如是하니

其有見此優婆夷者면

一切病苦 悉得除滅하며

離煩惱垢하며

拔諸見刺하며

摧障礙山하며

入於無礙淸淨境界하며

增明一切所有善根하며

長養諸根하며

入一切智慧門하며

入一切總持門하며

一切三昧門과 一切大願門과 一切妙行門과 一切功德門이 皆得現前하며

其心廣大하야 具足神通하며

身無障礙하야 至一切處하니라

爾時에 善財童子 入普莊嚴園하야 周徧觀察하야 見休捨優婆夷 坐於妙座하고

그때, 휴사우바이는 황금 법좌에 앉아 해장진주그물관을 쓰고,

하늘 것보다 더 좋은 진금 팔찌를 끼고, 검푸른 머리카락을 드리워 큰 마니 그물로 그 머리를 장엄하고, 사자 입처럼 생긴 마니보배로 귀고리를 하고, 여의 마니보배로 영락을 만들고, 일체 보배 그물로 몸을 덮어 드리웠다.

백천억 나유타 중생이 허리 굽혀 공경하며, 동방에서 한량없는 중생이 그가 있는 곳으로 모여들었다.

이른바 범천, 범중천, 대범천, 범보천, 자재천 내지 사람과 사람 아닌 이들, 남방, 서방, 북방과 네 간방과 상방, 하방의 중생 또한 그가 있는 곳으로 모여들었다.

우바이를 보는 이가 있으면,
모든 질병과 고통이 모두 없어지고,
번뇌의 때를 여의며,
나쁜 소견의 가시를 뽑아내고,
장애의 산을 부수며,
걸림 없는 청정한 경계에 들어가고,
일체 선근이 더욱 밝아지며,
모든 감관기관을 길러주고,
일체 지혜의 문에 들어가며,
일체 다라니 문에 들어가고,
일체 삼매의 문, 일체 서원의 문, 일체 미묘한 수행의 문, 일체 공덕의 문이 모두 앞에 나타나며,
그 마음이 광대하여 신통을 구족하고,

몸에는 장애가 없이 모든 곳에 이르렀다.

그때, 선재동자가 널리 장엄한 동산에 들어가 두루 살펴보다가 휴사우바이가 미묘한 법좌에 앉아 있는 것을 보고서,

● 疏 ●

於中四니

一은 正報殊常이오

二百千億下는 十方雲仰이오

三其有見此下는 業用難測이오

四爾時善財入下는 正見身儀니라

이 부분은 4단락이다.

① 정보가 여느 것보다 뛰어남이며,

② '百千億' 이하는 시방에서 구름처럼 우러름이며,

③ '其有見此' 이하는 하는 일과 작용을 헤아리기 어려움이며,

④ '爾時善財入' 이하는 휴사우바이의 몸을 바라봄이다.

二 設敬

三 諮問法要

 (2) 친견하고 절을 올리다

 (3) 법의 요체를 묻다

經

往詣其所하야 頂禮其足하며 遶無數匝하고
白言호되 聖者여 我已先發阿耨多羅三藐三菩提心호니
而未知菩薩이 云何學菩薩行이며 云何修菩薩道리잇고
我聞聖者는 善能誘誨라하니 願爲我說하소서

그곳에 나아가 발에 절하고 수없이 돌고 말하였다.

"거룩하신 이여, 저는 이미 아뇩다라삼먁삼보리심을 내었습니다.

그러나 보살이 어떻게 보살의 행을 배우며, 보살의 도를 닦는지 모르겠습니다.

제가 듣자오니 거룩하신 이께서 잘 가르쳐주신다 하니, 바라건대 저를 위하여 말해주십시오."

● **疏** ●

文竝可知니라

경문은 모두 설명하지 않아도 알 수 있다.

第三 稱讚授法

畧無稱讚이오 但有正示法界라

於中四니

一은 擧法門體用이오 二는 窮因淺深이오 三은 顯果久如오 四는 彰

法名字라
今은初라

3. 선재동자를 칭찬하면서 법을 전수하다

칭찬을 생략하였고, 법계만을 보였을 뿐이다.

이는 4단락이다.

⑴ 법문의 본체와 작용을 들어 말하였고,

⑵ 원인의 얕고 깊음을 궁구하였으며,

⑶ 결과를 얼마나 오래되면 얻게 되는가를 밝혔고,

⑷ 법의 명자를 밝혔다.

이는 '⑴ 법문의 본체와 작용'이다.

經

休捨 告言하사대

善男子야 我唯得菩薩의 一解脫門호니 若有見聞憶念於我어나 與我同住어나 供給我者면 悉不唐捐이니라

善男子야 若有衆生이 不種善根이면 不爲善友之所攝受며 不爲諸佛之所護念이니 是人은 終不得見於我니라

善男子야 其有衆生이 得見我者면 皆於阿耨多羅三藐三菩提에 獲不退轉이니라

善男子야 東方諸佛이 常來至此하야 處於寶座하사 爲我說法하며 南西北方과 四維上下의 一切諸佛도 悉來至此하야 處於寶座하사 爲我說法하나니

善男子야 我常不離見佛聞法하고 與諸菩薩로 而共同住하노라

善男子야 我此大衆이 有八萬四千億那由他하니 皆在此園하야 與我同行하야 悉於阿耨多羅三藐三菩提에 得不退轉하며 其餘衆生이 住此園者도 亦皆普入不退轉位니라

휴사우바이가 말하였다.

"선남자여, 나는 오직 보살의 한 해탈문만을 얻었을 뿐이다.

만약 나를 보는 이, 나의 말을 듣는 이, 나를 생각하는 이, 나와 함께하는 이, 나에게 이바지하는 이는 모두 헛되지 않을 것이다.

선남자여, 만약 중생이 선근을 심지 않으면, 선지식이 거둬줌을 받지 못하고, 부처님의 보호를 입지 못한다. 이런 사람은 끝까지 나를 보지 못할 것이다.

선남자여, 중생이 나를 보면 모두 아뇩다라삼먁삼보리에서 물러서지 않음을 얻을 것이다.

선남자여, 동방의 부처님이 항상 여기에 오셔서 보배 법좌에 앉아 나를 위해 설법하였고, 남방, 서방, 북방, 네 간방과 상방, 하방에 계시는 부처님들도 모두 여기 오셔서 보배 법좌에 앉아 나를 위해 설법하였다.

선남자여, 나는 항상 부처님을 뵙고 법문 들음을 여의지 않았고, 여러 보살과 함께 머물렀다.

선남자여, 나의 대중은 8만 4천억 나유타이다. 그들이 모두 이 동산에서 나와 함께 수행하면서 아뇩다라삼먁삼보리에서 물러서

지 않음을 얻었으며, 그 나머지 중생으로 이 동산에 머문 자 또한 모두 물러서지 않는 지위에 들어갔다."

● 疏 ●

分二니

先은 總擧體用이니 名下當顯이오 用約不空이라

二善男子若有下는 別明勝用이니

於中三이니

一은 明益物不空用이니 先反後順이라 '見皆不退'者는 顯若得方便이면 至不退住故오

二善男子東方下는 諸佛被益用이니 以與三寶同住故로 與我住皆悉不空이오

三善男子我此下는 引證不空이니 現與同住하야 皆不退故오 亦表方便入俗이면 則八萬塵勞 皆成波羅蜜故더라

2단락으로 나뉜다.

(ㄱ) 법문의 본체와 작용을 총괄하여 들어 말하였다. 그 이름은 아래에서 밝힐 것이며, 작용은 空이 아닌 것으로 말하였다.

(ㄴ) '善男子若有' 이하는 뛰어난 작용을 개별로 밝혔다.

이 부분은 3단락이다.

① 중생에게 이익이 되는 空이 아닌 작용을 밝혔다. 앞에서는 반대로, 뒤에서는 차례를 따랐다. '휴사우바이를 보면, 모두 물러서지 않는다.'는 것은 만약 방편을 얻으면 不退住에 이른 지위임을

밝힌 때문이다.

　② '善男子東方'은 부처님에게 가피의 이익을 얻는 작용이다. 삼보와 함께 머물기 때문에 나와 함께 머물면 모두 헛되지 않는다.

　③ '善男子我此' 이하는 空이 아님을 인증하였다. 현재 나와 함께 머물면서 모두 물러서지 않기 때문이며, 또한 방편으로 세속에 들어가면 8만 번뇌가 모두 바라밀로 성취됨을 나타낸 때문이다.

二窮因淺深

(2) 원인의 얕고 깊음을 궁구하다

經

善財 白言호되 聖者의 發阿耨多羅三藐三菩提心이 爲久近耶잇가
答言하사대 善男子야 我憶過去於然燈佛所에 修行梵行하야 恭敬供養하고 聞法受持하며
次前於離垢佛所에 出家學道하야 受持正法하며
次前於妙幢佛所하며
次前於勝須彌佛所하며
次前於蓮華德藏佛所하며
次前於毘盧遮那佛所하며
次前於普眼佛所하며

次前於梵壽佛所하며

次前於金剛臍佛所하며

次前於婆樓那天佛所호라

善男子야 我憶過去於無量劫無量生中에 如是次第 三十六恒河沙佛所에 皆悉承事하야 恭敬供養하며 聞法受持하야 淨修梵行호니 於此已往은 佛智所知라 非我能測이니라

善男子야

菩薩初發心이 無有量이니 充滿一切法界故며

菩薩大悲門이 無有量이니 普入一切世間故며

菩薩大願門이 無有量이니 究竟十方法界故며

菩薩大慈門이 無有量이니 普覆一切衆生故며

菩薩所修行이 無有量이니 於一切刹一切劫中에 修習故며

菩薩三昧力이 無有量이니 令菩薩道로 不退故며

菩薩總持力이 無有量이니 能持一切世間故며

菩薩智光力이 無有量이니 普能證入三世故며

菩薩神通力이 無有量이니 普現一切刹網故며

菩薩辯才力이 無有量이니 一音一切悉解故며

菩薩淸淨身이 無有量이니 悉徧一切佛刹故니라

　　선재동자가 말하였다.

　　"거룩하신 이께서 아뇩다라삼먁삼보리심을 낸 지 얼마나 오래 되었습니까?"

휴사우바이가 대답하였다.

"선남자여, 나는 과거 연등불의 도량에서 청정범행을 닦아 공경하고 공양하면서 법문을 듣고 받아 지녔고,

그 전에는 이구불의 도량에서 출가하여 도를 배우면서 바른 법을 받아 지녔고,

그 전에는 묘당불의 도량에서,

그 전에는 승수미불의 도량에서,

그 전에는 연화덕장불의 도량에서,

그 전에는 비로자나불의 도량에서,

그 전에는 보안불의 도량에서,

그 전에는 범수불의 도량에서,

그 전에는 금강제불의 도량에서,

그 전에는 바루나천불의 도량에서 출가하여 바른 법을 받아 지녔던 것을 기억하고 있다.

선남자여, 나는 과거 한량없는 겁 동안, 한량없이 태어나면서 이와 같이 차례차례 36곳의 항하 모래 수만큼 헤아릴 수 없는 부처님이 계신 곳에서 모두 받들어 섬기면서 공경하고 공양하였으며, 법을 듣고 받아 지니면서 청정범행을 닦아왔던 일을 기억하고 있다. 그 이전의 일은 부처의 지혜로나 알 수 있는 터라, 나로서는 가늠할 수 없다.

선남자여,

보살의 처음 발심이 한량없다. 일체 법계에 충만하기 때문이다.

보살의 대비 법문이 한량없다. 일체 세간에 널리 들어가기 때문이다.

보살의 큰 서원 법문이 한량없다. 시방 법계에 끝까지 다한 때문이다.

보살의 대자 법문이 한량없다. 일체중생을 널리 덮어주기 때문이다.

보살의 수행한 바가 한량없다. 일체 세계, 일체 겁에 닦아온 때문이다.

보살의 삼매 힘이 한량없다. 보살의 도를 물러서지 않도록 한 때문이다.

보살의 총지 힘이 한량없다. 일체 세간을 지니기 때문이다.

보살의 지혜 광명 힘이 한량없다. 널리 삼세에 증득하여 들어가기 때문이다.

보살의 신통력이 한량없다. 일체 세계에 널리 나타나기 때문이다.

보살의 변재 힘이 한량없다. 하나의 음성으로 모든 언어를 모두 알아듣도록 하기 때문이다.

보살의 청정한 몸이 한량없다. 일체 부처의 세계에 두루 찾아가기 때문이다."

● 疏 ●

於中에 先問後答이니

答中二니 先은 約因緣答이라 '婆樓那'者는 此云水也라 總三十六
恒沙者는 近佛旣多하고 發心已久로되 而要言三十六者는 顯已過
前六位니 位位 具修六度하야 六六三十六이라 皆是恒沙性德일새
故云爾耳니 涅槃 亦有此數니라
後 '善男子菩薩初發心'下는 約心量答이니 意顯發心稱法界故
오 亦等衆生이니 衆生도 亦無初際하야 從癡有愛어늘 而菩薩發心은
癡愛無初오 心亦無終故니라

이 부분의 앞은 물음이고, 뒤는 대답이다.

'뒤의 대답'은 2단락이다.

(ㄱ) 인연을 들어 답하였다.

'바루나'는 중국에서는 '물'이라는 뜻이다.

총괄하여 '36恒沙'라 말한 것은 가까이 모신 부처가 이미 많으며, 발심한 지 이미 오래되었으나, 36이라 말한 것은 앞의 6位에서 이미 지내왔음을 나타낸 것이다. 지위마다 6바라밀을 모두 닦아 6×6이 36이다. 모두 항하의 모래알만큼 헤아릴 수 없는 성품의 공덕이기 때문이다. 열반경 또한 이 수효가 있다.

(ㄴ) '善男子菩薩初發心' 이하는 마음의 도량으로 답하였다.

그 뜻은 발심이 법계에 하나가 됨을 나타낸 때문이며, 또한 중생과 같다. 중생 또한 처음이 없어 어리석음에 의해 애욕이 생겨나는데, 보살의 발심은 어리석음과 애욕이 애당초 없으며, 마음 또한 끝이 없기 때문이다.

三 顯果久近

亦先問後答이니 答中에 明無齊限故로 不應作久近之問이라

文中三이니 初는 反釋無齊限이라

(3) 결과를 얼마나 오래되면 얻게 되는가를 밝히다

이 또한 앞은 물음이고, 뒤는 대답이다.

대답 부분에 제한이 없기 때문에 당연히 오랜 세월과 짧은 세월을 물어서는 안 됨을 밝혔다.

경문은 3단락이다.

(ㄱ) 제한이 없음을 반대로 해석하였다.

經

善財童子 言호되 聖者 久如에 當得阿耨多羅三藐三菩提니잇고

答言하사대 善男子야 菩薩이

不爲敎化調伏一衆生故로 發菩提心이며

不爲敎化調伏百衆生故로 發菩提心이며

乃至不爲敎化調伏不可說不可說轉衆生故로 發菩提心이며

不爲敎化一世界衆生故로 發菩提心이며

乃至不爲敎化不可說不可說轉世界衆生故로 發菩提心이며

不爲敎化閻浮提微塵數世界衆生故로 發菩提心이며

不爲敎化三千大千世界微塵數世界衆生故로 發菩提心이며

乃至不爲敎化不可說不可說轉三千大千世界微塵數世界衆生故로 發菩提心이며

不爲供養一如來故로 發菩提心이며

乃至不爲供養不可說不可說轉如來故로 發菩提心이며

不爲供養一世界中次第興世諸如來故로 發菩提心이며

乃至不爲供養不可說不可說轉世界中次第興世諸如來故로 發菩提心이며

不爲供養一三千大千世界微塵數世界中次第興世諸如來故로 發菩提心이며

乃至不爲供養不可說不可說轉佛刹微塵數世界中次第興世諸如來故로 發菩提心이며

不爲嚴淨一世界故로 發菩提心이며

乃至不爲嚴淨不可說不可說轉世界故로 發菩提心이며

不爲嚴淨一三千大千世界微塵數世界故로 發菩提心이며

乃至不爲嚴淨不可說不可說轉三千大千世界微塵數世界故로 發菩提心이며

不爲住持一如來遺法故로 發菩提心이며

乃至不爲住持不可說不可說轉如來遺法故로 發菩提

心이며

不爲住持一世界如來遺法故로 發菩提心이며

乃至不爲住持不可說不可說轉世界如來遺法故로 發菩提心이며

不爲住持一閻浮提微塵數世界如來遺法故로 發菩提心이며

乃至不爲住持不可說不可說轉佛刹微塵數世界如來遺法故로 發菩提心이며

如是略說不爲滿一佛誓願故며

不爲往一佛國土故며

不爲入一佛衆會故며

不爲持一佛法眼故며

不爲轉一佛法輪故며

不爲知一世界中諸劫次第故며

不爲知一衆生心海故며

不爲知一衆生根海故며

不爲知一衆生業海故며

不爲知一衆生行海故며

不爲知一衆生煩惱海故며

不爲知一衆生煩惱習海故며

乃至不爲知不可說不可說轉佛刹微塵數衆生煩惱習海故로 發菩提心이오

선재동자가 말하였다.

"거룩하신 이여, 얼마나 오래되면 아뇩다라삼먁삼보리를 얻을 수 있습니까?"

휴사우바이가 대답하였다.

"선남자여, 보살은 한 중생을 교화하고 조복하기 위하여 보리심을 내지 않으며,

1백 중생을 교화하고 조복하기 위하여 보리심을 내지 않으며,

내지 말할 수 없이 말할 수 없는 곱 중생을 교화하고 조복하기 위하여 보리심을 내지 않으며,

한 세계의 중생을 교화하기 위하여 보리심을 내지 않으며,

내지 말할 수 없이 말할 수 없는 곱 세계의 중생을 교화하기 위하여 보리심을 내지 않으며,

염부제의 티끌 수 세계의 중생을 교화하기 위하여 보리심을 내지 않으며,

삼천대천세계의 티끌 수 세계 중생을 교화하기 위하여 보리심을 내지 않으며,

내지 말할 수 없이 말할 수 없는 곱 삼천대천세계의 티끌 수 세계 중생을 교화하기 위하여 보리심을 내지 않는다.

한 여래를 공양하기 위하여 보리심을 내지 않으며,

내지 말할 수 없이 말할 수 없는 곱 여래를 공양하기 위하여 보리심을 내지 않으며,

한 세계 가운데 차례로 세상에 나오시는 여래를 공양하기 위

하여 보리심을 내지 않으며,

내지 말할 수 없이 말할 수 없는 곱 세계 가운데 차례로 세상에 나오시는 여래를 공양하기 위하여 보리심을 내지 않으며,

한 삼천대천세계의 티끌 수 세계 가운데 차례로 세상에 나오시는 여래를 공양하기 위하여 보리심을 내지 않으며,

내지 말할 수 없이 말할 수 없는 곱 세계의 티끌 수 세계 가운데 차례로 세상에 나오시는 여래를 공양하기 위하여 보리심을 내지 않는다.

한 세계를 청정히 하기 위하여 보리심을 내지 않으며,

내지 말할 수 없이 말할 수 없는 곱 세계를 청정히 하기 위하여 보리심을 내지 않으며,

한 삼천대천세계의 티끌 수 세계를 청정히 하기 위하여 보리심을 내지 않으며,

내지 말할 수 없이 말할 수 없는 곱 삼천대천세계의 티끌 수 세계를 청정히 하기 위하여 보리심을 내지 않는다.

한 여래가 남긴 법을 지니기 위하여 보리심을 내지 않으며,

내지 말할 수 없이 말할 수 없는 곱 여래가 남긴 법을 지니기 위하여 보리심을 내지 않으며,

한 세계 여래의 남긴 법을 지니기 위하여 보리심을 내지 않으며,

내지 말할 수 없이 말할 수 없는 곱 세계 여래의 남긴 법을 지니기 위하여 보리심을 내지 않으며,

한 염부제 티끌 수 세계 여래의 남긴 법을 지니기 위하여 보리

심을 내지 않으며,

내지 말할 수 없이 말할 수 없는 곱 세계의 티끌 수 세계 여래의 남긴 법을 지니기 위하여 보리심을 내지 않는다.

이와 같이 간략히 말하면,

한 부처의 서원이 원만함을 위하지 않기 때문이며,

한 부처의 국토에 가기만을 위하지 않기 때문이며,

한 부처의 대중법회에 들어가기만을 위하지 않기 때문이며,

한 부처님의 법안만을 지니기 위함이 아니기 때문이며,

한 부처님의 법륜만을 굴리기 위함이 아니기 때문이며,

한 세계의 여러 겁의 차례만을 알기 위함이 아니기 때문이며,

한 중생의 마음 바다만을 알기 위함이 아니기 때문이며,

한 중생의 근성 바다만을 알기 위함이 아니기 때문이며,

한 중생의 업 바다만을 알기 위함이 아니기 때문이며,

한 중생의 수행 바다만을 알기 위함이 아니기 때문이며,

한 중생의 번뇌 바다만을 알기 위함이 아니기 때문이며,

한 중생의 번뇌 습기 바다만을 알기 위함이 아니기 때문이며,

내지 말할 수 없이 말할 수 없는 곱 부처 세계의 티끌 수 중생의 번뇌 습기 바다만을 알기 위함이 아니기 때문에 보리심을 내는 것이다.

● 疏 ●

於中에 先은 別明이니 二十四句라 初八은 化生이오 次六은 供佛이오

次四는 嚴刹이오 後六은 持法이라
後如是畧說下는 總顯이라

이 부분에서 앞은 개별로 밝혔다. 24구이다.

첫 8구는 중생을 교화함이며,

다음 6구는 부처에게 공양함이며,

다음 4구는 세계를 장엄함이며,

뒤의 6구는 법을 지님이다.

뒤의 '如是畧說' 이하는 총괄하여 밝혔다.

二 順釋無齊限

(ㄴ) 제한이 없음을 차례로 밝히다

經

欲教化調伏一切衆生하야 悉無餘故로 發菩提心이며

欲承事供養一切諸佛하야 悉無餘故로 發菩提心이며

欲嚴淨一切諸佛國土하야 悉無餘故로 發菩提心이며

欲護持一切諸佛正教하야 悉無餘故로 發菩諸心이며

欲成滿一切如來誓願하야 悉無餘故로 發菩提心이며

欲往一切諸佛國土하야 悉無餘故로 發菩提心이며

欲入一切諸佛衆會하야 悉無餘故로 發菩提心이며

欲知一切世界中諸劫次第하야 悉無餘故로 發菩提心이며

欲知一切衆生心海하야 悉無餘故로 發菩提心이며
欲知一切衆生根海하야 悉無餘故로 發菩提心이며
欲知一切衆生業海하야 悉無餘故로 發菩提心이며
欲知一切衆生行海하야 悉無餘故로 發菩提心이며
欲滅一切衆生諸煩惱海하야 悉無餘故로 發菩提心이며
欲拔一切衆生煩惱習海하야 悉無餘故로 發菩提心이니
善男子야 取要言之컨댄 菩薩이 以如是等百萬阿僧祇方便行故로 發菩提心이니라

일체중생을 모두 남김없이 교화하고 조복하고자 보리심을 내며,

일체 부처님을 모두 남김없이 섬기고 공양하고자 보리심을 내며,

일체 부처의 국토를 모두 남김없이 청정히 하고자 보리심을 내며,

일체 부처님의 바른 가르침을 모두 남김없이 수호하고자 보리심을 내며,

일체 여래의 서원을 모두 남김없이 성취하고자 보리심을 내며,

일체 부처의 국토를 모두 남김없이 찾아가고자 보리심을 내며,

일체 부처님의 대중법회에 모두 남김없이 들어가고자 보리심을 내며,

일체 세계의 많은 겁의 차례를 모두 남김없이 알고자 보리심을 내며,

일체중생의 마음 바다를 모두 남김없이 알고자 보리심을 내며,

일체중생의 근성 바다를 모두 남김없이 알고자 보리심을 내며,

일체중생의 업 바다를 모두 남김없이 알고자 보리심을 내며,

일체중생의 수행 바다를 모두 남김없이 알고자 보리심을 내며,

일체중생의 번뇌 바다를 모두 남김없이 없애고자 보리심을 내며,

일체중생의 번뇌 습기 바다를 모두 남김없이 빼내주고자 보리심을 낸다.

선남자여, 요체를 들어 말하면, 보살은 이러한 백만 아승지 방편의 행을 위하여 보리심을 내는 것이다.

◉ 疏 ◉

亦有別‧有總을 可知라

또한 앞에서는 개별로, 뒤에서는 총체로 밝힘을 설명하지 않아도 알 수 있다.

三 總結無盡

㈐ 끝이 없음을 총괄하여 끝맺다

經

善男子야 菩薩行이 普入一切法하야 皆證得故며 普入一切刹하야 悉嚴淨故니

是故로 善男子야 嚴淨一切世界盡하야사 我願乃盡이며
拔一切衆生煩惱習氣盡하야사 我願乃滿이니라

　　선남자여, 보살의 행은 일체 법에 두루 들어가 모두 증득한 때문이며,

　　일체 세계에 두루 들어가 모두 장엄 청정하기 위한 때문이다.

　　선남자여, 그러기에 일체 세계를 장엄 청정하게 해야 나의 서원을 다할 수 있으며, 일체중생의 번뇌 습기를 모조리 뽑아주어야 나의 서원이 곧 원만할 것이다."

● 疏 ●

此는 同初地十無盡句라 衆生無盡故로 成佛無期니 若爾인댄 豈都無成耶아 因此畧辨成不成義하야 勒爲四句하노라

一은 以向約因緣厚薄으로 對今無盡이면 則有始而無成이니 此約悲門이니 得果不捨因故니라

二는 以稱法界發心故로 不見初相이 方爲眞成이니 則無始而有終이니 此約智說이라

三은 悲智合明이니 不壞相故로 不妨始終이니 前後諸文에 其例非一이라

四는 約稱性之談이면 則無終無始니 故天女云'但以世俗文字數故로 說有三世언정 非謂菩提有去來今이니라 故로 下大願精進夜神이 云不可以生死中에 長短劫數로 分別菩薩智輪等이라하니 融斯四句면 無有障礙하야 欲成이면 卽念念成이라 常成·常不成이 無

有障礙니라【鈔_ 故天女云者는 卽淨名經이니 前已引竟하다】

이는 제1 환희지에서 말한 '十無盡' 구절과 같다. 중생이 다함이 없기 때문에 성불을 기약할 수 없다.

그렇다면 성불을 할 수 없는 것일까?

이 때문에 성불할 수 있다는 것과 없다는 뜻을 간단하게 논변하여 4구로 정리하고자 한다.

① 지난 과거 인연의 厚薄을 들어 오늘날의 다함이 없는 것[無盡]에 상대하여 말하면, 시작은 있으나 성취는 없다. 이는 大悲 법문으로 말함이다. 결과를 얻되 원인을 버리지 않기 때문이다.

② 법계에 걸맞은 발심 때문에 첫 모양을 보지 못함이 바야흐로 진실한 성취이다. 이는 시작은 없으나 끝이 있음이다. 이는 지혜를 들어 말하였다.

③ 大悲와 大智를 합하여 밝혔다. 모양을 무너뜨리지 않기 때문에 시작과 끝이 방해가 되지 않는다. 전후 여러 경문에 그런 예가 한둘이 아니다.

④ 성품에 부합한 것으로 말하면, 끝도 없고 시작도 없다. 이 때문에 天女가 이르기를, "다만 세속에서 사용하는 문자의 수효를 사용했기 때문에 '三世'를 말할 뿐이지, 보리에 과거·미래·현재가 있음을 말한 게 아니다."고 하였다. 이 때문에 아래의 大願精進夜神이 이르기를, "생사 중에 오랜 겁과 얼마 되지 않는 겁의 수효로써 보살의 지혜를 분별할 수 없다."는 등과 같다.

이 4구를 원용하면, 장애가 없어 성취하고자 하면, 바로 생각마다 성취되는 것이다. 언제나 성취하고 언제나 성취하지 않는 데에 장애가 없다.【초_ '故天女云'이란 유마경이다. 앞에서 이미 인용한 바 있다.】

四彰法名字

(4) 법의 명자를 밝히다

經

善財童子 言호되 聖者여 此解脫이 名爲何等이니잇고
答言하사대 善男子야 此解脫이 名離憂安穩幢이니라

선재동자가 말하였다.
"거룩하신 이여, 이 해탈의 이름을 무엇이라 합니까?"
휴사우바이가 답하였다.
"선남자여, 이 해탈은 '근심 여의어 안온한 당기 해탈'이라고 말한다.

● 疏 ●

先問後答이라
答云'離憂安穩幢'者는 此有二義하니
一은 以大悲高顯일세 所以稱幢이니 其有見者는 離業惑苦하야 不退菩提니 是謂離憂安穩이오

二者는 卽智之悲로 涉苦安穩하고 卽悲之智로 多劫無憂니 雙摧生死涅槃하야 特出凡小之外일새 故名幢矣니라

앞은 물음이고, 뒤는 대답이다.

대답 부분에 '근심 여의어 안온한 당기 해탈'이라 말한 것은 이에 2가지 뜻이 있다.

① 大悲가 드높고 분명하기 때문에 幢이라 말한다. 이를 본 사람은 業惑의 고통을 여의고 보리지혜에서 물러서지 않는다. 이를 '근심 여의어 안온한 당기 해탈'이라 말한다.

② 지혜와 하나가 된 大悲로 고통에 관계하면서도 안온하며, 대비와 하나가 된 지혜로 오랜 겁에 걱정이 없다. 생사와 열반을 모두 버리고 범부와 소승의 밖으로 뛰쳐나왔기에 이를 幢이라고 말한다.

第四 謙己推勝

4. 몸을 낮추면서 선지식의 훌륭함을 추켜올리다

經

善男子야 我唯知此一解脫門이어니와 如諸菩薩摩訶薩은
其心如海하야 悉能容受一切佛法하며
如須彌山하야 志意堅固하야 不可動搖하며
如善見藥하야 能除衆生의 煩惱重病하며

如明淨日하야 能破衆生의 無明暗障하며
猶如大地하야 能作一切衆生依處하며
猶如好風하야 能作一切衆生義利하며
猶如明燈하야 能爲衆生하야 生智慧光하며
猶如大雲하야 能爲衆生하야 雨寂滅法하며
猶如淨月하야 能爲衆生하야 放福德光하며
猶如帝釋하야 悉能守護一切衆生하나니
而我云何能知能說彼功德行이리오

　　선남자여, 나는 오직 이 하나의 해탈문만을 알지만,
　　보살마하살은 그 마음이 바다와 같아서 일체 불법을 받아들이며,
　　수미산과 같아서 그 뜻이 견고하여 흔들리지 않으며,
　　선견약(善見藥)과 같아서 중생의 위중한 번뇌의 병을 없애주며,
　　밝은 태양과 같아서 중생의 어두운 무명을 깨뜨리며,
　　대지와 같아서 일체중생의 의지처가 되며,
　　산들바람과 같아서 일체중생의 이익이 되며,
　　밝은 등불과 같아서 중생을 위하여 지혜 광명을 내어주며,
　　큰 구름과 같아서 중생을 위하여 적멸의 법을 내려주며,
　　해맑은 달과 같아서 중생을 위하여 복덕광명을 쏟아내며,
　　제석천과 같아서 일체중생을 수호하여 주었다.
　　내가 어떻게 이를 알 수 있으며, 어떻게 그 공덕의 행을 말할 수 있겠는가.

● *疏* ●

可知니라

이는 설명하지 않아도 알 수 있다.

第五 指示後友

5. 뒤의 선지식을 소개하다

|經|

善男子야 於此南方海潮之處에 有一國土하니 名那羅素오 中有仙人하니 名毘目瞿沙니
汝詣彼問호되 菩薩이 云何學菩薩行이며 修菩薩道리잇고 하라

선남자여, 여기에서 남쪽으로 내려가면 바다의 조숫물이 밀려오는 곳에 한 나라가 있는데, 그 이름을 '나라소'라 한다.

그곳에 선인이 있는데, 그 이름을 '비목구사'라 한다.

그대는 그를 찾아가 '보살이 어떻게 보살의 행을 배우며, 어떻게 보살의 도를 닦는가.'를 묻도록 하라."

● *疏* ●

言海潮之處者는 但約大悲로 攝物無失하야 受童眞名일새 故不異前處니라

國名那羅素者는 此云不懶惰니 動刹 持刹과 觀刹 詣刹에 無休息故니라
仙人名毗目瞿沙者는 梵言猶畧이니 若具인댄 應云毘目多羅涅懼沙니 此翻名最上無恐怖聲이오 亦云毘沙摩니 此云無怖畏라 烏多羅는 此云上이오 涅瞿婆는 此云出聲이니 二譯大同하니 謂常出增上無怖畏聲하야 安衆生故니라 彼住文에 云 '出廣大徧滿音'이라하니 以童眞淸潔無漏라 故寄仙人表之니라【鈔_ 彼住文云等者는 卽勝進十法中之一句耳라】

'바다의 조숫물이 밀려오는 곳'이라 말한 것은 다만 大悲로 중생을 받아들여 잘못이 없음을 들어서 '童眞'이라는 이름을 받은 것이기에 앞서 말한 부분과 다름이 없다.

나라의 이름을 '나라소'라 말한 것은 중국에서는 '게으르지 않은 나라[不懶惰]'라는 뜻이다. 세계를 진동하고 세계를 부지하며, 세계를 살펴보고 세계를 찾아감에 휴식이 없기 때문이다.

선인의 이름을 '비목구사'라 말한 것은 오히려 생략된 범어이다. 이를 구체적으로 말한다면 당연히 '비목다라열구사'라고 해야 한다. 이를 번역하면 그 이름은 '두려움이 없는 최상의 음성[最上無恐怖聲]'이라는 뜻이며, 또한 '비사마'라 하는데, 중국에서는 '두려움이 없다[無怖畏].'는 뜻이다.

'오다라'는 중국에서는 '위[上]'라는 뜻이며, '열구바'는 중국에서는 '소리를 내다[出聲].'의 뜻이다. 2가지 번역이 크게는 같다. 이는 항상 '두려움이 없는 증상의 음성[增上無怖畏聲]'으로 중생을 편

안하게 하기 때문이다. 저 십주의 경문에 이르기를, "광대하고 두루 충만한 음성이 울려 나온다."고 하니 童眞으로 청결하여 無漏이기 때문에 선인에 이를 붙여 밝힌 것이다.【초_ "저 십주의 경문에 이르기를, 광대하고 두루 충만한 음성이 울려 나온다."는 것은 잘 닦아나가는 10가지 법 가운데 한 구절이다.】

經

時에 善財童子 頂禮其足하고 遶無數匝하며 殷勤瞻仰하고 悲泣流淚하야 作是思惟호되
得菩提難이며
近善知識難이며
遇善知識難이며
得菩薩諸根難이며
淨菩薩諸根難이며
値同行善知識難이며
如理觀察難이며
依敎修行難이며
値遇出生善心方便難이며
値遇增長一切智法光明難이라하야
作是念已하고 辭退而行하니라

　그때, 선재동자는 그의 발에 절하고 수없이 돌며, 은근히 우러러보고 눈물을 흘리면서 이런 생각을 하였다.

'보리는 얻기 어렵고,

선지식은 가까이하기 어렵고,

선지식을 만나기 어렵고,

보살의 근기를 얻기 어렵고,

보살의 근기를 청정히 하기 어렵고,

함께 수행할 선지식을 만나기 어렵고,

이치대로 관찰하기 어렵고,

가르침에 따라 수행하기 어렵고,

착한 마음을 내는 방편을 만나기 어렵고,

일체 지혜를 증장케 하는 법의 광명을 만나기 어렵다.'

이렇게 생각하고서 하직하고 떠나갔다.

● 論 ●

此優婆夷者는 表對第六住 是世間出世間法故니 爲廻彼出世心多者하야 令依滿本願故며

起愛處生死하고 愛度衆生하야 成慈悲行故로 以優婆夷名滿願으로 表之하야 以取其志 養育子孫에 無疲勞故니 表大悲菩薩이 養育一切法界衆生호되 若善不善에 曾無捨離하야 未曾起不濟之心하며 化種種身하야 未曾捨一衆生을 如毛髮許하고 恒常對現一切衆生前하야 種種敎詔하야 使令成熟故라

此位는 約廻第六住出世心多하야 令不斷生死하고 愛度衆生에 猶存愛習일세 以優婆夷로 表之니 故名有行有開發이어니와 第十灌頂

中엔 以一分無功智成애 以智生悲하야 無有愛誓일새 以師子幢王女慈行童女로 表之니 此是當十住位中에 調治和會智悲生熟之意라 如上我有八萬四千那由他同行眷屬이 常居此園은 明以衆生八萬四千那由他諸煩惱園林으로 悉皆與之同行하야 而接引之라

善財가 問優婆夷의 發菩提心久近者는 意明求解脫에 無有久近하야 一發이 卽三世一時니 解脫體中에 無有久近故라 明大悲行中에 問發心久近者는 意明大慈大悲深厚 還與衆生界住劫으로 久近相似니 若衆生界無盡인댄 大悲願行도 無盡이라 後問久如成佛도 意亦如之일새 且擧三十恒河沙爲量이오 已去는 唯佛所知니 意不可極也라

이 우바이란 제6 정심주의 세간과 출세간 법을 상대로 나타낸 때문이다. 그는 출세간의 마음이 많은 자를 돌이켜서 본원을 원만히 함을 의지하기 때문이며, 생사에 사랑으로 거처하고 중생을 사랑으로 제도를 일으켜 자비행을 성취하기 때문에 우바이의 이름을 '滿願'으로 나타내어, 그 뜻이 자손을 양육함에 피로가 없음을 취한 것이다. 대비보살이 일체 법계 중생을 양육하면서도 선한 사람이든 선하지 않은 사람이든 일찍이 버리지 않고, 일찍이 제도하지 않겠다는 마음을 일으킨 적이 없으며, 가지가지 몸으로 변화하여, 일찍이 하나의 중생이라도 버리는 것이 털끝만큼도 없으며, 항상 일체중생 앞에 마주 나타나 가지가지 가르침으로써 성숙케 함을 나타낸 것이다.

이 지위는 제6 정심주에서의 출세간의 마음이 많음을 돌이켜서, 생사를 끊지 않고 사랑으로 중생을 제도함에 있어 오히려 애착의 습기가 남아 있기 때문에 우바이로 나타낸 것이다.

이 때문에 "행도 있고 개발도 있다."고 말하지만, 제10 관정주에서 1分의 공용 없는 지혜가 이뤄짐에 지혜로써 자비를 낳아 애착의 습기가 없기 때문에 사자당왕녀인 자행동녀로 이를 나타낸 것이다. 이는 십주의 지위 가운데 지혜와 자비의 설고 익숙함을 조화롭게 다스려서 융화 회통하는 뜻이다.

이상과 같이 "나는 함께 수행한 8만 4천 나유타의 권속들과 언제나 이 동산에 거처한다."는 것은 중생의 8만 4천 나유타의 모든 번뇌 숲과 모두 함께 행하면서 이를 맞이함을 밝힌 것이다.

선재동자가 휴사우바이에게 "보리심을 일으킨 지 얼마나 오래 되면…"을 물은 것은 그 뜻이 해탈을 구하는 데 오래되거나 얼마 되지 않음이 없어, 한 번 발심하면 바로 과거·미래·현재가 일시임을 밝힌 것이다. 해탈의 본체에는 오래되거나 얼마 되지 않음이 없기 때문이다.

대비행을 밝힌 부분에서 발심의 멀고 가까움을 물은 것은 대자대비의 깊고도 두터움이 중생계의 住劫과 멀고 가까움이 서로 같음을 밝힌 것이다. 만약 중생계가 그지없다면 대자비의 원행도 그지없다.

그 뒤에 "얼마나 오래되면 성불할 수 있는가?"를 물은 뜻 또한 이와 같다. 또한 30곳 항하 모래만큼의 양이며, 그 뒤는 오직 부처만이 알 수 있다. 다할 수 없다는 뜻이다.

解脫名離憂安穩幢者는 此有二義하니

一은 敎化衆生하야 使令離憂 是菩薩安穩幢이니 衆生이 未離生死에 菩薩이 不自取安穩故로 因化成名이오

二는 菩薩이 雖達生死性空이나 於生死에 有畏하면 未爲究竟安穩無憂어니와 若能入生死하야 敎化衆生호되 達生死衆生과 及以敎化者總涅槃行하야 無出無沒하면 方名離憂安穩幢故라

此是十住中第七不退住니 方便波羅蜜로 爲主오 餘九로 爲伴이라 約智門中인댄 五位通治어니와 約位門中인댄 偏治世間出世間心多와 大悲心劣하야 而令悲智로 得圓滿故니라

　　해탈의 이름을 '근심 여의어 안온한 당기'라 말한 것은 여기에 2가지의 뜻이 있다.

　　① 중생을 교화하여 그들로 하여금 걱정에서 벗어나게 함이 보살의 '안온한 당기 해탈'이다. 중생이 생사를 여의지 못하매, 보살이 일신의 편안함만을 취하지 않기 때문에 교화로 인하여 해탈의 명칭을 세운 것이다.

　　② 보살이 비록 생사의 자성이 공함을 통달하였으나, 생사에 두려워함이 있으면 최고 경계의 걱정 없는 안온이랄 수 없지만, 생사에 들어가 중생을 교화하되 생사의 중생 및 교화하는 자가 모두 열반행임을 통달하여 나오는 것도 없고 사라짐도 없으면 바야흐로 그 이름을 '근심 여의어 안온한 당기'라 말하기 때문이다.

　　이는 십주 가운데 제7 불퇴주이다. 방편바라밀로 주체를 삼고,

나머지 9가지로 객체를 삼는다.

　지혜 법문으로 말하면 5위에 모두 통하여 다스리지만, 지위의 법문으로 말하면 세간의 출세간 마음이 많고 대비의 마음이 용렬함만을 다스려서 대비와 대지로 하여금 원만함을 얻도록 하기 위함이다.

第八 毘目仙人 寄童眞住
六段이니
初는 依敎趣求니라【鈔_ 寄童眞住者는 心不生倒하고 不起邪魔破菩提心故니라】

　　제8. 비목선인, 동진주 선지식
　　6단락이다.
　　1. 가르침을 따라 선지식을 찾아가 법을 구하다【초_ 동진주에 붙여 말한 것은 전도된 마음을 내지 않고 삿된 마군이 보리심을 파괴하는 마음을 일으키지 않기 때문이다.】

經

爾時에 善財童子 隨順思惟菩薩正敎하며 隨順思惟菩薩淨行하야
生增長菩薩福力心하며
生明見一切諸佛心하며

生出生一切諸佛心하며

生增長一切大願心하며

生普見十方諸法心하며

生明照諸法實性心하며

生普散一切障礙心하며

生觀察法界無暗心하며

生淸淨意寶莊嚴心하며

生摧伏一切衆魔心하고

漸漸遊行하야 至邪羅素國하야 周徧推求毘目瞿沙하니라

그때, 선재동자는 보살의 바른 가르침을 따라 생각하고, 보살의 청정한 행을 따라 생각하면서,

보살의 복력을 증장하려는 마음을 내고,
일체 부처님을 분명히 보려는 마음을 내며,
일체 부처님의 불심을 내려는 마음을 내고,
일체 큰 서원을 증장하려는 마음을 내며,
시방의 모든 법을 두루 보려는 마음을 내고,
모든 법의 참된 성품을 밝게 보려는 마음을 내며,
일체 장애를 두루 없애려는 마음을 내고,
법계를 관찰하여 어둠을 없애려는 마음을 내며,
청정한 여의주로 장엄하려는 마음을 내고,
모든 마군을 항복 받으려는 마음을 내며,
차츰차츰 내려가면서 '나라소국'에 이르러 두루 비목구사를 찾

았다.

● 疏 ●

趣求中에 初는 念前友敎니 有十二句라 前二는 總明順前解行이오 後十은 依前增進勝心이니 前四는 約福이오 後六은 約智니 求友可知니라

'선지식을 찾아가 법을 구함' 부분에서, 첫째는 앞 선지식의 가르침을 생각함이다.

12구이다.

앞의 2구는 앞의 이해와 행을 따름을 총체로 밝혔고,

뒤의 10구는 앞의 2구에 의해 더욱 닦아나가는 훌륭한 마음이다.

앞의 4구는 복덕으로, 뒤의 6구는 지혜로 말하였다.

선지식을 찾음은 말하지 않아도 알 수 있다.

第二 見敬諮問

2. 친견하여 절을 올리고 법을 묻다

經

見一大林이 阿僧祇樹로 以爲莊嚴하니
所謂種種葉樹 扶疎布濩하며

種種華樹 開敷鮮榮하며
種種果樹 相續成熟하며
種種寶樹 雨摩尼果하며
大栴檀樹 處處行列하며
諸沈水樹 常出好香하며
悅意香樹 妙香莊嚴하며
波吒羅樹 四面圍遶하며
尼拘律樹 其身聳擢하며
閻浮檀樹 常雨甘果하며
優鉢羅華와 波頭摩華로 以嚴池沼하니라
時에 善財童子 見彼仙人이 在栴檀樹下하사 敷草而坐하니 領徒一萬이라 或着鹿皮하며 或着樹皮하며 或復編草하야 以爲衣服하며 髻環垂髮하고 前後圍遶어늘
善財 見已하고 往詣其所하야 五體投地하고 作如是言호되
我今得遇眞 善知識호니
善知識者는 則是趣向 一切智門이니 令我得入眞實道故며
善知識者는 則是趣向 一切智乘이니 令我得至如來地故며
善知識者는 則是趣向 一切智船이니 令我得至智寶洲故며
善知識者는 則是趣向 一切智炬니 令我得生十力光故며
善知識者는 則是趣向 一切智道니 令我得入涅槃城故며
善知識者는 則是趣向 一切智燈이니 令我得見夷險道故며
善知識者는 則是趣向 一切智橋니 令我得度險惡處故며

善知識者는 則是趣向一切智蓋니 令我得生大慈凉故며
善知識者는 則是趣向一切智眼이니 令我得見法性門故며
善知識者는 則是趣向一切智潮니 令我滿足大悲水故니
이다

作是語已하고 從地而起하야 遶無量匝하며 合掌前住하야
白言호되 聖者여 我已先發阿耨多羅三藐三菩提心호니
而未知菩薩이 云何學菩薩行이며 云何修菩薩道리잇고 我
聞聖者는 善能誘誨라하니 願爲我說하소서

하나의 큰 숲이 있는데 아승지 나무로 장엄하였다.
가지가지 나뭇잎은 울창하게 퍼지고,
가지가지 꽃나무는 아름답게 피었으며,
가지가지 과실나무는 줄줄이 익었고,
가지가지 보배 나무는 마니 열매를 내려주며,
큰 전단나무는 곳곳마다 줄지어 서 있고,
침수향나무는 맑은 향기를 풍기며,
기쁨을 주는 향나무는 미묘한 향으로 장엄하였고,
파타라나무가 사면으로 둘러 있으며,
니구율나무는 그 몸통이 높이 솟았고,
염부단나무는 달콤한 열매가 항상 떨어지며,
우발라꽃, 파두마꽃으로 연못을 장엄하였다.
그때, 선재동자는 그 선인이 전단나무 아래서 풀을 깔고 앉아서,
1만 무리를 거느리고 있었는데, 어떤 이는 사슴 가죽으로, 어떤 이

는 나무껍질로, 어떤 이는 풀을 엮어서 만든 옷을 입고, 상투를 짜고 고리를 드리운 이들이 앞뒤로 둘러 모시고 있는 것을 보았다.

선재동자는 선인을 보고서 그가 있는 곳으로 나아가 두 팔꿈치, 두 무릎, 이마를 땅에 대고 절하고 이렇게 말하였다.

"제가 이제 진실한 선지식을 만났습니다.

선지식은 일체 지혜에 나아가는 문입니다. 저로 하여금 진실한 도에 들게 하기 때문입니다.

선지식은 일체 지혜에 나아가는 법입니다. 저로 하여금 여래의 지위에 이르게 하기 때문입니다.

선지식은 일체 지혜에 나아가는 배입니다. 저로 하여금 지혜 보배의 섬에 이르게 하기 때문입니다.

선지식은 일체 지혜에 나아가는 횃불입니다. 저로 하여금 열 가지 힘의 빛을 내게 하기 때문입니다.

선지식은 일체 지혜에 나아가는 길입니다. 저로 하여금 열반의 성에 들어가게 하기 때문입니다.

선지식은 일체 지혜에 나아가는 등불입니다. 저로 하여금 평탄하고 험한 길을 보게 하기 때문입니다.

선지식은 일체 지혜에 나아가는 다리입니다. 저로 하여금 험난한 곳을 건너게 하기 때문입니다.

선지식은 일체 지혜에 나아가는 일산입니다. 저로 하여금 크게 인자한 그늘에 있게 해주기 때문입니다.

선지식은 일체 지혜에 나아가는 눈입니다. 저로 하여금 법성의 문을 보게 해주기 때문입니다.

　선지식은 일체 지혜에 나아가는 조수입니다. 저로 하여금 크게 가엾이 여기는 물을 만족하게 해주기 때문입니다."

　이처럼 말한 뒤에 땅에서 일어나 한량없이 돌고서 합장하고 그 앞에 서서 여쭈었다.

　"거룩하신 이여, 저는 이미 아뇩다라삼먁삼보리심을 내었습니다.

　하지만 보살이 어떻게 보살의 행을 배우며, 어떻게 보살의 도를 닦는지 모르겠습니다.

　제가 듣자오니 거룩하신 이께서 잘 가르쳐주신다 하니, 바라건대 저를 위하여 말해주십시오."

◉ 疏 ◉

有三이니
先은 見이오 次는 敬이오 後는 諮問이라
今初 分二니
先은 見依報라 樹名波吒羅者는 正如此方楸樹오 尼拘律者는 如此方柳樹니 子似枇杷라 餘如音義하다
後 '時善財童子見彼'下는 見正報니 領徒一萬者는 表萬行故니라
二 '善財見已'下는 設敬稱讚이니
於中三이라
先은 身敬이오 次는 言讚이니 見夷險者는 涅槃爲夷平이오 生死爲險

難이며 又二皆爲險이오 不住爲夷니 餘可知라 後作是語已下는 重明身敬이니 將欲問故니라

三白言聖者下는 諮問法要니라

3단락이다.

⑴ 그 도량을 살펴봄이며,

⑵ 공경히 절을 올림이며,

⑶ 법의 요체를 물음이다.

'⑴ 그 도량을 살펴봄'은 2단락으로 나뉜다.

① 의보를 살펴봄이다.

나무 이름을 '파타라'라 말한 것은 바로 중국에서의 가래나무와 같고,

'니구율'이란 중국에서의 버드나무와 같은데, 그 열매는 비파와 같다.

나머지는 음의와 같다.

② '時善財童子見彼' 이하는 정보를 살펴봄이다.

"1만 무리를 거느렸다."는 것은 만행을 나타내기 때문이다.

⑵ '善財見已' 이하는 친견하고 절을 올리며, 선양하고 찬탄함이다.

이 부분은 3단락이다.

① 몸으로 공경함이며,

② 말로 찬탄함이다.

'평탄하고 험한 길'이란 열반은 평탄한 길이고, 생사는 험한 길

이며, 또한 생사와 열반 2가지 모두 험한 길이고, 여기에 머물지 않음이 평탄한 길이다. 나머지는 말하지 않아도 알 수 있다.

③ '作是語已' 이하는 몸으로 공경함을 거듭 밝혔다. 장차 법의 요체를 묻고자 하기 때문이다.

(3) '白言聖者' 이하는 법의 요체를 물음이다.

第三 稱讚授法
中二니 先은 稱讚法器요 後는 正授法要라
今은 初라

3. 선재동자를 칭찬하면서 법을 전수하다

이는 2단락이다.

(1) 법의 그릇임을 칭찬하고,
(2) 바로 법의 요체를 전수하였다.

이는 '(1) 법 그릇의 칭찬'이다.

經

時에 毘目瞿沙 顧其徒衆하고 而作是言하사대
善男子야 此童子 已發阿耨多羅三藐三菩提心이로다
善男子야
此童子 普施一切衆生無畏하며
此童子 普與一切衆生利益하며

此童子 常觀一切諸佛智海하며
此童子 欲飮一切甘露法雨하며
此童子 欲測一切廣大法海하며
此童子 欲令衆生住智海中하며
此童子 欲普發起廣大悲雲하며
此童子 欲普雨於廣大法雨하며
此童子 欲以智月로 普照世間하며
此童子 欲滅世間煩惱毒熱하며
此童子 欲長含識一切善根이로다
時에 諸仙衆이 聞是語已하고 各以種種上妙香華로 散善
財上하고 投身作禮하며 圍遶恭敬하야 作如是言호되
今此童子
必當救護一切衆生하며
必當除滅諸地獄苦하며
必當永斷諸畜生道하며
必當轉去閻羅王界하며
必當關閉諸難處門하며
必當乾竭諸愛欲海하며
必令衆生으로 永滅苦蘊하며
必當永破無明黑暗하며
必當永斷貪愛繫縛하며
必以福德大輪圍山으로 圍遶世間하며

必以智慧大寶須彌로 顯示世間하며
必當出現淸淨智日하며
必當開示善根法藏하며
必使世間으로 明識險易케하리이다
時에 毘目瞿沙 告群仙言하사대
善男子야 若有能發阿耨多羅三藐三菩提心이면 必當
成就一切智道니 此善男子 已發阿耨多羅三藐三菩提
心하니 當淨一切佛功德地로다

그때, 비목구사는 그 무리들을 돌아보고서 이렇게 말하였다.

"선남자여, 이 동자가 이미 아뇩다라삼먁삼보리심을 내었노라.

선남자여,

이 동자가 일체중생에게 두려움이 없음을 보시하였다.

이 동자가 일체중생에게 이익을 널리 주었다.

이 동자가 일체 부처의 지혜 바다를 언제나 관찰하였다.

이 동자가 일체 감로의 법비를 마시고자 하였다.

이 동자가 일체 광대한 법 바다를 헤아리고자 하였다.

이 동자가 중생으로 하여금 지혜 바다에 머물게 하고자 하였다.

이 동자가 광대한 자비 구름을 널리 일으키고자 하였다.

이 동자가 광대한 법비를 내리고자 하였다.

이 동자가 지혜의 달로써 세간을 두루 비추고자 하였다.

이 동자가 세간의 지독한 번뇌를 없애고자 하였다.

이 동자가 중생의 일체 선근을 키워주고자 하였다."

그때, 많은 신선 대중이 그 말을 듣고서 제각기 가지가지 가장 미묘한 향과 꽃으로 선재에게 흩뿌리며 오체투지로 절하고 두루 돌면서 공경하고 이렇게 말하였다.

"지금 이 동자가 반드시 일체중생을 구제하리라.

반드시 모든 지옥의 고통을 없애주리라.

반드시 모든 축생의 길을 끊어주리라.

반드시 염라대왕의 세계를 바꿔주리라.

반드시 여러 험난한 문을 닫아주리라.

반드시 애욕 바다를 말려주리라.

반드시 중생의 괴로움 덩이를 영원히 없애주리라.

반드시 무명의 어둠을 영원히 깨뜨려주리라.

반드시 탐애의 결박을 끊어주리라.

반드시 복덕의 철위산으로 세간을 둘러싸 주리라.

반드시 지혜의 큰 보배 수미산으로 세간을 보여주리라.

반드시 청정한 지혜의 태양을 솟아오르게 하리라.

반드시 선근의 법장을 열어 보여주리라.

반드시 세간 사람들에게 험한 길과 평탄한 길을 알려주리라."

그때, 비목구사가 여러 신선에게 말하였다.

"선남자여, 만일 아뇩다라삼먁삼보리심을 내면 반드시 일체 지혜의 도를 성취하리라.

이 선남자는 이미 아뇩다라삼먁삼보리심을 내었다. 마땅히 일체 부처의 공덕 터전을 청정히 하리라."

◉ 疏 ◉

於中四니

一은 總讚發心이니 視徒衆者는 令敬學故오

次'善男子此童子'下는 別讚發心之相이오

三'時諸儒衆'下는 眷屬敬讚이니 言險易者는 易亦平也라

四'時毘目'下는 述讚結果니라

이 부분은 4단락이다.

① 발심을 총상으로 찬탄하였다. 신선 대중을 돌아본 것은 그들로 하여금 공경하는 마음으로 배우도록 한 때문이다.

② '善男子此童子' 이하는 발심의 양상을 별상으로 찬탄하였다.

③ '時諸儒衆' 이하는 신선 대중이 공경하고 찬탄하였다. '險易'의 '易' 또한 평탄한 길이다.

④ '時毘目' 이하는 결과를 서술, 찬탄하였다.

第二 正授法要

(2) 바로 법의 요체를 전수하다

經

時에 毘目瞿沙 告善財童子言하사대 善男子야 我得菩薩 無勝幢解脫호라

善財 白言호되 聖者여 無勝幢解脫이 境界云何니잇고

時에 毘目仙人이 卽申右手하사 摩善財頂하고 執善財手하신대

卽時善財 自見其身이 往十方十佛刹微塵數世界中하고 到十佛刹微塵數諸佛所하야 見彼佛刹과 及其衆會와 諸佛相好의 種種莊嚴하며

亦聞彼佛이 隨諸衆生心之所樂하고 而演說法하고 一文一句를 皆悉通達하야 各別受持하야 無有雜亂하며

亦知彼佛이 以種種解로 淨治諸願하며

亦知彼佛이 以淸淨願으로 成就諸力하며

亦見彼佛의 隨衆生心하야 所現色相하며

亦見彼佛의 大光明網인 種種諸色이 淸淨圓滿하며

亦知彼佛의 無礙智慧大光明力하며

又自見身이 於諸佛所에

經一日夜와 或七日夜와 半月一月과 一年十年과 百年千年하며

或經億年과 或阿庾多億年과 或那由他億年하며

或經半劫하며

或經一劫百劫千劫과 或百千億과 乃至不可說不可說佛刹微塵數劫하니라

爾時에 善財童子

爲菩薩無勝幢解脫智光明照故로 得毘盧遮那藏三昧光明하며

爲無盡智解脫三昧光明照故로 得普攝諸方陀羅尼光
明하며
爲金剛輪陀羅尼門光明照故로 得極淸淨智慧心三昧
光明하며
爲普門莊嚴藏般若波羅蜜光明照故로 得佛虛空藏輪
三昧光明하며
爲一切佛法輪三昧光明照故로 得三世無盡智三昧光
明이러니
時彼仙人이 放善財手하신대 善財童子 卽自見身이 還在
本處어늘
時彼仙人이 告善財言하사대 善男子야 汝憶念耶아 善財
言호되 唯라 此是聖者善知識力이니이다

비목구사가 선재동자에게 말하였다.

"선남자여, 나는 보살의 '그 누구도 이길 이 없는 당기 해탈[無勝幢解脫]'을 얻었다."

선재동자가 여쭈었다.

"거룩하신 이여, '그 누구도 이길 이 없는 당기 해탈'의 그 경계가 어떠합니까?"

그때, 비목선인은 오른손을 펴서 선재의 정수리를 어루만지면서 선재의 손을 잡았다.

그때, 선재동자는 스스로 자기의 몸이 시방으로 열 세계의 티끌 수 세계에 찾아가 열 세계의 티끌 수 부처님 처소에 이르렀음을

보았고,

그 세계와 그 대중법회와 부처님의 잘생긴 모습이 가지가지로 장엄하였음을 보았으며,

또한 그 부처님이 중생의 마음에 좋아하는 바를 따라서 법문 연설함을 듣고서 한 글자 한 구절을 모두 통달하여 각기 따로 받아 지니어 뒤섞이지 않았다.

또한 저 부처님이 가지가지 지혜로 모든 서원을 청정히 다스림도 알았고,

또한 저 부처님이 청정한 서원으로 모든 힘을 성취함도 알았고,

또한 저 부처님이 중생의 마음을 따라 나타내는 모습도 보았고,

또한 저 부처님의 큰 광명 그물의 가지가지 빛이 청정하고 원만함도 보았고,

또한 저 부처님의 걸림 없는 지혜와 큰 광명의 힘도 알았다.

또한 스스로 자기의 몸이 여러 부처님 계신 데서

하루 낮밤을 지내기도 하고, 혹은 이레를 지내기도 하고,

혹은 반달, 한 달, 1년, 십 년, 백 년, 천 년,

혹은 억 년을, 혹은 이유다 억 년을, 혹은 나유타 억 년을 지내기도 하며,

혹은 반 겁을, 혹은 1겁, 백 겁, 천 겁, 백천억 겁 내지 말할 수 없이 말할 수 없는 세계의 티끌 수 겁을 지내는 것을 보기도 하였다.

그때, 선재동자는

보살의 이길 이 없는 당기 해탈의 지혜 광명을 비춰준 때문에

비로자나장 삼매의 광명을 얻었고,

다함없는 지혜 해탈삼매의 광명을 비춰준 때문에 여러 방위를 두루 거두는 다라니 광명을 얻었고,

금강륜 다라니문의 광명을 비춰준 때문에 매우 청정한 지혜의 마음 삼매 광명을 얻었고,

보문 장엄장 반야바라밀의 광명을 비춰준 때문에 불허공장륜(佛虛空藏輪) 삼매의 광명을 얻었고,

일체 불법륜 삼매의 광명을 비춰준 때문에 삼세의 그지없는 삼매 광명을 얻었다.

그때, 비목선인이 선재의 손을 놓자, 선재동자는 자기의 몸이 다시 본래 자리로 돌아와 있음을 보았다.

그때, 비목선인이 선재에게 말하였다.

"선남자여, 그대는 생각하고 있는가."

선재동자가 대답하였다.

"그렇습니다. 이것이 모두 거룩하신 선지식의 힘입니다."

● 疏 ●

文中有六이니

初는 示法名體니 童眞淨智 變化自在하야 高出功用之表라 所以名幢이오 相惑不動이라 故云無勝이니 卽此摧惑도 亦名幢義니라

二 善財白言 下는 徵其境界오

三 時毘目 下는 授令證知이니 摩頂은 顯加持之相이오 執手는 表授

與之義니 相攝有力故니라 所見은 可知니라【鈔_ 執手表授與之義는 約教相說이오 言'相攝有力'者는 約義理說이니 上通諸教오 此在華嚴이라 知識은 有力이오 善財는 無力이니 力攝無力일새 故因知識하야 令善財見이오 善財有力이면 則仙人無力이니 力攝無力일새 仙人所證을 善財皆得이라 故云相攝有力이라하니라】

경문은 6단락이다.

① 법의 명제와 체성을 보여줌이다. 동진주의 청정한 지혜가 변화자재하여 공용이 높이 뛰어남을 나타냄이기에 이를 幢이라 이름하고, 相의 미혹에 흔들리지 않기 때문에 '無勝'이라 말한다. 이는 곧 미혹을 꺾는 것 또한 '幢'의 의의라 말한다.

② '善財白言' 이하는 그 경계를 물음이다.

③ '時毘目' 이하는 전수하여 증득하여 알도록 함이다.

이마를 어루만져 줌은 가피지의 모양을 나타낸 것이고,

손을 잡아줌은 건네준다는 뜻을 나타낸 것이다. 서로 받아들임이 힘이 있기 때문이다.

보았던 바는 말하지 않아도 알 수 있다.【초_ "손을 잡아줌은 건네준다는 뜻을 나타낸 것이다."는 가르침의 양상을 들어 말함이며,

"서로 받아들임이 힘이 있다."는 것은 이치를 들어 말함이다.

위는 모든 가르침에 통하고, 이는 화엄에 있다. 선지식은 힘이 있고, 선재동자는 힘이 없다. 힘이 있는 자가 힘이 없는 자를 받아들이기 때문에 선지식을 통하여 선재동자로 하여금 보게 만들어 준 것이다. 선재동자가 힘이 있으면 선인은 힘이 없다. 힘이 있는

자가 힘이 없는 자를 받아들이기 때문에 선인의 증득한 바를 선재동자가 모두 얻은 것이다. 이 때문에 "서로 받아들임이 힘이 있다."고 말하였다.】

四 '爾時善財童子爲菩薩無勝'下는 得解脫益이라
文有十句五對하니 謂爲五法照로 得五種益이니 能照는 皆是無勝幢之別名이라 然初對는 爲總이오 餘四는 爲別이라 展轉相生이니라
且初總對는 由見彼眞智作用하야 卽知是法界體上에 寂而徧照라 故云三昧光明이라하니라
二는 卽上所得三昧光明은 乃是能照之智니 作用無盡之寂照일세 故得所照十方를 智總持之하야 明鑑無遺니라
三은 卽上總持 以智爲體하야 堅利圓滿이니 由得此故로 能令自心으로 障淨智明하야 爲寂照之光이라
四는 得上淨智般若면 則無行不嚴이며 無德不備하야 爲莊嚴藏이니 此光照心에 能照如來法性空中에 包含圓滿하고 正受現前이라
五는 上虛空藏輪이 卽一切佛法圓滿寂照니 以此照心이면 則智窮三世無盡法源이라 此約展轉釋이어니와 若約能照 皆是總中別義인댄 則不相躍이오 義不異前이라 而其所得이 卽三昧中事니라

④ '爾時善財童子爲菩薩無勝' 이하는 해탈의 이익을 얻음이다.

경문은 10구 5대구이다. 5가지 법으로 비춰줌에 의하여 5가지의 이익을 얻은 것이다. 비춰줌의 주체는 모두 '無勝幢'의 별칭이다.

그러나 제1 대구는 총상이고, 나머지 4대구는 별상이다. 이는

서로 점점 내주는 것이다.

또한 제1 총상의 대구는 진실한 지혜의 작용을 봄에 의하여 법계의 본체상에서 고요하면서도 두루 비춤을 알기 때문에 이를 '삼매광명'이라 말한다.

제2 대구는 위에서 얻은 바의 삼매광명은 이에 비춰줌의 주체가 되는 지혜이다. 그지없는 寂照의 작용이기에 시방세계를 비추는 지혜로 總持를 삼아 빠뜨림 없이 밝게 비춰주는 것이다.

제3 대구는 위의 총지란 지혜로써 본체를 삼아 견고하고 예리하고 원만하다. 이를 얻음에 따라서 자기 마음의 장애를 청정하게 하고 지혜를 밝게 하여 寂照의 광명이 된다.

제4 대구는 위의 청정 지혜의 반야를 얻으면 모든 행마다 장엄하지 않음이 없으며, 공덕이 모두 갖추어지지 않음이 없어 莊嚴藏이 되는 것이다. 이 광명이 마음을 비춰 여래 법성의 공한 가운데 모든 것을 원만하게 포괄하고 正受가 앞에 나타난다.

제5 대구는 위의 虛空藏輪이 바로 일체 불법의 원만한 寂照이다. 이로써 마음을 비추면 지혜로 삼세의 그지없는 법의 본원을 다할 수 있다.

이는 점점 차례로 해석한 것이지만, 만약 비춤의 주체가 모두 총상 부분의 개별 의의로 말하면, 이는 서로 뒤를 잇지 않으며, 그 뜻은 앞서 말한 바와 다르지 않다. 그 얻은 바가 바로 삼매 중의 일이다.

五時彼仙人放善財下는 明捨加持니 所作訖故며 還在本處者

는 不移本處而徧十方이니 處旣還本인댄 時亦多劫이 未逾一日이
라 故近遠無礙오 念劫圓融이 皆圓敎善友法門之力이라 是以로 善
財一生에 能辦多劫之行이라 普賢位內엔 或經不可說劫이라 非但
三祇니 皆法力加持니 不應以時以處로 定斯玄旨니라

六'時彼仙人告'下는 明言承領이니 可知니라【鈔— '是以善財一生
能辦多劫之行'者는 旣善友力으로 晌息之間에 或有佛所에 見經
不可說不可說佛刹微塵數劫하야 修行不倦이니 何得一生不經
多劫가 仙人之力은 長短自在故니라 如王質이 遇仙之碁하야 纔看
斧柯爛코 已經三歲로되 尙謂食頃이어늘 旣能以長爲短인댄 亦能以
短爲長이라 如周穆이 隨於幻人하야 雖經多年이나 實唯晌息이라 故
結云不應以短長之時와 廣狹之處로 定其旨也니라】

⑤ '時彼仙人放善財' 이하는 가피를 놓음을 밝혔다. 아는 바를
모두 마쳤기 때문이다.

"다시 본래 자리로 돌아왔다."는 것은 본래 자리에서 꼼짝하지
않고서 시방에 두루 찾아감이다. 그 공간이 진즉 본래 자리라면 시
간 또한 많은 겁이 하루에 지나지 않은 것이다. 이 때문에 멀고 가
까운 공간에 걸림이 없고, 한 생각의 찰나와 영겁이 원융하다. 이
는 모두 圓敎 선지식 법문의 힘이다.

이 때문에 선재동자는 일생에 많은 행을 잘 갖춘 것이다. 보현
의 지위 내에서는 간혹 말할 수 없는 겁을 지난 터라, 단순히 3아
승지에 그치지 않는다. 이는 모두 법력의 가피이다. 당연히 시간과
공간으로써 현묘한 뜻을 결정짓지 못할 것이다.

⑥ '時彼仙人告' 이하는 말을 알아들음을 밝혔다. 이는 말하지 않아도 알 수 있다.【초_ "이 때문에 선재동자는 일생에 많은 행을 잘 갖췄다."는 것은 이미 선지식의 힘으로 눈 깜박할 사이에 혹은 부처님의 도량에서 말할 수 없이 말할 수 없는 미진수의 겁을 지나면서도 수행하는 데 게으름이 없음을 볼 수 있다. 어찌 일생에 많은 겁을 지나지 않겠는가. 선인의 힘은 겁의 장단에 자재하기 때문이다.

예컨대 王質이 신선들이 바둑 두는 것을 보다가 잠깐 사이에 도낏자루가 썩었다. 그 잠깐 사이에 3년 세월이 흘렀음에도 오히려 한식경으로 생각하였다. 이처럼 장구한 시간을 짧은 시간으로 생각한다면 짧은 시간을 장구한 시간으로 삼을 수 있다.

예컨대 周 穆王은 요술쟁이를 따라서 여러 해를 지났으나 실재는 순식간에 지나지 않았다. 이 때문에 끝맺어 말하기를, "당연히 길고 짧은 시간과 넓고 좁은 공간으로 그 뜻을 결정하지 못한다."고 하였다.】

第四 謙己推勝
4. 몸을 낮추면서 선지식의 훌륭함을 추켜올리다

經
仙人이 言하사대 善男子야 我唯知此菩薩無勝幢解脫이어니와 如諸菩薩摩訶薩은 成就一切殊勝三昧하야

於一切時에 而得自在하며
於一念頃에 出生諸佛無量智慧하며
以佛智燈으로 而爲莊嚴하야 普照世間하며
一念普入三世境界하며
分形徧往十方國土하며
智身普入一切法界하며
隨衆生心하야 普現其前하며
觀其根行하야 而爲利益하며
放淨光明하야 甚可愛樂이니
而我云何能知能說彼功德行과 彼殊勝願과 彼莊嚴刹과 彼智境界와 彼三昧所行과 彼神通變化와 彼解脫遊戲와 彼身相差別과 彼音聲淸淨과 彼智慧光明이리오

비목선인이 말하였다.

"선남자여, 나는 오직 이 보살의 그 누구도 이길 이 없는 당기 해탈만을 알지만, 저 보살마하살이 일체 훌륭한 삼매를 성취하여,

일체 시간에 자재하고,

한 생각의 찰나에 부처님의 한량없는 지혜를 내며,

한 부처의 지혜 등불로 장엄하여 세간을 두루 비추고,

한 생각의 찰나에 삼세 경계에 두루 들어가며,

분신의 몸으로 시방의 국토에 두루 가고,

지혜 몸이 일체 법계에 들어가며,

중생의 마음 따라 그의 앞에 나타나고,

그의 근성과 행을 관찰하여 이익을 주며,

매우 사랑스러운 청정한 광명을 쏟아낸다.

내가 그들의 공덕 행, 그들의 훌륭한 서원, 그들의 장엄 세계, 그들의 지혜의 경계, 그들의 삼매 행의 대상, 그들의 신통변화, 그들의 해탈 유희, 그들의 각기 다른 몸, 그들의 청정한 음성, 그들의 지혜 광명을 어떻게 알 수 있으며, 어떻게 말할 수 있겠는가.

第五 指示後友

5. 뒤의 선지식을 소개하다

經

善男子야 於此南方에 有一聚落하니 名伊沙那오
有婆羅門하니 名曰勝熱이니
汝詣彼問호되 菩薩이 云何學菩薩行이며 修菩薩道리잇고
하라
時에 善財童子 歡喜踊躍하야 頂禮其足하며 遶無數匝하
야 慇懃瞻仰하고 辭退南行하니라

선남자여, 여기에서 남쪽으로 한 마을이 있는데, 그 이름을 '이사나'라 한다.

그 마을에 바라문이 있는데, 그 이름을 '승열'이라 한다.

그대는 그를 찾아가 '보살이 어떻게 보살의 행을 배우며, 보살의 도를 닦는가.'를 묻도록 하라."

　그때, 선재동자가 그 말을 듣고서 기쁜 마음에 발을 구르면서 그의 발에 엎드려 절하고, 수없이 돌고 은근하게 우러러보면서 하직하고 남쪽으로 떠났다.

● 疏 ●

伊沙那者는 此云長直이니 謂里巷徑永이니 表善知三際故長이오 善知勝義故直이라
婆羅門勝熱者는 於五熱中에 成勝行故니 表體煩惱熱하야 成勝德故오 不染煩惱하야 成淨行故니라

　'이사나'란 중국에서는 '長直'이라는 뜻이다. 마을의 길이 바르고 긴 것을 말한다. 과거·미래·현재를 잘 알기 때문에 길다[長]라 말하고, 훌륭한 뜻을 잘 알기 때문에 곧음[直]을 나타낸 것이다.

　'바라문 勝熱'이란 5熱 가운데서 뛰어난 행을 성취하였기 때문이다. 번뇌열을 체득하여 뛰어난 공덕을 성취하였기 때문이며, 번뇌에 물들지 않고서 청정한 행을 성취함을 나타내기 때문이다.

● 論 ●

問此位에 見仙人은 何意니잇고
答曰 此有二義하니
一은 表智淨如仙이니 爲明此位의 無功智現에 無染如僊이오
二는 爲無功智現에 以大悲行으로 能同異道하야 同事接生이라

其居處에 林樹莊嚴은 明陰覆利物이오

池沼蓮華莊嚴은 明慈悲處世無染行이라

仙人이 於栴檀樹下에 敷草而坐는 表智樹覆陰하야 熏戒定慧解脫知見香하야 徧周法界니 敷草而坐는 明無功之智 能善治貪亂이며 明少欲之相이오

麁皮草衣는 示行少欲知足이오

髻鬟垂鬢者는 無功之智 圓滿이오

如是徒衆이 前後圍遶者는 明主伴萬行圓滿이라

善財見已고 往詣其所하야 五體投地者는 明敬法重人之禮며 又表以五塵之境으로 皆歸智地오

歎言眞善知識은 眞善知識者는 無功之智 本自眞故라

無勝幢解脫者는 明此位의 無功用智 地自徧周하야 利益一切衆生하야 摧破煩惱호되 無有斷絕하야 下位不如일새 故로 云無勝幢이오

仙人이 以手摩善財頂者는 示以安慰오

接善財手者는 表引接也오

善財 自見其身이 往詣十方十佛剎微塵數世界中하며 及到十佛剎微塵數佛所者는 明會智境徧周也니 凡至十住中第八住와 十地中第八地에 皆須諸佛聖者 灌頂하야 勸發加持하며 及第十灌頂住와 及第十法雲地에 總須諸佛이 灌頂加持故라

若不加持면 或時滯寂하며 或不了佛境界故로 無能自進이니 爲創初에 不達佛無功用智之境界故라

已下에 見佛境界는 如經具明이라

阿庾多者는 此方一兆之數요 那由他者는 此方一溝라
仙人이 放善財手에 善財 卽見自身이 還本處는 明以智力으로 加
持入法이라가 旣得法已에 自力常然일새 雖復聖者 捨其加持나 一
見에 見無有異故라 如舟濟渡於岸에 不可負舟而行이니
此是童眞住에 明創初童蒙의 入眞無功智之境界라 以願波羅蜜
로 爲主하고 餘九로 爲伴이니 明此位無功智現에 恐當滯寂하야 以大
願門으로 興其智用故며 又令念本願하야 廣度衆生에 有此節級하야
以法防之하야 令不滯寂故라 以智門中인댄 諸位通治어니와 約位門
中인댄 此位는 會七住中悲行과 第八住中無功之智하야 以大願波
羅蜜로 興作하야 令使智悲로 任用自在니라

"이 지위에서 선인을 보는 것은 무슨 뜻인가?"

답하였다.

여기에는 2가지 뜻이 있다.

① 지혜의 청정이 신선과 같음을 나타낸 것이다. 이 지위의 공용 없는 지혜가 나타남에 물든 바 없음이 신선과 같음을 밝히기 위함이다.

② 공용 없는 지혜가 나타남에 대비의 행으로 이단과 함께하면서 그들과 같이 일하면서 중생을 맞이함이다.

그의 거처를 나무숲으로 장엄함은 그늘로 덮어주어 중생을 이롭게 함을 밝혔고,

연못을 연꽃으로 장엄함은 자비로 세간에 거처하면서도 물듦이 없는 행을 밝혔다.

선인이 전단나무 아래 풀을 깔고 앉음은 지혜 나무가 그늘을 드리워 계향·정향·혜향·해탈향·지견향이 훈습하여 법계에 두루 함을 나타낸 것이다.

풀을 깔고 앉음은 공용 없는 지혜가 탐욕의 혼란을 잘 다스림을 밝혔고, 욕심이 적은 모양을 밝혔으며,

사슴 가죽과 풀로 만든 옷은 행하는 일에 욕심이 적고 만족할 줄 앎을 보여준 것이며,

상투를 틀고 수염을 드리움은 공용 없는 지혜가 원만함이며,

이 같은 무리가 앞뒤로 둘러싼 것은 주체와 객체의 모든 행이 원만함을 밝힌 것이다.

선재동자가 보고서 그곳을 찾아가 두 팔꿈치, 두 무릎, 이마를 땅에 대고 절한 것은 법을 공경하고 사람을 존중하는 예를 밝힌 것이며, 또 5塵의 경계로써 모두 지혜에 돌아갈 터전을 나타냄이며,

참 선지식이라 찬탄하여 말한 것은 참 선지식이란 공용 없는 지혜가 본래 스스로 진실하기 때문이다.

무승당해탈이란 이 지위의 공용 없는 지혜가 그곳에 절로 두루 가득하여 일체중생을 이롭게 하고 번뇌를 꺾어버리면서도 단절함이 없어, 아래 지위와 같지 않음을 밝힌 것이다. 이 때문에 '그 누구도 이길 이 없는 당기'라고 말한다.

선인이 손으로 선재동자의 정수리를 어루만진 것은 안위를 보여줌이며,

선재동자의 손을 잡아준 것은 이끌어 맞이함을 나타낸 것이다.

선재동자가 스스로 그의 몸이 시방 10불찰 미진수 세계 속에 간 것과 아울러 10불찰 미진수의 부처 도량에 찾아감을 본 것은 지혜 경계를 회통하여 두루 이름을 밝힌 것이다.

대체로 십주 가운데 제8 동진주와 십지 가운데 제8 부동지에 이르면, 여러 부처와 성자가 모두 관정으로 권면하여 가피를 내리고, 아울러 제10 관정주와 제10 법운지에서는 총괄하여 반드시 부처의 관정 가피를 필요로 하는 것이다.

만약 가피를 내리지 않았다면 어떤 때는 적멸에 집착하고, 어떤 때는 부처의 경계를 잘 알지 못하기 때문에 스스로 나아갈 수 없다. 애초부터 부처의 공용 없는 지혜 경계를 잘 알지 못하기 때문이다.

이하에서 부처의 경계를 본 것은 경문에 구체적으로 밝힌 바와 같다.

'아유타'는 중국에서는 '1兆'의 수이며, '나유타'는 '1溝'이다.

선인이 선재동자의 손을 놓자, 선재동자가 바로 자신이 본래 있었던 곳으로 돌아옴을 본 것은 지혜의 힘으로 가피를 입어 법에 들어갔다가 이미 법을 얻은 후에는 자신의 힘이 언제나 그와 같기 때문에, 비록 성자가 그 가피를 놓았을지라도 한 번 보면 견해가 다름없음을 밝힌 것이다. 이는 마치 배로 언덕을 건너간 후에는 배를 짊어지고 갈 수 없는 것과 같다.

이는 동진주에서 처음으로 어린아이의 진실한 자리에 들어간 공용 없는 지혜의 경계임을 밝힌 것이다. 서원바라밀로 주체를 삼고 나머지 9가지로 객체를 삼는다.

이 지위의 공용 없는 지혜가 나타남에 혹시라도 적멸에 집착할까 두려워서, 大願의 법문으로 그 지혜의 작용을 일으킴을 밝힌 때문이며,

또한 본원을 생각하여 중생을 널리 제도할 적에 이러한 절차와 등급을 두어 법으로 막아 적멸에 집착하지 않도록 함이다.

지혜의 법문으로 말한다면 모든 지위를 통틀어 다스리지만, 지위의 법문으로 말한다면 이 지위는 제7 불퇴주 가운데 자비행과 제8 동진주 가운데 공용 없는 지혜를 회통하여 대원바라밀을 일으켜 지혜와 자비로 하여금 자재하게 맡겨두는 것이다.

第九 勝熱善友 寄王子住

文亦有六이라

一은 依教趣入이라【鈔_ 寄王子住者는 從法王教하야 生於正解하야 當紹佛位故라】

제9. 승열바라문, 법왕자주 선지식

이의 경문 또한 6단락이다.

1. 가르침을 따라 선지식을 찾아가 법을 구하다【초_ 왕자주에 붙여 말한 것은 법왕의 가르침을 따라서 바른 이해를 내어 부처의 지위를 이어야 하기 때문이다.】

經

爾時에 善財童子 爲菩薩無勝幢解脫所照故로
住諸佛不思議神力하며
證菩薩不思議解脫神通智하며
得菩薩不思議三昧智光明하며
得一切時熏修三昧智光明하며
得了知一切境界皆依想所住三昧智光明하며
得一切世間殊勝智光明하야 於一切處에 悉現其身하야
以究竟智로 說無二無分別平等法하며
以明淨智로 普照境界하며
凡所聞法을 皆能忍受하야 淸淨信解하며
於法自性에 決定明了하며
心恒不捨菩薩妙行하며
求一切智하야 永無退轉하며
獲得十力智慧光明하며
勤求妙法하야 常無厭足하며
以正修行으로 入佛境界하며
出生菩薩無量莊嚴하며
無邊大願이 悉已淸淨하며
以無窮盡智로 知無邊世界網하며
以無怯弱心으로 度無量衆生海하며
了無邊菩薩諸行境界하며

見無邊世界種種差別하며
見無邊世界種種莊嚴하며
入無邊世界微細境界하며
知無邊世界種種名號하며
知無邊世界種種言說하며
知無邊衆生種種解하며
見無邊衆生種種行하며
見無邊衆生成熟行하며
見無邊衆生差別想하니라
念善知識하야 漸次遊行하야 至伊沙那聚落하야

 그때, 선재동자는 보살이 그 누구도 이길 이 없는 당기 해탈의 광명이 비춤을 받은 까닭에

  부처님의 불가사의한 신통의 힘에 머물고,

  보살의 불가사의한 해탈과 신통 지혜를 증득하며,

  보살의 불가사의한 삼매의 지혜 광명을 얻고,

  일체 시에 닦은 삼매의 지혜 광명을 얻으며,

  일체 경계가 모두 생각을 의지하여 머묾을 아는 삼매의 지혜 광명을 얻고,

  일체 세간에서 가장 훌륭한 지혜 광명을 얻어, 일체 모든 곳에 그 몸을 나타내고, 최고 경계에 이른 지혜로써 둘이 없고 분별이 없는 평등한 법을 말하며,

  밝고 청정한 지혜로 경계를 두루 비추고,

들었던 법을 모두 알고 받아들여 신심과 이해가 청정하며,

법의 자성을 결정하여 분명히 알고,

마음에 항상 보살의 미묘한 행을 버리지 않으며,

일체 지혜를 구하여 영원히 물러서지 않고,

열 가지 힘과 지혜의 광명을 얻으며,

미묘한 법을 부지런히 구하여 언제나 싫어하는 생각이 없고,

바르게 행을 닦아 부처의 경지에 들어가며,

보살의 한량없는 장엄을 내고,

그지없는 큰 서원이 모두 청정하며,

다함이 없는 지혜로 그지없는 세계 그물을 알고,

겁내거나 나약하지 않은 마음으로 한량없는 중생 바다를 제도하며,

그지없는 보살의 모든 수행하는 경계를 알고,

그지없는 세계의 가지가지 차별을 보며,

그지없는 세계의 가지가지 장엄을 보고,

그지없는 세계의 미세한 경계에 들어가며,

그지없는 세계의 가지가지 이름을 알고,

그지없는 세계의 가지가지 밀을 알며,

그지없는 중생의 가지가지 이해를 알고,

그지없는 중생의 가지가지 행을 보며,

그지없는 중생의 성숙한 행을 보고,

그지없는 중생의 각기 다른 생각을 보았다.

선지식을 생각하면서 점점 내려가다가 이사나마을에 이르러,

● 疏 ●

於中二니 初는 證前이오 後는 趣後라

前中二니

初는 顯證所因이오 後住諸佛下는 正明證益이라

於中二니

先은 得自分益이오 後求一切智下는 得勝進益과 及於趣後니 文
並可知니라

이는 2단락이다.

(1) 앞의 선지식 경계를 증득함이고,

(2) 뒤의 선지식을 찾아감이다.

'(1) 앞의 선지식' 부분은 2단락이다.

(ㄱ) 증득의 원인이 되는 바를 밝혔고,

(ㄴ) '住諸佛' 이하는 바로 증득의 이익을 밝혔다.

'(ㄴ) 증득의 이익' 부분은 다시 2단락으로 나뉜다.

① 자신의 본분에 관한 이익을 얻음이며,

② '求一切智' 이하는 잘 닦아나가는 이익과 뒤의 선지식을 찾아감이다.

경문은 아울러 말하지 않아도 알 수 있다.

第二 見敬諮問

2. 친견하여 절을 올리고 법을 묻다

經

見彼勝熱이 修諸苦行하야 求一切智호되 四面火聚 猶如大山하며 中有刀山이 高峻無極이어든 登彼山上하야 投身入火하고

時에 善財童子 頂禮其足하며 合掌而立하야 作如是言호되 聖者여 我已先發阿耨多羅三藐三菩提心호니 而未知菩薩이 云何學菩薩行이며 云何修菩薩道리잇고 我聞聖者는 善能誘誨라하니 願爲我說하소서

  그 승열바라문이 모든 고행을 닦으면서 일체 지혜를 구하되, 사면의 불더미가 산처럼 솟구치고, 그 가운데 칼산이 높고 가파르기 그지없는데, 승열바라문이 그 산 위에 올라가 몸을 던져 불더미 속으로 들어가는 것을 보았다.

  그때, 선재동자가 그의 발에 절하고 합장하고 서서 이렇게 말하였다.

  "거룩하신 이여, 저는 이미 아뇩다라삼먁삼보리심을 내었습니다.

  하지만 보살이 어떻게 보살의 행을 배우며, 어떻게 보살의 도를 닦는지 모르겠습니다.

제가 들자오니 거룩하신 이께서 잘 가르쳐주신다 하니, 바라건대 저를 위하여 말해주십시오."

● 疏 ●

於中三이니

先은 見苦行이니 四面火聚者는 更加頭上有日이면 即五熱炙身이어늘 今但云四者는 四句般若 皆燒惑薪故니라 中有刀山者는 無分別智 最居中道하야 無不割故오 高而無上하야 難可登故니라 故智論에 云般若波羅蜜이 猶如大火聚하야 四邊不可取라 遠離於四句라하니 四句는 即四邊이니 取則燒人이오 離則成智니라

又火有四義하니 一은 燒煩惱薪이오 二는 破無明暗이오 三은 成熟善根이오 四는 照現證理니라

投身入火者는 從無分別智하야 徧入四句에 皆無滯故니라 又釋호되 刀是斷德이니 無不割故오 火是智德이니 無不照故니라 投身下者는 障盡證理故니 即刀山爲能證이오 火聚爲所證이라 故此火等이 即是法門이니 不須別表니라 現所用故오 稱性事故로 此爲甚深難解니 不可輕爾니라

二는 敬이오 三은 問이니 文竝可知니라

이 부분은 3단락이다.

(1) 고행을 보여줌이다.

'사면의 불더미'란 다시 머리 위에 태양이 있으면 5가지 불길로 몸을 달구는데, 여기에서 4가지만을 말한 것은 4구 반야가 모두

미혹의 섶을 태워 없애주기 때문이다.

'그 가운데 칼처럼 뽀족한 산'이란 분별없는 지혜가 가장 중도에 머물면서 베어주지 않음이 없기 때문이며, 위가 없이 드높아서 오르기 어렵기 때문이다.

그러므로 지도론에서는 "반야바라밀이 마치 큰 불더미와 같아서 사방의 주위[四邊]에서 취할 수 없다. 4구를 멀리 여의었다."고 하였다. 4구는 바로 四邊이다. 이를 취하면 사람을 불태우고, 이를 여의면 지혜를 성취한다.

또한 불에는 4가지 뜻이 있다.

① 번뇌의 섶을 불태워준다.

② 무명의 어둠을 부숴준다.

③ 선근을 성숙시켜 준다.

④ 증득한 이치를 비춰주고 나타내준다.

"몸을 던져 불더미 속으로 들어갔다."는 것은 분별없는 지혜로부터 4구에 두루 들어가는 데 모두 막힘이 없기 때문이다.

또 해석하면 칼은 끊어버리는 공덕이기에 베어내지 않음이 없기 때문이며,

불은 지혜의 공덕이기에 비추지 않음이 없기 때문이다.

'몸을 던졌다.'는 것은 장애가 다하여 이치를 증득하였기 때문이다. 刀山은 증득의 주체이고, 불더미는 증득의 대상이다. 그러므로 이 불 등이 바로 법문이다. 굳이 별개로 나타낼 게 없다. 사용할 바를 나타낸 때문이며, 성품에 걸맞은 일이기 때문에 이는 매우 심

오하여 이해하기 어렵다. 이를 가벼이 생각해서는 안 된다.

(2) 공경히 절을 올림이며,

(3) 법의 요체를 물음이다.

이의 경문은 아울러 말하지 않아도 알 수 있다.

第三 正示法界

有六이니

一은 示法勸修오 二는 疑憚不受오 三은 勝緣勸引이오 四는 疑盡悔愆이오 五는 誡勸見容이오 六은 依敎修證이라

今은 初라

3. 바로 법계를 보여주다

이는 6단락이다.

(1) 법을 보이면서 수행을 권면함이며,

(2) 의심하고 꺼리어 받아들이지 않음이며,

(3) 좋은 반연이 권면하고 이끌어줌이며,

(4) 의심이 다하여 잘못을 뉘우침이며,

(5) 경계와 권면으로 용납해 줌이며,

(6) 가르침에 따라 닦고 증득함이다.

이는 '(1) 수행의 권면'이다.

經

婆羅門이 言하사대

善男子야 汝今若能上此刀山하야 投身火聚하면 諸菩薩行이 悉得淸淨하리라

바라문이 말하였다.

"선남자여, 그대가 만약 이 칼산 위에 올라가 불더미에 몸을 던지면 모든 보살의 행이 모두 청정하게 될 것이다."

● 疏 ●

然이나 刀山은 不可執이오 火聚는 不可取로되 若能不住無分別智오 徧入四句면 則遠離四謗하야 不滯空有니 何行不成이리오 所以要令入者로 破其見心하야 令解菩薩深密法故니 順相易解어니와 逆相難知故니라 此中에 示於邪見이오 無厭足王은 示瞋이오 婆須蜜女는 示貪이니 顯三毒相에 並有正法故니라 然有五義하니 一은 當相卽空이니 空故是道니라 非謂此三이 卽是佛法이니 諸部般若에 其文非一이라【鈔_ '諸部般若其文非一'은 文中에 廣說三毒·四倒 悉皆淸淨하고 廣說貪欲瞋癡 性皆空寂이라】

그러나 칼산은 잡을 수 없으며, 불더미는 취할 수 없으나, 분별없는 지혜에 머물지 않고 4구에 두루 들어가면, 4가지 비방을 멀리 여의어서 空과 有에 막히지 않는다. 그 무슨 행인들 성취하지 못할 게 있겠는가. 이 때문에 불더미에 들어가고자 한 자로 하여금 그 소견에 집착된 마음을 타파하여 하여금 보살의 심오하고 비밀스

러운 법을 알도록 하고자 한 때문이다. 順境의 양상은 알기 쉽지만 逆境의 양상은 알기 어렵기 때문이다.

여기에서는 삿된 견해를 보여주고, 무염족왕은 성냄을 보여주고, 바수밀녀는 탐욕을 보여주었다. 탐진치 삼독에 아울러 바른 법이 있음을 나타낸 까닭이다.

그러나 5가지 뜻이 있다.

① 해당 모양이 바로 空이다. 공이기 때문에 도이다. 이 3가지가 바로 불법임을 말한 것은 아니다. 諸部 반야에 그 경문이 한둘이 아니다.【초_ "諸部 반야에 그 경문이 한둘이 아니다."는 것은 여러 경문에 三毒과 四倒가 모두 청정함을 자세히 말하였고, 탐진치의 자성이 모두 공적임을 자세히 말하였기 때문이다.】

二는 約幻用攝生이라 亦非卽是니 如淨名에 云行於非道하야 先以欲鉤牽하고 後令入佛智等이라【鈔_ 如淨名行於非道者는 卽第二經佛道品이니 文殊師利 問維摩詰言호되 菩薩이 云何通達佛道오 維摩詰言호되 菩薩이 行於非道 是爲通達佛道이니라 又問호되 云何行於非道 通達佛道아 答曰 菩薩이 行五無間호되 而無惱恚하고 至於地獄호되 無諸罪垢하고 至于畜生호되 無有無明憍慢等過하고 至于餓鬼호되 而具足佛法하고 乃至示行瞋恚而常慈愍이라하니 皆言示行이 卽幻用攝生이라

又 云何爲如來種가 文殊 答云 有身爲種이오 無明有愛爲種이오 貪恚癡爲種等이라하고 結云 六十二見과 一切煩惱 皆是佛種이니라 曰 何謂也오 答曰 若見無爲入正位者는 不能復發阿耨多羅三

藐三菩提心하나니 譬如高原陸地에 不生蓮花等이라하니 皆菩薩幻
用化生이라
言'先以欲鉤牽'者는 亦是此品이니 淨名이 答普現色身之要言也
니 經云'示受於五欲호되 亦復現行禪하야 令魔心憒亂하야 不能得
其便이라 火中生蓮花 是可爲希有니 在欲而行禪도 希有亦如是
니라 或現作婬女하야 引諸好色者호되 先以欲鉤牽하고 後令入佛智
라'하니 旣言'現作'인댄 明知幻用이라】

② 요술과 같은 작용으로 중생을 받아들임으로 말하였다. 이
또한 바로 불법임을 말한 것은 아니다. 예컨대 유마경에 이르기를,
"도가 아닌 것을 행하여 먼저 탐욕으로써 이끌리고, 뒤에 부처의
지혜에 들어가도록 함이다."는 등이다.【초_ "유마경에 이르기를,
도가 아닌 것을 행함"이란 第二經 佛道品이다.

문수사리가 유마힐에게 물었다.
"보살이 어떻게 불도를 통달하는가?"
유마힐이 말하였다.
"보살이 도가 아닌 것을 행함이 부처의 도를 통달함이다."
또 물었다.
"도가 아닌 것을 행함이 부처의 도를 통달함인가?"
답하였다.
"보살이 5무간지옥에 행하되 고뇌가 없으며, 지옥에 이르렀지
만 모든 죄업이 없으며, 축생에 이르렀지만 무명과 교만 등의 허물
이 없으며, 아귀에 이르렀지만 불법이 구족하며, 내지 성냄을 행하

되 언제나 사랑하고 가엾이 여긴다."

이는 모두 이런 행을 보여줌이라 말함이 바로 요술과 같은 작용으로 중생을 받아들임이다.

또 말하였다.

"어떤 것이 여래의 종성인가?"

문수보살이 답하기를, "有身이 종성이 되고, 무명의 애욕이 종성이 되고, 탐진치가 종성이 된다." 등이라 하였고, 결어에서 이르기를, "62見과 일체 번뇌가 모두 여래의 종성이다."고 말하였다.

"무엇을 말하는가?"

"만약 無爲를 보고 正位에 들어간 자는 다시 아뇩다라삼먁삼보리심을 일으키지 못한다. 비유하면 높은 언덕 육지에서는 연꽃이 피지 않는 것과 같다." 등이라 하니, 이는 모두 보살의 요술과 같은 작용으로 중생을 교화함이다.

'先以欲鉤牽'이라 말한 것 또한 第二經 佛道品이다. 유마거사가 널리 색신을 나타내는 요체에 관해 대답한 말이다.

경문은 다음과 같다.

"5欲에 의해 받아왔음을 보여주되 또한 다시 行禪을 나타내어 마군으로 하여금 마음이 산란하여 그 편의를 얻지 못하게 하였다. 불길 속에서 연꽃이 피어남은 드문 일이다. 5욕의 세계에 있으면서 선을 행하는 드문 일 또한 그와 같다. 혹은 음탕한 여인의 몸을 나타내어 모든 호색꾼을 인도하되 먼저 색욕으로 엮어 묶은 뒤에 그로 하여금 부처의 지혜에 들게 한다."

이처럼 '음탕한 여인의 몸을 나타냈다.'고 말한 것으로 보면, 요술과 같은 작용임을 분명히 알아야 한다.】

三은 在惑用心을 如俗流輩니 此在觀心爲道언정 亦非卽道니라
【鈔_ '三在惑用心'者는 以是俗流 帶妻挾子 是其常業이라 未能捨事하나니 事上用心하야 令了性空이라 但我妄念이 未得自在면 非以爲是일새 令惑漸薄하야 便能遠離니라 上經에 亦云 '菩薩在家하야 與妻子俱호되 未曾暫捨一切智心等이라'하다

③ 미혹에 있어 마음 씀을 세속의 무리와 같이 함이다. 이는 觀心에 있어 도라 할지언정 또한 곧 도가 아니다.【초_ "③ 미혹에 있어 마음 씀"이란 것은 세속의 무리가 처자 권속을 데리고 사는 것이 일상의 일이라, 세간의 일을 버리지 못한다. 세간의 일에 마음을 쓰면서 그들로 하여금 본성이 공임을 잘 알도록 하였다. 다만 나의 망념으로 자재함을 얻지 못하면 옳은 일이 아니기에 미혹을 차츰차츰 없애가다가 멀리 여의는 것이다.

위의 경문에서 또 이르기를, "보살이 집에 살면서 처자와 함께 하되 일찍이 일체 지혜의 마음을 잠시도 버리지 않는다." 등이라 말하였다.】

四는 留惑潤生하야 長菩薩道니 亦非卽是니 如淨名에 云 '不入生死大海면 則不能得一切智寶等이라'하니라

④ 미혹에 머물면서 중생을 윤택하게 하여 보살의 도를 키워 나감이니, 이 또한 바로 불법임을 말한 것은 아니다.

예컨대 유마경에 이르기를, "생사의 큰 바다에 들어가지 않으

면 일체 지혜의 보배를 얻지 못한다." 등이라 말하였다.

五는 當相卽道라 不同前四니 不思議故니라 無行經에 云婬欲卽是道요 恚癡亦復然이라 如是三法中에 具一切佛法이라하니 亦斯義矣라【鈔_ 五當相卽道는 是道體故요 理無二味故요 無有一法非佛法故니라

不思議故者는 總相歎也니 不可作欲等思故니라

引無行經文은 前曾一用호되 取欲空性이니 則用初義어니와 今取卽道니 亦如智論第七에 喜根菩薩이 爲於勝意菩薩而說偈言호되 婬欲卽是道요 恚癡亦復然이라 如是三事中에 無量諸佛道니라 若有人分別 婬怒癡及道면 是人去佛遠이 譬如天與地니라 道及婬怒癡는 是一法平等이니 若人聞怖畏면 去佛道甚遠이라 婬法不生滅이라 不能令心惱이어니와 若人計吾我면 婬將入惡道니라 見有無異行이면 是不離無有어니와 若知有無等이면 超勝成佛道라하니 都說七十餘偈하니 皆卽道也니라

喜根이 於今現在東方으로 過十億佛土하야 作佛하니 其國土亦號寶藏이요 佛號는 光喩日月王이라 文殊言호되 勝意比丘는 我身是也니 爾時不信으로 受無量苦니라 佛問호되 聞偈得何益고 答이라 能畢衆苦하고 世世利根하야 解深妙法等이라하니라】

⑤ 해당 모양이 바로 도이다. 앞의 4가지와 같지 않다. 불가사의하기 때문이다. 무행경에 이르기를, "음욕이 바로 도이며, 성냄과 어리석음 또한 그와 같다. 이와 같은 3가지 법 가운데 일체 불법을 갖추고 있다."고 하니 또한 이런 뜻이다.【초_ "⑤ 해당 모양이

바로 도"라는 것은 도의 본체이기 때문이며, 이치에 또한 둘이 없기 때문이며, 그 어떤 하나의 법마저도 불법 아닌 게 없기 때문이다.

'不思議故'란 총상으로 찬탄함이다. 탐욕 등의 생각을 일으키지 않기 때문이다.

무행경의 문장을 인용한 것은 앞에서 한 차례 인용하되 탐욕의 공한 자성을 취하여 첫째의 뜻을 인용했지만, 여기에서는 바로 도라는 뜻을 취하였다.

또한 지도론 제7에서 희근보살이 승의보살을 위해 게송으로 말하였다.

"음욕이 바로 도이고, 성냄과 어리석음 또한 그와 같다.
이와 같은 삼독의 일 가운데 한량없는 모든 부처의 도이다.
만일 어떤 사람이 음욕·성냄·어리석음과 도를 분별하면,
그 사람은 부처와의 먼 거리가 마치 하늘과 땅 같아라.
도와 음욕·성냄·어리석음은 하나의 법으로 평등하다.
만약 이를 듣고 겁내는 사람은 부처의 도와의 거리가 아주 멀다.
음탕의 법이 생멸이 없는 터라, 마음을 괴롭히지 못하지만,
만약 '나'라는 것을 생각하는 사람은 음탕함이 장차 악도에 들어간다.
有·無의 다른 행을 보면 무·유를 여의지 못하지만,
만일 유·무의 평등함을 알면 뛰어나고 훌륭하여 부처의 도를 성취하리라."

모두 70여 수 게송을 설법하였는데, 모두가 바로 도이다.

희근보살은 현재에 동방으로 십억 불토를 지나서 그곳의 부처가 되었다. 그 국토는 또한 '寶藏의 나라'라 말하고, 부처의 명호는 光喻日月王이다.

문수보살이 말하였다.

"승의비구는 나의 전신이다. 그 당시 믿지 않음으로써 한량없는 고통을 받았다."

부처님이 물었다.

"게송을 듣고서 무슨 이익을 얻었느냐?"

대답하였다.

"많은 고통이 다하고 世世 예리한 근기를 받아 심오하고 미묘한 법을 이해하는 등입니다."】

二 疑憚不受

(2) 의심하고 꺼리어 받아들이지 않다

經

時에 善財童子 作如是念호되 得人身難이며 離諸難難이며 得無難難이며 得淨法難이며 得値佛難이며 具諸根難이며 聞佛法難이며 遇善人難이며 逢眞善知識難이며 受如理正敎難이며 得正命難이며 隨法行難이니
此將非魔와 魔所使耶아 將非是魔의 險惡徒黨이 詐現

菩薩善知識相하야 **而欲爲我**하야 **作善根難**하며 **作壽命
難**하야 **障我修行一切智道**하며 **牽我令入諸惡道中**하며
欲障我法門하며 **障我佛法**가

그때, 선재동자는 이런 생각을 하였다.

'사람의 몸은 얻기 어렵고,

모든 어려움을 여의기 어렵고,

어려움이 없음을 얻기 어렵고,

청정한 법을 얻기 어렵고,

부처를 만나기 어렵고,

모든 근기를 갖추기 어렵고,

불법을 얻기 어렵고,

선한 사람을 만나기 어렵고,

진실한 선지식을 만나기 어렵고,

이치대로 바른 가르침을 받아들이기 어렵고,

바른 생활을 얻기 어렵고,

법을 따라 행하기 어렵다.

이것이 마군이 아닌가. 마군이 그처럼 시키는 것이 아닌가.

마군의 험악한 무리들이 보살과 선지식의 모양처럼 거짓으로 나타내어, 나에게 선근을 짓기 어렵게 만들고, 수명을 누리기 어렵게 만들어, 일체 지혜의 도를 닦아가는 나를 가로막고, 많은 악도로 나를 이끌어 들어가게 하고, 나의 법문을 막고, 나의 불법을 막는 것이 아닐까?'

● *疏* ●

疑憚不受니 非惜身命이라 恐失道緣이니 示智未深일새 故生此念이라

文中에 先明道緣難具니

於中에 '離諸難'者는 非佛前後等이오

'得無難'者는 非生聾等이오

'具諸根'者는 謂信進等이라

後 '此將非'下는 正疑魔壞니라

　의심하고 꺼리어 받아들이지 않음이다. 목숨이 아까운 게 아니라, 도의 반연을 잃을까 두려운 것이다. 지혜를 보여줌이 심오하지 않기 때문에 이런 생각을 한 것이다.

　경문에서는 도의 반연을 갖추기 어려움을 먼저 밝혔다.

　이 부분에 "모든 어려움을 여의기 어렵다."는 것은 부처의 이전, 이후 등이 아니며,

　"어려움이 없음을 얻기 어렵다."는 것은 귀머거리 등으로 태어남이 아니며,

　"모든 근기를 갖추기 어렵다."는 것은 신심과 잘 닦아나가는 등을 말한다.

　뒤의 '此將非魔' 이하는 바로 마군에 의해 이처럼 파괴될까를 의심한 것이다.

三 勝緣勸引

(3) 좋은 반연이 권면하고 이끌어주다

經

作是念時에 十千梵天이 在虛空中하야 作如是言호되
善男子야 莫作是念하며 莫作是念하라
今此聖者 得金剛焰三昧光明하사 發大精進하야 度諸衆
生호되 心無退轉하사
欲竭一切貪愛海하며
欲截一切邪見網하며
欲燒一切煩惱薪하며
欲照一切惑稠林하며
欲斷一切老死怖하며
欲壞一切三世障하며
欲放一切法光明이니라
善男子야 我諸梵天이 多着邪見하야 皆悉自謂是自在者
며 是能作者라 於世間中에 我是最勝이라하더니 見婆羅
門의 五熱炙身하고 於自宮殿에 心不樂着하며 於諸禪定
에 不得滋味하야 皆共來請婆羅門所하니
時에 婆羅門이 以神通力으로 示大苦行하야 爲我說法하
사 能令我等으로 滅一切見하고 除一切慢하며 住於大慈하

고 行於大悲하며 起廣大心하고 發菩提意하며 常見諸佛하고 恒聞妙法하야 於一切處에 心無所礙케하시니라

이런 생각을 할 적에 십천 범천이 허공에서 이렇게 말하였다.

"선남자여, 그런 생각을 하지 말라. 그런 생각을 하지 말라.

이 거룩한 이는 금강불꽃 삼매의 광명을 얻어, 큰 정진을 일으켜 많은 중생을 제도하되 물러서는 마음이 없어,

일체 탐욕과 애정의 바다를 말리고자 하고,

일체 삿된 소견의 그물을 자르고자 하며,

일체 번뇌의 섶을 태우고자 하고,

일체 미혹의 숲을 비추고자 하며,

일체 늙음과 죽음의 두려움을 끊어주고자 하고,

일체 삼세의 장애를 무너뜨리고자 하며,

일체 법의 광명을 쏟아내고자 함이다.

선남자여, 우리 범천들이 삿된 소견에 집착한 바 많아서, 모두가 스스로 '자재한 자'이며, '주체가 되는 자'라, 이 세간에서 가장 훌륭하다고 생각했었는데, 이 바라문이 다섯 가지 불길로 자신의 몸을 불태우는 것을 보고서, 우리 궁전에서 편히 사는 것을 사랑하는 마음이 없고, 여러 가지 선정에서도 재미를 얻지 못하여, 우리 모두가 함께 바라문을 찾아와 법을 청하였다.

그때, 바라문은 신통력으로 아주 모진 고행을 보여주면서 우리를 위하여 설법하여, 우리의 일체 소견을 없애주고, 일체 아만을 없애주며, 크게 사랑함에 머물고, 크게 가엾이 여김을 행하며, 광대

한 마음을 일으키고, 보리심을 내게 하며, 항상 부처님을 친견하고, 항상 미묘한 법문을 듣고서, 일체 모든 곳에 마음이 걸리지 않게 하였다."

● 疏 ●

勸引中에 有十三衆하니 各述曾爲勝熱化益일새 故勸勿疑니라 初
一은 卽色界梵天이니 多是初禪이라
文中有三이니
一은 總勸莫疑오
二'今此'下는 彰其本意니 智慧堅利 猶如金剛하야 燒諸惑薪하고 發諸智燄하나니 燒而常寂이 爲三昧光이라
三'善男子'下는 自述蒙益이니 梵王이 最初生此하고 餘衆은 念而後生일새 故生邪見이니라

'좋은 반연이 권면하고 이끌어준' 부분의 좋은 반연은 13대중이다. 각각 일찍이 승열바라문에게 받은 이익을 말하였다. 이 때문에 다시는 의심하지 말기를 권하였다.

첫째는 색계 범천이다. 이는 대부분 初禪天이다.

경문은 3단락이다.

① 의심하지 말기를 총체로 권하였고,

② '今此' 이하는 그 본의를 밝혔다. 승열의 지혜가 견고하고 예리함이 마치 금강과 같아서 모든 미혹의 섶을 불태워 없애주고 일체 지혜의 불꽃을 일으켜주었다. 불태워 없애주면서도 언제나

고요함이 '삼매광명'이다.

  ③ '善男子' 이하는 받은 바의 이익을 스스로 말하였다. 범왕은 최초에 여기에 태어났고, 나머지 대중은 생각이 있고 난 뒤에 태어났기에 삿된 견해를 일으킨 것이다.

經

復有十千諸魔 在虛空中하야 以天摩尼寶로 散婆羅門上하고 告善財言호되

善男子야 此婆羅門이 五熱炙身時에 其火光明이 暎奪於我의 所有宮殿하야 諸莊嚴具 皆如聚墨하야 令我於中에 不生樂著이어늘 我與眷屬으로 來詣其所하니 此婆羅門이 爲我說法하사 令我와 及餘無量天子와 諸天女等으로 皆於阿耨多羅三藐三菩提에 得不退轉케하시니라

復有十千自在天王이 於虛空中에 各散天華하고 作如是言호되

善男子야 此婆羅門이 五熱炙身時에 其火光明이 暎奪我等의 所有宮殿하야 諸莊嚴具 皆如聚墨하야 令我於中에 不生愛著이어늘 卽與眷屬으로 來詣其所하니 此婆羅門이 爲我說法하사

令我於心에 而得自在하며

於煩惱中에 而得自在하며

於受生中에 而得自在하며

於諸業障에 而得自在하며
於諸三昧에 而得自在하며
於莊嚴具에 而得自在하며
於壽命中에 而得自在하며
乃至能於一切佛法에 而得自在케하시니라
復有十千化樂天王이 於虛空中에 作天音樂하야 恭敬供養하고 作如是言호되
善男子야 此婆羅門이 五熱炙身時에 其火光明이 照我宮殿의 諸莊嚴具와 及諸婇女하야 能令我等으로 不受欲樂하며 不求欲樂하야 身心柔軟이어늘 卽與衆俱하야 來詣其所하니
時에 婆羅門이 爲我說法하사 能令我等으로 心得清淨하며 心得明潔하며 心得純善하며 心得柔軟하며 心生歡喜하며 乃至令得清淨十力清淨之身하야 生無量身하며 乃至令得佛身佛語佛聲佛心하야 具足成就一切智智케하시니라
復有十千兜率天王과 天子天女無量眷屬이 於虛空中에 雨衆妙香하야 恭敬頂禮하고 作如是言호되
善男子야 此婆羅門이 五熱炙身時에 令我等諸天과 及其眷屬으로 於自宮殿에 無有樂着이어늘 共詣其所하야 聞其說法하니 能令我等으로 不貪境界하야 少欲知足하며 心生歡喜하야 心得充滿하며 生諸善根하야 發菩提心하며

乃至圓滿一切佛法케하시니라
復有十千三十三天과 幷其眷屬天子天女 前後圍遶하야 於虛空中에 雨天曼陀羅華하야 恭敬供養하고 作如是言호되
善男子야 此婆羅門이 五熱炙身時에 令我等諸天으로 於天音樂에 不生樂着이어늘 共詣其所하니
時에 婆羅門이 爲我等說一切諸法의 無常敗壞하사 令我捨離一切欲樂하며 令我斷除憍慢放逸하며 令我愛樂無上菩提케하시니라
又善男子야 我當見此婆羅門時에 須彌山頂이 六種震動이어늘 我等이 恐怖하야 皆發菩提心하야 堅固不動호라

또 십천의 마군의 무리가 공중에서 하늘 마니보배로 바라문 위에 흩뿌리고, 선재동자에게 말하였다.

"선남자여, 이 바라문이 다섯 가지 불길로 자기의 몸을 태울 적에 그 불길의 광명이 우리 궁전의 장엄거리를 가리어 모두 먹통처럼 캄캄하게 되어, 우리로 하여금 그 궁전에 애착을 내지 않도록 해주었다. 바로 권속들과 함께 그의 도량을 찾아가자, 이 바라문이 우리를 위하여 설법하여, 우리와 나머지 한량없는 천자와 천녀 등으로 하여금 아뇩다라삼먁삼보리에서 물러서지 않도록 하였다."

또한 십천의 자재천왕이 허공중에서 하늘 꽃을 흩뿌리고 이렇게 말하였다.

"선남자여, 이 바라문이 다섯 가지 불길로 자기의 몸을 태울 적

에 그 불길의 광명이 우리 궁전의 장엄거리를 가리어 모두 먹통처럼 캄캄하게 되어, 우리로 하여금 그 궁전에 애착을 내지 않도록 해주었다. 바로 권속들과 함께 그의 도량을 찾아가자, 이 바라문이 우리를 위하여 설법하여,

　　우리로 하여금 마음에 자재함을 얻게 하였고,

　　번뇌 속에서 자재함을 얻게 하였고,

　　몸을 받아 태어나는 데 자재함을 얻게 하였고,

　　모든 업장에 자재함을 얻게 하였고,

　　모든 삼매에 자재함을 얻게 하였고,

　　장엄거리에 자재함을 얻게 하였고,

　　목숨에 자재함을 얻게 하였고,

　　내지 일체 불법까지 자재함을 얻게 하였다."

또한 십천의 화락천왕이 허공에서 하늘 음악을 연주하여 공경하고 공양하고서 이와 같이 말하였다.

"선남자여, 이 바라문이 다섯 가지 불길로 자기의 몸을 태울 적에 그 불의 광명이 우리 궁전의 장엄거리와 채녀들에게 비춰주어, 우리로 하여금 욕정의 쾌락을 누리지도 않고 욕정의 쾌락을 구하지도 않게 하여 몸과 마음이 부드러워서, 바로 대중들과 함께 그의 도량을 찾아가자, 그 당시 바라문이 우리를 위하여 설법하여,

　　우리로 하여금 마음이 청정하고, 마음이 깨끗하고, 마음이 순일하고, 마음이 부드럽고, 마음이 기쁘게 해주며, 내지 청정한 열 가지 힘과 청정한 몸을 얻게 하여, 한량없는 몸을 내고, 내지 부처

의 몸, 부처의 말씀, 부처의 음성, 부처의 마음을 얻게 하여, 일체 지혜의 지혜까지 두루 넉넉히 성취하게 해주었다."

또한 십천의 도솔천왕과 천자·천녀와 한량없는 권속들이 허공에서 미묘한 향을 뿌리면서 공경하며 절을 하고서 이렇게 말하였다.

"선남자여, 이 바라문이 다섯 가지 불길로 자기의 몸을 태울 적에 우리 모든 하늘과 권속들이 자기의 궁전에 사는 것을 좋아하지 않고서, 그의 도량으로 찾아가 그의 설법을 들었다.

우리로 하여금 경계에 탐하지 않고서 욕심이 적어 만족할 줄 알게 하고, 마음의 환희로 마음이 충만하게 하며, 선근을 내어 보리심을 일으키게 하고, 내지 일체 불법을 원만케 하였다."

또한 십천의 33천과 아울러 그 권속들과 천자와 천녀들에게 앞뒤로 둘러싸여 허공중에서 만다라꽃을 뿌리면서 공경하고 공양하면서 이렇게 말하였다.

"선남자여, 이 바라문이 다섯 가지 불길로 자기의 몸을 태울 적에 우리 모든 하늘로 하여금 하늘 음악에 즐거운 생각을 내지 않게 하였다.

함께 그의 도량을 찾아가자, 그 당시 바라문이 우리를 위하여 '일체 모든 법이 덧없어 무너지는 것'이라 말하여, 우리로 하여금 모든 욕정의 쾌락을 버리게 하고, 우리로 하여금 교만과 방일을 끊도록 하며, 우리로 하여금 위없는 보리를 사랑하도록 하였다.

또한 선남자여, 우리가 이 바라문을 보았을 적에 수미산 꼭대

기가 여섯 가지로 진동하였다. 우리는 무서워서 모두 보리심을 일
으켜 견고하게 동요하지 않았다."

◉ 疏 ◉

次五는 欲天이라

다음 5부류[魔衆, 自在天王, 化樂天王, 兜率陀天王, 三十三天]는 욕계
천이다.

經

復有十千龍王하니 所謂伊那跋羅龍王과 難陀優波難
陀龍王等이 於虛空中에 雨黑栴檀하며 無量龍女 奏天
音樂하며 雨天妙華와 及天香水하야 恭敬供養하고 作如
是言호되
善男子야 此婆羅門이 五熱炙身時에 其火光明이 普照
一切諸龍宮殿하야 令諸龍衆으로 離熱沙怖와 金翅鳥怖
하고 滅除瞋恚하야 身得淸凉하고 心無垢濁하며 聞法信
解하야 厭惡龍趣하야 以至誠心으로 悔除業障하며 乃至
發阿耨多羅三藐三菩提意하야 住一切智케하시니라
復有十千夜叉王이 於虛空中에 以種種供具로 恭敬供
養此婆羅門과 及以善財하고 作如是言호되
善男子야 此婆羅門이 五熱炙身時에 我及眷屬이 悉於
衆生에 發慈愍心하니 一切羅刹鳩槃茶等도 亦生慈心하

며 以慈心故로 於諸衆生에 無所惱害하고 而來見我어늘 我及彼等이 於自宮殿에 不生樂着하고 即與共俱하야 來詣其所하니

時에 婆羅門이 即爲我等하야 如應說法하사 一切皆得身心安樂하며 又令無量夜叉羅刹鳩槃茶等으로 發於無上菩提之心케하시니라

復有十千乾闥婆王이 於虛空中에 作如是言호되

善男子야 此婆羅門이 五熱炙身時에 其火光明이 照我宮殿하야 悉令我等으로 受不思議無量快樂일세 是故我等이 來詣其所하니 此婆羅門이 爲我說法하사 能令我等으로 於阿耨多羅三藐三菩提에 得不退轉케하시니라

復有十千阿修羅王이 從大海出하야 住在虛空하야 舒右膝輪하고 合掌前禮하야 作如是言호되

善男子야 此婆羅門이 五熱炙身時에 我阿修羅의 所有宮殿과 大海大地 悉皆震動하야 令我等으로 捨憍慢放逸일세 是故我等이 來詣其所하야 從其聞法하고 捨離諂誑하며 安住忍地하야 堅固不動하야 圓滿十力호라

復有十千迦樓羅王이 勇力持王으로 而爲上首하야 化作外道童子之形하야 於虛空中에 唱如是言호되

善男子야 此婆羅門이 五熱炙身時에 其火光明이 照我宮殿하니 一切震動하야 皆悉恐怖라 是故로 我等이 來詣其所하니

時에 婆羅門이 卽爲我等하야 如應說法하사 令修習大慈
하고 稱讚大悲하야 度生死海하야 於欲泥中에 拔濟衆生
하며 歎菩提心하고 起方便智하야 隨其所宜하야 調伏衆
生케하시니라

復有十千緊那羅王이 於虛空中에 唱如是言호되 善男
子야 此婆羅門이 五熱炙身時에 我等所住宮殿에 諸多
羅樹와 諸寶鈴網과 諸寶繒帶와 諸音樂樹와 諸妙寶樹와
及諸樂器 自然而出佛聲法聲과 及不退轉菩薩僧聲과
願求無上菩提之聲하야

云호되 某方某國에 有某菩薩이 發菩提心하며
某方某國에 有某菩薩이 修行苦行하야 難捨能捨하며 乃
至淸淨一切智行하며
某方某國에 有某菩薩이 往詣道場하며
乃至某方某國에 有某如來 作佛事已하고 而般涅槃이라
하니

善男子야 假使有人이 以閻浮提一切草木으로 末爲微塵
하면 此微塵數는 可知邊際어니와 我宮殿中에 寶多羅樹
와 乃至樂器의 所說菩薩名과 如來名과 所發大願과 所
修行等은 無有能得知其邊際니라

善男子야 我等이 以聞佛聲法聲菩薩僧聲하고 生大歡喜
하야 來詣其所하니

時에 婆羅門이 卽爲我等하야 如應說法하사 令我及餘無

量衆生으로 於阿耨多羅三藐三菩提에 得不退轉케하시니라

또한 십천의 용왕이 있었다. 이른바 이나발라 용왕과 난타, 우바난타 용왕 등이 허공에서 흑전단을 뿌려주고, 한량없는 용녀들이 하늘 음악을 연주하고 하늘 꽃과 하늘 향수를 뿌리면서 공경하며 공양하고서 이렇게 말하였다.

"선남자여, 이 바라문이 다섯 가지 불길로 자기의 몸을 태울 적에 그 불길의 광명이 모든 용의 궁전에 널리 비춰, 용들로 하여금 뜨거운 모래의 공포와 금시조의 공포에서 벗어나게 하였고, 성내는 일을 없애주어 몸이 시원하였고, 마음에 혼탁함이 사라졌으며, 법을 듣고서 믿고 이해하여 용의 세계를 싫어하여, 지성의 마음으로 업장을 뉘우쳤으며, 아뇩다라삼먁삼보리심을 내어 일체 지혜에 머물게 해주었다."

또한 십천의 야차왕이 허공에서 가지가지 공양거리로 이 바라문과 선재동자에게 공경하며 공양하고서 이렇게 말하였다.

"선남자여, 이 바라문이 다섯 가지 불길로 자기의 몸을 태울 적에 나와 권속들은 중생에게 가엾이 여기는 마음을 내었고, 일체 나찰과 구반다 등도 또한 자비의 마음을 내었다.

자비의 마음 때문에 중생을 괴롭히거나 해코지한 바 없고 나에게 찾아왔다.

나와 그들은 자기의 궁전에서 사는 것을 좋아하는 마음을 내지 않고, 바로 그들과 함께 바라문의 도량으로 찾아갔다.

그 당시 바라문은 바로 우리를 위하여 우리에게 알맞은 설법을 하여, 모두가 몸과 마음이 편안하였으며, 또한 한량없는 야차, 나찰, 구반다 등으로 하여금 위없는 보리심을 내게 하였다.”

또한 십천의 건달바왕이 허공에서 이렇게 말하였다.

“선남자여, 이 바라문이 다섯 가지 불길로 자기의 몸을 태울 적에 그 불길의 광명이 우리의 궁전에 비춰, 우리로 하여금 불가사의한 한량없는 즐거움을 누리게 하였다.

이 때문에 우리가 그의 도량을 찾아가자, 이 바라문이 우리를 위하여 설법하여 아뇩다라삼먁삼보리에서 물러서지 않게 하였다.”

또한 십천의 아수라왕이 큰 바다에서 솟구쳐 나와 허공에 머물면서 오른 무릎을 펼치고 합장하면서 절하고 이렇게 말하였다.

“선남자여, 이 바라문이 다섯 가지 불길로 자기의 몸을 태울 적에 우리 아수라의 궁전과 바다와 육지가 모두 진동하여, 우리로 하여금 교만과 방일을 버리게 하였다.

이 때문에 우리는 그의 도량에 찾아가 그의 법문을 듣고서 아첨과 거짓을 버리고 인욕의 지위에 머물면서 견고하게 동요하지 않고서 열 가지의 힘을 원만히 지니게 되었다.”

또한 십천의 가루라왕이 있는데, 용맹을 지닌 왕이 우두머리였다. 그가 외도의 동자 모습으로 변화하여 허공에서 이런 말을 외쳤다.

“선남자여, 이 바라문이 다섯 가지 불길로 자기의 몸을 태울 적에 그 불길의 광명이 우리 궁전에 비추자, 일체 모든 것이 진동하여 모두가 무서워하였다.

이 때문에 우리가 그의 도량에 찾아가자, 그 당시 바라문이 우리를 위하여 우리에게 알맞은 설법으로 우리가 큰 사랑을 익히게 하고, 크게 가엾이 여김을 칭찬하고 생사의 바다에서 제도하여, 탐욕의 수렁에서 중생들을 구제하고, 보리심을 찬탄하고 방편의 지혜를 일으켜, 그들에게 알맞은 바로써 중생을 조복하였다."

또한 십천의 긴나라왕이 허공에서 이렇게 외쳤다.

"선남자여, 이 바라문이 다섯 가지 불길로 자기의 몸을 태울 적에 우리가 사는 궁전의 많은 다라수, 여러 보배 풍경 그물, 보배 비단 띠, 여러 음악 나무, 여러 미묘한 보배 나무, 모든 악기에서 절로 부처의 소리, 법의 소리, 물러서지 않는 보살승의 소리, 위없는 보리를 구하는 소리를 울려 내어 말하였다.

'어느 곳, 어느 나라에 어떤 보살이 보리심을 내었다.'

'어느 곳, 어느 나라에 어떤 보살이 고행을 수행하여 버리기 어려운 것을 잘도 버렸으며, 내지 일체 지혜의 행을 청정히 하였다.'

'어느 곳, 어느 나라에 어떤 보살이 도량에 찾아갔다.'

내지 '어느 곳, 어느 나라에 어떤 여래가 불사를 끝마치고 열반에 들었다.'

선남자여, 가령 어떤 사람이 염부제의 모든 초목을 가루 내어 미세한 티끌을 만들면 그 티끌 수효는 끝이 있지만, 나의 궁전에 있는 보배 다라나무 내지 악기에서 울려 나오는 보살의 이름, 여래의 이름, 일으킨 서원, 닦아온 수행 등은 그 끝을 알 수 없다.

선남자여, 우리가 부처의 소리, 법의 소리, 보살승의 소리를 듣고서 아주 기쁜 마음을 내어 바라문의 도량을 찾아가자, 그 당시 바라문이 바로 우리를 위하여 알맞은 설법을 하여 우리와 나머지 한량없는 중생으로 하여금 아뇩다라삼먁삼보리에서 물러서지 않게 하였다."

◉ 疏 ◉

次六은 雜類이라

다음 6부류[龍王, 夜叉王, 乾闥婆王, 阿修羅王, 迦樓羅王, 緊那羅王]는 잡류이다.

經

復有無量欲界諸天이 於虛空中에 以妙供具로 恭敬供養하고 唱如是言호되 善男子야 此婆羅門이 五熱炙身時에 其火光明이 照阿鼻等一切地獄하야 諸所受苦로 悉令休息이어늘 我等이 見此火光明故로 心生淨信하며 以信心故로 從彼命終하야 生於天中하며 爲知恩故로 而來其所하야 恭敬瞻仰하야 無有厭足하니 時에 婆羅門이 爲我說法하사 令無量衆生으로 發菩提心케하시니라

또 한량없는 욕계 하늘들이 허공에서 아름다운 공양거리로 공경하며 공양하고서 이렇게 외쳤다.

"선남자여, 이 바라문이 다섯 가지 불길로 자기의 몸을 태울 적

에 불의 광명이 아비지옥 등 모든 지옥에 비춰 고통받던 모든 일을 모두 멈추게 하였다.

　우리도 그 불길의 광명을 보았기에 청정한 신심을 내었고, 신심을 내었기에 거기서 목숨이 다하자 하늘에 태어났으며, 그 은혜를 알았기에 바라문의 도량을 찾아가서 공경하고 우러러보면서 싫어하는 마음이 없었다.

　그 당시 바라문이 우리를 위하여 설법하여 한량없는 중생들이 보리심을 내게 하였다."

● 疏 ●

十三은 欲界諸天衆이라 然此欲界는 卽是一類 從地獄出者니 義通六天하고 及前夜摩·四王의 前所不列이 皆在其中하다

　13부류는 욕계의 여러 하늘 대중이다. 그러나 이 욕계는 하나의 부류가 지옥으로부터 나왔다. 그 뜻은 6天에 통하고, 앞의 야마천과 사천대왕의 앞에 열거하지 않은 바가 모두 이 가운데에 있다.

第四 疑盡悔愆

(4) 의심이 다하여 잘못을 뉘우치다

經

爾時에 善財童子 聞如是法하고 心大歡喜하야 於婆羅門

所에 發起眞實善知識心하야 頭頂禮敬하고 唱如是言호
되 我於大聖善知識所에 生不善心이로소니 唯願聖者는
容我悔過하소서

그때, 선재동자는 이런 법문을 듣고서 마음으로 매우 기뻐하면
서 바라문의 도량에서 진실한 선지식이란 마음을 일으켜 이마를
땅에 닿도록 엎드려 절하고 이렇게 말하였다.

"제가 거룩하신 선지식에게 좋지 못한 마음을 내었습니다.

거룩하신 이여, 저의 참회를 받아주소서."

第五誡勸見容

(5) 경계와 권면으로 용납하다

經

時에 婆羅門이 卽爲善財하사 而說頌言하사대

그때, 바라문이 선재동자를 위하여 게송으로 말하였다.

若有諸菩薩이	順善知識教하야
一切無疑懼하야	安住心不動하면

　모든 보살이
　　선지식의 가르침을 따라서
　　모든 의심과 두려움 없이

안주하여 마음 흔들리지 않으면

當知如是人은　　　　必獲廣大利하야
坐菩提樹下하야　　　成於無上覺이니라

알리라, 이런 사람은
반드시 광대한 이익 얻어
보리수 아래 앉아
위없는 바른 깨달음 이루리라

● 疏 ●

上疑는 謂揀其眞僞요 此勸은 謂顯其實德이라
魔亦能爲現勸이어늘 何故로 聞卽疑除오 以此善友는 前友指來오
況勸中正說은 非魔能作가 善財 亦得超魔之眼故니라
若爾인댄 何以生疑오 以顯法故니 如第八地中에 佛之七勸이니 縱
佛不勸인들 豈容趣寂가 又爲後代之軌하야 令審察故니라

위의 의심은 그 진위를 가린 것이며, 여기에서의 권면은 그 실상의 공덕을 나타낸 것이다.

"마군의 몸을 나타내어 권했는데, 무슨 까닭으로 그의 말을 듣자 바로 의심이 사라졌는가?"

승열바라문은 앞의 선지식 비목구사선인의 가르침을 따라 찾아온 것이다. 더욱이 마군이 권면한 가운데 바른말들은 마군으로서 할 수 있는 일이 아니다. 선재동자 또한 마군을 초월한 눈을 얻

었기 때문이다.

그렇다면 어찌 의심을 내겠는가. 법을 나타낸 때문이다. 제8 부동지에서 말한 부처의 7가지 권면과 같다. 비록 부처가 권하지 않는다 한들 어찌 적멸에 빠지는 것을 용납할 수 있겠는가. 또한 후대의 준칙을 마련하여 그들로 하여금 이를 살펴보도록 한 때문이다.

第六 依敎修證

(6) 가르침에 따라 닦고 증득하다

經

爾時에 善財童子 卽登刀山하야 自投火聚할세 未至中間에 卽得菩薩善住三昧하며 纔觸火焰에 又得菩薩寂靜樂神通三昧하고 善財 白言호되 甚奇聖者여 如是刀山과 及大火聚에 我身이 觸時에 安穩快樂호이다

그때, 선재동자는 바로 칼산에 올라가 스스로 몸을 불더미에 던졌는데, 중간쯤도 떨어지기 전에 바로 '보살의 잘 머무는 삼매'를 얻었으며, 몸이 불꽃에 닿자마자 또한 보살의 '고요하고 즐거운 신통삼매'를 얻었다.

선재동자가 말하였다.

"매우 신기하옵니다. 거룩하신 이여, 이런 칼산과 불더미에 나

의 몸이 닿을 때, 편안하고 쾌락을 얻었습니다."

◉ 疏 ◉

於中二니

初는 正修證이니 未至에 得善住三昧者는 上不依山이오 下不依火로 正處於空이니 即顯般若 離於二邊하야 無所住故로 名爲善住니라 寂靜樂神通三昧者는 親證般若實體 即性淨涅槃일새 故云寂靜樂이오 而大用無涯일새 故云神通이라 觸者는 親證也라 故淨名에 云受諸觸 如智證이라하니라

二善財白言下는 自陳所得이니 顯後得起說이라【鈔_ 故淨名云 受諸觸如智證者는 即迦葉章中에 謂智證實相이면 則觸而非觸이오 觸而非觸이면 受觸當然이니 心境兩冥이 名爲親證이라하니라】

이는 2단락이다.

① 바로 닦아 증득함이다. 불더미에 닿기도 전에 '보살의 잘 머무는 삼매'를 얻은 것은 위로는 칼산을 의지하지 않고 아래로는 불더미를 의지하지 않고서 바로 허공에 머문 상태이다. 이는 반야가 이쪽과 저쪽을 여의어 머문 바가 없기 때문에 그 이름을 '잘 머무는 삼매'라 함을 나타낸 것이다.

'고요하고 즐거운 신통삼매'란 몸소 증득한 반야의 실체가 곧 성품이 청정한 열반이기 때문에 '고요하고 즐거움[寂靜樂]'이라 하고, 큰 작용이 끝이 없기에 '신통'이라 말한다.

닿는다[觸]는 것은 몸소 증득함이다. 이 때문에 유마경에서는

"모든 감촉을 받아들임이 지혜의 증득과 같다."고 말하였다.

② '善財白言' 이하는 얻은 바를 스스로 말함이다. 뒤에 얻은 바를 일으켜 말함을 나타낸 것이다.【초_"이 때문에 유마경에서는 모든 감촉을 받아들임이 지혜의 증득과 같다고 말하였다."는 것은 迦葉章에서 말하였다.

"지혜로 실상을 증득하면 감촉하되 감촉함이 아니다. 감촉하되 감촉함이 아니면 감촉을 받아들임도 당연히 그와 같다. 마음과 경계가 모두 사라짐을 몸소 증득함이라 말한다."】

第四 謙己推勝
4. 몸을 낮추면서 선지식의 훌륭함을 추켜올리다

經

時에 婆羅門이 告善財言하사대 善男子야 我唯得此菩薩無盡輪解脫이어니와 如諸菩薩摩訶薩은 大功德焰으로 能燒一切衆生見惑하야 令無有餘하야 必不退轉하며 無窮盡心과 無懈怠心과 無怯弱心으로 發如金剛藏那羅延心과 疾修諸行無遲緩心하야 願如風輪하야 普持一切精進大誓하야 皆無退轉하나니 而我云何能知能說彼功德行이리오

그때, 바라문이 선재동자에게 말하였다.

"선남자여, 나는 오직 이 보살의 그지없는 법륜의 해탈만을 얻었지만,

저 보살마하살은 큰 공덕의 불꽃으로써 일체중생의 소견 미혹을 태워서 남음이 없게 하여 반드시 물러서지 않게 하며,

다함이 없는 마음, 게으름이 없는 마음, 겁이 없는 마음으로 금강장 나라연과 같은 마음과 모든 행을 빠르게 닦아서 머뭇거림이 없는 마음을 내며,

바람 둘레처럼 일체 정진과 큰 서원을 두루 지녀 모두 물러서지 않는다.

내가 어떻게 그 경계를 알며, 그 공덕의 행을 말할 수 있겠는가.

● 疏 ●

謙中云 無盡輪者는 有二義니
一은 智輪摧惑이니 照其本源이 無可盡故요
二는 反常智用이니 用周法界하야 無有盡故니 圓轉不已일새 所以名輪이라
推勝可知니라

겸손의 말 가운데 '그지없는 법륜'이라 말한 것은 2가지 뜻이 있다.

(1) 지혜 법륜으로 미혹을 꺾음이다. 그 본원이 그지없음을 비추기 때문이며,

(2) 일상과 반대되는 지혜의 작용이다. 작용이 법계에 두루 가

297

득하여 다함이 없기 때문이다. 원만하게 굴림을 멈추지 않기 때문에 '바퀴[輪]'라고 말한다.

선지식의 훌륭함을 추켜올림은 말하지 않아도 알 수 있다.

第五 指示後友
5. 뒤의 선지식을 소개하다

經
善男子야 於此南方에 有城하니 名師子奮迅이오
中有童女하니 名曰慈行이니
汝詣彼問호되 菩薩이 云何學菩薩行이며 修菩薩道리잇고 하라
時에 善財童子 頂禮其足하며 遶無數匝하고 辭退而去하니라

　　선남자여, 여기에서 남쪽으로 내려가면 하나의 성이 있는데, 그 이름을 '사자분신'이라 한다.
　　그곳에 동녀가 있는데, 그 이름을 '자행'이라 한다.
　　그대는 그를 찾아가 '보살이 어떻게 보살의 행을 배우며, 보살의 도를 닦는가.'를 묻도록 하라."
　　그때, 선재동자는 그의 발에 엎드려 절하고 수없이 돌고 하직하고 떠나갔다.

● 疏 ●

師子奮迅者는 師子幢王所居니 表振動照耀로 住持世界하야 自在無畏故니라 慈行童女者는 知衆生根하야 令其調伏하야 慈爲行故니라 智中生悲하야 便能處世無染일새 是謂童女니 學如來十種智故니라

'사자분신'이란 사자당왕이 거처한 곳이다. 세계를 진동하고 비춰줌으로 住持하여 자재하게 두려움이 없음을 나타내기 때문이다.

'자행동녀'란 중생의 근기를 알고서 그들을 조복하여 자비로 그의 행을 삼기 때문이다. 지혜 가운데서 大悲의 마음을 내어 세간에 살면서도 오염됨이 없기에 '童女'라 말한다. 여래의 10가지 지혜를 배운 까닭이다.

● 論 ●

婆羅門이 示行此行時에 隨諸衆生하야 總見行門이 各自差別하나니 約表法中인댄 刀山은 是法王子住中 力波羅蜜이니 智慧爲體하야 成修行者 達生死苦難하야 但見法界性解脫에 須得無有怖畏하야 方堪力用自在오

火燄은 是金剛智之光明이며 亦名金剛三昧니 如上諸天已說이라 菩薩無盡輪解脫者는 意明法王子住에 得法師位하야 以此一行으로 隨諸衆生의 樂欲不同하야 各見說法과 及行門의 無盡差別이니 明稱衆生根圓滿일새 故名無盡輪이니

此是法王子住라 以力波羅蜜로 爲主오 餘九로 爲伴이니

299

以約智門中인댄 以五位通治어니와 約位門中인댄 治說法不自在
障하야 令得自在라 同十地中第九地니 從此果行修行으로 至第九
善慧地功熟히 倣此十住中本果일새 還以法界體普光明智로 爲
大用이니라

바라문이 이 행을 행함을 보일 때에 일체중생을 따라서 모든
행문이 저마다 각기 다름을 총괄하여 보여주었다.

법을 나타낸 것으로 말하면, 刀山은 법왕자주 가운데 역바라
밀이다. 지혜로 본체를 삼아 수행을 성취하는 자가 생사의 고난을
잘 알아서, 법계 성품의 해탈만을 봄에 반드시 두려움이 없어야 비
로소 힘의 작용이 자재할 수 있다.

화염은 금강 지혜의 광명이며, 또한 그 이름을 '금강삼매'라 말
하기도 한다. 위의 여러 하늘에서 이미 말한 바와 같다.

'보살의 그지없는 법륜 해탈'이란 그 뜻이 법왕자주에서 법사
의 지위를 얻어 그 하나의 행으로써 모든 중생의 각기 달리 좋아하
는 바를 따라서 각기 다른 설법과 수행법문의 그지없이 각기 다른
양상을 보여줌이다. 중생의 근기에 알맞게 원만한 까닭에 그 이름
을 '그지없는 법륜'이라 함을 밝힌 것이다.

이는 법왕자주이다. 역바라밀로 주체를 삼고 나머지 9가지로
객체를 삼는다.

지혜 법문으로 말하면 5위를 통틀어 다스리지만, 지위 법문으
로 말하면 설법의 자재하지 못한 장애를 다스려서 자재함을 얻게
하는 것이다. 십지 가운데 제9 선혜지와 같다. 이 果行의 수행으로

부터 제9 선혜지 공부가 성숙함에 이르기까지 십주 가운데 本果와 같기 때문에 또한 법계의 본체인 보광명의 지혜로써 큰 작용을 삼는다.

입법계품 제39-6 入法界品 第三十九之六
화엄경소론찬요 제103권 華嚴經疏論纂要 卷第一百之三

화엄경소론찬요 제104권
華嚴經疏論纂要 卷第一百之四

◉

입법계품 제39-7
入法界品 第三十九之七

第十 慈行童女 寄灌頂住【鈔_ 寄灌頂住는 從前觀空하야 得無生心하야 最爲上首일새 諸佛法水로 灌其頂故니라】

文六은 同前이라

初 依教趣求

中二니

先은 修入前教라

　　제10. 자행동녀, 관정주 선지식【초_ 관정주에 붙여 말한 것은 앞에서 공을 관조하여 無生의 마음을 얻은 것으로 가장 으뜸을 삼기에 제불의 法水로 그 정수리에 붓는 것이기 때문이다.】

　　경문의 6단락은 앞서 말한 바와 같다.

　　1. 가르침을 따라 선지식을 찾아가 법을 구하다

　　이는 2단락이다.

　　(1) 앞의 선지식이 말한 바를 닦아 들어감이다.

經

爾時에 善財童子 於善知識所에 起最極尊重心하고 生廣大淸淨解하야 常念大乘하며 專求佛智하야 願見諸佛하며

觀法境界호되 無障礙智 常現在前하야

決定了知諸法實際와 常住際와 一切三世諸刹那際와 如虛空際와 無二際와 一切法無分別際와 一切義無障

礙際와 一切劫無失壞際와 一切如來無際之際하야 於一切佛에 心無分別하며 破衆想網하며 離諸執着하며 不取諸佛衆會道場하며 亦不取佛淸淨國土하며 知諸衆生이 皆無有我하며 知一切聲이 悉皆如響하며 知一切色이 悉皆如影하나니라

그때, 선재동자는 선지식에게 가장 지극히 존중하는 마음을 내며, 광대하고 청정한 이해를 내어, 항상 대승을 생각하고 오롯이 부처 지혜를 구하여, 부처님 뵈옵기를 원하며,

법의 경계를 관찰하되, 걸림이 없는 지혜가 항상 앞에 나타나,

모든 법의 진실한 경계, 항상 머물러 있는 경계, 일체 삼세와 찰나의 경계, 허공과 같은 경계, 둘이 없는 경계, 일체 법의 분별없는 경계, 일체 이치의 걸림 없는 경계, 일체 겁의 무너지지 않는 경계, 일체 여래의 경계가 없는 경계를 결정하여 알고서,

일체 부처에 분별하는 마음이 없고,

모든 생각의 그물을 깨뜨려 집착이 없으며,

여러 부처의 대중법회 도량도 집착하지 않고,

부처의 청정국토도 집착하지 않으며,

중생이 모두 '나'라는 것이 없음을 알고,

일체 소리는 모두 메아리 같음을 알며,

일체 빛은 모두 그림자와 같음을 알았다.

● 疏 ●

於中에 初二句는 重友解生이오 次二句는 念乘思佛이오

次觀法下는 智證實際니 初句는 能觀智現이오 決定下는 所證窮極이라

後於一切佛下는 離障自在니라

이의 경문에 첫 2구[起最極尊重心, 生廣大淸淨解]는 선지식을 존중함과 이해를 냄이며,

다음 2구[常念大乘, 專求佛智願見諸佛]는 대승을 생각함과 부처의 친견을 생각함이며,

다음 '觀法' 이하는 지혜로 진실한 경계를 증득함이다. 첫 구절[無障礙智常現在前]은 관조의 주체 지혜가 나타남이며, '決定' 이하는 증득 대상을 다함이다.

뒤의 '於一切佛' 이하는 장애를 벗어나 자재함이다.

―

二 趣求後友

(2) 뒤의 선지식을 찾아가 법을 구하다

經

漸次南行하야 至師子奮迅城하야 周徧推求慈行童女러니 聞此童女 是師子幢王女라 五百童女로 以爲侍從하야 住毘盧遮那藏殿하사 於龍勝栴檀足金線網天衣座上에

而說妙法하고

　　차츰차츰 남쪽으로 내려가다가 사자분신성에 이르러 여러 곳을 다니면서 자행동녀를 찾았다.

　　자행동녀는 사자당왕의 딸이라, 5백 동녀의 시종이 있고 비로자나장 궁전에 머물면서, 용승전단의 발에 금실 그물의 하늘 옷으로 만들어진 법좌에 앉아 미묘한 법을 연설한다는 말을 들었다.

◉ **疏** ◉

於中에 初는 至處오 次는 聞名이라 五百爲侍者는 以一期位滿에 總攝五位十十法門의 互相涉入之法하야 而相應故니라

　　이 부분의 첫 단락은 도착한 곳이며, 다음은 그의 이름을 들음이다.

　　"5백 동녀의 시종이 있다."는 것은 한 시기의 지위가 원만함에 5位의 10가지가 10으로 구성된 법문이 서로 관계하는 법을 모두 받아들여 상응한 까닭이다.

第二 見敬諮問

2. 친견하여 절을 올리고 법을 묻다

經

善財 聞已에 詣王宮門하야 求見彼女라가 見無量衆이 來

入宮中하고 善財 問言호되 諸人은 今者에 何所往詣오 咸
報之言호되 我等은 欲詣慈行童女하야 聽受妙法이로라
善財童子 卽作是念호되 此王宮門이 旣無限礙인댄 我亦
應入이라하고
善財 入已에 見毘盧遮那藏殿이
玻瓈爲地하며
瑠璃爲柱하며
金剛爲壁하며
閻浮檀金으로 以爲垣牆하며
百千光明으로 而爲牕牖하며
阿僧祇摩尼寶로 而莊校之하며
寶藏摩尼鏡으로 周匝莊嚴하며
以世間最上摩尼寶로 而爲莊飾하며
無數寶網으로 羅覆其上하며
百千金鈴이 出妙音聲이라
有如是等不可思議衆寶嚴飾이어든 其慈行童女 皮膚
金色이며 眼紺紫色이며 髮紺靑色이라 以梵音聲으로 而
演說法하나니라
善財 見已에 頂禮其足하며 遶無數匝하고 合掌前住하야
作如是言호되
聖者여 我已先發阿耨多羅三藐三菩提心호니 而未知菩
薩이 云何學菩薩行이며 云何修菩薩道리잇고 我聞聖者

는 善能誘誨라하니 願爲我說하소서

　선재동자는 이런 말을 듣고서 왕궁의 문으로 찾아가 자행동녀를 친견하고자 하다가, 한량없는 사람들이 궁중으로 들어가는 것을 보고서, 선재동자가 물었다.

"많은 사람이 그 어디로 가는가?"

그들은 모두 말하였다.

"우리는 자행동녀를 찾아가 미묘한 법을 듣고자 합니다."

선재동자가 이런 생각을 하였다.

'이 왕궁의 문이 이처럼 제한이 없다면 나 역시도 들어가야겠다.'

선재동자가 들어가 비로자나장 궁전을 바라보니,

파리가 땅에 깔려 있고,

유리로 기둥을 만들었으며,

금강으로 벽을 꾸몄고,

염부단금으로 담을 쌓았으며,

백천 가지의 광명은 창문이 되었고,

아승지 마니보배로 모두 꾸몄으며,

보장 마니주 거울로 두루 장엄하였고,

세간에 제일가는 마니보배로 장식하였으며,

수없는 보배 그물로 그 위를 덮었고,

백천 개의 황금 풍경에서는 아름다운 소리가 울려 나왔다.

　이처럼 불가사의한 보배로 훌륭하게 꾸몄는데, 그 자행동녀의 피부는 금빛이고 눈은 자줏빛이고 머리카락은 검푸른 빛이었다.

범천의 음성으로 설법하였다.

선재동자는 그런 모습을 보고서 앞에 나아가 발에 엎드려 절하고, 수없이 돌고 합장하고 서서 이렇게 말하였다.

"거룩하신 이여, 저는 이미 아뇩다라삼먁삼보리심을 내었습니다.

하지만 보살이 어떻게 보살의 행을 배우며, 어떻게 보살의 도를 닦는지 모르겠습니다.

제가 듣자오니 거룩하신 이께서 잘 가르쳐주신다 하니, 바라건대 저를 위하여 말해주십시오."

◉ 疏 ◉

諮問中에 亦三이니
初는 見中에 先明遠見은 表得聞未證故오 後善財入已下는 親觀依正等이오
二는 敬이오 三은 問이니 並可知니라

묻는 부분 또한 3단락이다.

(1) 친견 가운데 앞에서는 멀리 바라봄을 밝힌 것은 법문을 얻고서도 증득하지 못함을 나타낸 때문이며, 뒤의 '善財入已' 이하는 의보와 정보 등을 몸소 본 것이다.

(2) 공경하는 마음으로 절을 올림이며,

(3) 법을 물음이다. 이는 아울러 말하지 않아도 알 수 있다.

第三 正示法界

中二니 一은 令觀親證이라

3. 바로 법계를 보여주다

이는 2단락이다.

(1) 살펴보면서 몸소 증득하도록 하였다.

經

時에 慈行童女 告善財言하사대 善男子야 汝應觀我宮殿莊嚴이어다
善財 頂禮하고 周徧觀察하야 見一一壁中과 一一柱中과 一一鏡中과 一一相中과 一一形中과 一一摩尼寶中과 一一莊嚴具中과 一一金鈴中과 一一寶樹中과 一一寶形像中과 一一寶瓔珞中에 悉見法界一切如來 從初發心으로 修菩薩行하사 成滿大願하고 具足功德하며 成等正覺하고 轉妙法輪하며 乃至示現入於涅槃이라
如是影像이 靡不皆現함이 如淨水中에 普見虛空日月星宿의 所有衆像하니 如此 皆是慈行童女의 過去世中善根之力이러라

그때, 자행동녀가 선재에게 말하였다.

"선남자여, 그대는 나의 궁전 장엄을 보라."

선재동자는 엎드려 절하고 두루 살펴보면서,

하나하나 벽, 하나하나 기둥, 하나하나 거울, 하나하나 모양, 하나하나 형상, 하나하나 마니보배, 하나하나 장엄거리, 하나하나 황금 풍경, 하나하나 보배 나무, 하나하나 보배 형상, 하나하나 보배 영락마다, 모든 법계의 일체 여래께서 처음 발심할 적부터 보살의 행을 닦아서 큰 서원을 원만히 성취하고, 공덕을 두루 갖추고, 정등각을 성취하고, 미묘한 법륜을 굴리고, 열반에 드시는 일을 보여주는 것까지 모두 나타났다.

이와 같은 영상이 모두 나타나지 않은 게 없었는데, 마치 맑은 물속에 허공과 일월성신의 모든 물상이 두루 비치는 듯하였다.

이런 것은 모두 자행동녀가 과거 세계에서 심은 선근의 힘이었다.

● 疏 ●

令觀親證이라 竝依中見正이니 小大念劫이 皆無礙等이니 十住位 終일새 故約報顯이라

살펴보면서 몸소 증득하도록 하였다. 아울러 의보 가운데 정보를 보여주었다. 작고 큰 것, 그리고 한 생각의 찰나와 영겁이 모두 걸림이 없는 등이다. 십주의 지위가 끝난 자리이기에 의보와 정보를 들어 나타냈다.

二 以言顯發

於中二니
先은 顯法名因이오 後는 彰法勝用이라
今은 初라

(2) 말로써 밝히다
이는 2단락이다.
(ㄱ) 법의 명제 원인을 나타냈고,
(ㄴ) 법의 뛰어난 작용을 밝혔다.
이는 '(ㄱ) 법의 명제 원인'이다.

經
爾時에 善財童子 憶念所見諸佛之相하고 合掌瞻仰慈行童女러니
爾時에 童女 告善財言하사대
善男子야 此是般若波羅蜜普莊嚴門이니 我於三十六恒河沙佛所에 求得此法할새 彼諸如來 各以異門으로 令我入此般若波羅蜜普莊嚴門하사 一佛所演을 餘不重說하시니라

그때, 선재동자가 궁전의 장엄에서 보았던 부처님들의 여러 가지 모양을 생각하면서 합장하고 자행동녀를 우러러보았다.
그때, 자행동녀가 선재에게 말하였다.
"선남자여, 이는 반야바라밀로 두루 장엄하는 법문이다. 내가 36항하사의 부처님 도량에서 이런 법을 얻을 적에, 그 많은 여래가

각기 다른 법문으로써 나로 하여금 이 반야바라밀로 두루 장엄하는 법문에 들어가도록 하였는데, 한 부처님이 말씀하신 것은 나머지 다른 부처님이 다시는 말하지 않았다."

● 疏 ●

初는 善財默請이오 後는 童女言答이라
答中에 初는 示名이니 名般若普莊嚴者는 有二義하니 一은 由般若照一切法하야 依中有正이오 一中有多라 故所得依 無所不現하나니 般若中에 云了色是般若면 一切法趣色이 卽其義矣라 二는 由能證般若 已具諸度莊嚴일새 故所證所成이 亦莊嚴無盡이라 次下에 顯因云彼諸如來 各以異門으로 令我入此 卽其義也라
總攝三十六恒之別하야 歸於普門이면 則一嚴이 一切嚴이라 故名普嚴이니 言三十六恒沙者는 住位旣滿이면 則六度之中에 一一具六일새 故爲三十六이니 皆恒沙性德本覺中來일새 故云佛所求得이라하니라 【鈔_ 般若等者는 卽大品經意니 具歷諸法이오 且初歷五蘊에 云了色是般若면 一切法趣色이라 色尙不可得이오 云何當有趣非趣아 如是具歷이면 諸法皆然이라 般若意는 似當諸法之性이니 不異色性이라 故皆趣色이라 色不可得이니 常相性空하야 旣無所趣어니 安有能趣리오 若智者意는 '一切法趣色'은 是假觀이오 '色尙不可得'은 是空觀이오 '云何當有趣非趣'는 卽中道觀이라 今疏用意는 但要初句니 以取色性으로 爲諸法依하야 以性普收라 故皆趣色이니 則一色中에 具一切法하니 是事事無礙之意라 故隨一法하야

315

皆收法界니라 故得依果――境中에 具諸莊嚴이면 則莊嚴은 屬果
오 以果名因을 名普莊嚴이라 第二意는 卽因自莊嚴이라 言'三十六'
下는 但約表義니 若約事釋인댄 如休捨處니라】

앞은 선재동자가 침묵으로 법을 청함이며,

뒤는 자행동녀가 말을 통해 대답함이다.

대답 가운데 첫 부분은 법의 명제를 보여줌이다. '반야보장엄'
이라 명명한 것은 2가지 뜻이 있다.

① 반야가 일체 법을 관조함으로 말미암아 의보 가운데 정보
가 있고, 하나의 가운데 많은 것이 있다. 따라서 얻은 바의 의보에
나타나지 않은 바가 없다. 반야경에 이르기를, "색이 반야인 줄 알
면 일체 법이 색으로 나아간다."는 것이 바로 그런 의미이다.

② 증득 주체의 반야가 이미 여러 바라밀의 장엄을 갖춤에 따
라서 증득의 대상과 성취한 바 또한 장엄이 그지없다.

다음 아래에서 원인을 밝혀 이르기를, "그 많은 여래가 각기 다
른 법문으로써 나로 하여금 들어가도록 하였다."는 것은 바로 그런
의미이다.

36항하사의 각기 다른 개별을 총괄하여 普門에 귀결하면 하
나의 장엄이 일체의 장엄이기에 그 이름을 '普莊嚴'이라 한다.

36항하사라 말한 것은 십주의 지위가 이미 원만하면 6바라밀
가운데 하나하나가 모두 6바라밀을 갖추기에 36이 된다. 모두 항
하사의 성품 공덕이 본각에서 유래한 것이기에 "부처님 도량에서
얻었다."고 말하였다.【초_ 반야 등이란 대품경에서 인용한 뜻이

다. 모든 법을 구체적으로 거쳐 온 것인바, 처음 五蘊을 거쳐 오는 부분에서 말하였다.

"색이 반야임을 알면 일체 법이 색으로 나아감이다. 색도 오히려 얻을 수 없는데, 어떻게 '색으로 나아가느니 나아가지 않느니'가 있겠는가."

이와 같이 구체적으로 거쳐 오면 모든 법이 모두 그와 같다.

반야 스님의 뜻은 해당 모든 법의 자성과 같다. 色性과 다르지 않다. 이 때문에 모두 색으로 나아감이다. 색이란 얻을 수 없다. 항상 모양의 자성이 공하여 이미 나아갈 대상이 없는데, 어찌 나아갈 주체가 있겠는가.

天台智者의 뜻은 다음과 같다.

"일체 법이 색으로 나아감은 假觀이며,

색은 오히려 얻을 수 없다는 것은 空觀이며,

'어떻게 색으로 나아가느니 나아가지 않느니, 이런 말을 할 수 있겠는가.'는 中道觀이다."

이의 청량소에서 인용한 뜻은 첫 구절의 假觀만을 필요로 한 것이다. 색의 자성을 취하는 것으로 모든 법의 의지를 삼아 자성으로 널리 수습한 것이다. 따라서 모두 색으로 나아감이다. 하나의 색에는 일체 법을 갖추고 있다. 이는 事事無礙의 뜻이다.

이 때문에 하나의 법을 따라서 모두 법계를 거둬들임이다. 따라서 의보의 결과인 하나하나의 경계 가운데 모든 장엄을 갖추면 장엄은 과보에 속하고, 과보로써 원인을 명명하여 '普莊嚴'이라 한다.

②의 뜻은 원인 자체가 장엄이다.

'三十六' 이하는 다만 표면의 의의만을 들어 말한 것이다. 만약 사법계로 해석하면 휴사우바이 부분에서 말한 바와 같다.】

―

二 顯法勝用

先問後答이니 答中에 先은 總이오 後 '所謂' 下는 別이라

今은 初라

　(ㄴ) 법의 뛰어난 작용을 밝히다

앞은 물음이고, 뒤는 대답이다.

대답 부분의 앞은 총상이고, 뒤의 '所謂' 이하는 별상이다.

이는 '앞의 총상'이다.

經

善財 白言호되 聖者여 此般若波羅蜜普莊嚴門이 境界 云何니잇고

童女 答言하사대 善男子야 我入此般若波羅蜜普莊嚴門하야 隨順趣向하며 思惟觀察하며 憶持分別時에 得普門陀羅尼하야 百萬阿僧祇陀羅尼門이 皆悉現前하니

　선재동자는 여쭈었다.

"거룩하신 이여, 이 반야바라밀로 두루 장엄하는 법문의 경계는 어떠합니까?"

동녀는 대답하였다.

"선남자여, 내가 이 반야바라밀로 두루 장엄하는 법문에 들어가 따라 나아가며, 생각하고 관찰하며, 기억하고 분별할 적에 보문다라니를 얻어, 백만 아승지 다라니 문이 앞에 나타났다.

◉ 疏 ◉

總中에 初는 明修習契證相應이오 後'得普門'下는 總明所得業用이라 陀羅尼는 以智爲體니 由得般若普嚴일새 故能總持萬法하고 一持一切持일새 故云普門이니 以圓融十住 亦同十地所得無量百千阿僧祇陀羅尼門이라

又彼總此別이니 但擧一持하오 餘三昧等은 畧而不說이라【鈔_ 又彼總此別者는 謂地經之中에 但云無量百千阿僧祇陀羅尼門이라하고 解脫三昧門도 亦然이라 設有列者라도 但列其十이어니와 今有一百一十八門總持일새 故云別也니라】

'앞의 총상'에서 앞은 닦고 익히면서 계합과 증득의 상응을 밝혔고, 뒤의 '得普門' 이하는 얻은 바의 작용을 총체로 밝혔다.

다라니는 지혜로써 본체를 삼는다. 반야 普莊嚴을 얻음에 따라서 모든 법을 모두 지니고, 하나를 지님이 일체를 지님이기에 '普門'이라 한다. 원융한 십주 또한 십지에서 얻게 되는, 한량없는 백천 아승지 다라니 문과 같다.

또한 저기에서는 총상으로, 여기에서는 별상으로 말하였다. 다만 하나의 다라니만을 들어서 나머지 삼매 등은 생략하여 말하지

않았다.【초_ "또한 저기에서는 총상으로, 여기에서는 별상으로 말하였다."는 것은 지장경에서는 '한량없는 백천 아승지 다라니 문'만을 말하였고, 해탈삼매문 또한 그와 같으며, 설령 나열한 것도 열 가지에서만 그쳤다. 그러나 여기에서는 118문의 다라니를 말한 까닭에 별상으로 밝혔다고 말한다.】

二 別顯

뒤는 별상으로 밝히다

經

所謂佛刹陀羅尼門과 佛陀羅尼門과 法陀羅尼門과 衆生陀羅尼門과 過去陀羅尼門과 未來陀羅尼門과 現在陀羅尼門과 常住際陀羅尼門과

福德陀羅尼門과 福德助道具陀羅尼門과 智慧陀羅尼門과 智慧助道具陀羅尼門과 諸願陀羅尼門과 分別諸願陀羅尼門과 集諸行陀羅尼門과 淸淨行陀羅尼門과 圓滿行陀羅尼門과

業陀羅尼門과 業不失壞陀羅尼門과 業流住陀羅尼門과 業所作陀羅尼門과 捨離惡業陀羅尼門과 修習正業陀羅尼門과 業自在陀羅尼門과 善行陀羅尼門과 持善行陀羅尼門과

三昧陀羅尼門과 隨順三昧陀羅尼門과 觀察三昧陀羅尼門과 三昧境界陀羅尼門과 從三昧起陀羅尼門과 神通陀羅尼門과

心海陀羅尼門과 種種心陀羅尼門과 直心陀羅尼門과 照心稠林陀羅尼門과 調心淸淨陀羅尼門과

知衆生所從生陀羅尼門과 知衆生煩惱行陀羅尼門과 知煩惱習氣陀羅尼門과 知煩惱方便陀羅尼門과 知衆生解陀羅尼門과 知衆生行陀羅尼門과 知衆生行不同陀羅尼門과 知衆生性陀羅尼門과 知衆生欲陀羅尼門과 知衆生想陀羅尼門과

普見十方陀羅尼門과 說法陀羅尼門과 大悲陀羅尼門과 大慈陀羅尼門과 寂靜陀羅尼門과 言語道陀羅尼門과 方便非方便陀羅尼門과 隨順陀羅尼門과 差別陀羅尼門과 普入陀羅尼門과 無礙際陀羅尼門과 普徧陀羅尼門과 佛法陀羅尼門과 菩薩法陀羅尼門과 聲聞法陀羅尼門과 獨覺法陀羅尼門과 世間法陀羅尼門과

世界成陀羅尼門과 世界壞陀羅尼門과 世界住陀羅尼門과 淨世界陀羅尼門과 垢世界陀羅尼門과 於垢世界에 現淨陀羅尼門과 於淨世界에 現垢陀羅尼門과 純垢世界陀羅尼門과 純淨世界陀羅尼門과 平坦世界陀羅尼門과 不平坦世界陀羅尼門과 覆世界陀羅尼門과 因陀羅網世界陀羅尼門과 世界轉陀羅尼門과 知依想住

陀羅尼門과 細入麤陀羅尼門과 麤入細陀羅尼門과 見諸佛陀羅尼門과 分別佛身陀羅尼門과 佛光明莊嚴網陀羅尼門과 佛圓滿音陀羅尼門과 佛法輪陀羅尼門과 成就佛法輪陀羅尼門과 差別佛法輪陀羅尼門과 無差別佛法輪陀羅尼門과 解釋佛法輪陀羅尼門과 轉佛法輪陀羅尼門과 能作佛事陀羅尼門과 分別佛衆會陀羅尼門과 入佛衆會海陀羅尼門과 普照佛力陀羅尼門과 諸佛三昧陀羅尼門과 諸佛三昧自在用陀羅尼門과 諸佛所住陀羅尼門과 諸佛所持陀羅尼門과 諸佛變化陀羅尼門과 佛知衆生心行陀羅尼門과 諸佛神通變現陀羅尼門과 住兜率天宮하야 乃至示現入于涅槃陀羅尼門과 利益無量衆生陀羅尼門과 入甚深法陀羅尼門과 入微妙法陀羅尼門과

菩提心陀羅尼門과 起菩提心陀羅尼門과 助菩提心陀羅尼門과 諸願陀羅尼門과 諸行陀羅尼門과 神通陀羅尼門과 出離陀羅尼門과 總持淸淨陀羅尼門과 智輪淸淨陀羅尼門과 智慧淸淨陀羅尼門과 菩提無量陀羅尼門과 自心淸淨陀羅尼門이니라

　이른바 부처 세계 다라니문, 부처 다라니 문, 법 다라니 문, 중생 다라니 문, 과거 다라니 문, 미래 다라니 문, 현재 다라니 문, 항상 머무는 경계 다라니 문이며,

　복덕 다라니 문, 복덕으로 도를 돕는 거리 다라니 문, 지혜 다

라니 문, 지혜로 도를 돕는 거리 다라니 문, 여러 소원 다라니 문, 여러 소원을 분별하는 다라니 문, 모든 행을 모으는 다라니 문, 행을 청정케 하는 다라니 문, 행을 원만케 하는 다라니 문이며,

업 다라니 문, 업이 없어지지 않는 다라니 문, 업이 흐르는 다라니 문, 업으로 짓는 다라니 문, 나쁜 업 버리는 다라니 문, 바른 업 닦는 다라니 문, 업이 자재한 다라니 문, 착한 행 다라니 문, 착한 행 유지하는 다라니 문이며,

삼매 다라니 문, 삼매를 따르는 다라니 문, 삼매를 관찰하는 다라니 문, 삼매의 경계 다라니 문, 삼매에서 일어나는 다라니 문, 신통한 다라니 문이며,

마음 바다 다라니 문, 가지가지 마음 다라니 문, 곧은 마음 다라니 문, 마음 숲을 비추는 다라니 문, 마음을 조복하여 청정케 하는 다라니 문이며,

중생의 나는 데를 아는 다라니 문, 중생의 번뇌 행을 아는 다라니 문, 중생의 번뇌 습기를 아는 다라니 문, 번뇌의 방편을 아는 다라니 문, 중생의 지혜를 아는 다라니 문, 중생의 행을 아는 다라니 문, 중생의 행이 같지 않음을 아는 다라니 문, 중생의 성품을 아는 다라니 문, 중생의 욕망을 아는 다라니 문, 중생의 생각을 아는 다라니 문이며,

시방을 두루 보는 다라니 문, 법을 말하는 다라니 문, 크게 가엾이 여기는 다라니 문, 크게 인자한 다라니 문, 고요한 다라니 문, 말하는 길 다라니 문, 방편과 방편이 아닌 다라니 문, 따라주는 다

라니 문, 각기 다른 다라니 문, 널리 들어가는 다라니 문, 걸림 없는 경계 다라니 문, 널리 두루 하는 다라니 문, 부처의 법 다라니 문, 보살의 법 다라니 문, 성문의 법 다라니 문, 독각의 법 다라니 문, 세간의 법 다라니 문이며,

　세계가 이뤄지는 다라니 문, 세계가 무너지는 다라니 문, 세계가 머무는 다라니 문,

　청정한 세계 다라니 문, 더러운 세계 다라니 문, 더러운 세계에 청정한 세계를 나타내는 다라니 문, 청정한 세계에 더러운 세계를 나타내는 다라니 문, 순전히 더러운 세계 다라니 문, 순전히 청정한 세계 다라니 문, 평탄한 세계 다라니 문, 평탄치 못한 세계 다라니 문, 엎어진 세계 다라니 문, 인드라 그물 세계 다라니 문, 세계가 구르는 다라니 문, 생각을 의지해서 머무름을 아는 다라니 문, 작은 것이 큰 데 들어가는 다라니 문, 큰 것이 작은 데 들어가는 다라니 문이며,

　부처님을 보는 다라니 문, 부처님 몸을 분별하는 다라니 문, 부처의 광명으로 장엄하는 다라니 문, 부처의 원만한 음성 다라니 문, 부처의 법륜 다라니 문, 부처의 법륜을 성취하는 다라니 문, 각기 다른 부처의 법륜 다라니 문, 차별이 없는 부처의 법륜 다라니 문, 부처의 법륜을 해석하는 다라니 문, 부처의 법륜을 굴리는 다라니 문, 불사를 짓는 다라니 문, 부처의 대중 모임을 분별하는 다라니 문, 부처의 대중이 모임에 들어가는 다라니 문이며,

　부처의 힘을 두루 비추는 다라니 문, 부처님들의 삼매 다라니

문, 부처님들의 삼매가 자재한 작용의 다라니 문, 부처님들 머무시는 다라니 문, 부처님의 지니는 다라니 문, 부처님의 변화하는 다라니 문, 부처님이 중생의 마음과 행을 아는 다라니 문, 부처의 신통으로 변해 나타나는 다라니 문, 도솔천궁에 머물며 내지 열반에 듦을 보이는 다라니 문, 한량없는 중생에게 이익을 주는 다라니 문, 매우 깊은 법에 들어가는 다라니 문, 미묘한 법에 들어가는 다라니 문이며,

보리심 다라니 문, 보리심을 일으키는 다라니 문, 보리심을 도와주는 다라니 문, 모든 서원 다라니 문, 모든 행 다라니 문, 신통 다라니 문, 벗어나는 다라니 문, 모두 지님이 청정한 다라니 문, 지혜 바퀴 청정한 다라니 문, 지혜가 청정한 다라니 문, 보리가 한량없는 다라니 문, 제 마음이 청정한 다라니 문이다.

● *疏* ●

別顯中에 有百一十八門하니 畧分十位니

初八은 總知依正理事持오

二福德下 九門은 明願行持오

三業下 九門은 明業持오

四三昧下 六門은 明正受體用持오

五心海下 五門은 染淨諸心持오

六知衆生下 十門은 知所化持오

七普見十方下 十七門은 知能化持오

八'世界成'下 十七門은 明知刹海自在持니 於中에 言世界轉者는 晉經云 '迴轉世界'라하다
九'見諸佛'下 二十五門은 知佛海自在持요
十'菩提心'下 十二門은 明菩提因果持니 自心淸淨은 卽性淨菩提니 總攝諸門하야 不出於此니라

'별상으로 밝힌 부분'에는 118문이 있다. 이는 간단하게 10가지 지위로 나뉜다.

① 8문은 의보와 정보, 이법계와 사법계의 다라니를 총체로 앎이며,

② '福德' 이하 9문은 서원과 수행의 다라니를 밝혔고,

③ '業' 이하 9문은 업 다라니를 밝혔으며,

④ '三昧' 이하 6문은 정보로 받는 본체와 작용의 다라니를 밝혔고,

⑤ '心海' 이하 5문은 오염된 마음과 청정한 마음의 다라니를 밝혔으며,

⑥ '知衆生' 이하 10문은 교화 대상을 아는 다라니이고,

⑦ '普見十方' 이하 17문은 교화 주체를 아는 다라니이며,

⑧ '世界成' 이하 17문은 세계 바다에 자재함을 아는 다라니를 밝혔다. 가운데 '世界轉'이란 60화엄경에서는 '迴轉世界'라 하였다.

⑨ '見諸佛' 이하 25문은 부처 바다에 자재함을 아는 다라니이며,

⑩ '菩提心' 이하 12문은 보리 인과의 다라니를 밝혔다. 자기

마음의 청정은 성품이 청정한 보리이다. 모든 다라니 문을 총괄하여 여기에서 벗어나지 않는다.

第四謙己推勝
4. 몸을 낮추면서 선지식의 훌륭함을 추켜올리다

經
善男子야 我唯知此般若波羅蜜普莊嚴門이어니와 如諸菩薩摩訶薩은
其心廣大하야 等虛空界하며
入於法界하야 福德成滿하며
住出世法하야 遠世間行하며
智眼無翳하야 普觀法界하며
慧心廣大하야 猶如虛空하며
一切境界를 悉皆明見하며
獲無礙地大光明藏하며
善能分別一切法義하며
行於世行호되 不染世法하며
能益於世호되 非世所壞라
普作一切世間依止하며
普知一切衆生心行하며

隨其所應하야 而爲說法하며
於一切時에 恒得自在하나니
而我云何能知能說彼功德行이리오

　　선남자여, 나는 오직 이 반야바라밀을 두루 장엄하는 해탈문만을 알 뿐이지만,
　　저 보살마하살은 그 마음이 광대하여 허공과 같고,
　　법계에 들어가 복덕이 성취되어 원만하며,
　　출세간의 법에 머물러 세간의 행을 멀리하고,
　　지혜 눈이 가림이 없어 법계를 두루 관찰하며,
　　지혜의 마음이 광대하여 허공과 같고,
　　모든 경계를 모두 분명히 보며,
　　걸림 없는 지위의 큰 광명장을 얻었고,
　　일체 법의 이치를 잘 분별하며,
　　세간의 행을 행하되 세간 법에 물들지 않고,
　　세간에 이익을 주되 세간에 파괴된 바 아니며,
　　일체 세간의 의지가 되고,
　　일체중생의 마음을 두루 알며,
　　그들에게 알맞은 바를 따라서 설법을 하고,
　　일체 시간에 항상 자재함을 얻었다.
　　내가 어떻게 그런 공덕의 행을 알고 말할 수 있겠는가.

◉ *疏* ◉

可知라

이는 말하지 않아도 알 수 있다.

第五指示後友

5. 뒤의 선지식을 소개하다

經

善男子야 於此南方에 有一國土하니 名爲三眼이오
彼有比丘하니 名曰善見이니
汝詣彼問호되 菩薩이 云何學菩薩行이며 修菩薩道리잇고
하라
時에 善財童子 頂禮其足하며 遶無數匝하고 戀慕瞻仰하
야 辭退而行하니라

　선남자여, 여기에서 남쪽에 한 나라가 있는데, 그 이름을 '삼안국'이라 한다.

　그곳에 비구가 있는데, 그 이름을 '선견'이라 한다.

　그대는 그를 찾아가 '보살이 어떻게 보살의 행을 배우며, 보살의 도를 닦는가.'를 묻도록 하라."

　그때, 선재동자는 그의 발에 절하고 수없이 돌고 사모하여 우러러보면서 하직하고 떠났다.

◉ 疏 ◉

國名三眼者는 施爲行首오 復開導自他 如目導餘根일세 故名爲
眼이오 財施는 無著하야 成於慧眼이오 無畏之施는 成於慈眼이오 法
施는 開於法眼일세 故復云三이라

用上三眼일세 見無不善이며 又施行內成에 勝報外現하야 見者皆
善故오

出住之行일세 故以出家表之하고 又行本令物得出離故니라

　　나라 이름을 '삼안'이라 한 것은 시행하는 일에 으뜸이며, 또 나와 남을 계도함에 있어 눈의 감각기관이 나머지 감각기관을 이끌어가는 것과 같기에 그 이름을 '眼'이라 하며, 재물 보시는 집착이 없어야 지혜의 눈을 이루고, 無畏의 보시는 자비의 눈을 이루고, 법 보시는 법의 눈을 열어주기에 다시 3가지의 눈이라 말하였다.

　　〈그 이름을 '선견'이라 말함은〉 위의 3가지 눈을 사용하면 보는 것이 선하지 않음이 없으며, 또한 시행하는 일이 내면으로 성취되면 뛰어난 과보가 밖으로 나타나, 보는 이들이 모두 선하게 되기 때문이다.

　　〈'비구'라 말함은〉 안주에서 벗어난 행이기에 이를 출가로 밝혔고, 또한 행이 본래 중생으로 하여금 삼계에 벗어나도록 하기 때문이다.

◉ 論 ◉

'師子奮迅城하야 周徧推求慈行童女'者는 會智悲無二體也오

聞此童女 是師子幢王女라 五百童女로 以爲侍從者는 明信此十住位中灌頂住 普該五位智悲二門하야 總如此十住中修하고 更無異路故로 名爲師子幢王女五百侍從이오 已聞法者는 是此當位中修行也니 信此一位 都攝五位智悲하야 總如此門하야사 方名此十住門이며 名住佛所住니 當如是知니라

以此住中善知識依報之境이 總與佛果報所得境界로 名體俱同하야 皆具因陀羅網互參之하야 佛境身土 重重含容하고 時劫歲月이 都無延促하야 一一門에 各各具足無量一切法門이니 如經文自具하야 令善觀察者 是니라

如慈行童女所居之殿이 名毘盧遮那藏殿者는 卽是佛果 包含衆德이니 五位行藏佛因果門이 總在此位之中故라

龍勝栴檀足金線網天衣座上에 而說妙法者는 明以大慈悲身으로 坐一切智智座上이 爲龍勝也오 說一切戒定慧解脫解脫知見五分法身之香이 白淨敎網하야 覆護引接一切衆生으로 以之爲座라

 "사자분신성에 이르러 여러 곳을 다니면서 자행동녀를 찾았다."는 것은 지혜와 자비를 회통하여 둘의 체성이 없음이며,

 "자행동녀는 사자당왕의 딸이라, 5백 동녀의 시종이 있다는 말을 들었다."는 것은 십주의 지위 가운데 관정주가 널리 5위의 지혜와 자비 2문을 갖추어 모두 십주 가운데 수행과 같고, 다시는 다른 길이 없음을 믿기 때문에 그 이름을 "사자당왕의 딸이라, 5백 시종이 있다."고 말함을 밝혔으며, 이미 법문을 들은 자는 해당 지위에

서 수행함이다.

    이 하나의 지위가 5위의 지혜와 자비를 모두 포괄하여 모두 이 법문과 같음을 믿어야 비로소 십주의 법문이라 칭하고, 부처가 머문 자리에 머물렀다고 말하니, 이와 같음을 알아야 한다.

    이 관정주 가운데 선지식의 의보 경계가 모두 부처의 과보로 얻은 경계와 그 이름, 그 체성이 모두 똑같아 모두 인드라 그물이 서로 함께함을 갖추어, 부처 경계의 몸과 국토가 거듭거듭 서로 함유하고 용납하며, 時劫과 세월이 모두 늦고 빠름이 없어, 하나하나의 문에 각기 한량없는 일체의 법문을 두루 갖추고 있다.

    경문에서 말한 바와 같이 그 나름 잘 갖추고 있기에, 선재동자로 하여금 잘 관찰하도록 함이 바로 이를 말한다.

    자행동녀가 거처하는 궁전을 '비로자나장 궁전'이라 말한 것은 곧 이 불과가 많은 공덕을 포함하기 때문이다. 5위 行藏의 부처 인과 법문이 모두 이 지위 속에 있기 때문이다.

    "용승전단의 발에 금실 그물의 하늘 옷으로 만들어진 법좌에 앉아 미묘한 법을 연설한다."는 것은 대자비의 몸으로 일체 지혜의 지혜 법좌 위에 있는 것을 '龍勝'이라 하고, 일체의 계향·정향·혜향·해탈향·해탈지견향인 5분 법신향의 순백 청정한 가르침의 그물을 설법하여, 일체중생을 보호하고 인도하는 것으로 법좌를 삼음을 밝힌 것이다.

'善財 聞已코 詣王宮門하야 求見彼女라가 見無量衆이 來入宮中'者는 明此智殿悲宮이 是一切衆生의 共所入處며 五位菩薩의 共

所居都오

善財問言호되 諸人이 今者에 何所往詣오 咸報之言호되 我等이 欲詣慈行童女하야 聽受妙法者는 此明信而無疑라

善財童子ㅣ 卽作是念호되 此王宮門이 旣無限礙인댄 我亦應入者는 自念信已當入이오

入已에 見毘盧遮那藏殿者는 自心智悲萬行이 與五位因果智悲로 一時會入故라

頗梨爲地者는 明以此寶 似水精이나 然이나 紅白赤碧이 不同하니 但以明淨으로 類法身報得이오

瑠璃爲柱者는 以淨行으로 住持萬德이오

金剛爲壁者는 智淨防護也오

閻浮檀金으로 以爲垣墻者는 表淨戒外嚴也오

百千光明으로 而爲朣朧者는 以敎光明으로 照俗報得也오

阿僧祇摩尼로 而爲莊校者는 離垢行嚴報生이오

寶藏摩尼鏡으로 周匝莊嚴者는 根本智 起差別智하야 照衆生根 報生也오

以世間最上摩尼寶로 而爲莊飾者는 淨行이 無染世間行報生이오

無數寶網으로 羅覆其上者는 卽能設敎網約報生也오

其上에 百千金鈴이 出妙音聲者는 明聲徧十方說法之音의 所報生也라

已下는 明正報莊嚴이니

慈行童女 皮膚金色은 明法身白淨하야 心無垢濁일새 報生金色

이니 應眞菩薩이 皆金色也오

'目髮이 皆悉紺靑'은 以淨智照矚하야 覆護衆生法故오

'梵音聲者'는 淸朗遠聞十方也라

"선재동자는 이런 말을 듣고서 왕궁의 문으로 찾아가 자행동녀를 친견하고자 하다가, 한량없는 사람들이 궁중으로 들어가는 것을 보았다."는 것은 지혜의 전각과 자비의 궁궐이란 일체중생이 모두 함께 들어갈 곳이자, 5위 보살이 모두 거처할 도읍임을 밝힌 것이다.

"선재동자가 물었다. '많은 사람이 그 어디로 가는가?' 그들은 모두 말하였다. '우리는 자행동녀를 찾아가 미묘한 법을 듣고자 합니다.'"고 한 것은 믿음으로 의심이 없음을 밝힌 것이다.

"선재동자가 이런 생각을 하였다. 이 왕궁의 문이 이처럼 제한이 없다면 나 역시도 들어가야겠다."고 한 것은 스스로가 당연히 들어갈 곳임을 생각하고 확신한 것이며,

"선재동자가 들어가 비로자나장 궁전을 바라본" 것은 자기 마음의 지혜와 자비의 만행이 5위 인과의 지혜와 자비와 일시에 회통하여 들어갔기 때문이다.

"파리가 땅에 깔려 있다."는 것은 이 보배는 수정과 같지만 그러나 홍·백·적·청색으로 똑같지 않다. 다만 맑고 청정한 것으로 법신의 과보를 얻은 것과 같음을 밝힌 것이며,

"유리로 기둥을 만들었다."는 것은 청정한 행으로 모든 공덕을 주지함이며,

"금강으로 벽을 꾸몄다."는 것은 지혜의 청정으로 막아내고 보호함이며,

"염부단금으로 담을 쌓았다."는 것은 청정한 계율로 밖을 장엄함을 나타냄이며,

"백천 가지의 광명은 창문이 되었다."는 것은 가르침의 광명으로 세속을 비춰주어 과보를 얻음이며,

"아승지 마니보배로 모두 꾸몄다."는 것은 離垢行의 장엄으로 과보가 생겨남이며,

"보장 마니주 거울로 두루 장엄하였다."는 것은 근본지가 차별지를 일으켜 중생 근기를 비춰주는 과보가 생겨남이며,

"세간에 제일가는 마니보배로 장식하였다."는 것은 청정한 행이 오염 없는 세간행의 과보가 생겨남이며,

"수없는 보배 그물로 그 위를 덮었다."는 것은 곧 가르침의 그물을 시설함으로써 과보가 생겨남이며,

"백천 개의 황금 풍경에서는 아름다운 소리가 울려 나왔다."는 것은 소리가 시방에 두루 울리는 설법 소리의 과보가 생겨남을 밝힌 것이다.

이하는 정보의 장엄을 밝혔다.

"자행동녀의 피부는 금빛이다."란 법신이 순백청정하여 마음에 더러움이나 탁함이 없기 때문에 과보로 태어난 몸이 금색임을 밝혔다. 應眞 보살은 모두 금색이며,

'눈과 머리카락이 모두 검푸른 빛'인 것은 청정한 지혜로 비추

어 중생을 감싸 보호하는 법이기 때문이며,

　'범천의 음성'이란 맑고 낭랑하여 시방에 멀리 들리는 것이다.

'令善財로 觀其依報'者는 明知果에 卽識其法門也니

'於一一鏡中所現一切佛境界 互相含'者는 具如經說이라

'云此般若波羅蜜普莊嚴門이니 我於三十六恒河沙佛所에 求得此法'者는 明十住十行十廻向이 爲三十故며

'六恒河沙佛所에 求得此法'者는 通攝六位니

十信十地十一地와 及佛果行이 總在十住十行十廻向法中하야 成彼前後六位法故라 以前信位는 且信이오 未是實入住位故로 十地十一地因果行門이 但依十住十行十廻向法하야 會融理事 智悲願 行門已備니 十地十一地 依而倣之하야 令使慣熟이오 更無新法故로 以前十地十一地中에 不立隨位進修하는 十佛果名號며 亦無遙見佛來며 亦無迎佛法事니 上下隨文看之하면 意自現爾라

以是로 此第十灌頂住中智悲二行이 總收十住十行十廻向智悲願行하야 總在其內일세 故云三十이니 敎雖文字 有前後安立之迹이나 約智悲願行인댄 歲月日劫이 總是一法이며 總是一時라 乃至十信心도 亦爾며 十地十一地도 亦爾니 此一位中에 一切總別同異成壞法이 無不在中故라

如此位經文中에 令善財童子로 觀莊嚴境界中에 '見一一壁中과 一一柱中과 一一鏡中과 一一相中과 一一形中과 乃至一一寶瓔珞中에 悉見法界一切如來 從初發心으로 修菩薩行하사 成滿

大願하고 具足功德하며 成等正覺하고 轉妙法輪하며 乃至示現入於
涅槃이라 如是影像이 靡不皆見함이 如水中에 普見虛空星宿日月
의 所有衆像이라하야 廣如經說하니 以此境界로 用明一位 總含諸
位하야 諸劫日月時分이 皆不遷移라 故로 云我於三十六恒河沙
佛所에 求此法門할새 一說不再를 悉皆領受라하니 卽須知十住十
行十廻向의 此三種十法이 總在十住中一住中行故며 亦以智中
에 有此三十箇法門하고 悲中에 亦有三十箇法門일새 亦爲三十六
恒河沙佛也니 以一一位에 皆有徧法界行門故로 以恒河沙로 畧
擧其徧義故며 亦取一位 通該六位故며 亦表一切智慧解脫이
不離三空六波羅蜜故니 一一位中에 有六位故며 一一六位에 皆
有無盡行願故라

已下에 擧一百一十八箇陀羅尼門은 明此一位 總攝十信十住
十行十廻向十地十一地因果하야 不出此位一百一十八箇總
持收故라 如是一百一十八大總持門이 不出十波羅蜜中行하야
互參有百波羅蜜하고 如是百波羅蜜이 不出三十七覺支하야 以
爲互參助伴하야 成三賢十聖等妙六位일새 共名三十六恒河沙
佛所에 求此般若波羅蜜普莊嚴門이니 以此恒河沙 是此經中最
初小數故니 故로 擧之하야 明初發心中十住門이 卽徧該六位中
六十法故라 除十信이 不入位니 深細思之하면 可解라

大意 明此十住十行十廻向의 三賢位 一一皆含十地十一地와
及妙覺地法界門하야 總通收一法界故로 一智慧一慈悲一解脫
一劫一歲一月一日一時라 無前後며 無別異門이나 然이나 安立種

種隨世差別法門故로 終不可作延促長短見故니라
如初善財童子 於善知識所에 起最極尊重心하고 生廣大淸淨
解하야 常念佛乘하며 專求佛智하야 願見諸佛하며 觀法境界호되 無
障礙智 常現在前은 不合云專念大乘이니 此經은 是法界佛果門
이라 與二乘으로 無比對分이며 亦與權敎大乘十地之後安立佛果
者로 亦非比對어늘 何得云專念大乘이리오
以大者는 比小者說大니 此法門所有發心은 皆依佛果發心일새
所有心量願行智悲之境이 皆非比對니 不可以將比對大小之
乘하야 惑亂佛乘之門하야 令使失其經意하야 妄傳敎門이니 此是譯
經者不達誤言也라
如後에 應云 專求佛乘一切智乘不思議乘佛果乘이라하시니 以佛
果文殊普賢法界는 纔初發心에 總入故며 又終始 不分時劫差
別하야 絶情所量하야 惟是智故라 餘如經文하니라
此灌頂住位는 以智波羅蜜로 爲主하고 餘九로 爲伴이니 此位는 以
智로 治修行前後差別과 及智悲不均平障하야 入智悲圓滿前後
自在無二門이니라
問曰此灌頂住位는 智悲已滿이어늘 何故로 不以佛로 表之하고 何
故로 將王女表之니잇고
答曰明此十住中에 一住 卽十住니 明前德雲比丘와 海雲比丘와
善住比丘와 海幢比丘는 總是成佛出世間解脫位오 彌伽와 解脫
長者와 休捨優婆夷와 毘目仙人과 勝熱婆羅門과 王女慈行은 總
是佛果中圓會菩薩道니 以一位 互體通收하야 總在其內具足이

라 凡見比丘는 是表求佛果하야 以莊嚴菩薩行이오 凡見俗士는 卽明求菩薩行이 不離佛果니 或男或女長者外道神天으로 表法은 一一隨位行門하야 配之라

선재동자로 하여금 그 의보를 보도록 한 것은 결과를 알면 그 법문을 알 수 있음을 밝힌 것이며,

"하나하나의 거울 속에 나타난 일체 부처 경계가 서로서로 포함한다."는 것은 경문에서 구체적으로 말한 바와 같다.

"이는 반야바라밀 보장엄 문이라 한다. 나는 36항하사의 부처님 도량에서 이런 법을 구하여 얻었다."고 말한 것은 십주·십행·십회향이 30가지의 법문이기 때문이며,

"6항하사의 부처님 도량에서 이 법을 구하여 얻었다."는 것은 6위를 통틀어 포괄함을 밝힌 것이다.

십신·십지·11지와 불과의 행이 모두 십주·십행·십회향 법 가운데 있으면서 앞뒤의 6위 법을 성취하였기 때문이다. 이전의 십신 지위는 아직 믿음일 뿐, 실제로 십주의 지위에는 들어가지 못하였기 때문에 십지·11지의 因果行門이 다만 십주·십행·십회향의 법을 의지하여, 이법계와 사법계, 大智와 大悲, 서원과 수행의 법문을 회통, 융합하여 수행의 법문이 이미 갖추어진 것이다. 십지와 11지가 의지하여 이를 모방하여 익숙케 할 뿐이지, 다시 별개의 새로운 법이 없다. 이 때문에 이전의 십지와 11지 가운데 지위에 따라 닦아나가는 10가지 불과의 명호를 세우지 않으며, 또한 멀리서 부처가 오는 것을 보는 것도 없고, 또한 부처를 맞이하는 법의 일

도 없다. 상하의 경문에 따라서 살펴보면, 그 뜻이 절로 나타난다.

이 때문에 제10 관정주의 지혜와 자비 2가지 행이 십주·십행·십회향의 자비와 원행을 모두 거두어서 모두 그 안에 있기 때문에 30이라 말한다.

가르침은 비록 앞뒤로 내세우는 문자의 자취가 있지만, 지혜와 자비, 서원과 수행을 들어 말하면 세월과 日劫이 모두 하나의 법이고, 모두 하나의 時이다. 나아가 십신의 마음 또한 이와 같고, 십지와 11지 또한 그와 같다. 이 하나의 지위 가운데 일체의 총상·별상·동상·이상·성상·괴상의 법이 그 가운데 있지 않은 게 없기 때문이다.

이와 같은 지위의 경문에서 선재동자로 하여금 장엄의 경계를 살펴보도록 한 부분에서 "하나하나 벽, 하나하나 기둥, 하나하나 거울, 하나하나 모양, 하나하나 형상, 나아가 하나하나 보배 영락마다, 모든 법계의 일체 여래께서 처음 발심할 적부터 보살의 행을 닦아서 큰 서원을 원만히 성취하고, 공덕을 두루 갖추고, 정등각을 성취하고, 미묘한 법륜을 굴리고, 나아가 열반에 드시는 일을 보여주는 것까지 모두 나타났다.

이와 같은 영상이 모두 나타나지 않은 게 없었는데, 마치 맑은 물속에 허공과 일월성신의 모든 물상이 두루 비치는 듯하였다."고 경문에서 자세히 말한 바와 같다. 이러한 경계로써 하나의 지위가 모든 지위를 모두 포함하여 모든 겁의 日·月·時·分이 모두 변해 가지 않음을 밝힌 것이다.

이 때문에 "나는 36항하사의 부처님 도량에서 이런 법문을 구할 적에 한 번 설법한 것은 다시 말하지 않은 것을 모두 받아들였다."고 말하였다. 여기에서 반드시 알아야 할 게 있다. 십주·십행·십회향의 3가지 10법이 모두 십주 가운데 하나의 住에 관한 행이기 때문이며, 또한 大智 가운데 이 30개의 법문이 있고, 大悲 가운데 또한 30개의 법문이 있기에 또한 36항하사 부처가 된다.

하나하나의 지위 가운데 모두 온 법계의 행문이 있기 때문에 항하사로써 그 두루 하는 뜻을 간략하게 들어 말한 때문이며,

또한 하나의 지위가 6위를 모두 통괄하여 갖추고 있기 때문이며,

또한 일체 지혜의 해탈이 3空과 6바라밀에서 벗어날 수 없음을 나타낸 때문이다.

하나하나의 지위 속에 6위가 있기 때문이며,

하나하나의 6위에 모두 그지없는 행원이 있기 때문이다.

이하 118가지 다라니 문을 들어 말한 것은 이 하나의 지위가 십신·십주·십행·십회향·십지·11지의 인과를 모두 포괄하여 이 지위의 118가지 다라니를 거둬들임에서 벗어나지 않음을 밝힌 것이다.

이와 같이 118가지 다라니 문이 십바라밀의 행에서 벗어나지 않기에 서로 함께하면서 1백 바라밀이 있게 되고,

이와 같은 1백 바라밀이 37覺支에서 벗어나지 않기에 서로 함께하면서 보조 반려를 삼아 3賢, 10聖, 等覺, 妙覺 6위를 성취하므로 공통으로 "36항하사의 부처님 도량에서 이 반야바라밀 보장엄

문을 구하였다."고 명명한 것이다.

이 항하사는 경문에서 말한 최초의 작은 수효이기에 이를 들어서 초발심의 십주 문이 곧 6위 중 60가지 법을 두루 갖춘 때문임을 밝힌 것이다. 오직 십신만이 지위에 들어가지 못한다. 깊이 자세히 생각하면 알 수 있다.

큰 뜻은 십주·십행·십회향의 3賢位가 하나하나 모두 십지·11지 및 妙覺地의 법계 문을 포함하여, 하나의 법계를 총괄하여 거둬들이기 때문에 하나의 지혜, 하나의 자비, 하나의 해탈, 하나의 겁, 하나의 歲, 하나의 月, 하나의 日, 하나의 時이다. 앞과 뒤의 차이가 없으며, 별다른 異門도 없다. 그러나 가지가지 세간에 따른 각기 다른 법문을 세워야 하기 때문에 끝까지 늦고 빠르고 길고 짧은 견해를 짓지 않음을 밝힌 때문이다.

예컨대 "처음 선재동자가 선지식의 도량에서 가장 지극히 존중하는 마음을 일으키고, 광대하고 청정한 이해를 일으켜 언제나 불법을 생각하고, 오롯이 부처 지혜를 구하면서 모든 부처 보기를 원하고, 법의 경계를 관찰하되 장애 없는 지혜가 언제나 나타나 앞에 있다."는 것은 오롯이 대승만을 생각한다고 말할 수 없다. 이 화엄경은 법계의 佛果 법문이다. 따라서 이승과는 비교할 부분이 없고, 또한 십지 이후에 불과를 세우는 權敎大乘과도 또한 비교할 수 없는데, 어떻게 "오롯이 대승만을 생각한다."고 말할 수 있겠는가.

대승이라는 것은 소승을 상대로 비교하여 대승이라고 말한다. 이 법문에서 말한 발심은 모두 불과에 의해 발심한 것이다. 소유한

心量, 願行, 智悲의 경계가 모두 비교 대상이 아니다. 대승과 소승을 비교하는 것으로 佛乘의 법문을 알지 못한 나머지, 그 경문의 뜻을 잃고서 부질없이 敎門을 전해서는 안 된다. 이는 경전을 번역한 자가 제대로 알지 못하여 잘못 말한 것이다.

뒤에서 말한 바와 같이 당연히 "오롯이 불승, 일체 智乘, 불가사의 승, 佛果 乘을 구한다."고 말해야 한다. 불과, 문수, 보현의 법계는 처음 발심할 적부터 모두 들어갔기 때문이며, 또한 처음부터 끝까지 時劫의 차별 구분이 없어 情識으로 헤아리는 바가 끊어져 오직 지혜뿐이기 때문이다. 나머지는 경문에서 말한 바와 같다.

이 관정주의 지위는 지혜바라밀로 주체를 삼고, 나머지 9가지로 객체를 삼는다. 이 지위는 지혜로써 수행의 전후 차별과 大智大悲의 균등하지 못한 장애를 다스려서 지혜와 자비가 원만하여 전후가 자재한 無二 법문에 들어감이다.

물었다.

"이 관정주의 지위는 지혜와 자비가 이미 원만한데, 무슨 까닭에 부처님으로 나타내지 않고 왕의 딸을 들어 나타낸 것일까?"

답하였다.

"십주 가운데 하나의 住가 바로 십주임을 밝힌 것이다. 앞서 덕운비구, 해운비구, 선주비구, 해당비구는 모두 성불한 출세간의 해탈 지위이고, 미가장자, 해탈장자, 휴사우바이, 비목선인, 승열바라문, 왕의 딸인 자행동녀는 모두 불과 속의 보살도를 원만히 회통함이다. 하나의 지위로 서로의 체성을 통틀어 거둠으로써 총체로 그

안에 구족하게 있음을 밝힌 것이다.

무릇 비구를 보는 것은 불과를 구하여 보살행을 장엄함을 나타낸 것이며,

무릇 세속의 사람을 보는 것은 보살행을 구함이 불과를 여의지 않음을 밝힌 것이다.

혹은 남자, 혹은 여자, 장자, 외도, 神과 하늘로 법을 나타낸 것은 하나하나 지위의 수행 법문을 따라서 짝지어 나타낸 것이다.

上明十住 竟하다

위에서 밝힌 십주를 끝마치다.

大文第三 '善見'已下에 有十善友는 寄十行位니 位各一人이라

初 善見比丘 寄歡喜行【鈔_ 寄歡喜行者는 施隨自他일새 故名歡喜니라】

文亦具六이라

初 依敎趣求

[3] 10명의 선지식을 십행에 붙여 말하다

지위마다 각각 1인이다.

제1. 선견비구, 환희행 선지식【초_ 환희행에 붙여 말한 것은 보시가 나와 남에게 모두 따른 까닭에 '환희지'라 명명하였다.】

이의 경문 또한 6단락으로 구성되어 있다.

1. 가르침을 따라 선지식을 찾아가 법을 구하다

爾時에 善財童子

思惟菩薩所住行甚深하며

思惟菩薩所證法甚深하며

思惟菩薩所入處甚深하며

思惟衆生微細智甚深하며

思惟世間依想住甚深하며

思惟衆生所作行甚深하며

思惟衆生心流注甚深하며

思惟衆生如光影甚深하며

思惟衆生名號甚深하며

思惟衆生言說甚深하며

思惟莊嚴法界甚深하며

思惟種植業行甚深하며

思惟業莊飾世間甚深하고

漸次遊行하니라

至三眼國하야 於城邑聚落과 村隣市肆와 川原山谷의 一切諸處에 周徧求覓善見比丘라가

 그때, 선재동자는

 보살의 안주한 바 행이 아주 깊음을 생각하고,

 보살의 증득한 법이 아주 깊음을 생각하고,

 보살의 들어간 곳이 아주 깊음을 생각하고,

중생의 미세한 지혜가 아주 깊음을 생각하고,
세간의 생각에 의지하여 머묾이 아주 깊음을 생각하고,
중생의 짓는 행이 아주 깊음을 생각하고,
중생의 마음 흐름이 아주 깊음을 생각하고,
중생의 그림자 같음이 아주 깊음을 생각하고,
중생의 명호가 아주 깊음을 생각하고,
중생의 말이 아주 깊음을 생각하고,
장엄한 법계가 아주 깊음을 생각하고,
가지가지 심은 업과 행이 아주 깊음을 생각하고,
업으로 장식한 세간이 아주 깊음을 생각하면서
차츰차츰 남쪽으로 내려갔다.

삼안국에 이르러 도성과 마을, 시골과 저자, 시내와 평원과 산골짜기 일체 모든 곳을 두루 다니면서 선견비구를 찾다가,

● 疏 ●

趣求中 亦二니
先은 念前友敎中에 有十三句하니 初總 餘別이라
別分爲三이니 初二는 約菩薩論深이니 一은 所證法界 卽事而眞故오 二는 入菩薩地智 唯證相應故니라
次有七句는 約衆生辨深이니 一은 報類難知故오 二는 妄想爲因이 卽無性故오【鈔_ '二妄想爲因 卽無性'者는 妄想爲因은 釋依想住오 卽無性言은 釋於甚深이라 故楞伽에 云 '前聖所知 轉相傳授

妄想無性이라하니 斯爲自覺聖智之境이라 故甚深也니라】

선지식을 찾아가 법을 구한 부분 또한 2단락이다.

⑴ 앞 선지식의 가르침을 생각한 부분은 13구이다.

첫 구절[菩薩所住行]은 총상이고, 나머지 구절은 별상이다.

나머지 별상은 3단락으로 나뉜다.

① 첫 2구는 보살을 들어 심오함을 논하였다.

첫 구절[菩薩所證法]은 증득한 바의 법계가 사법계에 하나가 된 眞諦이기 때문이며,

둘째 구절[菩薩所入處]은 보살 지위의 지혜에 들어감이 오직 증득으로 상응한 때문이다.

② 다음 7구는 중생을 들어 심오함을 논하였다.

제1구[衆生微細智]는 과보의 유를 알기 어렵기 때문이며,

제2구[世間依想住]는 망상의 원인이 곧 자성이 없기 때문이다.

【초_ "제2구는 망상의 원인이 곧 자성이 없기 때문이다."는 것은 망상의 원인이란 '생각에 의해 머묾[依想住]'을 해석한 것이며, 곧 자성이 없다는 것은 '아주 심오함[甚深]'을 해석한 것이다. 따라서 능가경에 이르기를, "앞 성인의 아는 바가 점점 서로 망상의 자성이 없음을 전수한다."고 하니, 이는 스스로 깨달은 성자 지혜의 경계이기에 '아주 심오'하다.】

三은 染分行業이니 唯佛知故오【鈔_ 三染分行業等者는 以約衆生故니 如一孔雀毛一切種因相等이라】

제3구[衆生所作行]는 오염 부분의 行業을 말한다. 오직 부처만

이 알기 때문이다.【초_ '제3구, 오염 부분의 行業'이란 중생을 들어 말한 까닭이다. 공작의 하나의 깃털이 일체 종의 因相 등과 같다.】

四는 感異熟識이니 若種若現이 恒轉如流하야 不可知故오【鈔_ '四 感異熟識'者는 行相深細故라 經云 '阿陀那識甚深細'等이라하니 亦如楞伽의 '上中下修에 照見自心 生滅流注'니라 又經云 '諸識이 有二種生하니 謂流注生·相生이오 有二種住하니 謂流注住·相住오 有二種滅하니 謂流注滅·相滅이라'하니 古同釋云 流注는 是八識相 續이라 然相有三種하니 已如前引이어니와 今此는 卽刹那流注니 與 上照見自心生滅流注義로 相符也니 若常照之見其無性이면 卽 自覺聖智故니라】

제4구[衆生心流注]는 異熟識을 얻음이다. 種性과 現行이 항상 물 흐르듯이 전변하여 알 수 없기 때문이다.【초_ '제4구, 異熟識' 이란 行相이 매우 미세하기 때문이다. 경문에서 말하였다.

"아타나식이 매우 심오하고 미세함 등이라 하였다."

또한 능가경의 상중하 수행에 자기 마음의 生滅流注를 비춰 보는 것과 같다.

또 경문에서 말하였다.

"모든 識에는 2가지의 생겨남[生]이 있다. 流注生과 相生을 말 한다.

2가지의 머묾[注]이 있다. 流注住와 相住를 말한다.

2가지의 사라짐[滅]이 있다. 流注滅과 相滅을 말한다."

옛사람도 똑같은 해석을 하였다.

"流注는 제8식이 서로 이어지는 것이다. 그러나 3가지 모양이 있다."

이미 앞에서 인용한 바와 같지만, 여기에서는 '찰나의 流注'이다. 위의 "자기 마음의 生滅流注를 비춰본다."는 것과 그 의미가 서로 부합된다. 만약 항상 관조하면서 그 자성이 없는 것을 보면 그것은 곧 '自覺聖智'이기 때문이다.】

五는 所變影像이니 若內若外 緣無性故오【鈔_ 五所變影像等者는 相分이 卽是影像이며 第八이 緣三種境이라 境은 卽相分이니 謂種子根身은 卽內境也오 器世間은 卽外境也라 變現心所等은 皆是內也오 色은 爲二所現이오 影은 亦通內外니 外는 卽五塵이오 內는 卽五根이라】

제5구[衆生如光影]는 변화 대상의 영상이다. 안팎이 자성이 없기 때문이다.【초_ '제5구, 변화 대상의 영상' 등이란 相分이 바로 영상이다. 제8식이 3가지 경계를 반연한다.

경계는 相分이다. 종자와 根身은 내면의 경계이고, 器世間은 외면의 경계임을 말한다.

'변화하여 나타나는 마음 작용[變現心所]' 등은 모두 내면의 경계이고,

色은 내면과 외면 2곳에 나타나는 대상이며,

影은 또한 내면과 외면에 모두 통한다. 외면은 五塵이고, 내면은 五根이다.】

六은 名無得物之功이나 而不失所名之物故오

七은 文字言說이 皆解脫故니라

제6구[衆生名號]는 명호란 중생을 얻는 공효는 없으나, 명호 대상의 중생을 잃지 않기 때문이다.

제7구[衆生言說]는 문자와 언설에서 모두 해탈하기 때문이다.

後三句는 合辨前文이니 一은 染淨二分이 皆嚴法界而無嚴故오 二는 上二分業 不相知故오 三은 各自莊飾染淨世間果報無失하야 卽同眞故니라 總上二分컨대 皆是般若波羅蜜普莊嚴故니 所以思之니라【鈔_'皆嚴法界而無嚴'者는 故金剛에 云莊嚴佛土 卽非莊嚴일새 是名莊嚴이라하니 謂雖復莊嚴이나 無能嚴心이면 則稱實理니 事理無礙라야 方眞嚴也니라 '總上二分'下는 結法所屬이라】

③ 끝의 3구는 앞의 경문을 종합하여 논변하였다.

제1구[莊嚴法界]는 오염과 청정 2부분이 모두 법계를 장엄하되 장엄함이 없기 때문이며,

제2구[種植業行]는 위의 오염과 청정 2부분의 업이 서로 알지 못하기 때문이며,

제3구[業莊飾世間]는 각각 스스로 오염과 청정 세간을 꾸미되 과보가 잘못됨이 없어, 眞諦와 같기 때문이다.

위의 오염과 청정 2부분을 총괄하면, 모두 반야바라밀 보장엄 때문이다. 이런 점을 생각할 바이다.【초_"모두 법계를 장엄하되 장엄함이 없다."는 것은 금강경에 이르기를, "불토를 장엄함이 곧 장엄이 아니기에 그 이름을 장엄이라 한다."고 하였다. 비록 또한 장엄하면서도 장엄한다는 마음이 없으면 진실한 이치에 부합하

는 것이다. 사법계와 이법계에 걸림이 없어야 비로소 진실한 장엄이다.

"위의 오염과 청정 2부분을 총괄하면" 이하는 법의 소속을 끝맺음이다.】

二 趣求後友中에 市肆等 處處求者는 顯隨緣造修 無不在故니라

(2) 뒤의 선지식을 찾아가 법을 구하는 부분의 저잣거리 등 곳곳에서 찾았다는 것은 반연 따라 닦아나감이 있지 않음이 없기 때문이다.

第二. 見敬諮問
2. 친견하여 절을 올리고 법을 묻다

經

見在林中하야 經行往返하니 壯年美貌 端正可喜며 其髮이 紺靑하야 右旋不亂하며 頂有肉髻하고 皮膚金色이며 頸文三道오 額廣平正하며 眼目修廣이 如靑蓮華하며 脣口丹潔이 如頻婆果하며 胸標卍字하고 七處平滿하며 其臂纖長하고 其指網縵하며 手足掌中에 有金剛輪하며 其身殊妙 如淨居天하며 上下端直이 如尼拘陀樹하며 諸相隨好 悉皆圓滿하야 如雪山王의 種種嚴飾하며 目視不瞬하고 圓光一尋이라

智慧廣博이 猶如大海하며 於諸境界에 心無所動하며 若
沈若擧와 若智非智의 動轉戲論이 一切皆息하며 得佛所
行平等境界하며 大悲敎化一切衆生하야 心無暫捨하며
爲欲利樂一切衆生하며 爲欲開示如來法眼하며 爲踐如
來所行之道하야 不遲不速으로 審諦經行할세

無量天龍·夜叉·乾闥婆·阿修羅·迦樓羅·緊那羅·摩
睺羅伽와 釋梵護世와 人與非人이 前後圍遶하며 主方之
神이 隨方廻轉하야 引導其前하며 足行諸神이 持寶蓮華
하야 以承其足하며 無盡光神이 舒光破暗하며 閻浮幢林
神이 雨衆雜華하며 不動藏地神이 現諸寶藏하며 普光明
虛空神이 莊嚴虛空하며 成就德海神이 雨摩尼寶하며 無
垢藏須彌山神이 頭頂禮敬하야 曲躬合掌하며 無礙力風
神이 雨妙香華하며 春和主夜神이 莊嚴其身하야 擧體投
地하며 常覺主晝神이 執普照諸方摩尼幢하고 住在虛空
하야 放大光明하니라

時에 善財童子 詣比丘所하야 頂禮其足하며 曲躬合掌하
고 白言호되 聖者여 我已先發阿耨多羅三藐三菩提心하
야 求菩薩行하노니 我聞聖者는 善能開示諸菩薩道라하니
願爲我說하소서 菩薩이 云何學菩薩行이며 云何修菩薩
道리잇고

　숲속에서 오가면서 왔다 갔다 하는 것을 보았다.

　젊은 나이에 아름다운 용모는 단정하여 누구나 좋아할 만하며,

검푸른 머리카락은 오른쪽으로 선회하되 흐트러지지 않았으며,

정수리에는 육계(肉髻)가 있고, 피부는 금빛이며,

목에는 세 줄기 무늬가 있고, 이마는 넓고 평평하고 바르며,

눈은 길고도 넓어 푸른 연꽃과 같으며,

입술은 붉고 깨끗함이 빔바 열매와 같으며,

가슴에는 만(卍) 자가 찍혀 있고, 일곱 곳이 평평하고 원만하며,

그 팔은 가늘고도 길며, 그 손가락에는 그물 지문이 있으며,

손바닥과 발바닥에는 금강 같은 바퀴의 금이 있으며,

몸은 남달리 아름다움이 정거천(淨居天)의 사람 같으며,

위와 아래가 곧고 단정함이 니구타나무와 같으며,

거룩한 모습과 잘생긴 몸매는 모두 원만하여 설산의 가지가지로 장엄함과 같으며,

눈은 깜짝이지 않고, 몸 뒤에 내비치는 원광이 한 길이나 되었다.

지혜는 넓어 큰 바다와 같으며,

여러 경계에 마음이 흔들리지 않으며,

혼침과 들뜬 마음[掉擧], 지혜도 어리석음도 아닌 것, 움직임과 부질없는 말들이 모두 사라졌으며,

부처님이 행하였던 평등한 경계를 얻었으며,

크게 가엾이 여기는 마음으로 중생을 교화하여 잠깐도 버리지 않으며,

일체중생의 이로움과 즐거움을 위하며,

여래의 법안을 열어 보이고자 하며,

여래의 행하였던 도를 밟아나가기 위하여 느리지도 빠르지도 않게 자세히 살피며 걸어가는데,

한량없는 하늘, 용, 야차, 건달바, 아수라, 가루라, 긴나라, 마후라가, 제석천왕, 범천왕, 사천왕, 사람, 사람 아닌 이들이 앞뒤에서 호위하였고,

사방을 맡은 신장들이 방위에 따라 돌면서 그 앞을 인도하였으며,

여러 족행신은 보배 연꽃을 받들어 그의 발을 받쳐주었으며,

무진광명신은 빛을 내어 어둠을 깨뜨렸으며,

염부당림신은 여러 가지 꽃을 흩뿌리며,

부동장 지신은 보배법장을 나타내며,

보광명 허공신은 허공을 장엄하며,

성취덕 해신은 마니보배를 내려주며,

무구장 수미산신은 머리를 조아려 절을 올리고 허리 굽혀 합장하며,

무애력 풍신은 미묘한 향과 꽃을 내려주며,

춘화 주야신은 그 몸을 장엄하여 온몸을 땅에 엎드려 절을 올리며,

상각 주주신은 여러 방위를 두루 비추는 마니 당기를 들고 허공에 머물면서 큰 광명을 쏟아내었다.

그때, 선재동자는 비구의 처소에 이르러서 나아가 엎드려 발에 절하고 허리 굽혀 합장하고 말하였다.

"거룩하신 이여, 저는 이미 아뇩다라삼먁삼보리심을 내고서, 보살의 행을 구하고자 합니다.

제가 듣자오니 거룩하신 이께서 보살의 도를 잘 보여주신다 하니, 바라건대 저를 위하여 말해주십시오.

보살이 어떻게 보살의 행을 배우며, 어떻게 보살의 도를 닦아야 합니까?"

● 疏 ●

於中에 先見 次敬 後問이라

見中三이니

先見身勝相이니 見在林者는 行之初故니라

同佛相者는 如說修行하야 順佛果故니라

於中에 七處平滿者는 兩手·兩足·兩肩及項이라

言其身殊妙如淨居天者는 準晉經컨대 卽師子上身相矣라

上下端直 如尼拘陀樹者는 準晉經云其身圓滿이 如尼俱陀樹라하니 此則但是一相이라

言諸相隨好者는 上但列 十四일새 故總結之니라 目視不瞬과 圓光一尋은 復是二相이니 都列十六耳라 餘至瞿波處釋하다

二智慧下는 明其心相이니 卽止觀雙運이라 止過則沉하고 智過則擧어니와 不沉不擧이면 則正受現前하고 不智不愚면 則雙契中道니라 起念·止觀이 皆成動轉하고 雙非·再遣이 未離戲論이니 雖止觀雙運이나 而無心寂照면 則一切皆息하야 爲踐如來所行之道니 隨

所履道 卽是法門이라

三 '無量'下는 明諸侍從이니 不無表法이로되 恐煩不說이라

敬問은 可知니라

이의 부분은 3단락이다.

첫째는 선견비구를 봄이며,

다음은 선견비구에게 절을 올림이며,

뒤는 법의 요체를 물음이다.

'첫째, 선견비구를 본' 부분은 다시 3단락이다.

(1) 몸의 아름다운 모습을 보았다.

숲에 있는 그를 본 것은 십행의 시초이기 때문이다.

부처의 모습과 같다는 것은 부처의 말씀과 같이 수행하여 佛果를 따른 까닭이다.

그 가운데 "일곱 곳이 평평하고 원만하다."는 것은 양손, 양발, 양어깨 및 목이다.

"몸은 남달리 아름다움이 정거천의 사람 같다."고 말한 것은 60화엄에 준하면, 사자의 윗몸 모습이다.

"위와 아래가 곧고 단정함이 니구타나무와 같다."는 것은 60화엄에 준하면, "그 몸의 원만함이 니구타나무와 같다."고 한다. 이는 다만 하나의 모습이다.

"거룩한 모습과 잘생긴 몸매"라 말한 것은 위에서는 14가지만을 나열했기에 이를 총괄하여 끝맺음이다.

"눈은 깜짝이지 않고, 몸 뒤에 내비치는 원광이 한 길이나 되었

다."는 것은 또한 2가지 모습이다. 16가지를 모두 나열하였다.

나머지는 瞿波 부분에서 해석하고 있다.

(2) '智慧' 이하는 그 마음의 양상을 밝힌 것으로, 止·觀을 모두 운용함이다.

선정[止]이 지나치면 혼침하고, 지혜가 지나치면 들뜨지만[掉擧], 혼침하지도 들뜨지도 않으면 正受가 앞에 나타나며, 지혜롭지도 어리석지도 않으면 중도에 모두 계합한다.

일어나는 생각과 止觀이 모두 움직임을 이루고, 지관도 모두 아니고[雙非: 非止非觀], 지관도 모두 아니라는 것을 다시 모두 떨쳐버림[再遣: 非非止觀等]도 戱論에서 벗어나지 않는다. 비록 지관을 모두 운용하지만 무심으로 寂照하면 일체가 모두 사라져 여래가 행하였던 도를 밟아나가게 된다. 밟아나가는 도를 따름이 바로 이 법문이다.

(3) '無量' 이하는 모든 시종을 밝혔다. 법을 나타내지 않음이 없으나 번거로울까 두려워 더 이상 말하지 않는다.

'다음, 절을 올림'과 '뒤의 법을 묻는' 부분은 말하지 않아도 알 수 있다.

第三 正示法界
中二니 初는 示依緣得法이오 後는 顯法業用이라
今은 初라

3. 바로 법계를 보여주다

이는 2단락이다.

(1) 반연에 의하여 법을 얻음을 보여주었고,

(2) 법의 하는 일과 작용을 나타냈다.

이는 '(1) 반연에 의한 법'이다.

經

善見이 答言하사대 善男子야 我年이 旣少하며 出家又近이라

我此生中에 於三十八恒河沙佛所에 淨修梵行호되

或有佛所엔 一日一夜에 淨修梵行하며

或有佛所엔 七日七夜에 淨修梵行하며

或有佛所엔 半月一月과 一歲百歲와 萬歲億歲와 那由他歲와

乃至不可說不可說歲와 或一小劫과 或半大劫과 或一大劫과 或百大劫과 乃至不可說不可說大劫에

聽聞妙法하고 受行其敎하며 莊嚴諸願하야 入所證處하며 淨修諸行하야 滿足六種波羅蜜海하며

亦見彼佛의 成道說法이 各各差別호되 無有雜亂과 住持遺敎와 乃至滅盡하며

亦知彼佛의 本所興願이 以三昧願力으로 嚴淨一切諸佛國土하며 以入一切行三昧力으로 淨修一切諸菩薩行하

며 **以普賢乘出離力**으로 淸淨一切佛波羅蜜호라

선견비구가 대답하였다.

"선남자여, 나는 아직 나이도 어리고, 출가한 지 또한 얼마 되지 않았다.

나는 이런 생에서 38항하사 부처님 도량에서 범행을 청정히 닦되,

어떤 부처님 도량에서는 하루 밤낮 동안 범행을 닦고,

어떤 부처님 도량에서는 이레 밤낮 동안 범행을 닦으며,

어떤 부처님 도량에서는 반달, 한 달, 1년, 백 년, 만 년, 억 년, 나유타 년,

내지 말할 수 없이 말할 수 없는 해, 1소겁, 반 대겁, 1대겁, 백 대겁,

내지 말할 수 없이 말할 수 없는 대겁에

미묘한 법문을 듣고 그 가르침을 받들어 행하며,

모든 서원을 장엄하여 증득할 곳에 들어가고,

모든 행을 청정히 닦아 6바라밀을 만족케 하며,

또한 그 부처님이 성도하고 설법하심이 각기 다르지만, 산란하지 않음과 남기신 가르침을 지님과 열반까지 보고,

또한 저 부처님의 본래 세운 서원이 삼매의 원력으로 일체 부처님의 국토를 청정히 장엄하며,

일체 행 삼매에 들어간 힘으로 일체 보살의 행을 청정히 닦고,

보현의 법으로 삼계를 벗어난 힘으로써 일체 부처의 바라밀을

청정히 하심을 알았다.

● 疏 ●

分三이니

初는 總序니 初入行位일세 故云年少오 創離十住之家일세 名爲出家又近이라 言'我此生'者는 畧有二義하니 一은 念劫圓融故니 如毘目處說이오 二는 顯入解行生이니 非見聞生故니라 '供三十八恒'者는 過前位故니라

次'或有'下는 明所修時分이오

後'聽聞'下는 所作成益이니 於中에 初는 自修願智行이오 次는 見果用이오 後는 知佛修因이라

3단락이다.

㈀ 총체로 서술하였다. 십행의 지위에 처음 들어가기에 "나이가 어리다." 말하였고, 십주의 집을 처음 떠났기에 "출가한 지 또한 얼마 되지 않았다."고 말하였다.

'나는 이런 생에서…'라고 말한 것은 간단하게 2가지 뜻이 있다.

① 한 생각의 찰나와 영겁이 원융하기 때문이다. 비목구사선인 부분에서 말한 바와 같다.

② 解行의 생에 들어감을 나타냄이다. 見聞의 생이 아니기 때문이다.

'38항하사 부처를 공양함'이란 앞의 지위를 초월하기 때문이다.

㈁ '或有' 이하는 수행해 온 바의 시간을 밝혔고,

㈐ '聽聞' 이하는 하였던 바를 성취한 이익이다.

'성취한 이익' 부분은 다시 3단락이다.

① 스스로 서원과 지혜의 행을 닦음이며,

② 불과의 작용을 봄이며,

③ 부처의 수행 因地를 앎이다.

二. 顯法業用

⑵ 법의 하는 일과 작용을 나타내다

經

又善男子야 我經行時에

一念中에 一切十方이 皆悉現前하니 智慧淸淨故며

一念中에 一切世界 皆悉現前하니 經過不可說不可說世界故며

一念中에 不可說不可說佛刹이 皆悉嚴淨하니 成就大願力故며

一念中에 不可說不可說衆生差別行이 皆悉現前하니 滿足十力智故며

一念中에 不可說不可說諸佛淸淨身이 皆悉現前하니 成就普賢行願力故며

一念中에 恭敬供養不可說不可說佛刹微塵數如來하니

成就柔軟心供養如來願力故며
一念中에 領受不可說不可說如來法하니 得證阿僧祇差別法하야 住持法輪陀羅尼力故며
一念中에 不可說不可說菩薩行海 皆悉現前하니 得能淨一切行如因陀羅網願力故며
一念中에 不可說不可說諸三昧海 皆悉現前하니 得於一三昧門에 入一切三昧門하야 皆令淸淨願力故며
一念中에 不可說不可說諸根海 皆悉現前하니 得了知諸根際하야 於一根中에 見一切根願力故며
一念中에 不可說不可說佛刹微塵數時 皆悉現前하니 得於一切時에 轉法輪하야 衆生界盡호되 法輪無盡願力故며
一念中에 不可說不可說一切三世海 皆悉現前하니 得了知一切世界中一切三世分位智光明願力故니라

또한 선남자여, 내가 거닐 적에

한 생각의 찰나에 일체 시방이 모두 앞에 나타났다. 지혜가 청정한 때문이다.

한 생각의 찰나에 일체 세계가 모두 앞에 나타났다. 말할 수 없이 말할 수 없는 세계를 지나온 때문이다.

한 생각의 찰나에 말할 수 없이 말할 수 없는 부처의 세계가 모두 청정히 장엄하였다. 큰 서원을 성취한 때문이다.

한 생각의 찰나에 말할 수 없이 말할 수 없는 중생의 각기 다른

행이 모두 앞에 나타났다. 열 가지 힘의 지혜를 만족한 때문이다.

한 생각의 찰나에 말할 수 없이 말할 수 없는 부처님의 청정한 몸이 모두 앞에 나타났다. 보현행의 원만한 원력을 성취한 때문이다.

한 생각의 찰나에 말할 수 없이 말할 수 없는 세계의 티끌 수 여래께 공경하고 공양하였다. 부드러운 마음으로 여래께 공양하려는 서원을 성취한 때문이다.

한 생각의 찰나에 말할 수 없이 말할 수 없는 여래의 법을 받았다. 아승지의 각기 다른 법을 증득하여 법륜을 지니는 다라니의 힘을 얻은 때문이다.

한 생각의 찰나에 말할 수 없이 말할 수 없는 보살의 수행 바다가 모두 앞에 나타났다. 일체 행을 청정히 하여 인드라 그물과 같은 서원의 힘을 얻은 때문이다.

한 생각의 찰나에 말할 수 없이 말할 수 없는 삼매 바다가 모두 앞에 나타났다. 하나의 삼매문에서 일체 삼매문에 들어가 모두 서원의 힘을 청정케 한 때문이다.

한 생각의 찰나에 말할 수 없이 말할 수 없는 여러 근기 바다가 모두 앞에 나타났다. 일체 근성의 경계를 알고서 하나의 근기에서 일체 근기를 보는 서원의 힘을 얻은 때문이다.

한 생각의 찰나에 말할 수 없이 말할 수 없는 세계의 티끌 수 시간이 모두 앞에 나타났다. 일체 시간에 법륜을 굴리는데, 중생 세계는 다하여도 법륜은 그지없는 원력을 얻은 때문이다.

한 생각의 찰나에 말할 수 없이 말할 수 없는 일체 삼세 바다가 모두 앞에 나타났다. 일체 세계에서 일체 삼세를 나누는 지위를 분명히 아는 지혜 광명과 원력을 얻은 때문이다.

◉ 疏 ◉

業用中에 有十二句하니 各先辨業用하고 後出所由니라 然不出願·智·行이니 如文思之니라 總云一念者는 以得無依無念智故로 無法不現이니라

업용 부분은 12구이다. 각각 먼저 하는 일과 작용을 말하고 뒤에 그 연유되는 바를 말하였다. 그러나 願·智·行에서 벗어나지 않는다. 경문에서 말한 바와 같이 생각해야 한다.

모든 구절에서 '한 생각의 찰나'라고 말한 것은 '의지함이 없고 생각함이 없는 지혜[無依無念智]'를 얻은 까닭에 그 어느 법이든 나타나지 않음이 없다.

第四謙己推勝

4. 몸을 낮추면서 선지식의 훌륭함을 추켜올리다

經

善男子야 我唯知此菩薩隨順燈解脫門이어니와
如諸菩薩摩訶薩은 如金剛燈하야 於如來家에 眞正受生

하야

具足成就不死命根하며

常然智燈하야 無有盡滅하며

其身堅固하야 不可沮壞하며

現於如幻色相之身호되 如緣起法無量差別하며

隨衆生心하야 各各示現호되 形貌色相이 世無倫匹하며

毒刃火災의 所不能害며

如金剛山하야 無能壞者하며

降伏一切諸魔外道하며

其身妙好 如眞金山하야 於天人中에 最爲殊特하며

名稱廣大하야 靡不聞知하며

觀諸世間하야 咸對目前하며

演深法藏하야 如海無盡하며

放大光明하야 普照十方하야

若有見者면 必破一切障礙大山하며 必拔一切不善根本하며 必令種植廣大善根하나니

如是之人은 難可得見이며 難可出世니 而我云何能知能說彼功德行이리오

善男子야 於此南方에 有一國土하니 名曰名聞이오

於河渚中에 有一童子하니 名自在主니

汝詣彼問호되 菩薩이 云何學菩薩行이며 修菩薩道리잇고 하라

선남자여, 나는 오직 이 보살이 따르는 등불의 해탈문을 알 뿐이지만,

저 보살마하살은 금강 등불과 같아서 여래의 집안에 진정으로 태어나,

죽지 않는 목숨을 두루 넉넉히 성취하였으며,

항상 지혜의 등불을 밝혀 꺼진 적이 없으며,

그 몸이 견고하여 무너지지 않으며,

요술과 같은 몸을 나타내되 인연으로 생기는 법이 한량없이 각기 다름과 같으며,

중생의 마음을 따라 제각기 다른 모습을 나타내되, 형상과 모습을 세상에 짝할 이 없으며,

독한 칼이나 화재로도 해칠 수 없으며,

금강산과 같아서 무너뜨릴 수 없으며,

일체 마군과 외도를 항복 받으며,

그 몸의 아름다움이 황금산과 같아서 인간과 천상에 가장 특별하며,

명성이 널리 퍼져 들어 알지 못한 이가 없으며,

모든 세간을 보면서 눈앞에 대한 듯하며,

깊은 법장을 연설함이 그지없는 바다와 같으며,

큰 광명을 쏟아내어 시방을 널리 비춰주어,

만약 그 광명을 보는 이가 있으면 반드시 일체 장애의 큰 산이 무너지고, 반드시 일체 착하지 못한 근본을 뽑아주고, 반드시 광대

한 선근을 심게 해주었다.

그와 같은 사람은 보기도 어렵고 세상에 나오기도 어렵다.

내가 그런 공덕을 어떻게 알며, 어떻게 말할 수 있겠는가.

선남자여, 여기에서 남쪽으로 내려가면 한 나라가 있는데, 그 이름을 '명문국'이라 한다.

강가에 한 동자가 있는데, 그 이름을 '자재주'라 한다.

그대는 그를 찾아가 '보살이 어떻게 보살의 행을 배우며, 보살의 도를 닦는가.'를 묻도록 하라."

● 疏 ●

推勝中에 謙己는 結前이라 名隨順燈者는 用無念之眞智하야 順法順機하야 無不照故니라

後如諸下는 推勝中에 初句는 爲總이오 亦別顯家族勝이라 上但云燈은 照未必常일새 故今推之하야 明金剛智燈이니 親證眞如 爲眞正生이면 則常照矣니 不同解行生也오

二는 報命勝이니 由所證常故니 卽金剛義오

三은 內智勝이니 如於所證하야 無盡滅故니 卽是燈義오

四는 報體勝이니 法性成身하야 相不遷故니 亦金剛義오

五現於下는 明業用勝이니 卽對上隨順義니 以是卽體之用故로 皆不可壞니라 餘並可知니라

指示後友는 次文에 當說호리라

선지식의 훌륭함을 추켜올린 부분에서 자신의 몸을 낮추는 것

은 앞의 문장을 끝맺음이다.

'따르는 등불[隨順燈]'이라 말한 것은 생각이 없는 진실한 지혜로 법을 따르고 근기를 따라서 비춰주지 않음이 없기 때문이다.

뒤의 '如諸菩薩' 이하는 선지식의 훌륭함을 추켜올리는 부분 가운데 첫 구절은 총상이다. 또한 훌륭한 집안임을 개별로 밝혔다.

위에서 다만 '등불'이라 말한 것은 비춰주는 광명이 반드시 여느 보통의 것이 아니기 때문에 여기에서는 추켜올려 '금강지혜의 등불[金剛智燈]'임을 밝힌 것이다. 몸소 진여를 증득함이 진정한 생이다. 이는 언제나 비추니 解行의 생과 같지 않다.

제2구는 받아온 목숨[報命]이 뛰어남이다. 증득한 바의 떳떳함을 연유한 때문이다. 이는 금강의 뜻이다.

제3구는 내면의 지혜가 뛰어남이다. 증득한 바와 같아서 사라짐이 없기 때문이다. 이는 등불의 뜻이다.

제4구는 받아온 몸[報體]이 뛰어남이다. 법성으로 몸을 성취함이다. 모양이 변하지 않기 때문이다. 또한 금강의 뜻이다.

제5구 '現於如幻' 이하는 업용의 뛰어남을 밝혔다. 이는 위의 '隨順' 의의를 상대로 말한 것이다. 이는 본체와 하나가 된 작용이기에 모두 무너뜨릴 수 없다.

나머지는 아울러 말하지 않아도 알 수 있다.

뒤의 선지식을 소개함은 다음 문장에서 말하고자 한다.

時에 善財童子 爲欲究竟菩薩勇猛淸淨之行하며

欲得菩薩大力光明하며

欲修菩薩無勝無盡諸功德行하며

欲滿菩薩堅固大願하며

欲成菩薩廣大深心하며

欲持菩薩無量勝行하며

於菩薩法에 心無厭足하며

願入一切菩薩功德하며

欲常攝御一切衆生하며

欲超生死稠林曠野하야

於善知識에 常樂見聞하고 承事供養호되 無有厭倦하야

頂禮其足하며 遶無量匝하며 殷勤瞻仰하고 辭退而去하니라

　　그때, 선재동자는 보살의 용맹스럽고 청정한 행을 다하고자 하며,

　　보살의 큰 힘과 광명을 얻고자 하며,

　　보살의 이길 수 없고 다함이 없는 공덕의 행을 닦고자 하며,

　　보살의 견고한 큰 원을 만족하고자 하며,

　　보살의 넓고 크고 깊은 마음을 이루고자 하며,

　　보살의 한량없이 훌륭한 행을 지니고자 하며,

　　보살의 법에 싫어하는 마음이 없으며,

일체 보살의 공덕에 들어가기를 원하며,

항상 일체중생을 거두어 제어하고자 하며,

생사의 숲과 벌판에서 뛰어넘고자 하며,

선지식을 항상 즐거운 마음으로 뵙고 들으며, 섬기고 공양하되 게으름이 없어서,

그의 발에 절하고 한량없이 돌고 은근한 마음으로 우러러 사모하면서 하직하고 떠나갔다.

● 論 ●

善見比丘授與善財經行恒徧十方菩薩隨順燈解脫門이니라
比丘號善見者는明此法眼智眼慧眼으로善見諸法하며善見一切衆生根性하야應時敎化하야而令解脫일세故號善見也오
比丘者는此名滅諍이니能化衆生의煩惱見諍일세故云比丘니라
問호되何故로十行之初에先見比丘니잇고
答曰爲明菩薩所行之行이皆令一切衆生으로無諍離染하야出世間故로爲行之首에皆須無染出世間이라以此로先見比丘니明心離世間하야사方堪處俗하야同光利物일세是故로已下에方明俗倫이니라

선견비구가 선재동자에게 길을 떠남에 항상 시방을 두루 찾아가는, 보살의 따르는 등불의 해탈문을 전수하였다.

비구의 명호를 '선견'이란 함은 法眼·智眼·慧眼으로 모든 법을 잘 보고, 일체중생의 근성을 잘 보고서 때에 맞춰 교화하여 해

탈케 하기에 그의 명호를 '선견'이라 함을 밝힌 것이며,

'비구'란 중국의 말로는 '다툼을 없앰[滅諍]'이란 뜻이다. 중생의 번뇌와 견해의 다툼을 교화하기 때문에 그 이름을 '비구'라 한다.

물었다.

"어째서 십행의 첫머리에 가장 먼저 비구를 보았는가?"

답하였다.

"보살이 행한 바의 행은 모두 일체중생으로 하여금 다툼이 없고 오염을 여의어 세간에서 벗어나도록 마련해주기 때문에 행의 첫머리에 모두 오염이 없이 세간을 벗어나게 함을 밝히기 위함이다. 이 때문에 선견비구를 먼저 찾아본 것이다.

마음이 세간을 여의어야 비로소 세속에 살면서 광명을 함께하고, 중생에게 이익을 베풂을 감당할 수 있음을 밝혔다. 이 때문에 아래에서 바야흐로 세속의 사람을 밝힌 것이다."

在林中經行者는 表行廣多 如林覆陰하야 根莖枝葉華果로 明濟俗行行如是일새 故로 林中經行이오

往返者는 明入生死度衆生하야 令諸衆生으로 得出世涅槃之樂이며 又令不住涅槃하고 起大悲願하야 入於生死며 又度衆生하야 令至涅槃이 是往返義라

如是轉轉하야 無有休息한이 猶如一燈이 然百千燈에 冥者皆明하야 明終不盡일새 故以隨順燈法門으로 授與善財니 故以林中經行往返으로 所表也니라

又'壯年美貌 端正可喜'者는 明能行諸行이 爲壯年也오 美貌端

正은 是行報生故며

又心端行正이 名爲端正이오

'其髮이 紺靑하야 右旋不亂'者는 順正法也오

'頂有肉髻'者는 智高德滿報生也오

'皮膚金色'者는 智淨心安에 素白無垢하야 慈悲利物한 業報所招 黃相이니 是福德色也오

'頸文三道'者는 是不妄出言의 報所生故오

'額廣平正'者는 智寬博達之報也라

'眼目修廣 如靑蓮華'者는 以智慈悲所報得也라 脣口丹潔이 如頻婆果者는 明赤色也라 是南方色이니 以南爲離며 離爲日이며 爲虛無며 爲心이며 爲法門이라 以智爲日이며 口爲說法之門이니 以智慧日口로 能詮表正法所生報也니라

'胸標卍字'者는 智業淸涼所生이오

'七處平滿'者는 兩手와 兩足과 兩肩과 馬王陰藏이 爲七處平滿이오

'其臂纖長'者는 引接成善所生報業이오

'其指網縵'은 以敎漉衆生所生報業이오

'手足中에 有金剛輪'은 明轉法輪利衆生所生業果니 如是廣歎其福이 皆具如經所明이니

皆是智行內修하고 外嚴衆福일새 因不虛棄니 明知因識果니라

"숲속에서 오간다."는 것은 행의 광대하고 많음이 숲이 그늘을 드리우는 것과 같아서 뿌리, 줄기, 가지, 잎, 꽃, 열매로 세속을 제도하는 행마다 이와 같음을 밝히기에 '숲속에서 오감'을 나타낸 것

이며,

"왔다 갔다 한다."는 것은 생사에 들어가 중생을 제도하여 모든 중생으로 하여금 세간을 벗어난 열반의 즐거움을 얻게 하고, 또한 열반에 머물지 않고, 대자비의 원을 일으켜 생사에 들게 하고, 또 중생을 제도하여 열반에 이르게 함이 바로 '왔다 갔다 하는' 뜻임을 밝힌 것이다.

이같이 전전하면서 멈추지 않음이 마치 하나의 등불이 백천 등불을 밝힘에 어둠이 모두 밝아지면서 밝음이 다하지 않는 것과 같기 때문에 선재동자에게 '따르는 등불의 법문'을 전수하였다. 이 때문에 '숲속에서 오가면서 왔다 갔다 하는' 것으로써 이를 나타낸 것이다.

또한 "젊은 나이에 아름다운 용모는 단정하여 누구나 좋아할 만하다."는 것은 모든 행을 행함이 '젊은 나이'이고, '아름다운 용모는 단정'함은 수행의 과보로 받은 몸이기 때문이며, 또한 마음이 단정하고 행이 바른 것을 '단정'이라 함을 밝힌 것이다.

"검푸른 머리카락은 오른쪽으로 선회하되 흐트러지지 않았다."는 것은 마음이 맑고 행이 바른 과보로 낳은 몸이며, 또한 '오른쪽으로 선회하되 흐트러지지 않았다.'는 것은 바른 법을 따름이다.

"정수리에는 육계가 있다."는 것은 지혜가 드높고 덕이 원만한 과보로 받은 몸이다.

"피부는 금빛이다."란 지혜가 청정하고 마음이 안온하매 순수 무구하여 자비로 중생을 이롭게 한 업보로 얻어온 황색의 모습이다. 이는 복덕의 색이다.

"목에는 세 줄기 무늬가 있다."는 것은 허튼소리를 지껄이지 않는 과보로 받은 몸이다.

"이마는 넓고 평평하고 바르다."는 것은 지혜가 넓고 해박하게 통달한 데서 얻은 과보이다.

"눈은 길고도 넓어 푸른 연꽃과 같다."는 것은 지혜와 사랑과 가엾이 여기는 마음으로 얻은 과보이다.

"입술은 붉고 깨끗함이 빔바 열매와 같다."는 것은 붉은색임을 밝힌 것이다. 이는 남방의 색이다. 남쪽은 離卦(☲)가 되고, 이괘는 태양이고 공허함이 되고 마음이 되고 법문이 된다. 이 때문에 밝은 지혜는 태양이 되고, 입은 설법하는 문이다. 지혜의 태양과 입으로 바른 법을 말한 데서 생겨난 과보이다.

"가슴에 卍 자가 찍혀 있다."는 것은 지혜의 청량한 업으로 생겨난 과보이다.

"일곱 곳이 평평하고 원만하다."는 것은 양손, 양발, 양어깨와 말의 성기처럼 속에 감춰진 것이 '일곱 곳이 평평하고 원만'한 것이다.

"그 팔은 가늘고도 길다."는 것은 인도하고 맞이하여 선업을 성취케 한 데에서 생겨난 과보이며,

"그 손가락에는 그물 지문이 있다."는 것은 가르침으로 중생을 제도한 데에서 생겨난 과보이다.

"손바닥과 발바닥에는 금강 같은 바퀴의 금이 있다."는 것은 법

룬을 굴려 중생에게 이익을 베푼 데에서 생겨난 과보임을 밝힌 것이다.

　이처럼 복덕을 널리 찬탄함은 모두 경문에서 구체적으로 밝힌 바와 같다. 모두가 안으로는 지혜의 행을 닦고 밖으로는 많은 복을 장엄함으로써 원인이 헛되이 버려지지 않은 것이다. 그 원인을 알면 결과를 알 수 있음을 밝힌 것이다.

無量天·龍·夜叉·乾闥婆·阿修羅·迦樓羅·緊那羅·摩睺羅伽와 釋·梵·護世와 人及非人이 前後圍繞者는 明比丘의 所攝生이 依根徧故로 以招其衆이 侍從隨之니 亦是表法衆也라

　"한량없는 하늘, 용, 야차, 건달바, 아수라, 가루라, 긴나라, 마후라가, 제석천왕, 범천왕, 사천왕, 사람, 사람 아닌 이들이 앞뒤에서 호위하였다."는 것은 비구가 중생을 받아들임이 그들의 근기에 따라서 두루 제도하기 때문에 그 대중이 시종과 같이 뒤따르게 됨을 밝힌 것이다. 이 또한 법을 나타내는 대중이다.

時善財童子詣比丘所已下는 申請所求니 皆云已發無上菩提心者는 明於初友文殊師利所에 已發菩提心하야 卽達菩提體 無行無修며 無求無得無證일새 以此求菩薩道에 卽不離菩提心코 但求菩薩道하야 成菩提心이니 菩提는 本自無成壞故로 不可已求·當求·現求며 已發·當發·現發이니 出此三世心故로 名爲已發無上正覺之心이니라

　"그때, 선재동자는 비구의 처소에 이르러서" 이하는 구하고자 하는 법의 요체를 말하여 청함이다.

모두 "이미 위없는 보리심을 일으켰다."고 말한 것은 최초의 선지식인 문수보살의 도량에서 이미 보리심을 일으켜, 곧 보리의 본체가 행함도 없고 닦음도 없고 구함도 없고 얻음도 없고 증명함도 없음을 통달하였다. 이 때문에 이로써 보살의 도를 구함이 곧 보리심에서 벗어나지 않고, 다만 보살의 도를 구하여 보리심을 성취한 것이다.

보리는 본래 그 자체가 이뤄짐과 무너짐이 없기 때문에, 과거에 구하고 미래에 구하고 현재에 구하거나, 과거에 일으키고 미래에 일으키고 현재에 일으킬 게 없다. 이처럼 삼세의 마음에서 벗어났기 때문에 그 이름을 "이미 위없는 정각의 마음을 일으켰다."고 밝힌 것이다.

比丘 答善財言하사대 '我年이 旣少하며 出家又近'은 明始從十住로 初生諸佛智慧하야 而行此行일새 名爲年少며 出家又近이라 此十行門은 列名前後나 行是一時니 十廻向도 亦然이라 此三法은 一時行이니 以智境界 不出一刹那際코 都該信及十地十一地六位一時故며 又初始發心에 不見生老前後際故로 名爲年少며 出家又近이라

'我此生中'者는 卽明不見始終之生中也라

선견비구가 선재동자에게 답하기를, "나는 아직 나이도 어리고, 출가한 지 또한 얼마 되지 않았다."고 말한 것은 처음 십주로부터 제불의 지혜에 처음 태어나 이 십행을 행하기에 그 이름을 "나이도 어리고, 출가한 지 또한 얼마 되지 않았다."고 밝힌 것이다.

이 십행의 법문은 앞뒤로 명칭을 열거했지만, 십행은 一時이다. 십회향 또한 그와 같다. 이 3가지 법은 일시에 행해지는 것이다. 지혜 경계가 1찰나의 즈음에서 벗어나지 않고, 십신, 십지, 11지의 6위를 모두 총괄하여 일시이기 때문이며, 또한 시초의 발심에서 태어나고 늙어가는 전후의 차이를 보지 않기 때문에 그 이름을 "나이도 어리고, 출가한 지 또한 얼마 되지 않았다."고 말한 것이다.

"나는 이런 생에서"라는 것은 시작과 끝을 보지 못하는 생임을 밝힌 것이다.

於三十八恒河沙佛所에 淨修梵行者는 明十住十行十廻向이 以三十箇法으로 均調智悲하야 以此三十箇隨位佛因果法이 互条智悲無盡일새 故로 云三十이오 不離八正道行門일새 故로 云三十八恒河沙佛所에 淨修梵行이니 前慈行童女 即云三十六恒河沙는 即表三賢七覺之行이오 此云三十八恒河沙佛所者는 即勝進至八正道故며 三十八恒河沙佛者는 總三賢之位八正道中佛因果也니 總明發心之際에 正智現前하야 破無明時에 無量惡業이 滅하고 無量智慧 現前일새 號爲恒沙佛數故라

"38항하사 부처님 도량에서 범행을 청정히 닦았다."는 것은 십주·십행·십회향이 30가지 법문으로 지혜와 자비를 고루 조화하여, 이 30가지의 지위에 따른 부처의 인과법이 서로 함께하면서 지혜와 자비가 그지없기 때문에 30이라 말하였고, 8정도의 행문을 여의지 않기 때문에 "38항하사 부처님 도량에서 범행을 청정히 닦

았다."고 말함을 밝힌 것이다.

앞에서 자행동녀가 '37항하사'라 말한 것은 三賢·七覺의 행을 나타낸 것이며, 여기에서 '38항하사 부처의 도량'이라 말한 것은 잘 닦아 나아가 8정도에 이르렀기 때문이며, '38항하사 부처'라는 것은 모두 삼현의 지위에서 8정도의 부처 인과이다. 모두 발심한 즈음에 바른 지혜가 앞에 나타나 무명을 타파할 때 한량없는 악업이 사라지고 한량없는 지혜가 앞에 나타나므로 그 명호를 '항하사 부처의 수효'라 함을 밝힌 때문이다.

從'一日一夜에 淨修梵行으로 或七日七夜에 淨修梵行하며 或有佛所엔 半月一月과 一歲百歲와 乃至不可說歲와 乃至不可說劫에 滿足六波羅蜜'者는 此明出世道로 滿足六波羅蜜이오 餘四의 方便願力智波羅蜜等은 是入生死成大悲行故니 此是比丘일새 但云六度行이오 不云十波羅蜜也라 亦見彼佛의 成道·說法과 住持 ·入滅·遺敎하야 各各差別을 悉能見者는 明智境界 順俗差殊연정 智無纖毫時分遷也니 已上日月歲劫은 明時不遷也라

"하루 밤낮으로 청정히 범행을 닦는 것으로부터 혹은 이레 밤낮으로 청정히 범행을 닦음과 혹은 부처의 도량에서 반달, 1개월, 1년, 백 년, 나이가 말할 수 없는 해, 말할 수 없는 겁에 6바라밀을 만족케 하였다."는 것은 출세간의 도로써 6바라밀을 원만하게 함을 밝힌 것이다.

나머지 4가지의 방편바라밀, 원바라밀, 역바라밀, 지바라밀 등은 생사에 들어가 대비행을 성취한 때문이다. 여기서는 비구이기

에 6바라밀행만을 말할 뿐, 십바라밀은 말하지 않았다.

또한 "그 부처의 성도, 설법, 주지, 열반, 남기신 가르침을 보면서 각기 다른 것을 모두 본다."는 것은 지혜의 경계가 세속을 따라 다를지언정, 지혜 자체는 털끝만큼도 시간에 따라 변천이 없음을 밝힌 것이다. 위의 日·月·歲·劫은 시간의 변천이 없음을 밝힌 것이다.

又云善男子야 我經行時에 一念中에 一切十方이 皆悉現前하며 乃至不可說佛刹이 皆悉嚴淨하며 乃至不可說衆生差別行이 皆悉現前하며 乃至成就普賢行願力故로 一念에 領受不可說不可說諸如來法이라하야 廣如經說하니 此一段은 明遠近含容不遷이니 不可具陳이라

總不出一念者는 意明經行所表法身智體無依니 以智無依故로 即無表裏中邊이며 以智無表裏故로 即十方이 不遠하고 此方이 無近이니 以智無遠近일새 體若虛空하야 明照十方하며 隨願起行하야 應根利物에 不去不來고 對現色身이 如日現於衆水之內라 以此智境界故로 時日歲劫이 性自無遷하야 一念迷亡에 古今多劫이 即纖毫不轉하고 遠近境界 不出塵中이니 智爲願使오 願是智王이라 悲行神通과 普賢行海 皆由願使니 智如聲聞緣覺이면 雖有神通이나 以無大願利衆生故로 對普賢行願神通컨댄 猶如百千日光으로 比一箇螢火也라 餘意는 如經自明하니라

法門名菩薩隨順燈解脫門者는 明菩薩이 以自如來普光明智로 順諸衆行하야 起差別智하야 敎化衆生호되 恒令發明하야 無有休

息일세 名菩薩隨順燈解脫門이니 此是歡喜行이라 檀波羅蜜로 爲
主하고 餘九로 爲伴이니 以約智門中인댄 一行之中에 通修衆行이어니
와 以約位門中인댄 偏修六波羅蜜出世之行이라 此十行初門은 以
將十住中智波羅蜜門하야 普印三世一切佛境衆生境하야 無盡
劫이 總一時故로 不出毫內故니 已下는 例然하야 初終總爾니라

또한 "선남자여, 내가 거닐 적에 한 생각의 찰나에 일체 시방이
모두 앞에 나타났고, 내지 말할 수 없는 부처의 세계가 모두 청정히
장엄하였고, 말할 수 없는 중생의 각기 다른 행이 모두 앞에 나타났
고, 보현행의 원만한 원력을 성취한 때문에, 한 생각의 찰나에 말할
수 없이 말할 수 없는 모든 여래의 법을 받아들인다고 하니, 자세히
경문에서 말한 바와 같다."는 단락은 멀고 가까움을 모두 포함하여
변할 수도 없음을 밝힌 것이다. 이는 모두 말할 수 없다.

모두 "한 생각의 찰나에서 벗어나지 않는다."고 말한 뜻은 찾아
가는 길로 법을 나타낸 것으로, 법신 智體의 의지함이 없음을 밝히
고 있다. 지혜가 의지함이 없기 때문에 겉과 속, 중간과 변두리가
없으며, 지혜가 겉과 속이 없기 때문에 시방이 멀지도 않고, 시방
[고려대장경에서는 十方으로 쓰여 있다.]의 가까움도 없다.

지혜의 멀고 가까움이 없기에 본체가 허공과 같아서 시방을 밝
게 비추며, 원하는 바를 따라 행을 일으키고, 근기에 부응하여 중생
을 이롭게 함에 있어, 찾아가지도 않고 찾아오지도 않으며, 색신을
상대로 나타냄이 마치 태양이 여러 물속에 나타나는 것과 같다.

이 지혜의 경계 때문에 時·日·歲·劫의 자성이 스스로 변함이

없어, 한 생각의 찰나에 미혹이 사라지자, 옛날과 지금의 많은 겁이 털끝만치도 변하지 않고, 멀고 가까운 경계가 티끌 속에서 벗어나지 않는다.

지혜는 서원의 사신이고, 서원은 지혜의 왕이다. 자비행의 신통과 보현행의 바다가 모두 서원에 의해 작용하는 것이다. 지혜가 성문이나 연각과 같으면 아무리 신통력이 있을지라도 큰 원력으로 중생을 이롭게 하지 못한다. 이 때문에 보현의 행원과 신통력을 상대로 말하면 마치 백천 개의 태양 광명으로 하나의 반딧불과 비교하는 격이다.

나머지의 뜻은 경문에서 밝힌 바와 같다.

법문의 명칭을 '중생을 따르는 보살의 등불 해탈문'이라 말한 것은 보살이 자신의 여래 보광명의 지혜로써 모든 중생의 행을 따라서 차별지를 일으켜 중생을 교화하면서도 언제나 그들을 밝혀 주느라 멈춤이 없다. 이 때문에 그 명칭을 '중생을 따르는 보살의 등불 해탈문'이라 밝힌 것이다.

이는 제1 환희행이라, 보시바라밀로 주체를 삼고, 나머지 9가지로 객체를 삼는다. 지혜 법문으로 말하면 하나의 행 가운데 모든 행을 통틀어 닦지만, 지위 법문으로 말하면 6바라밀의 출세간 행에 치우쳐 닦는 것이다.

이 십행의 첫 법문은 십주의 지혜바라밀문을 가지고 삼세의 일체 부처의 경계와 중생의 경계를 널리 도장 찍어, 그지없는 겁이 모두 일시이기 때문에 하나의 터럭 안에서 벗어나지 않는다.

381

이하의 예도 마찬가지이다. 처음부터 끝까지 모두 그와 같다.

第二 自在主 寄饒益行【鈔_ 寄饒益行者는 三聚淨戒로 能益自他일세 故云饒益이라】
初 依教趣求

제2. 자재주동자, 요익행 선지식【초_ 요익행에 붙여 말한 것은 삼취정계로 나와 남에게 이익을 주기에 요익이라 한다.】

1. 가르침을 따라 선지식을 찾아가 법을 구하다

經

爾時에 善財童子 受善見比丘教已하고 憶念誦持하며 思惟修習하며 明了決定하야 於彼法門에 而得悟入하야 天龍·夜叉·乾闥婆衆이 前後圍遶하고 向名聞國하야 周徧求覓自在主童子러니
時에 有天龍·乾闥婆等이 於虛空中에 告善財言호되 善男子야 今此童子 在河渚上이라하니라

그때, 선재동자는 선견비구의 가르침을 받들어 이를 기억하고 외우며, 생각하고 익히며, 분명하게 결정하여 그 법문에 깨달아 들어가, 하늘, 용, 야차, 건달바 무리들이 앞뒤로 둘러싼 채, 명문국으로 향하면서 자재주동자를 두루 찾았다.

그때, 하늘, 용, 건달바 등이 허공에서 선재동사에게 말하였다.

"선남자여, 이 동자는 지금 물가에 있다."

● 疏 ●

國曰名聞者는 能持淨戒現世果故이라

河渚上者는 若持淨戒면 生死愛河에 不漂溺故오 又無量福河 常流注故니라

童子自在主者는 三業無非하고 六根離過일새 故得自在니 則戒爲主矣오 戒淨無染일새 故云童子니라【鈔_ 能持淨戒現世果故者는 戒經云 明人能護戒면 能得三種樂이니 名譽及利養과 殊得生天上이라하니라 福河常流注者는 不持戒者는 可犯之境에 皆有犯分이어니와 由持戒故로 於無盡境에 皆發勝福故니라】

　　나라의 이름을 '명문'이라 말한 것은 삼취정계를 지님이 현세의 과보이기 때문이다.

　　'물가 위'란 청정한 계를 지니면 생사 애욕의 강하에 빠지지 않기 때문이며, 또 한량없는 복덕의 강하가 언제나 흐르기 때문이다.

　　'자재주동자'란 삼업에 잘못이 없고 6근이 허물을 여읜 까닭에 자재함을 얻은 것이다. 이는 계를 위주로 하고, 계가 청정하여 오염됨이 없기에 동자라 말한다.【초_ "삼취정계를 지님이 현세의 과보이기 때문이다."는 것은 계경에서 말하였다.

　　"명철한 사람이 계를 지키면 3가지 즐거움을 얻는다. 명예 및 이양과 사후에는 천상에 태어나게 된다."

　　"복덕의 강하가 언제나 흐르기 때문이다."는 것은 계를 지키지

않는 자는 범할 수 있는 경계에 모두 범할 수 있는 부분이 있지만, 계를 지킴으로 연유하여 그지없는 경계에 모두 뛰어난 복덕을 일으키기 때문이다.】

第二 見敬咨問

2. 친견하여 절을 올리고 법을 묻다

經
爾時에 善財 卽詣其所하야 見此童子하니 十千童子의 所共圍遶로 聚沙爲戱어늘
善財 見已하고 頂禮其足하며 遶無量匝하며 合掌恭敬하고 却住一面하야 白言호되 聖者여 我已先發阿耨多羅三藐三菩提心호니 而未知菩薩이 云何學菩薩行이며 云何修菩薩道리잇고 願爲解說하소서

그때, 선재동자가 그곳에 찾아가 자재주동자를 보니 십천 동자에게 둘러싸여 모래를 모아 장난하고 있었다.

선재는 그의 발에 절하고 한량없이 돌고 합장하고 공경하면서 한쪽에 서서 말하였다.

"거룩하신 이여, 저는 이미 아뇩다라삼먁삼보리심을 내었습니다.

하지만 보살이 어떻게 보살의 행을 배우며, 어떻게 보살의 도

를 닦는지 모르겠습니다. 바라건대 저를 위하여 말해주십시오."

◉ 疏 ◉

見聚沙者는 恒沙功德이 由戒積集故니라

모래를 모아 장난하는 것을 보았다는 것은 항하사 공덕이 계에 의해 쌓여가기 때문이다.

第三 正示法界

於中二니

初는 擧法門名體오 二는 明業用이라

今은 初라

3. 바로 법계를 보여주다

이는 2단락이다.

(1) 법문의 명제와 그 체성을 들어 말하였고,

(2) 하는 일과 작용을 밝혔다.

이는 '(1) 법문의 명제와 그 체성'이다.

經

自在主 言하사대 善男子야 我昔曾於文殊師利童子所에 修學書數算印等法하야 卽得悟入一切工巧神通智法門호라

자재주동자가 말하였다.

"선남자여, 나는 옛날에 문수사리동자의 도량에서 글씨, 수학, 산수, 결인 등의 법을 배워서 일체 뛰어난 신통과 지혜의 법문에 들어갔노라.

◉ 疏 ◉

文殊所學者는 有智能護戒故니라
書者는 能詮이니 止作分明故오
數者는 表四重十重과 乃至三千威儀와 八萬細行故오
算者는 一一之因이 感幾何果故오
印者는 持犯善惡이 感果決定故오
等者는 等餘醫方이니 成五明故니라
上明所學하고 下辨所悟니 工巧神通이 皆智所爲故오 亦表修戒에 發定慧故니라

문수의 도량에서 배웠다는 것은 지혜를 지니고서 계를 지켰기 때문이다.

書란 말로써 나타낼 수 있는 이치[能詮]이다. 멈추고 움직임이 분명하기 때문이며,

數란 4중, 10중 내지 3천 위의와 8만 細行을 나타내기 때문이며,

算이란 하나하나의 원인이 그 얼마의 과보를 얻기 때문이며,

印이란 계를 지니거나 범하는 선악에 따라 얻어지는 과보가 결정되기 때문이며,

等이란 나머지 의술 등을 말한다. 五明[聲明: 언어·문자, 工巧明: 미술·역법, 醫方明: 의술·주술, 因明: 논리, 內明: 철학]을 성취한 때문이다.

위에서는 배울 대상을 밝혔고, 아래에서는 깨달을 대상을 논변하였다.

뛰어남과 신통이 모두 지혜에 의해 이뤄진 때문이며, 또한 계를 닦아 정·혜가 일어남을 나타낸 때문이다.

二明業用

(2) 하는 일과 작용을 밝히다

經

善男子야 我因此法門故로
得知世間書數算印界處等法하며
亦能療治風癩消瘦鬼魅所着한 如是所有一切諸病하며
亦能造立城邑聚落과 園林臺觀과 宮殿屋宅의 種種諸處하며
亦善調鍊種種仙藥하며
亦善營理田農商買의 一切諸業하야 取捨進退에 咸得其所하며
又善別知衆生身相의 作善作惡에 當生善趣하고 當生惡趣와 此人은 應得聲聞乘道와 此人은 應得緣覺乘道와

此人은 應入一切智地하야 如是等事를 皆悉能知하며
亦令衆生으로 學習此法하야 增長決定하야 究竟淸淨케
호라
善男子야 我亦能知菩薩算法하노니
所謂一百洛叉 爲一俱胝며
俱胝俱胝 爲一阿庾多며
阿庾多阿庾多 爲一那由他며
那由他那由他 爲一頻婆羅며
頻婆羅頻婆羅 爲一矜羯羅며
廣說乃至優鉢羅優鉢羅 爲一波頭摩며
波頭摩波頭摩 爲一僧祇며
僧祇僧祇 爲一趣며
趣趣 爲一喩며
喩喩 爲一無數며
無數無數 爲一無數轉이며
無數轉無數轉이 爲一無量이며
無量無量이 爲一無量轉이며
無量轉無量轉이 爲一無邊이며
無邊無邊이 爲一無邊轉이며
無邊轉無邊轉이 爲一無等이며
無等無等이 爲一無等轉이며
無等轉無等轉이 爲一不可數며

不可數不可數 爲一不可數轉이며
不可數轉不可數轉이 爲一不可稱이며
不可稱不可稱이 爲一不可稱轉이며
不可稱轉不可稱轉이 爲一不可思며
不可思不可思 爲一不可思轉이며
不可思轉不可思轉이 爲一不可量이며
不可量不可量이 爲一不可量轉이며
不可量轉不可量轉이 爲一不可說이며
不可說不可說이 爲一不可說轉이며
不可說轉不可說轉이 爲一不可說不可說이며
此又不可說不可說이 爲一不可說不可說轉이니라
善男子야 我以此菩薩算法으로 算無量由旬의 廣大沙聚하야 悉知其內에 顆粒多少하며
亦能算知東方所有一切世界의 種種差別과 次第安住하고 南西北方과 四維上下도 亦復如是하며
亦能算知十方所有一切世界의 廣狹大小와 及以名字하야 其中所有一切劫名과 一切佛名과 一切法名과 一切衆生名과 一切業名과 一切菩薩名과 一切諦名을 皆悉了知하노라

　　선남자여, 나는 이 법문으로 인하여 세간의 글씨, 수학, 산수, 결인, 18계, 12처 등의 법을 알았으며,

　　또 풍병, 간질, 조갈, 헛것 들림, 이와 같은 일체 모든 질병을 치

료하며,

또한 성시, 마을, 동산, 누각, 궁전, 가옥의 가지가지 모든 곳을 세우며,

또한 가지가지 선약을 만들기도 하며,

또한 전장, 농사, 장사하는, 일체 모든 일을 잘 경영하여 취하고 버리고 나아가고 물러가는 데에 모두 제자리를 얻었으며,

또한 중생의 몸에 선을 짓고 악을 지음에 따라 좋은 세계에 태어나고 악도에 태어남을 잘 분별하여 알고, 이 사람은 성문의 법을 얻고, 이 사람은 연각의 도를 얻고, 이 사람은 일체 지혜에 들어갈 것이라는 이와 같은 등의 일들을 모두 잘 알며,

또한 중생으로 하여금 이런 법을 배워 증장하고 결정하여 최고의 경계까지 청정케 하였다.

선남자여, 나는 또한 보살의 계산하는 법을 알고 있다.

1백 낙차가 1구지,

구지에 구지는 1아유타,

아유타에 아유타는 1나유타,

나유타에 나유타는 1빈바라,

빈바라에 빈바라는 1궁갈라,

자세히 말하여, 내지 우발라에 우발라는 1파두마,

파두마에 파두마는 1아승지,

아승지에 아승지는 1취,

취에 취는 1유,

유에 유는 1무수,

무수에 무수는 1무수전,

무수전에 무수전은 1무량,

무량에 무량은 1무량전,

무량전에 무량전은 1무변,

무변에 무변은 1무변전,

무변전에 무변전은 1무등,

무등에 무등은 1무등전,

무등전에 무등전은 1불가수,

불가수에 불가수는 1불가수전,

불가수전에 불가수전은 1불가칭,

불가칭에 불가칭은 1불가칭전,

불가칭전에 불가칭전은 1불가사,

불가사에 불가사는 1불가사전,

불가사전에 불가사전은 1불가량,

불가량에 불가량은 1불가설,

불가설에 불가설은 1불가설전,

불가설전에 불가설전은 1불가설불가설,

불가설불가설에 불가설불가설은 1불가설불가설전이다.

선남자여, 나는 이러한 보살의 산수하는 법으로 한량없는 유순의 광대한 모래 더미를 계산하여, 그 안에 있는 모래알의 수효를 모두 알고,

또한 동방에 있는 일체 세계의 가지가지 차별과 차례로 머물러 있음을 계산하여 알고, 남방, 서방, 북방과 네 간방과 상방, 하방도 그와 같음을 알며,

또한 시방에 있는 일체 세계의 넓고 좁고 크고 작은 것과 이름을 계산하여 알며, 그 가운데 있는 일체 겁의 이름, 일체 부처님 명호, 일체 법의 이름, 일체중생의 이름, 일체 업의 이름, 일체 보살의 이름, 일체 진리의 이름을 모두 분명히 알고 있다.

● 疏 ●

於中三이니
初는 總明이오
次'亦能療'下는 雜辨諸明이오
三'善男子'下는 廣顯知算이니
於中에 初는 辨能算之數오 後善男子我以此下는 算彼所算이라
餘三段은 可知니라

　　이 부분은 3단락이다.
　　① 총체로 밝혔고,
　　② '亦能療' 이하는 여러 가지 밝게 아는 부분을 뒤섞어 논변하였으며,
　　③ '善男子' 이하는 계산을 알고 있음을 자세히 밝혔다.
　　'계산을 자세히 밝힌' 가운데 첫째는 계산하는 주체의 수효의 단위를 말하였고, 뒤의 '善男子我以此' 이하는 계산의 대상을 계

산함이다.

　나머지 4. 몸을 낮추면서 선지식의 훌륭함을 추켜올림, 5. 뒤의 선지식을 소개함, 6. 덕망을 흠모하면서 절을 올리고 하직한 3단락은 설명하지 않아도 알 수 있다.

經

善男子야 我唯知此一切工巧大神通智光明法門이어니와 如諸菩薩摩訶薩은
能知一切諸衆生數하며
能知一切諸法品類數하며
能知一切諸法差別數하며
能知一切三世數하며
能知一切衆生名數하며
能知一切諸法名數하며
能知一切諸如來數하며
能知一切諸佛名數하며
能知一切諸菩薩數하며
能知一切菩薩名數하나니
而我何能說其功德이며 示其所行이며 顯其境界며 讚其勝力이며 辯其樂欲이며 宣其助道며 彰其大願이며 歎其妙行이며 闡其諸度며 演其淸淨이며 發其殊勝智慧光明이리오

善男子야 於此南方에 有一大城하니 名曰海住오 有優婆夷하니 名爲具足이니 汝詣彼問호되 菩薩이 云何學菩薩行이며 修菩薩道리잇고하라

선남자여, 나는 오직 이 일체 뛰어난 큰 신통과 지혜의 광명 법문을 알 뿐이지만,

저 보살마하살은

일체중생의 수효를 알고,

일체 법의 종류의 수효를 알며,

일체 법의 각기 다른 수효를 알고,

일체 삼세의 수효를 알며,

일체중생의 이름 수효를 알고,

일체 법의 명칭 수효를 알며,

일체 여래의 수효를 알고,

일체 여래의 명호 수효를 알며,

일체 보살의 수효를 알고,

일체 보살의 명호 수효를 알고 있다.

내가 어떻게 그 공덕을 말하며, 그 수행한 바를 보이며, 그 경계를 나타내며, 그 훌륭한 힘을 찬탄하며, 그 좋아함을 말하며, 그 도를 돕는 것을 말하며, 그 큰 서원을 나타내며, 그 미묘한 행을 찬탄하며, 그 바라밀을 열어 보이며, 그 청정함을 연설하며, 그 훌륭한 지혜의 광명을 밝힐 수 있겠는가.

선남자여, 여기서 남쪽에 큰 성이 있는데, 그 이름을 '해주'라

한다.

그곳에 우바이가 있는데, 그 이름을 '구족'이라 한다.

그대는 그를 찾아가 '보살이 어떻게 보살의 행을 배우며, 보살의 도를 닦는가.'를 묻도록 하라."

◉ 疏 ◉

城名海住者는 近海而住故오 安住於忍이 如海包含故니라
友名具足者는 一器之中에 無不具故오 忍器 徧容一切德故니라
忍辱柔和일새 故寄女人이니라

성의 이름을 '海住'라 함은 바다 가까이에 안주한 때문이며, 인욕에 안주함이 바다의 포함과 같기 때문이다.

선지식의 이름을 '具足'이라 말한 것은 하나의 그릇 속에 갖춰져 있지 않음이 없기 때문이며, 인욕의 그릇이 모든 공덕을 두루 포용하기 때문이다.

인욕과 유화하기에 여인에 붙여 말하였다.

經

時에 善財童子 聞是語已에 擧身毛豎하야 歡喜踊躍하야
獲得希有信樂寶心하며
成就廣大利衆生心하며
悉能明見一切諸佛出興次第하며
悉能通達甚深智慧淸淨法輪하며

於一切趣에 皆隨現身하며
了知三世平等境界하며
出生無盡功德大海하며
放大智慧自在光明하며
開三有城所有關鑰하야
頂禮其足하며 遶無量匝하며 殷勤瞻仰하고 辭退而去하니라

    그때, 선재동자가 그 말을 듣고서 온몸에 털이 곤두서며 기쁜 마음에 발을 구르면서

    아주 드물게 믿고 좋아하는 보배 마음을 얻고,

    중생에게 광대한 이익을 주려는 마음을 성취하며,

    일체 부처님이 세상에 나오시는 차례를 분명히 보고,

    매우 깊은 지혜와 청정한 법륜을 모두 통달하며,

    일체 길에 모두 따라서 몸을 나타내고,

    삼세가 평등한 경계임을 잘 알며,

    그지없는 공덕의 바다를 내고,

    큰 지혜의 자재한 광명을 쏟아내며,

    삼계[三有]의 성에 채워놓은 자물쇠를 풀고서,

    그의 발에 엎드려 절하고 수없이 돌며, 은근한 마음으로 우러러보면서 하직하고 떠나갔다.

● 論 ●

此是饒益行中에 戒波羅蜜로 爲主오 餘九로 爲伴이니 若約智境法門인댄 一位에 通修十行이어니와 若約位門中인댄 此饒益行中엔 以書數算印農商相法과 竝出世間으로 方名戒體라 前十住中엔 但以法身法性理智로 爲戒體니 卽海雲比丘 觀十二有支生死海하야 爲佛智海 是오

十廻向中엔 以海師善入生死海로 爲戒體오 如十信中엔 卽以畏罪修福離世間行으로 爲戒體오 十地中엔 卽修大悲로 爲戒體니 卽喜目觀察衆生夜神이 是라 在佛右面은 左爲智며 右爲悲오 又喜目觀察衆生者는 是慈悲之名으로 以之爲戒體니 各隨五位戒體升進이 不同이라 以智通該인댄 一位中에 五位總具어니와 此中上下十善知識은 約其行體論之니 世技醫方供養等事는 如經具言하니라

이는 요익행 가운데 계바라밀로 주체를 삼고, 나머지 9가지로 객체를 삼는다. 만약 지혜 경계의 법문을 들어 말하면 하나의 지위에서 십행을 통틀어 닦지만, 지위의 법문으로 말하면 요익행 가운데 글씨, 수학, 산수, 결인, 農商, 相法과 아울러 출세간으로 바야흐로 계의 체성이라고 명명한다.

앞의 십주 지위에서는 다만 법신과 법성의 理智로써 계의 체성을 삼았을 뿐이다. 이는 해운비구가 12有支의 생사 바다를 관조하여 부처 지혜의 바다로 삼음이 이에 해당되고,

십회향에서는 海師가 생사 바다에 잘 들어감으로써 계의 체성

을 삼고,

십신에서는 죄업을 두려워하여 복을 닦는 離世間行으로써 계의 체성을 삼고,

십지에서는 대자비를 닦는 것으로 계의 체성을 삼는다. 이는 곧 喜目觀察衆生夜天神이 이에 해당된다.

부처의 오른쪽에 있으니, 왼쪽은 지혜를, 오른쪽은 자비를 말하며,

또한 '희목관찰중생'이란 자비의 이름으로 계의 체성을 삼는다.

저마다 5위를 따라 계의 체성을 닦아나감이 똑같지 않다.

지혜로써 통틀어 총괄하면 하나의 지위 가운데 5위가 모두 갖춰져 있지만, 이의 상·중·하 10선지식은 그 행의 체성으로 말한다. 세간의 기예, 의술, 공양 등의 일은 경문에 구체적으로 말한 바와 같다.

第三 具足優婆夷 寄無違逆行【鈔_ 寄無違逆行은 忍順物理 名無違逆이라】

初 依教趣求

제3. 구족우바이, 무위역행 선지식【초_ 무위역행에 붙여 말한 것은 중생의 이치를 참고 따르는 것을 '어기거나 거스름이 없는 행'이라고 말한다.】

1. 가르침을 따라 선지식을 찾아가 법을 구하다

爾時에 善財童子- 觀察思惟善知識教 猶如巨海하야 受
大雲雨호되 無有厭足하고 作是念言호되
善知識教는 猶如春日하야 生長一切善法根苗하며
善知識教는 猶如滿月하야 凡所照及에 皆使淸凉하며
善知識教는 如夏雪山하야 能除一切諸獸熱渴하며
善知識教는 如芳池日하야 能開一切善心蓮華하며
善知識教는 如大寶洲하야 種種法寶로 充滿其心하며
善知識教는 如閻浮樹하야 積集一切福智華果하며
善知識教는 如大龍王하야 於虛空中에 遊戲自在하며
善知識教는 如須彌山하야 無量善法三十三天이 於中止
住하며
善知識教는 猶如帝釋하야 衆會圍遶를 無能暎蔽하고 能
伏異道修羅軍衆이라하야
如是思惟하고 漸次遊行하야 至海住城하야 處處尋覓此
優婆夷러니
時彼衆人이 咸告之言호되 善男子야 此優婆夷 在此城
中所住宅內라하나라

그때, 선재동자는 선지식의 가르침이 큰 바다와 같아서 큰비를 모두 받아들이되 싫어함이 없음을 살펴보면서 이런 생각을 하였다.

'선지식의 가르침은 봄 햇살과 같아서 일체 선한 법의 싹을 자라게 하며,

선지식의 가르침은 보름달과 같아서 비추는 곳마다 모두 시원하게 하며,

선지식의 가르침은 여름의 설산과 같아서 일체 짐승의 갈증을 없애주며,

선지식의 가르침은 아름다운 연못에 비치는 해와 같아서 일체 착한 마음의 연꽃을 피워주며,

선지식의 가르침은 큰 보배 섬과 같아서 가지가지 법의 보배로 그 마음을 충만케 하며,

선지식의 가르침은 염부나무와 같아서 일체 복덕과 지혜의 꽃과 열매가 쌓여 있으며,

선지식의 가르침은 큰 용왕과 같아서 허공에서 자재하게 유희하며,

선지식의 가르침은 수미산과 같아서 한량없는 선한 법의 33천이 그 가운데 머무르며,

선지식의 가르침은 제석과 같아서 모든 대중이 둘러 호위하여 가릴 이가 없고 외도와 아수라 군중을 항복 받는다.'

이렇게 생각하면서 차례로 길을 걸었다.

해주성에 이르러 곳곳으로 우바이를 찾았는데, 그 당시 사람들이 모두 말하였다.

"선남자여, 그 우바이는 지금 이 성중에 있는 그의 집에 있다."

第二. 見敬諮問

2. 친견하여 절을 올리고 법을 묻다

經

善財 聞已하고 卽詣其門하야 合掌而立한대 其宅이 廣博하야 種種莊嚴하며 衆寶垣牆이 周帀圍遶하며 四面에 皆有寶莊嚴門이라

善財 入已에 見優婆夷 處於寶座하니 盛年好色이 端正可喜오 素服垂髮에 身無瓔珞이오 其身色相과 威德光明이 除佛菩薩하고 餘無能及이며

於其宅內에 敷十億座호되 超出人天一切所有하야 皆是菩薩業力成就며 宅中에 無有衣服飮食과 及餘一切資生之物하고 但於其前에 置一小器하며

復有一萬童女 圍遶에 威儀色相이 如天婇女하고 妙寶嚴具로 莊飾其身하고 言音美妙하야 聞者喜悅이라 常在左右하야 親近瞻仰하고 思惟觀察하며 曲躬低首하며 應其敎命하며

彼諸童女 身出妙香하야 普熏一切에 若有衆生이 遇斯香者는 皆不退轉하야 無怨害心하고 無怨結心하며 無慳嫉心하고 無諂誑心하며 無險曲心하고 無憎愛心하며 無瞋恚心하고 無下劣心하며 無高慢心하고 生平等心하며

起大慈心하고 發利益心하며 住律儀心하고 離貪求心하며
聞其音者는 歡喜踊躍하며 見其身者는 悉離貪染이러라
爾時에 善財 旣見具足優婆夷已하고 頂禮其足하며 恭敬
圍遶하며 合掌而立하야
白言호되 聖者여 我已先發阿耨多羅三藐三菩提心호니
而未知菩薩이 云何學菩薩行이며 云何修菩薩道리잇고
我聞聖者는 善能誘誨라하니 願爲我說하소서

선재는 그 말을 듣고서 그의 문밖으로 나아가 합장하고 섰다.

그 집은 드넓은데 가지가지로 장엄하였고, 여러 보배로 쌓은 담이 둘러 있었고, 사면에는 보배로 장엄한 문이 있었다.

선재가 들어서니 우바이는 보배 법좌에 앉아 있었다.

젊은 나이에 아름다운 얼굴은 단정하여 사람들이 좋아하고, 하얀 옷에 머리를 길러 드리웠는데 몸에는 영락으로 꾸미지 않았고, 그 몸의 색상과 위덕과 광명은 부처와 보살을 제외하곤 나머지 사람으로서는 따라갈 자가 없었다.

그 집의 안에는 십억의 자리가 펼쳐져 있는데 인간계와 천상계에 있는 것보다 뛰어났다. 이 모두가 보살의 업력으로 이뤄진 것이다.

집 안에는 의복이나 음식이나 나머지 살림살이 물건이 없고, 그의 앞에 조그만 그릇 하나가 놓여 있었다.

또 1만의 동녀가 둘러싸고 있었는데, 그 여인들의 위의와 몸매는 천상의 아름다운 여인과 같았고, 미묘한 보배 장엄거리로 몸을 단장하였으며, 음성이 아름다워 듣는 이들이 기뻐하였다. 이들이 항상 좌우에서 모시면서 우러러 사모하고, 생각하고 살폈으며, 허리를 굽히고 머리를 숙이며, 시중을 들었다.

그 동녀들의 몸에서는 미묘한 향기가 나와 모든 곳에 풍겼다.

중생들이 이 향기를 맡기만 하면,

모두가 물러서지 않고 성내거나 해코지하는 마음도 없고,

원수를 맺는 마음도 없으며,

인색하거나 시기하는 마음도 없고,

아첨하거나 속이는 마음도 없으며,

험악하거나 왜곡된 마음도 없고,

미워하거나 사랑하는 마음도 없으며,

성내는 마음도 없고,

못난 마음도 없으며,

교만한 마음도 없고,

평등한 마음을 내며,

자비의 마음을 일으키고,

이익을 베풀려는 마음을 내며,

계율을 지니는 마음에 머물고,

탐하거나 구하려는 마음에서 벗어났으며,

그 음성을 듣는 이는 기쁜 마음에 발을 구르고,

그 모습을 보는 이는 모두 탐욕에서 벗어났다.

그때, 선재는 이처럼 구족우바이를 보고 그의 발에 절하고, 공

경하여 두루 돌고 합장하고 서서 말하였다.

"거룩하신 이여, 저는 이미 아뇩다라삼먁삼보리심을 내었지만, 보살이 어떻게 보살의 행을 배우며, 어떻게 보살의 도를 닦는지를 모르겠습니다.

제가 듣자오니 거룩하신 이께서 잘 가르쳐주신다 하니, 바라건대 저를 위하여 말해주십시오."

● 疏 ●

初見中四니
一은 見外依報오 二는 見友正報 端正可喜者는 忍之報故오 素服等者는 忍華飾故니라 三'於其宅'下는 見內依報오 四'復有'下는 明其眷屬이니 萬行皆順忍故니라
二는 敬이오 三은 問이니 並可知니라

(1) 친견한 부분은 4단락이다.

① 밖으로 의보를 보았고,

② 선지식의 정보가 단정하여 사람들이 좋아하는 몸이란 인욕의 과보 때문이며, 하얀 옷 등이란 인욕의 화려한 꾸밈 때문이며,

③ '於其宅' 이하는 내면의 의보를 보았고,

④ '復有' 이하는 그 권속을 밝혔다. 모든 행이 모두 인욕을 따르기 때문이다.

'(2) 공경의 마음으로 절을 올림'과 '(3) 법의 요체를 물음' 부분은 모두 말하지 않아도 알 수 있다.

第三正示法界

於中二니

初는 擧法門名體니 器中出物은 興福無盡故오 稱法界福之所招故니라

後能於如是下는 辨業用中三이니

初는 正顯業用이오 次는 令見同益이오 三은 使其目驗이라

3. 바로 법계를 보여주다

이는 2단락이다.

⑴ 법문의 명제 자체를 들어 말하였다. 그릇에 물건이 나오는 것은 복덕의 일어남이 그지없기 때문이며, 법계에 걸맞은 복덕을 불렀기 때문이다.

⑵ '能於如是' 이하는 業用을 논변한 부분으로 3단락이다.

㈀ 바로 하는 일과 작용을 밝혔고,

㈁ 똑같은 이익을 보도록 함이며,

㈂ 그로 하여금 직접 징험하도록 함이다.

|經|

彼卽告言하사대 善男子야 我得菩薩無盡福德藏解脫門하야 能於如是一小器中에 隨諸衆生의 種種欲樂하야 出生種種美味飮食하야 悉令充滿하며 假使百衆生과 千衆生과 百千衆生과 億衆生과 百億衆生과 千億衆生과

百千億那由他衆生과 **乃至不可說不可說衆生**과 **假使 閻浮提微塵數衆生**과 **一四天下微塵數衆生**과 **小千世 界**와 **中千世界**와 **大千世界**와 **乃至不可說不可說佛刹 微塵數衆生**과 **假使十方世界一切衆生**이라도 **隨其欲樂** 하야 **悉令充滿**호되 **而其飮食**은 **無有窮盡**하고 **亦不減少** 하니

如飮食하야 **如是種種上味**와 **種種牀座**와 **種種衣服**과 **種 種臥具**와 **種種車乘**과 **種種華**와 **種種鬘**과 **種種香**과 **種 種塗香**과 **種種燒香**과 **種種末香**과 **種種珍寶**와 **種種瓔 珞**과 **種種幢**과 **種種幡**과 **種種蓋**와 **種種上妙資生之具**로 **隨意所樂**하야 **悉令充足**이로라

구족우바이가 말하였다.

"선남자여, 나는 보살의 그지없는 복덕장 해탈문을 얻어서, 이처럼 작은 그릇에서 중생의 가지가지 원하는 것, 좋아하는 것을 따라서 가지가지 맛좋은 음식을 내어 모두 배부르게 하였다.

가령 백 중생, 천 중생, 백천 중생, 억 중생, 백억 중생, 천억 중생, 백천억 나유타 중생 내지 말할 수 없이 말할 수 없는 중생, 가령 염부제 티끌 수 중생, 하나의 사천하 티끌 수 중생, 소천세계, 중천세계, 대천세계, 내지 말할 수 없이 말할 수 없는 세계의 티끌 수 중생, 시방세계의 일체중생이라도 그들의 원하는 것, 좋아하는 것을 따라서 모두 배부르게 하되, 그 음식은 다함이 없고 또한 줄어들지도 않는다.

음식이 그러한 것처럼 가지가지 좋은 맛, 가지가지 평상과 자리, 가지가지 의복, 가지가지 이부자리, 가지가지 수레, 가지가지 꽃, 가지가지 화만, 가지가지 향, 가지가지 바르는 향, 가지가지 사르는 향, 가지가지 가루 향, 가지가지 보배, 가지가지 영락, 가지가지 당기, 가지가지 번기, 가지가지 일산, 가지가지 최상의 살림살이로 그들의 마음에 좋아하는 바를 따라서 모두 만족케 해주었다.

● 疏 ●

前中三이니

初는 益衆生이오 次는 益二乘이오 後는 益菩薩이라

今初 亦三이니

初는 總明이니 以是稱性之具일새 卽一小器 融同法界하야 無盡緣起故로 用無不應하고 應無不益이로되 而其法界 體無增減이라 又 表忍必自卑故小오 法忍同如一味 爲一이오 內空外假 爲器오 忍能包含無外일새 故隨出無盡이라

次出生下는 別明出味오

後如是飮食下는 擧一例餘니라【鈔 又表忍必自卑下는 上直約善友依報釋이어니와 此下는 約表位釋이니 忍必謙卑하야 卑而不可逾일새 故小而大容이라 上通二忍하니 法忍同如는 卽諦察法忍이라 內空外假者는 埏埴以爲器에 當其無하야 有器之用이니 卽假能用이오 卽空能大하야 無有不成於空故니라 故因外假而內有所用이니 有之以爲利하고 無之以爲用이라하니 無空不成於假故로 空能

多容此二·無二의 中道器'也니라】

앞부분은 3단락이다.

① 중생의 이익,

② 이승의 이익,

③ 보살의 이익이다.

'① 중생의 이익' 또한 3가지이다.

㉠ 총체로 밝혔다. 이는 법성에 걸맞은 도구이기에, 하나의 작은 그릇이 법계와 똑같아서 그지없는 인연이 일어나는 것이다. 이 때문에 작용이 응하지 않음이 없고, 응함에 이익이 되지 않음이 없으나, 그 법계의 본체는 더함도 줄어듦도 없다.

또한 인욕은 반드시 자신을 낮추기에 '작다[小]'고 하며,

法忍이 진여와 똑같이 하나임을 '一小器'의 '하나[一]'라 하고,

안으로는 비어 있고 밖으로 빌려 있음을 '그릇[器]'이라 하고,

인욕이 바깥이 없는 지극히 큰 것[至大無外]을 모두 포함하기에 '따라서 나옴이 그지없음[隨出無盡]'을 나타낸 것이다.

㉡ '出生' 이하는 나오는 맛을 개별로 밝혔고,

㉢ '如是飮食' 이하는 하나를 들어 나머지를 예로 밝혔다.【초_ "또한 인욕은 반드시 자신을 낮춘다." 이하는 위에서는 선지식의 의보만을 들어 해석하였을 뿐이지만, 이 아래에서는 지위를 나타내는 것으로 해석하였다.

'인욕'은 반드시 스스로 낮추는 것이다. 자신의 몸을 낮추되 그를 넘어서지 못하기에 작지만 큰 것을 용납하는 것이다.

위는 2가지 법인에 통한다. "법인이 진여와 같다."는 것은 법인을 살핌이다.

'內空外假'란 흙을 반죽하여 그릇을 만듦에 그 빈자리[無]에 그릇의 작용이 있다. 임시 빌린 그릇의 존재에 나아가 작용의 주체가 되고, 그 빈자리에 나아가 큰 것을 포용하여, 有의 존재가 없으면 空이 이뤄지지 못하기 때문이다.

그러므로 바깥의 임시 빌린 그릇의 존재를 인하여 내면에 용도가 있다. 노자가 이르기를, "有로써 利를 삼고, 無로써 用을 삼는다."고 하니, 空이 없으면 假를 이루지 못하기 때문에 空이란 이처럼 '二와 無二의 中道 그릇'을 용납함이 많다.】

經

又善男子야 假使東方一世界中에 聲聞獨覺이라도 食我食已에 皆證聲聞辟支佛果하야 住最後身하며 如一世界中하야 如是百世界와 千世界와 百千世界와 億世界와 百億世界와 千億世界와 百千億世界와 百千億那由他世界와 閻浮提微塵數世界와 一四天下微塵數世界와 小千國土微塵數世界와 中千國土微塵數世界와 三千大千國土微塵數世界와 乃至不可說不可說佛刹微塵數世界中에 所有一切聲聞獨覺이라도 食我食已에 皆證聲聞辟支佛果하야 住最後身하나니 如於東方하야 南西北方과 四維上下도 亦復如是하니라

又善男子야 東方一世界와 乃至不可說不可說佛刹微塵數世界中에 所有一生所繫菩薩이 食我食已에 皆菩提樹下에 坐於道場하야 降伏魔軍하고 成阿耨多羅三藐三菩提하나니 如東方하야 南西北方과 四維上下도 亦復如是하니라

또한 선남자여, 가령 동방의 한 세계에 있는 성문과 독각이 나의 음식을 먹으면 모두 성문과 벽지불의 과위(果位)를 증득하여 다시는 생사의 윤회를 받지 않는 최후의 몸에 머물며,

하나의 세계가 그런 것처럼 백 세계, 천 세계, 백천 세계, 억 세계, 백억 세계, 천억 세계, 백천억 세계, 백천억 나유타 세계, 염부제 티끌 수 세계, 하나의 사천하 티끌 수 세계, 소천 국토 티끌 수 세계, 중천 국토 티끌 수 세계, 삼천 대천 국토 티끌 수 세계, 내지 말할 수 없이 말할 수 없는 세계의 티끌 수 세계에 있는 일체 성문과 연각이 나의 음식을 먹으면 모두 성문과 벽지불의 과위를 증득하여 다시는 생사의 윤회를 받지 않는 최후의 몸에 머물게 된다.

동방의 세계에서 그런 것처럼 남방, 서방, 북방과 네 간방과 상방, 하방도 그와 같다.

또한 선남자여, 동방의 한 세계, 내지 말할 수 없이 말할 수 없는 세계의 티끌 수 세계에 있는 일생보처(一生補處) 보살이 나의 음식을 먹으면 모두 보리수 아래, 도량에 앉아 마군을 항복 받고 아뇩다라삼먁삼보리를 성취하게 된다.

동방의 세계가 그런 것처럼 남방, 서방, 북방과 네 간방과 상방,

하방 또한 그와 같다."

● 疏 ●

二는 明益二乘이니 二乘은 雖不立忍名이나 亦忍盡無生理라야 方成果故니라

三又善男子東方下는 益菩薩이니 約事인댄 如受於乳糜오 約法인댄 謂贊上品寂滅之忍하야 得菩提故니 淨名香積이 與此大同이라

【鈔_ 約事如受乳糜者는 即世尊初成道에 受二牧牛女乳糜는 亦如前引이라

約法食上品寂滅忍者는 上品은 屬佛故니 如十忍品이니 淨名香積이 與此大同이니 謂受食已에 得聖果等故니라

然淨名에 有二處文하니

一은 香積品中에 取飯來竟에 維摩詰이 語舍利弗等諸大聲聞하사대 仁者여 可食이니 如來의 甘露味飯은 大悲所熏이라 無以限意로 食之하야 使不消也니라

生公이 釋云以其向念일새 故教食也오 亦欲因以食之爲理니 泥洹은 是甘露之法이라 而食此食者는 必以得之니라 故飯中에 有甘露味焉이니라 大悲所熏者는 使人得悟하야 爲外熏義니 豈曰食能大悲力焉이리오 然則飯之爲氣는 大悲熏也니라 無以限意者는 飯出以果名因으로 爲甘露味니 未言食卽表於涅槃이로되 若卽食爲涅槃理는 義則善成矣라

二는 大悲는 卽無限矣어늘 而限言少者는 則不消也니라

釋曰 此乃以悲熏食하야 得涅槃果니

菩薩行品에 因淨名文殊 禮覲世尊하야 阿難이 怪問호되 今所聞
香은 昔所未有라 是爲何香이닛가

佛言하사되 是彼菩薩의 毛孔之香이니라

身子亦言호되 我等의 毛孔도 亦出是香이니다

問其從來한대 云食是香飯이니라

阿難이 問云是香氣는 住當久如오

維摩詰言호되 至此飯消니라

曰 久如當消아

曰 此飯勢力은 至于七日이라사 然後乃消니다

又阿難이여 若聲聞人이 未入正位하야 食此飯者는 得入正位하고
已入正位는 得心解脫하고 若未發大乘意면 至發意하고 已發意면
得無生忍하고 已得無生忍은 至一生補處라야 然後乃消니라 譬如
有藥하니 名曰上味라 其有服者는 身諸毒滅이라야 然後乃消인달하야
此飯도 如是하야 滅除一切諸煩惱毒이라야 然後乃消니라하니

疏廣釋相意라

問云香飯은 是色法이어늘 云何斷惑고

遠公이 釋云 由大悲香飯의 不思議力일세 所以能斷이니 如輪王
有一寶牀하니 聖王居上이면 卽能離欲하야 逮得四禪이로되 玉女는
雖見이나 如覩佛像하야 不生欲心이온 況佛菩薩所受境界아

如華手經에 說호되 菩薩이 有一照法性冠하니 著此冠時에 一切諸
法이 悉現在心하나니 諸事도 亦爾니라

楷師 釋云雖有此釋이나 道理不然이라 豈有色法이 性能斷惑이리오 但以香飯으로 資發觀智하야 能斷煩惱요 非是食體 卽能斷惑이니라 釋曰 此諸古德意는 竝未愜當이라 且約勝緣으로 以解香飯인댄 不知香飯 以表法門이라 生公이 稍近於理라 故云七日消者는 不過 七日이니 一生補處는 卽七日之內에 必有所得矣라 然一食之悟도 亦不得有二階進也니라

止一生補處者는 顯佛無因得也니 無生菩薩과 及正位之人이 豈得假外라야 方得進哉리오만은 而今云爾者는 以明此飯으로 爲宣理之極備하야 有其義焉이니라

釋曰 此는 以有表理意也라 然淨名中食意는 通理智大悲요 甘露味飯은 卽三德涅槃이니 涅槃經中에 亦以涅槃으로 將喩甘露하고 其飯香氣는 卽表大悲니 從體起用이 熏衆生故니라 今此寄位는 故表於忍이니 忍通五忍하야 無法不攝이니 能忍은 是智요 所忍은 是理라 廣說利他면 大悲熏也니라 然淨名에 云得忍則消라하니 亦該五忍之意니 不爲此釋이면 殊爲淺近이니라】

　② 이승의 이익을 밝혔다. 이승은 비록 인욕의 명제를 내세우지 않으나 또한 無生의 이치를 참고 다하여야 바야흐로 과위를 이루기 때문이다.

　③ '又善男子東方' 이하는 보살의 이익을 밝혔다. 현상의 일로 말하면 타락죽을 받음과 같고, 법으로 말하면 최상의 적멸 법인을 먹으면서 보리지혜를 얻음에 이른 때문이다. 유마경의 香積佛品에서 말한 바와 크게는 같다.【초_ "현상의 일로 말하면 타락죽을

받음과 같다."는 것은 세존이 처음 成道한 후에 소를 치는 난타와 난타바라 두 여인이 건네주는 타락죽을 받아 드셨음은 또한 앞에서 인용한 바와 같다.

"법으로 말하면 최상의 적멸 법인을 먹었다."는 최상의 상품이란 부처에 속하기 때문이다. 이는 十忍品에서 말한 바와 같으니, 유마경 향적불품에서 말한 바와 크게는 같다. 타락죽을 받아 드시고 佛果 등을 얻었기 때문이다.

그러나 유마경에는 2곳의 문장이 있다.

첫째, 향적불품에서 말하였다.

식사를 마치자, 유마힐이 사리불 등 여러 성문보살에게 말하였다.

"거룩하신 이여, 먹을 만한 음식입니다. 여래의 감로 맛의 밥은 대비로 익힌 바라, 한량없는 뜻으로 밥을 먹고서 소화를 시키지 않습니다."

道生 스님의 이에 대한 해석은 다음과 같다.

"그 지향하는 생각 때문에 먹도록 가르친 것이며, 또한 인하여 이를 먹는 것으로 이치를 삼고자 한다. 열반은 감로의 법이다. 이 음식을 먹는 자는 반드시 이를 얻을 수 있다. 이 때문에 밥에 감로의 맛이 있는 것이다.

'대비로 익힌 바'라는 것은 사람으로 하여금 깨달음을 얻도록 하는 것으로 外熏의 의의를 삼기 때문이다. 어떻게 먹는 자체가 대비의 힘이라 말할 수 있겠는가. 그렇다면 밥이라는 기운은 대비의 마음으로 익힌 것이다.

'한량없는 뜻'이라는 것은 밥이 나옴에 결과로써 원인을 이름하여 감로의 맛이라고 말한 것이지, 먹는 것이 바로 열반을 나타낸 것이라는 말은 아니다. 그러나 만약 먹는 것으로 열반할 수 있다는 이치를 삼은 것은 그 뜻만큼은 잘 이뤄진 것이다.

둘째, 大悲는 한량이 없는데 적다는 것으로 한정 지어 말한 것은 소화되지 않기 때문이다.

이에 대한 해석은 다음과 같다.

이는 대비로 음식을 익혀 열반의 과위를 얻은 것이다.

보살행품에서 말하였다.

유마거사와 문수가 세존을 찾아뵈었을 적에 아난이 괴이쩍게 생각하여 여쭈었다.

"지금 풍기는 향기는 예전에 없었던 것입니다. 이는 무슨 향기입니까?"

부처님께서 말씀하셨다.

"이는 중향국 보살들의 모공에서 나오는 향기이다."

사리불 또한 말하였다.

"우리의 모공에서도 그 향기가 나옵니다."

그 향기는 어디에서 유래한 것인가를 묻자,

"향기로운 밥을 먹은 데서 생겨난 것이다."

아난이 유마거사에게 물었다.

"이 향기는 얼마나 오래갑니까?"

유마거사가 말하였다.

"이 밥이 소화될 때까지 갑니다."

"얼마나 오래 있어야 소화가 됩니까?"

"이 밥의 힘은 이레를 지나서야 그 후에 소화됩니다.

또한 아난이여, 만약 성문인이 아직 바른 지위에 들어가지 못할 적에 이 밥을 먹으면 바른 지위에 들어가야만 그 후에 소화될 것이며, 이미 바른 지위에 들어간 이는 마음의 해탈을 얻어야만 그 후에 소화될 것이며,

만약 대승의 뜻을 일으키지 못한 이는 발심을 해야 소화되고, 이미 발심을 했으면 무생법인을 얻어야 그 후에 소화되며, 이미 무생법인을 얻었으면 일생보처에 이르러야 그 후에 소화될 것입니다.

비유하면, '최상의 맛[上味]'이라는 약이 있는데, 그 약을 먹으면 몸의 모든 독이 없어져야 그 후에 소화되는 것처럼 이 밥 또한 그와 같습니다. 일체 번뇌의 독을 모두 없애야 그 후에 소화되는 것입니다."

청량소에서 현상의 일로 말한 뜻을 자세히 해석하였다.

어떤 이가 물었다.

"향기로운 밥이란 현상계의 법인데 어떻게 내면의 미혹을 끊어줄 수 있는 것일까?"

혜원법사가 이에 대해 해석하였다.

"대비로 만들어진 향기로운 밥의 힘은 불가사의하다. 이 때문에 미혹을 끊을 수 있다. 예컨대 전륜왕에게 하나의 보배 평상이

있는데, 슬기로운 왕이 그 평상 위에 앉으면 바로 욕심을 여의어 四禪을 얻지만, 玉女는 비록 평상을 볼지라도 마치 불상을 보는 것처럼 욕심이 생겨나지 않는다. 하물며 제불보살이 받은 바위 경계야 오죽하겠는가.

이는 화수경에서 말한 바와 같다.

'보살에게 법성을 비춰보는 하나의 보관이 있는데, 이 보관을 쓸 적에 일체 모든 법이 모두 마음에 나타난다고 한다. 모든 일 또한 그와 같다.'"

楷 스님은 이에 대해 해석하였다.

"이런 해석이 있기는 하지만 도리는 그렇지 않다. 어떻게 현상의 법이 그 자체로 미혹을 끊어줄 수 있겠는가. 다만 향기로운 밥으로써 관조의 지혜를 일으키는 데에 도움이 되어 번뇌를 끊을 수 있다는 것이지. 음식 자체가 미혹을 끊어주는 것은 아니다."

이에 대한 해석은 다음과 같다.

"이처럼 여러 옛 스님이 말한 뜻은 모두 타당하지 못하다. 또한 수승한 인연을 들어 향기로운 밥을 해석하면, 향기로운 밥은 법문을 나타낸 것임을 알지 못한 것이다. 도생 스님의 말이 조금 이치에 가깝다.

따라서 이레 만에 소화된다는 것은 이레에 지나지 않는다. 일생보처는 곧 이레 안에 반드시 얻을 수 있다. 그러나 한 식경에 얻는 깨달음 또한 2단계를 건너뛰어 나갈 수는 없다."

'일생보처에 머문다.'는 것은 부처의 자리는 인연으로 얻어짐이 없음을 나타낸 것이다. 無生의 보살 및 바른 지위의 사람이 어찌 바깥의 것을 빌려야 비로소 나아갈 수 있겠는가. 그럼에도 여기에서 이처럼 말한 것은 이 밥으로 이치가 지극히 갖춰져 있음을 나타내기 위하여 그런 의의를 말한 것이다.

이에 대한 해석은 다음과 같다.

이는 이치를 밝힌 뜻이다. 그러나 유마경에서 말한 밥의 뜻은 理智大悲를 모두 들어 말하였고, 감로 맛의 밥은 三德 열반이다. 열반경에서 또한 열반으로 감로를 비유하였고, 그 밥의 향기는 大悲를 나타냈다. 본체에서 작용을 일으킴이 중생을 薰陶하기 때문이다.

여기에서 붙여 말한 지위는 인욕을 나타낸 것이다. 인욕은 五忍[伏忍, 信忍, 順忍, 無生忍, 寂滅忍]에 통하여 어느 법이든 받아들이지 않은 게 없다. 인욕의 주체는 지혜이고, 인욕의 대상은 이치이다. 자세히 이타행을 말하면 大悲로 이뤄진 것이다. 그러나 유마경에서 "참으면 소화가 된다."고 하니, 이 또한 五忍의 뜻을 갖추고 있다. 이렇게 해석하지 않으면 매우 깊이가 없는 말이다.〕

二 令見同益
三 '且待'下는 令其目驗

 (ㄴ) 똑같은 이익을 보도록 하다

 (ㄷ) '且待' 이하는 그로 하여금 직접 징험하도록 하다

善男子야 汝見我此十千童女眷屬已不아 答言已見이니이다

優婆夷 言하사대 善男子야 此十千童女로 而爲上首하야 如是眷屬百萬阿僧祇 皆悉與我로 同行이며 同願이며 同善根이며 同出離道며 同淸淨解며 同淸淨念이며 同淸淨趣며 同無量覺이며 同得諸根이며 同廣大心이며 同所行境이며 同理며 同義며 同明了法이며 同淨色相이며 同無量力이며 同最精進이며 同正法音이며 同隨類音이며 同淸淨第一音이며 同讚無量淸淨功德이며 同淸淨業이며 同淸淨報며 同大慈周普하야 救護一切며 同大悲周普하야 成熟衆生이며 同淸淨身業이 隨緣集起하야 令見者欣悅이며 同淸淨口業이 隨世語言하야 宣布法化며 同往詣一切諸佛衆會道場이며 同往詣一切佛刹하야 供養諸佛이며 同能現見一切法門이며 同住菩薩淸淨行地니라

善男子야 是十千童女 能於此器에 取上飮食하야 一刹那頃에 徧至十方하야 供養一切後身菩薩과 聲聞獨覺하며 乃至徧及諸餓鬼趣하야 皆令充足이니라

善男子야 此十千女 以我此器로 能於天中에 充足天食하며 乃至人中에 充足人食이니라

善男子야 且待須臾하라 汝當自見하리라

說是語時에 善財 則見無量衆生이 從四門入하니 皆優

婆夷의 **本願所請**이라 **旣來集已**에 **敷座令坐**하고 **隨其所須**하야 **給施飮食**하야 **悉使充足**하니라

"선남자여, 그대는 나의 이 십천 동녀를 보았는가?"

"보았습니다."

우바이가 말하였다.

"선남자여, 이 십천 동녀로 상수제자를 삼은 것처럼, 이와 같이 아승지 권속들이 모두 나와 수행이 같고, 서원이 같고, 선근이 같고, 삼계를 벗어난 도가 같고, 청정한 이해가 같고, 청정한 생각이 같고, 청정한 길이 같고, 한량없는 깨달음이 같고, 모든 감관 얻음이 같고, 광대한 마음이 같고, 행하는 바의 경계가 같고, 이치가 같고, 뜻이 같고, 분명히 아는 법이 같고, 청정한 색상이 같고, 한량없는 힘이 같고, 최고의 정진이 같고, 바른 법의 음성이 같고, 부류를 따르는 음성이 같고, 청정하고 제일가는 음성이 같고, 한량없이 청정한 공덕을 찬탄함이 같고, 청정한 업이 같고, 청정한 과보가 같고, 크게 인자함이 두루 하여 모든 것을 구호함이 같고, 크게 가엾이 여김이 두루 하여 중생들을 성숙시킴이 같고, 청정한 몸의 업이 연을 따라 모은 것이 보는 이를 기쁘게 함이 같고, 청정한 입의 업으로 세상의 말을 따라서 법으로 교화함이 같고, 일체 부처님의 대중이 모인 도량에 나아감이 같고, 일체 부처님 세계에 나아가 부처님께 공양함이 같고, 일체 법문을 나타내 보임이 같고, 보살의 청정한 행에 머묾이 같다.

선남자여, 이 십천 동녀가 이 그릇에 가장 좋은 음식을 담아 한

찰나의 사이에 시방을 두루 찾아가, 다시 생사의 윤회로 최후의 몸을 받은 일체 보살, 성문, 독각에게 공양하고, 내지 여러 아귀 세계까지 모두 배불리 먹도록 하였다.

선남자여, 이 십천 동녀가 나의 이 그릇으로 천상계에서는 하늘의 음식을 배불리 먹도록 하였고, 인간계에서는 사람의 음식을 배불리 먹도록 하였다.

선남자여, 잠깐만 기다려라. 그대가 스스로 보게 될 것이다."

이런 말을 할 적에 선재는 한량없는 중생이 사방의 문으로 들어오는 것을 보았다. 모두 우바이의 본래 서원으로 청한 것이다.

오는 대로 자리를 펼쳐 앉게 하고, 그들이 달라는 대로 음식을 주어 그들을 배부르게 하였다.

● 疏 ●

可知니라

이는 설명하지 않아도 알 수 있다.

經

告善財言하사대 善男子야 我唯知此無盡福德藏解脫門이어니와 如諸菩薩摩訶薩은 一切功德이 猶如大海하야 甚深無盡하며 猶如虛空하야 廣大無際하며 如如意珠하야 滿衆生願하며 如大聚落하며 所求皆得하며 如須彌山하야 普集衆寶하며 猶如奧藏하야 常貯法財하며 猶如明燈하야

421

破諸黑暗하며 **猶如高蓋**하야 **普蔭群生**하나니 **而我云何能
知能說彼功德行**이리오

선재동자에게 말하였다.

"선남자여, 나는 오직 이 그지없는 복덕장 해탈문을 알 뿐이지만,
저 보살마하살은 일체 공덕이 큰 바다와 같아서 그지없이 깊고,
허공과 같아서 끝이 없이 광대하며,
여의주와 같아서 중생의 소원을 만족케 하고,
큰 마을과 같아서 구하는 바를 모두 얻으며,
수미산과 같아서 모든 보배가 두루 모이고,
깊숙한 고방과 같아서 법의 재물을 항상 쌓아 두며,
밝은 등불과 같아서 어둠을 깨뜨리고,
높은 일산과 같아서 많은 중생을 가려주고 있다.
내가 그런 공덕을 어떻게 알며, 어떻게 말할 수 있겠는가.

善男子야 **南方**에 **有城**하니 **名曰大興**이오
彼有居士하니 **名曰明智**니
汝詣彼問호되 **菩薩**이 **云何學菩薩行**이며 **修菩薩道**리잇고
하라
時에 **善財童子 頂禮其足**하며 **遶無量匝**하며 **瞻仰無厭**하
고 **辭退而去**하니라

선남자여, 남쪽에 성이 있는데, 그 이름을 '대흥성'이라 한다.
그곳에 거사가 있는데, 그 이름을 '명지'라 한다.

그대는 그를 찾아가 '보살이 어떻게 보살의 행을 배우며, 보살의 도를 닦는가.'를 묻도록 하라."

그때, 선재동자는 그의 발에 절하고 한량없이 돌고 우러러 사모하면서 싫어할 줄 모르고, 하직하고서 떠나갔다.

◉ 疏 ◉

後三段은 文竝可知니라

뒤의 3단락[謙己推勝, 指示後友, 戀德禮辭]의 경문은 모두 설명하지 않아도 알 수 있다.

◉ 論 ◉

以一小器所施飮食으로 徧周無限衆生하야 皆充飽者는 明器雖量小나 約以法界智施로 入因陀羅網門일새 小含無盡이며 又加法界智願力廣大之心하야 以一微塵許之食으로 令十方一切所生衆生으로 食之充足호대 元來不減毫釐니 以一微塵之食이 卽法界量이라 無裏外中邊限所礙故오 法門名菩薩福德藏者는 明施願廣大也라

此是第三無違逆行이니 以忍波羅蜜로 爲主오 餘九로 爲伴이라 約智門中인댄 十行을 五位通修이니와 約位門中인댄 以忍爲體니 以忍爲小器하야 無行不具足故며 以謙無不利故니라

하나의 작은 그릇으로 베푼 음식이 한량없는 중생에게 두루 미쳐 모두 배부르도록 하였다는 것은 그릇의 양이 작긴 하지만 법

계 지혜의 보시로 인드라 법문에 들어감을 들어 말한 것이다.

이 때문에 작은 것으로 그지없이 포함하고, 또 법계 지혜의 원력이 광대한 마음을 더하여 하나의 미진만큼 작은 음식으로써 시방 일체에 살고 있는 중생을 모두 먹여서 충족시키면서도 원래 털 끝만큼도 줄어들지 않는다.

이는 하나의 미진만큼 작은 음식이 곧 법계와 같은 양이다. 안과 밖, 중간과 변두리라는 한계의 장애가 없음을 밝힌 것이며, 법문의 명칭이 '보살의 복덕장'이란 보시의 서원이 광대함을 밝힌 것이다.

이는 제3 무위역행이다. 인욕바라밀로 주체를 삼고, 나머지 9가지로 객체를 삼는다. 지혜 법문으로 말하면 십행을 5위에 통틀어 닦지만, 지위 법문으로 말하면 인욕으로 본체를 삼는다.

인욕이 하나의 작은 그릇이 되어 행마다 넉넉하지 않음이 없기 때문이며, 겸손하여 이롭지 않음이 없기 때문이다.

第四 明智居士 寄無屈撓行【鈔_ 寄無屈撓行者는 勤無怠退故니라】
初 依教趣求

제4. 명지거사, 무굴요행 선지식【초_ 무굴요행에 붙여 말한 것은 부지런하여 물러섬이 없기 때문이다.】

1. 가르침을 따라 선지식을 찾아가 법을 구하다

爾時에 善財童子 得無盡莊嚴福德藏解脫光明已에 思惟彼福德大海하며 觀察彼福德虛空하며 趣彼福德聚하며 登彼福德山하며 攝彼福德藏하며 入彼福德淵하며 遊彼福德池하며 淨彼福德輪하며 見彼福德藏하며 入彼福德門하며 行彼福德道하며 修彼福德種하고 漸次而行하니라
至大興城하야 周徧推求明智長者할새
於善知識에 心生渴仰하며
以善知識으로 熏習其心하며
於善知識에 志欲堅固하며
方便求見諸善知識하야 心不退轉하며
願得承事諸善知識하야 心無懈倦하며
知由依止善知識故로 能滿衆善하며
知由依止善知識故로 能生衆福하며
知由依止善知識故로 能長衆行하며
知由依止善知識故로 不由他教하고 自能承事一切善友하야
如是思惟時에 長其善根하며 淨其深心하며 增其根性하며 益其德本하며 加其大願하며 廣其大悲하며 近一切智하며 具普賢道하며 照明一切諸佛正法하며 增長如來十力光明하니라

그때, 선재동자는 그지없는 장엄 복덕장 해탈의 광명을 얻고서,

우바이의 복덕이 큰 바다와 같음을 생각하고,

우바이의 복덕이 허공과 같음을 관찰하며,

우바이의 복덕 무더기에 나아가고,

우바이의 복덕 산에 오르며,

우바이의 복덕 창고를 받아들이고,

우바이의 복덕 깊은 연못에 들어가며,

우바이의 복덕의 연못에 노닐고,

우바이의 복덕 바퀴를 청정히 하며,

우바이의 복덕 창고를 보고,

우바이의 복덕 문에 들어가며,

우바이의 복덕 길에 다니고,

우바이의 복덕 종자를 닦으면서

차츰차츰 걸어 대흥성에 이르러 명지거사를 두루 찾을 적에,

선지식에게 갈망하는 마음을 내고,

선지식으로 그의 마음을 훈습하며,

선지식을 가까이하려는 뜻이 견고하고,

방편으로 선지식을 친견하려는 마음이 물러서지 않으며,

선지식을 섬기려는 마음이 게으르지 않고,

선지식을 의지하므로 모든 선이 원만함을 알며,

선지식을 의지하므로 모든 복이 생겨남을 알고,

선지식을 의지하므로 모든 행이 증장함을 알며,

선지식을 의지하므로 다른 이의 가르침을 받지 않고 스스로

일체 선지식을 섬기게 되는 줄을 알았다.

　이렇게 생각할 때에 그 선근을 키워가고,

　깊은 마음을 청정히 하며,

　근성을 증장케 하고,

　덕의 근본을 더하며,

　큰 소원을 더하고,

　큰 자비가 넓어지며,

　일체 지혜에 가깝고,

　보현의 도를 갖추며,

　일체 부처님의 바른 법을 밝게 비추고,

　여래의 열 가지 힘의 광명이 증장하였다.

● 疏 ●

趣求中에 初는 依前修治요 後漸次下는 趣求後友니라
城名大興者는 起大精進故요 友名明智者는 進足必假智目導故니라

　선지식을 찾아가 법을 구한 부분에 첫째는 앞의 선지식에 의지하여 닦음이며,

　뒤의 '漸次' 이하는 뒤의 선지식을 찾아가 법을 구함이다.

　성의 이름을 '대흥'이라 말한 것은 큰 정진을 일으켜주기 때문이며,

　선지식의 이름을 '명지'라 말한 것은 걸어 나가는 데에 반드시

지혜 눈의 인도를 빌려야 하기 때문이다.

第二 見敬諮問

2. 친견하여 절을 올리고 법을 묻다

經

爾時에 善財 見彼居士 在其城內市四衢道七寶臺上하
야 處無數寶莊嚴之座하니
其座妙好하야 淸淨摩尼로 以爲其身하고 金剛帝靑으로
以爲其足하며 寶繩交絡하고 五百妙寶로 而爲校飾하며
敷天寶衣하고 建天幢旛하며 張大寶網하고 施大寶帳하며
閻浮檀金으로 以爲其蓋하고 毘瑠璃寶로 以爲其竿하야
令人執持하야 以覆其上하며 鵝王羽翮의 淸淨嚴潔로 以
爲其扇하며 熏衆妙香하고 雨衆天華하며 左右常奏五百
樂音호되 其音美妙 過於天樂하야 衆生聞者 無不悅豫하
며 十千眷屬이 前後圍遶호되 色相端嚴하야 人所喜見이
며 天莊嚴具로 以爲嚴飾하야 於天人中에 最勝無比하며
悉已成就菩薩志欲하야 皆與居士로 同昔善根이라 侍立
瞻對하야 承其敎命이어늘
爾時에 善財 頂禮其足하며 遶無量匝하며 合掌而立하야
白言호되 聖者여

我爲利益一切衆生故며
爲令一切衆生으로 出諸苦難故며
爲令一切衆生으로 究竟安樂故며
爲令一切衆生으로 出生死海故며
爲令一切衆生으로 住法寶洲故며
爲令一切衆生으로 枯竭愛河故며
爲令一切衆生으로 起大慈悲故며
爲令一切衆生으로 捨離欲愛故며
爲令一切衆生으로 渴仰佛智故며
爲令一切衆生으로 出生死曠野故며
爲令一切衆生으로 樂諸佛功德故며
爲令一切衆生으로 出三界城故며
爲令一切衆生으로 入一切智城故로 發阿耨多羅三藐三菩提心호니
而未知菩薩이 云何學菩薩行이며 云何修菩薩道하야 能爲一切衆生하야 作依止處리잇고

그때, 선재동자는 명지거사가 그 성내의 사거리 칠보대 위에서 무수한 보배로 장엄한 법좌에 앉아 있는 것을 보았다.

그 법좌가 훌륭하여 청정한 마니보배로 몸통을 삼았고, 금강제청보배로 다리를 삼았으며, 보배 노끈으로 두루 얽었고, 5백 가지 미묘한 보배로 장식하였으며, 하늘 보배 옷을 깔았고, 하늘 당기와 번기를 세웠으며, 큰 보배 그물을 펼쳐 위를 덮었고, 보배 휘

장을 둘러쳤으며, 염부단금으로 일산을 만들고, 비유리 보배로 일산대를 만들어 사람들이 이를 붙들고서 그 위를 받쳐주었다.

청정한 거위의 깃으로 부채를 만들었으며, 여러 미묘한 향을 풍기고, 여러 하늘 꽃을 뿌렸으며, 좌우에서는 언제나 5백 가지 음악을 연주하였는데, 그 아름답고 미묘한 소리가 하늘의 음악보다 더 훌륭하여, 듣는 이들이 모두 기뻐하지 않은 자가 없었다.

십천 권속이 앞뒤에 둘러섰는데, 그 모습이 단정하여 사람들이 그들을 보고서 좋아하였으며, 하늘의 장엄도구로 훌륭하게 꾸며서 하늘 사람 가운데 가장 뛰어나 비길 데가 없으며, 보살의 뜻을 이미 성취하여, 모두 명지거사와 예전의 선근이 같은 이들이라, 거사를 모시고 서서 우러르며 그 명을 받들었다.

그때, 선재동자가 그의 발에 엎드려 절하고 한량없이 돌고 합장하고 서서 여쭈었다.

"거룩하신 이여,

저는 일체중생의 이익을 위하여,

일체중생을 모든 고난에서 벗어나게 하기 위하여,

일체중생을 끝까지 안락하도록 하기 위하여,

일체중생을 생사의 바다에서 벗어나게 하기 위하여,

일체중생을 법의 보물섬에 머물도록 하기 위하여,

일체중생의 애욕 물결을 말려주기 위하여,

일체중생의 큰 자비심을 일으키도록 하기 위하여,

일체중생이 애욕을 버리도록 하기 위하여,

일체중생이 부처 지혜를 우러러보도록 하기 위하여,

일체중생이 생사의 거친 벌판에서 벗어나게 하기 위하여,

일체중생이 부처의 공덕을 좋아하게 하기 위하여,

일체중생이 삼계의 성에서 벗어나게 하기 위하여,

일체중생을 일체 지혜의 성에 들어가도록 하기 위하여,

아뇩다라삼먁삼보리심을 내었습니다.

그러나 보살이 어떻게 보살의 행을 배우며, 어떻게 보살의 도를 닦으며, 일체중생의 의지처가 될 수 있는지 모르겠습니다.”

● 疏 ●

諮問中에 先見於市四衢者는 表處喧不撓하야 無不通故니라 敬問은 可知니라

법의 요체를 묻는 부분에서 저자의 사거리를 먼저 본 것은 시끄러운 데에 머물면서도 흔들리지 않기에, 통하지 않음이 없음을 나타낸 까닭이다.

먼저 경의를 표하고, 뒤에 물음은 설명하지 않아도 알 수 있다.

第三 稱讚授法

3. 선재동자를 칭찬하면서 법을 전수하다

經

長者 告言하사대 善哉善哉라 善男子여 汝乃能發阿耨多羅三藐三菩提心이로다

善男子야 發阿耨多羅三藐三菩提心한 是人難得이니 若能發心하면 是人은 則能求菩薩行하야

値遇善知識호되 恒無厭足하며

親近善知識호되 恒無勞倦하며

供養善知識호되 恒不疲懈하며

給侍善知識호되 不生憂感하며

求覓善知識호되 終不退轉하며

愛念善知識호되 終不放捨하며

承事善知識호되 無暫休息하며

瞻仰善知識호되 無時憩止하며

行善知識教호되 未曾怠惰하며

稟善知識心호되 無有誤失이니라

善男子야 汝見我此衆會人不아

善財 答言호되 唯然已見이니이다

居士 言하사대 善男子야 我已令其發阿耨多羅三藐三菩提心하야

生如來家하야 增長白法하며

安住無量諸婆羅蜜하야 學佛十力하며

離世間種하고 住如來種하며

棄生死輪하며 轉正法輪하며
滅三惡趣하고 住正法趣하며
如諸菩薩하야 悉能救護一切衆生하노라

명지거사가 말하였다.

"훌륭하고 훌륭하다. 선남자여, 그대가 아뇩다라삼먁삼보리심을 내었구나.

선남자여, 아뇩다라삼먁삼보리심을 내는, 그런 사람을 만나기 어렵다.

만일 이런 마음을 내면, 그 사람은 보살행을 구하여,

선지식을 만나되 항상 싫어함이 없을 것이며,

선지식을 가까이하되 항상 게으름이 없을 것이며,

선지식을 공양하되 항상 고달프지 않을 것이며,

선지식을 시중하되 항상 근심을 내지 않을 것이며,

선지식을 찾되 끝까지 물러서지 않을 것이며,

선지식을 사랑하되 끝까지 버리지 않을 것이며,

선지식을 섬기되 잠시도 멈추지 않을 것이며,

선지식을 우러르되 그칠 때가 없을 것이며,

선지식의 가르침을 행하되 일찍이 게으르지 않을 것이며,

선지식의 마음을 받들되 그르침이 없을 것이다.

선남자여, 그대는 나의 대중법회의 사람들을 보았는가."

선재는 대답하였다.

"예, 봤습니다."

거사가 말하였다.

"선남자여, 나는 이미 그들로 하여금 아뇩다라삼먁삼보리심을 내도록 마련하여,

여래의 집안에 태어나 청정한 법을 증장하고,

한량없는 바라밀에 안주하여 부처의 열 가지 힘을 배우며,

세간의 종자를 여의고 여래의 종성에 머물며,

생사의 윤회를 버리고 바른 법륜을 굴리며,

삼악도를 없애고 바른 법의 세계에 머물며,

여러 보살과 같이 모두가 일체중생을 구제하였다.

◉ 疏 ◉

授法中三이니

初는 歎發心勝能이오

二 善男子汝見下는 示已所化 發心眷屬이라 生如來家者는 同四住中生也니라【鈔_ '同四住中生'者는 四住에 生聖教家하나니 以三賢十聖이 大類相似故로 前同四住하고 後同四地니라】

법을 전수한 부분은 3단락이다.

(1) 발심의 수승한 능력을 찬탄하였고,

(2) '善男子汝見' 이하는 이미 교화를 거쳐 발심한 권속을 보여주었다.

"여래의 집안에 태어남"이란 제4 생귀주 부분에서 태어남과 같다.【초_ "제4 생귀주 부분에서 태어남과 같다."는 것은 제4 생귀

주에서 성인의 가르침이 있는 집안에 태어난다고 하였다. 三賢과 十聖이 대체로 서로 유사하기에, 앞에서는 제4 생귀주와 같고 뒤로는 제4 염혜지와 같다.】

經

善男子야 我得隨意出生福德藏解脫門하야
凡有所須에 悉滿其願하니
所謂衣服瓔珞과 象馬車乘과 華香幢蓋와 飮食湯藥과 房舍屋宅과 牀座燈炬와 奴婢牛羊과 及諸侍使라 如是 一切資生之物을 諸有所須에 悉令充滿하며 乃至爲說眞實妙法이로라
善男子야 且待須臾하라 汝當自見하리라
說是語時에 無量衆生이 從種種方所와 種種世界와 種種國土와 種種城邑하야 形類各別하고 愛欲不同하야 皆以菩薩往昔願力으로 其數無邊이 俱來集會하야 各隨所欲하야 而有求請이어늘
爾時에 居士 知衆普集하시고 須臾繫念하야 仰視虛空에 如其所須하야 悉從空下하야 一切衆會 普皆滿足한 然後에 復爲說種種法하시니
所謂爲得美食而充足者하사 與說種種集福德行과 離貧窮行과 知諸法行과 成就法喜禪悅食行과 修習具足諸相好行과 增長成就難屈伏行과 善能了達無上食行과

成就無盡大威德力降魔寃行하며
爲得好飮而充足者하사 與其說法하야 令於生死에 捨離愛着하고 入佛法味하며
爲得種種諸上味者하사 與其說法하야 皆令獲得諸佛如來上味之相하며
爲得車乘而充足者하사 與其宣說種種法門하야 皆令得載摩訶衍乘하며
爲得衣服而充足者하사 與其說法하야 令得淸淨慚愧之衣와 乃至如來淸淨妙色하야
如是一切를 靡不周贍한 然後에 悉爲如應說法하시니 旣聞法已에 還歸本處하나라

 선남자여, 나는 마음대로 내는 복덕장 해탈문을 얻어, 모든 필요한 것은 모두 원하는 대로 만족스럽게 이뤄진다.

 이른바 의복, 영락, 코끼리, 말, 수레, 꽃, 향, 당기, 일산, 음식, 탕약, 방, 집, 평상, 등불, 하인, 소, 양, 많은 시중들이다.

 이와 같은 일체 살림살이에 필요한 물건들을 모두 필요한 대로 만족스럽게 해주며, 내지 진실한 법문까지 연설하였다.

 선남자여, 잠깐만 기다리도록 하라. 그대가 스스로 보게 될 것이다."

 이 말을 할 적에 한량없는 중생이 가지가지 방위, 가지가지 세계, 가지가지 국토, 가지가지 성읍으로부터 찾아오는데, 그 몸의 형체가 각기 다르고 좋아하는 것이 똑같지 않았지만, 보살의 과거 서

원의 힘으로 그지없는 중생들이 모두 찾아와 제각기 자기의 원하는 바를 따라 청하였다.

그때, 명지거사는 많은 중생이 모인 줄을 알고 잠깐 생각하면서 허공을 우러러보자, 그들의 필요로 하는 것들이 허공에서 내려와 일체 대중의 뜻을 모두 만족케 하였다.

그런 뒤에 다시 가지가지 법을 연설하였다.

이른바 아름다운 음식을 얻어 만족한 이를 위해서는 가지가지 복덕을 모으는 행, 빈궁을 여의는 행, 모든 법을 아는 행, 법의 기쁨과 선정의 즐거운 음식을 성취하는 행, 모든 거룩한 모습을 닦아 두루 만족스럽게 하는 행, 굴복하기 어려움을 증장하여 성취하는 행, 위없는 음식을 잘 통달하는 행, 그지없는 큰 위엄과 공덕의 힘을 성취하여 마군과 원수를 항복 받는 행을 말해주었고,

좋은 마실 것을 얻어 만족한 이를 위해서는 설법하여 생사에 애착을 버리고 부처의 법 맛에 들어가게 하였으며,

가지가지 좋은 맛을 얻은 이를 위해서는 설법하여 모두 부처님 여래의 최상의 맛의 양상을 얻게 하였고,

수레를 얻어 만족한 이를 위해서는 가지가지 법문을 말하여 마하연 수레를 타게 하였으며,

의복을 얻어 만족한 이를 위해서는 설법하여 청정한 부끄러움의 옷 내지 여래의 청정한 모습을 얻게 하였다.

이와 같이 모든 이를 만족케 한 뒤에 모두 당연히 설법해야 할 부분을 연설하였다. 법문을 들은 뒤에는 다시 본래의 땅으로 돌아갔다.

● 疏 ●

三은 正示法界라

於中二니 先은 擧名이니 財法無盡을 蘊在虛空하야 隨意給施일세 故名隨意出生福德藏이니 亦表見空 無不備故니라

後'凡有'下는 顯業用이니 於中二니 一은 畧擧오 二'善男子且待'下는 擧事現驗이니 於中에 先은 見衆集이오 後'爾時居士'下는 廣施財法이니 先은 施財오 後'然後'下는 施法이라

於施一食에 令成八行이니 初 二는 約施오 餘六은 約食이라

食有五果하니 一 得知諸法은 卽是慧命이오 二 得喜悅은 卽常安樂이오 三 具相好는 卽是常色이오 四는 六은 卽常力이오 五는 卽常辨이라

言'上味相'者는 牙有甘露泉故니라 餘可準思니라【鈔_ 食有五果者는 卽涅槃第二에 如來 告純陀云'我今施汝常命·色·力·安·無礙辨하노니 由施於食하야 益命 益色 益力 益安 益辯才故'니라 近得此五는 猶是無常이어니와 終得常五라하니 竝如廻向品中已釋이니 今此具配니라】

(3) 바로 법계를 보여주었다.

이는 2단락이다.

(ㄱ) 명제를 들어 말하였다. 재물과 법이 그지없음을 허공에 쌓아두었다가 마음에 따라 나눠주는 것이기에 그 이름을 '마음대로 내는 복덕장'이라 한다. 이 또한 허공에 갖춰져 있지 않음이 없음을 본 것을 나타낸 때문이다.

㈎ '凡有' 이하는 하는 일과 작용을 나타냈다.

이는 2단락이다.

첫째, 간략히 들어 말하였고,

둘째, '善男子且待' 이하는 현상의 일을 들어 실제의 증험을 나타냈다.

그 가운데

① 대중이 모임을 봄이며,

② '爾時居士' 이하는 재물과 법을 널리 보시함이다.

앞은 재물의 보시이고, 뒤의 '然後' 이하는 법의 보시이다.

하나의 음식을 보시함에 8가지 행을 성취하는 것이다. 앞의 2가지는 보시를 들어 말하였고, 나머지 6가지는 음식을 들어 말하였다.

음식에는 5가지 열매가 있다.

㈀ 모든 법을 아는 것은 慧命이며,

㈁ 희열을 얻음은 항상 안락함이며,

㈂ 아름다운 상호를 갖춤은 변함없는 색상이며,

㈃ 6구는 변함없는 힘이며,

㈄ 변함없는 논변이다.

'최상의 맛의 양상'이라 말한 것은 어금니에 감로천이 있기 때문이다.

나머지는 이에 준해 생각하면 된다.【초_ "음식에는 5가지 열매가 있다."는 것은 열반경 제2에서 말하였다.

"여래가 순타에게 말하였다.

'내가 이제 그대에게 常命, 常色, 常力, 常安樂, 常無礙辨을 보시하겠노라. 음식을 보시함으로 연유하여 목숨을 더 얻고, 색상을 더 얻으며, 힘을 더 얻고, 편안함을 더 얻으며, 변재를 더 얻기 때문이다. 가까이 이 5가지를 얻음은 오히려 덧없지만, 마침내 떳떳한 5가지를 얻는다.'"

아울러 십회향품에서 이미 해석한 바와 같다. 여기에서는 이를 구체적으로 짝지어 말하였다.】

第四謙己推勝은 可知오 第五'善男子'下는 指示後友라

4. 몸을 낮추면서 선지식의 훌륭함을 추켜올림은 말하지 않아도 알 수 있다.

5. '선남자' 이하는 뒤의 선지식을 소개함이다.

經

爾時에 居士 爲善財童子하사 示現菩薩不可思議解脫境界已하시고 告言하사대 善男子야 我唯知此隨意出生福德藏解脫門이어니와 如諸菩薩摩訶薩은 成就寶手하야 徧覆一切十方國土하야 以自在力으로 普雨一切資生之具하나니

所謂雨種種色寶와 種種色瓔珞과 種種色寶冠과 種種

色衣服과 種種色音樂과 種種色華와 種種色香과 種種色末香과 種種色燒香과 種種色寶蓋와 種種色幢幡하야 徧滿一切衆生住處와 及諸如來衆會道場하야 或以成熟一切衆生하며 或以供養一切諸佛하나니 而我云何能知能說彼諸功德自在神力이리오
善男子야 於此南方에 有一大城하니 名師子宮이오 彼有長者하니 名法寶髻니 汝可往問호되 菩薩이 云何學菩薩行이며 修菩薩道리잇고하라

그때, 명지거사가 선재동자를 위하여 보살의 불가사의한 해탈의 경계를 보여주고, 말하였다.

"선남자여, 나는 오직 마음대로 내는 복덕장 해탈문을 알 뿐이지만,

저 보살마하살은 보배 손을 성취하여 일체 시방의 국토를 두루 덮어, 자재한 힘으로 일체 살림살이 도구를 내려주었다.

이른바 가지각색 보배, 가지각색 영락, 가지각색 보배 관, 가지각색 의복, 가지각색 음악, 가지각색 꽃, 가지각색 향, 가지각색 가루 향, 가지각색 사르는 향, 가지각색 보배 일산, 가지각색 당기 번기를 내려주어, 일체중생이 머문 곳과 여래의 대중이 모인 도량에 가득하여, 혹은 일체중생을 성숙시키기도 하고, 혹은 일체 부처님께 공양하기도 하였다.

내가 그 공덕과 자재한 신통의 힘을 어떻게 알며, 어떻게 말할 수 있겠는가.

선남자여, 여기에서 남쪽으로 큰 성이 있는데, 그 이름은 '사자궁성'이라 한다.

그곳에 장자가 있는데, 그 이름은 '법보계장자'라 한다.

그대가 그를 찾아가 '보살이 어떻게 보살의 행을 배우며, 보살의 도를 닦는가.'를 묻도록 하라."

● 疏 ●

城名師子宮者는 禪定無亂이 如彼深宮하야 處之則所說決定하고 作用無畏일새 故以爲名이라

友名法寶髻者는 綰攝諸亂하야 居心頂故니 定含明智일새 加以寶名하고 以喻顯法일새 名法寶髻니라

성의 이름을 '사자궁'이라 말함은 산란함이 없는 선정이 깊숙한 집과 같아서, 그곳에 거처하면 말할 바가 결정되고, 작용이 두려움이 없기에 이로써 이름을 삼은 것이다.

선지식의 이름을 '법보계'라 함은 모든 산란함을 받아들여 마음의 정수리에 거처하기 때문이다. 선정이 명철한 지혜를 포함하기에 보배의 이름을 더하였고, 비유로써 법을 나타내기에 그 이름을 '법보계'라 하였다.

經

時에 善財童子- 歡喜踊躍하며 恭敬尊重하야 如弟子禮하야 作如是念호되 由此居士 護念於我하야

令我得見一切智道하며
不斷愛念善知識見하며
不壞尊重善知識心하며
常能隨順善知識敎하며
決定深信善知識語하며
恒發深心하야 事善知識이라하야
頂禮其足하며 遶無量匝하며 殷勤瞻仰하고 辭退而去하니라

그때, 선재동자가 기쁜 마음에 발을 구르면서 공경하고 존중하여, 제자의 예를 극진히 다하면서 이런 생각을 하였다.

'이 거사가 나를 생각함으로 연유하여,

나로 하여금 일체 지혜의 도를 보게 하였으며,

선지식을 사랑하는 소견을 끊지 아니하고,

선지식을 존중하는 마음을 무너뜨리지 않으며,

언제나 선지식의 가르침을 따르고,

선지식의 말씀을 결정하게 깊이 믿으며,

항상 깊은 마음을 일으켜 선지식을 섬기리라.'

그의 발에 엎드려 절하고 한량없이 돌고서 은근한 마음으로 우러러 사모하면서 하직하고 떠나갔다.

● 論 ●

前位優婆夷는 以其小器로 以明忍門이 離慢怠高心하야 施其飮食充滿이어니와 此位之中엔 表精進之心인 無屈撓行이 常行空觀하야

以除煩惱하고 得無上智心하야 一切依正法報와 人天善根이 總在其中이라

居士 云生如來家하야 長白淨法者는 明此位 是第四生貴住行이며 亦是十地中第四地中에 三界業盡하야 生如來家호되 唯有世間智悲未滿이니 五住中과 及第五地中에 修學하야 六住及六地에 眞俗二智 俱終하고 得寂滅定하야 三空現前에 任運神通으로 十方教化하며 然後七住 及七地已去엔 入俗起同凡行하야 行大慈悲門이오 八地엔 分得無功이오 十地엔 佛力方滿이오 十一地엔 任運利生이라 是故 於此에 仰視虛空이니 是所修行精進之行이 一切業苦 皆悉除斷하고 一切佛法과 及人天福德이 咸在其中이라 但修法空하야 達緣起寂一門하면 一切煩惱 自然不現하며 一切明智 自然現前이니 且約舉大要오 廣義는 如經自明하니라

앞의 지위에서 휴사우바이는 하나의 작은 그릇으로써 인욕의 법문이 게으름의 오만한 마음을 여의고서 그 음식을 보시하여 배불리 먹여줌을 밝혔지만, 이 지위에서는 정진의 마음인 굽히거나 흔들림이 없는 행이 언제나 空觀을 행하여 번뇌를 없애고 위없는 지혜의 마음을 얻어서 일체 依報, 正報, 法報와 人天의 선근이 모두 그 가운데 있음을 나타낸 것이다.

명지거사가 이르기를, "여래 집안에 태어나 순백 청정한 법을 길렀다."는 것은 이 지위가 제4 생귀주의 행이며, 또한 십지 가운데 제4 염혜지의 삼계 업장이 다하여 여래 집안에 태어나면서도 오로지 세간의 지혜와 대비의 마음이 원만하지 못함을 밝힌 것이다.

제5 구족방편주와 제5 난승지 중에서 배우고 닦음으로써 제6 정심주와 제6 현전지에서 진제와 속제 2지혜가 모두 끝나고 적멸선정을 얻어 3공[我空, 法空, 俱空]이 앞에 나타남에 마음대로 행하는 신통으로 시방을 교화하고, 그런 뒤에 제7 불퇴주와 제7 원행지 이후에는 세속으로 들어가 범부의 행과 똑같이 하는 일을 일으켜서 대자비문을 행하고, 제8 부동지에서는 부분적으로 공용이 없음을 얻고, 제10 법운지에서는 부처의 10력이 바야흐로 원만하고, 제11 지에서는 마음에 맡겨 중생을 이롭게 하는 것이다.

이 때문에 이에 허공을 우러러본 것이다. 수행할 바의 정진 수행이 일체의 업고가 모두 사라지고, 일체 불법과 인천의 복덕이 모두 그 가운데 있다. 다만 법공을 닦아 연기가 공적한 하나의 법문을 잘 알면, 일체 번뇌가 절로 나타나지 않고, 일체의 밝은 지혜가 자연스럽게 앞에 나타나는 것이다. 이는 큰 요체만을 들어 말한 것이며, 자세한 뜻은 경문에서 스스로 밝히고 있다.

此第四無屈撓行은 以精進으로 爲主요 餘九로 爲伴이니 約智門中인댄 五位를 十行同行이어니와 約位門中인댄 觀法空門하야 了緣生解脫爲勝하야 治三界餘習에 法身智現하야 生如來家니

十住初心엔 創開佛慧하야 生如來家오

第四住엔 治三界惑淨에 佛智慧現前하야 生如來家오

第八住中엔 無功智現前하야 生如來無功智慧家오

第十住中엔 智悲普濟하야 受佛職位도 亦是生如來家오

十地位中엔 一依此樣하야 而成地位라

445

十住는 是十地勝進之樣이니 不同權敎의 佛果 在十地之後하야 三乘四十心에 地前으로 爲加行하고 十地로 爲見道니라
此華嚴經은 十住로 爲見道하고 十行十廻向十地十一地로 爲加行하야 修行令慣熟故며 佛果 於初先現하야 以普賢悲願으로 令智悲大用으로 慣熟自在故며 以自如來根本普光明智 光現故로 始終本末이 總無延促時日分劑故며 以法身根本智로 如實而言일세 不同三乘權敎의 情所解故니 皆須約本而觀之일세 畢竟佛果慣習이 已成하고 普賢行이 已滿하야 一往但以敎化一切衆生으로 爲常恒行하야 從初至末히 無始無終하며 無成無壞하고 但以普徧十方一切六道하야 以智對現利生으로 爲永業也니라
從初發心으로 起信修行時에 發如是信樂하며 發如是志願하며 起如是志求하며 見如是道하야 從初發心住로 以定觀力으로 契會法身하야 顯根本普光明智하야 照知一切自他生死海 性自解脫일세 但爲敎化衆生하야 令其迷解하야 離妄想苦故며 亦不見自身의 成佛不成佛故니 若也起心하야 圖成佛念인댄 當知此人은 去佛道遠이어니와 若也但以法身無性之力으로 自他性離하야 無成壞心하고 起方便力하며 興大願力하며 起大悲門하야 無作而作하며 發無限志願하야 敎化一切法界中無性衆生하야 使令迷解호되 還令省得自心無性之理하야 妄想繫著이 自無일세 不言成佛이며 不言不成佛이니 不可作如是圖念之情이어다
如此華嚴經에 安立五位敎門은 但爲引接未得謂得하며 未至謂至하며 未滿云滿하야 濡染淨障하야 於菩提道와 及菩薩行에 有止

足心하며 有休息想하여 安立五十重因果와 一百一十重法門하야
使不濡住止息休廢之心하고 滿普賢願行하야 至無盡極故니라

제4 무굴요행은 정진으로 주체를 삼고 나머지 9가지로 객체를 삼는다. 지혜의 법문으로 말하면 5위를 십행과 똑같이 하지만, 지위의 법문으로 말하면 법공의 문을 관찰하여 緣生을 잘 아는 해탈로 뛰어남을 삼아서 삼계의 나머지 습기를 다스려 법신의 지혜가 나타나 여래 집안에 태어나는 것이다.

십주의 초심에서는 부처의 지혜를 처음 열어 여래 집안에 태어나고,

제4 생귀주에서는 삼계의 미혹을 다스려 청정케 함으로써 부처 지혜가 현전하여 여래 집안에 태어나고,

제8 동진주에서는 공용 없는 지혜가 앞에 나타나 여래의 공용 없는 지혜 집안에 태어나고,

제10 관정주에서는 지혜와 자비로 널리 제도하여 부처 직위를 받는 것 또한 여래 집안에 태어남이며,

제10 법운지에서는 한결같이 이 양식에 의해서 지위를 성취하는 것이다.

십주는 십지로 닦아나가는 양식이다. 權敎의 불과가 십지 뒤에 있으면서 삼승의 40가지 마음[十信·十住·十行·十回向]을 地前으로 加行을 삼고, 십지로 見道를 / 삼는 것과는 같지 않다.

이 화엄경은 십주로 見道를 삼고 십행·십회향·십지·11지로 가행을 삼아서 수행하여 익숙하게 하기 때문이며,

불과가 최초에 먼저 나타나매 보현의 悲願으로써 지혜와 자비의 큰 작용을 익숙케 하여 자재하기 때문이며,

자기 여래의 근본 보광명지가 먼저 나타나기 때문에 시종과 본말이 모두 늦고 빠름과 時·日의 구분이 없기 때문이며,

법신의 근본지로 진여실상을 말하기에, 情識으로 알 수 있는 삼승의 권교와는 같지 않기 때문이다.

모두 반드시 근본을 기준으로 하여 관조하기에 끝내는 불과의 관습이 이미 이뤄지고, 보현행이 이미 원만하여 하나같이 일체중생을 교화하는 것으로 떳떳한 행을 삼아 처음으로부터 끝까지 시작도 없고 끝도 없으며, 이뤄짐도 없고 무너짐도 없다. 다만 시방의 일체 6도에 두루 찾아가 지혜로써 마주하여 나타내어 중생을 이롭게 함으로써 영원한 업을 삼는다.

초발심으로부터 신심을 일으켜 수행할 때, 이와 같은 신심의 즐거움을 일으키고, 이와 같은 뜻과 서원을 일으키고, 이와 같은 의지와 욕구를 일으키고, 이와 같은 도를 보고서 초발심주로부터 定觀의 힘으로 법신에 계합하여, 근본 보광명지를 드러내어 일체 나와 남의 생사 바다에서 성품 그 자체가 해탈임을 비추어 알기 때문에 다만 중생을 교화하여 그들로 하여금 미혹에서 해탈하여 망상의 고통을 여의도록 한 때문이며, 또한 자신이 성불하든 성불하지 못하든 보지 않기 때문이다.

만약 마음을 일으켜 성불하겠다는 생각을 도모하면, 이런 사람은 부처님의 도와는 거리가 먼 것임을 알아야 한다. 만약 다만 법

신의 성품 없는 힘으로써 나와 남의 성품을 여의어 이뤄진다거나 무너진다는 마음이 없고, 방편의 힘을 일으키며, 큰 원력을 일으키고 대비의 법문을 일으켜 작위가 없는 마음으로 행하면, 한량없는 의지와 서원을 일으켜 일체 법계 가운데 성품 없는 중생을 교화하여, 그들의 미혹을 풀어주되 또한 자기 마음의 성품 없는 이치를 깨닫도록 함으로써 망상의 얽매임이 절로 없어지기 때문에 성불을 말하지도 않고, 성불을 하지 못한다는 말을 하지도 않는다. 이와 같이 도모하는 생각을 일으켜서는 안 된다.

이와 같이 화엄경에서 5위의 가르침 법문을 세운 것은 다만 아직 얻지 못함을 얻음이라 말하고, 아직 이르지 못함을 이르렀다 말하고, 아직 원만하지 못함을 원만함이라 말하여, 오염과 청정의 장애에 가로막혀, 보리도와 보살행에 만족하는 마음이 있으며, 휴식하려는 생각이 있는 자를 맞이하여, 50중의 인과와 110중의 법문을 세워, 그들로 하여금 멈추거나 쉬려는 마음에 막혀 있지 않고, 보현의 원행을 원만히 하여 그지없는 극처에 이르도록 하려는 것이다.

입법계품 제39-7 入法界品 第三十九之七

화엄경소론찬요 제104권 華嚴經疏論纂要 卷第一百之四

화엄경소론찬요 제105권
華嚴經疏論纂要 卷第一百之五

◉

입법계품 제39-8
入法界品 第三十九之八

一

第五法寶髻無癡亂行

六中에 初文을 可知라【鈔_ 寄於無癡亂行者는 以慧資定하야 靜無遺照오 動不離寂일새 名無癡亂이니라】

제5. 법보계장자, 무치란행 선지식

6단락 가운데 1. 가르침을 따라 선지식을 찾아가 법을 구함[依敎趣求]임을 말하지 않아도 알 수 있다.【초_ 무치란행에 붙여 말한 것은 지혜로써 선정에 힘입어 고요하되 관조를 버림이 없고, 동하되 고요함을 여의지 않은 까닭에 그 이름을 무치란행이라 한다.】

經

爾時에 善財童子 於明智居士所에 聞此解脫已하고 遊彼福德海하며 治彼福德田하며 仰彼福德山하며 趣彼福德津하며 開彼福德藏하며 觀彼福德法하며 淨彼福德輪하며 味彼福德聚하며 生彼福德力하며 增彼福德勢하고 漸次而行하니라 向師子城하야 周徧推求寶髻長者라가

그때, 선재동자는 명지거사 처소에서 이런 해탈문을 듣고, 저 복덕 바다에 헤엄치고, 복덕 밭을 다스리고, 복덕 산을 우러러보고, 복덕 나루에 나아가고, 복덕 광을 열고, 복덕의 법을 보고, 복덕의 바퀴를 청정히 하고, 복덕 더미를 맛보고, 복덕의 힘을 내고, 복덕의 세력을 늘리면서, 차츰차츰 길을 걸어 사자궁성을 향하여 법보계장자를 두루 찾았다.

453

第二 見敬諮問

2. 친견하여 절을 올리고 법을 묻다

經

見此長者 在於市中하고 邊卽往詣하야 頂禮其足하며 遶無數匝하며 合掌而立하야 白言호되 聖者여 我已先發阿耨多羅三藐三菩提心호니 而未知菩薩이 云何學菩薩行이며 云何修菩薩道리잇고

善哉聖者여 願爲我說諸菩薩道하소서 我乘此道하야 趣一切智호리이다

법보계장자가 저자 가운데 있는 것을 보고서, 곧바로 나아가 발에 엎드려 절하고 수없이 돌고 합장하고 서서 말하였다.

"거룩하신 이여, 저는 이미 아뇩다라삼먁삼보리심을 내었습니다.

그러나 보살이 어떻게 보살의 행을 배우며, 어떻게 보살의 도를 닦는지를 알지 못하고 있습니다.

거룩하신 성자여, 비라건대 저를 위하여 보살의 도를 말해주십시오.

저는 그 도를 타고서 일체 지혜에 나아가려 합니다."

◉ 疏 ◉

市中見者는 表處鬧忘懷하야 亂中常寂故니라

저자 가운데서 그를 본 것은 시끄러운 곳에 있으면서도 생각을 잊고서 산란한 가운데 언제나 고요함을 나타내기 때문이다.

第三 授己法界

於中四니
一은 執手將引이니 卽授法方便으로 顯加行智하야 歸正證故오
二作如是 下는 示其所住니 卽正授法界오
三爾時善財見其 下는 正證法界오
四爾時善財見是 下는 問答因緣이니 卽後得智니라

3. 자기의 법계를 전수하다

이 부분은 4단락이다.

(1) 손을 부여잡고 이끈 것으로, 이는 법을 전수하는 방편으로 加行智를 나타내어 바른 증득에 귀의한 때문이며,

(2) '作如是' 이하는 장자가 머문 곳을 보여준 것으로, 바로 법계를 전수함이며,

(3) '爾時善財見其' 이하는 바로 법계를 증득함이며,

(4) '爾時善財見是' 이하는 문답의 인연이다. 이는 후득지이다.

經

爾時에 **長者** **執善財手**하고 **將詣所居**하사 **示其舍宅**하시고 **作如是言**하사대 **善男子**야 **且觀我家**하라

그때, 장자가 선재의 손을 잡고서 그가 거처하는 곳으로 데리고 가서 그의 집을 보여주면서 말하였다.

"선남자여, 내 집을 보라."

● 疏 ●

初二는 可知니라

2단락[執手將引, 示其所住]은 말하지 않아도 알 수 있다.

━

三 正證法界

中二니

先總 後別이라

今은 初라

　　(3) 바로 법계를 증득하다

　　이는 2단락이다.

　　(ㄱ) 총상, (ㄴ) 별상이다.

　　이는 '(ㄱ) 총상'이다.

爾時에 善財 見其舍宅하니
淸淨光明의 眞金所成이며
白銀爲牆하고 玻瓈爲殿하며
紺瑠璃寶로 以爲樓閣하며
硨磲妙寶로 而作其柱하며
百千種寶로 周徧莊嚴하며
赤珠摩尼로 爲師子座하며
摩尼爲帳하고 眞珠爲網하야 彌覆其上하며
瑪瑙寶池에 香水盈滿하며
無量寶樹 周徧行列하며
其宅廣博하야 十層八門이러라

　그때, 선재동자가 그 집을 살펴보니,

　해맑게 빛나는 진금으로 만들어졌으며,

　백은으로 담장을 쌓고 파리로 전각을 만들었으며,

　연보라색 유리보배로 누각을 만들었고,

　차거의 미묘한 보배로 그 기둥을 만들었으며,

　백천 가지 보배로 두루 장엄하였고,

　적진주 마니보배로 사자법좌를 만들었으며,

　마니보배로 휘장을 만들고 진주로 그물을 만들어 그 위를 덮었으며,

　마니보배 연못에는 향수가 넘치고,

한량없는 보배 나무가 두루 줄지어 서 있으며,
그 집은 넓고 넓어서 10층으로 여덟 곳의 문이 있었다.

● 疏 ●

十層八門者는 如八角塔形이라
層門은 各有三義하니 層別申解어니와 門三義者는
一은 通約所修之道하야 以八正爲門이니 八正 通入於諸位故오
二는 約所依之道인댄 卽以八識爲門이니 於眼根中에 入正定故니
根若能入인댄 境則可知니라
三은 約教顯理에 卽四句入法이니 教理各四라 故有八門이니 謂若
失意인댄 有·空·俱·泯이 便成四謗어니와 得意通入이면 竝稱爲門이
라하니 尋教得解면 卽教四門이오 於理得解면 卽理四門이라【鈔_ 尋
教等者는 但約詮旨하야 以爲二四오 亦約教爲信行이오 約理爲法
行이어니와 若準新經이면 言面各二門이라 故有八門이니 則亦可卽
就四門存泯不同하야 以爲八耳니라
如一 有門에 見心妙有而入法界면 則是有門이어니와 若取於有하야
卽拂有相이면 名非有門이니 此有中二矣라
二. 空者는 知法空寂이 卽是空門이니 以空爲空門이면 便權說非空
門이라
三에 若謂妄惑本空이오 眞智不空이면 卽亦有·亦空門이니 謂有二
體에 斯門亦權이라 故說妄因眞立이니 妄無妄源이오 眞對妄宣이니
眞非眞矣인댄 則雙存兩亡이니 則爲亦有非有오 亦無非無門이라

458

【四는 欲言其有인댄 無相無名이오 欲言其無인댄 聖以之靈이니 爲非有非無門이라 若溺雙非면 未逃戲論이라 故復拂之니라 此雙非門은 爲但是遮오 爲有所表로되 但遮同無오 有表同有하야 還成有無라 故此雙非는 言思亦絕일새 名非非有·非非無門이라 故有八門이니라 得意爲門이어니와 失意면 此八도 亦非門矣니라】

'10층 8문'이란 팔각형 탑의 모습과 같다. 각 층과 각 문에는 제각기 3가지 의의가 있다.

층에 대해서는 별개로 해석하겠지만, 문의 3가지 의의는 다음과 같다.

① 공통으로 닦아야 할 바의 도를 말하면, 팔정도로써 문을 삼는다. 팔정도는 모든 지위에 통하여 들어가기 때문이다.

② 의지 대상의 도를 들어 말하면, 이는 八識으로써 문을 삼는다. 眼根 가운데 正定이 들어가기 때문이다. 根에 들어간다면 경계는 말하지 않아도 알 수 있다.

③ 가르침을 들어 이치를 밝히면 4구로 법에 들어가는 것이다. 교리가 각각 4가지이기에 8문이 있다. "만약 뜻을 잃으면 有·空·俱·泯이 곧 4가지의 비방을 이루지만, 뜻을 얻어 들어가면 아울러 모두 문이라고 말한다. 가르침을 찾아 이해를 얻으면 이는 가르침의 4문이고, 이치에서 이해를 얻으면 이는 이치의 4문이다.【초_ "가르침을 찾아 이해를 얻으면" 등이란 다만 말하려는 종지를 들어 2가지의 4문을 삼고, 또한 가르침을 들어 信行이라 하고, 이치를 들어 法行이라 하지만, 新經에 준하면 면마다 각기 2문이라 한

다. 이 때문에 8문이 있다. 이 또한 4문의 存·泯의 차이에 따라 8가지가 된다.

　만약 첫째, '有'의 문에서 마음의 妙有를 보고서 법계에 들어가면 이는 '有'의 문이지만, 有를 취하여 '유'의 모양을 떨쳐버리면 '유가 아닌 문[非有門]'이라 말한다. 이는 '유' 가운데 2가지이다.

　둘째, '空'이란 법의 空寂이 곧 '공'의 문임을 아는 것이다. 공으로 공의 문을 삼으면 이는 곧 방편으로 '공이 아닌 문[非空門]'이라 말한다.

　셋째, 만약 허망한 미혹은 본래 공이요, 진실한 지혜는 공이 아니라고 말하면, 이는 '또한 유이기도 하고 또한 공이기도 하는 문[亦有·亦空門]'이라 한다. 2가지 체성이 있음에 이런 문을 또한 방편이라 한다. 따라서 허망한 것은 진실한 것으로 인하여 세워진 터라, 허망은 허망의 근원이 없고, 진실은 허망을 상대로 말한 터라, 진실은 진실한 것이 아니라고 말하면, 진실과 허망 2가지 존재는 모두 사라지는 것이다. 또한 유이면서도 유가 아니고, 또한 무이면서도 무가 아니다.

　넷째, 그 유를 말하고자 하면 모양도 없고 이름도 없으며, 그 무를 말하고자 히면 성인이 이로써 신령스러운 것이니, 유도 아니고 무도 아닌 문이다. 만약 2가지 모두 아니라는 데에 막히면 부질없는 말임을 면할 수 없다. 이 때문에 다시 이를 떨쳐버린 것이다. 이 2가지 모두 아니라는 문은 다만 부정하기 위함이며, 유로 나타내는 바가 있지만 다만 똑같이 없다는 것을 부정한 것이다. 유는 똑같이 유라는 점을 나타내어 도리어 유와 무를 이루는 것이다. 이 때문에 유와 무는 모두 아니라는 것은 언어와 생각 또한 끊어진 자리이다. 따라서 '유가 아니라는 것도 아니요, 무가 아니라는 것도 아닌 문[非非有·非非無門]'이라고 말한다. 이 때문에 8가지 문이 있는 것이다. 뜻을 얻으면 문이라 하지만 뜻을 잃으면 이 또한 문이 아니다.】

二別

(ㄴ) 별상

經

善財 入已에 次第觀察하야
見最下層에 施諸飮食하며
見第二層에 施諸寶衣하며
見第三層에 布施一切寶莊嚴具하며
見第四層에 施諸婇女와 幷及一切上妙珍寶하며
見第五層에 乃至五地菩薩이 雲集하야 演說諸法하사 利益世間하야 成就一切陀羅尼門과 諸三昧印과 諸三昧行과 智慧光明하며
見第六層에 有諸菩薩이 皆已成就甚深智慧하야 於諸法性에 明了通達하야 成就廣大總持三昧無障礙門하사 所

行無礙하야 不住二法하고 在不可說妙莊嚴道場中하야
而共集會하야 分別顯示般若波羅蜜門하시니
所謂寂靜藏般若波羅蜜門과
善分別諸衆生智般若波羅蜜門과
不可動轉般若波羅蜜門과
離欲光明般若波羅蜜門과
不可降伏藏般若波羅蜜門과
照衆生輪般若波羅蜜門과
海藏般若波羅蜜門과
普眼捨得般若波羅蜜門과
入無盡藏般若波羅蜜門과
一切方便海般若波羅蜜門과
入一切世間海般若波羅蜜門과
無礙辯才般若波羅蜜門과
隨順衆生般若波羅蜜門과
無礙光明般若波羅蜜門과
常觀宿緣하야 而布法雲般若波羅蜜門이라
說如是等百萬阿僧祇般若波羅蜜門하며
見第七層에 有諸菩薩이 得如響忍하야 以方便智로 分別
觀察하야 而得出離하야 悉能聞持諸佛正法하며
見第八層에 無量菩薩이 共集其中호대 皆得神通하야 無
有退墮하야 能以一音으로 徧十方刹하고 其身이 普現一

切道場하야 盡於法界하야 靡不周徧하야 普入佛境하고 普見佛身하야 普於一切佛衆會中에 而爲上首하야 演說於法하며

見第九層에 一生所繫諸菩薩衆이 於中集會하며

見第十層에 一切如來 充滿其中하사 從初發心으로 修菩薩行하사 超出生死하야 成滿大願과 及神通力하사 淨佛國土하고 道場衆會에 轉正法輪하사 調伏衆生하야 如是一切를 悉使明見하니라

선재동자가 들어가서 차례로 살펴보면서

맨 아래층을 살펴보니 음식 보시를,

2층을 살펴보니 보배 옷의 보시를,

3층을 살펴보니 일체 보배 장엄거리의 보시를,

4층을 살펴보니 여러 채녀와 모든 훌륭한 보물을 보시하였다.

5층을 살펴보니 제5 난승지 보살이 구름처럼 모여서 많은 법을 연설하여 세간에 이익을 주며, 일체 다라니문, 삼매의 결인, 삼매의 행, 지혜의 광명을 성취하였다.

6층을 살펴보니 모든 보살이 모두 매우 깊은 지혜를 이미 성취하여 모든 법성을 분명히 통달하고서, 광대한 다라니, 삼매의 걸림 없는 문을 성취하여 행하는 바에 걸림이 없고, 두 가지 법에 머물지 않으며, 말할 수 없이 미묘하게 장엄한 도량에 있으면서, 모두가 함께 모여 반야바라밀문을 분별하여 보여주었다.

이른바 고요한 법장 반야바라밀문,

중생의 지혜를 잘 분별하는 반야바라밀문,

흔들 수 없는 반야바라밀문,

욕심을 여읜 광명 반야바라밀문,

항복시킬 수 없는 법장 반야바라밀문,

중생을 비춰주는 바퀴 반야바라밀문,

바다 법장 반야바라밀문,

넓은 눈으로 버리는 반야바라밀문,

무진장에 들어가는 반야바라밀문,

일체 방편 바다 반야바라밀문,

일체 세간 바다에 들어가는 반야바라밀문,

걸림 없는 변재 반야바라밀문,

중생을 따르는 반야바라밀문,

걸림 없는 광명 반야바라밀문,

과거 인연을 항상 살피면서 법 구름을 펼치는 반야바라밀문이다.

이와 같은 백만 아승지 반야바라밀문을 말하였다.

7층을 살펴보니 보살들이 메아리 같은 법인[如響忍]을 얻어 방편지혜로 분별하고 관찰하여 벗어남을 얻어서 모두 여러 부처님의 바른 법을 듣고 지니었다.

8층을 살펴보니 한량없는 보살들이 모두 그 안에 모였는데 모두가 신통을 얻어 물러서지 않으며, 하나의 음성으로 시방세계에 두루 말하고, 그 몸이 일체 도량에 나타나 온 법계에 두루 찾아가지 않은 곳이 없어 부처의 경계에 널리 들어갔으며, 널리 부처님의 몸을 보고서 일체 부처님의 대중법회에 상수보살이 되어 법을 연설하였다.

　　9층을 살펴보니 일생보처 보살들이 그곳에 모여 있었다.

　　10층을 살펴보니 일체 여래가 그곳에 가득한데, 처음 발심한 때로부터 보살행을 닦아 생사를 초월한 나머지 큰 서원과 신통력을 원만하게 성취하여, 부처님의 국토를 청정히 하고, 도량의 대중법회에서 바른 법륜을 굴리면서 중생을 조복하였다.

　　이와 같은 그 모든 것으로 모두 분명하게 보았다.

● 疏 ●

別中에 十層三者는 一은 表十地니 一은 施食으로 顯初地行檀이오 二地 持戒는 以慚愧로 爲衣服이오 三地는 忍行으로 以爲嚴具오 四地는 道品으로 爲內眷屬하고 精進可珍이오 五地는 文顯이오 六地는 般若現前故니라

文中三이니 初는 總이오

次所謂下는 別顯十五門이니 一은 照體 卽寂而無不包오 二는 卽寂之照 無機不鑑이오 三은 外緣不轉이오 四는 內照無求오 五는 惑境不摧오 六은 徧摧諸惑이오 七은 包含勝德而甚深이오 八은 普見法界而無礙오 九는 一卽無盡이오 十은 巧化無邊이오 十一은 內證世間이오 十二는 外演勝辯이오 十三은 曲隨物欲이오 十四는 事理交羅오 十五는 觀緣授法이라

465

後'說如是'下는 總結이라 七地는 有殊勝行하야 知種種教法일새 故云得如響忍이오

八層之中에 含於二位니 一은 八地無功用之神通으로 三種世間自在오 二는 卽九地法師 一音能演이오

九層亦二位니 十地·等覺이 俱可爲一生故오

十層은 卽如來地니 二는 表十行이니 以十行卽十度故니 前七은 文顯이오 八은 大願所成神通等故오 九는 一生所繫니 力最上故오 十은 唯至如來라야 智方滿故니 此卽當位 自攝諸位어니와 向攝十地니 卽攝後諸位故니라

以十層으로 雙表二義니 還如海幢이 當位에 攝盡十位하야 纔竟하고 說成佛故니라 前寄第六位攝하고 此寄第五位攝이니 前約正報攝이오 此約依報攝者는 皆顯位勝前故니라

三者는 總不表位오 但此菩薩이 以行就機일새 現居勝報 漸次增勝이라 十은 顯無盡이니 初四는 以物施니 後後漸難이오 次二는 集法施니 前淺後深이오 次二는 得法이니 初陿後廣이오 後二는 現勝德이니 先因後果니라

總上三義컨대 因果行位等法으로 以爲長者之宅이라

별상 부분에서 말한 10층에 관한 3가지(一 表十地, 二 表十行, 三 總不表位)는 다음과 같다.

첫째, 십지를 나타냈다.

제1 환희지는 음식의 보시로 단바라밀의 행을 나타내고,

제2 이구지의 持戒는 부끄러움으로써 의복을 삼고,

제3 발광지는 忍行으로써 장엄도구를 삼고,

제4 염혜지는 道品으로 내면의 권속을 삼고, 정진이 진귀함이며,

제5 난승지는 경문의 뜻이 분명하고,

제6 현전지는 반야가 앞에 나타난 때문이다.

이의 경문은 3단락이다.

첫 단락은 총상이며,

다음 '所謂' 이하는 15문을 별상으로 밝혔다.

① 관조의 본체가 고요와 하나가 되어 포괄하지 않음이 없고,

② 고요와 하나가 된 관조가 근기마다 비춰주지 않음이 없으며,

③ 바깥 반연이 흔들지 못하고,

④ 내면의 관조가 구함이 없으며,

⑤ 미혹의 경계가 꺾지 못하고,

⑥ 모든 미혹을 두루 꺾으며,

⑦ 훌륭한 공덕을 포함하여 아주 심오하고,

⑧ 법계를 널리 보아 걸림이 없으며,

⑨ 하나가 곧 그지없고,

⑩ 뛰어난 교화가 그지없으며,

⑪ 내면으로 증득한 세간이고,

⑫ 밖으로 연설하는 뛰어난 변재이며,

⑬ 자세히 중생이 좋아하는 것을 따르고,

⑭ 사법계와 이법계가 서로 함께하며,

⑮ 機緣을 보면서 법을 전수함이다.

뒤의 '說如是' 이하는 총괄하여 끝맺었다.

제7 원행지는 뛰어난 행이 있어 가지가지 가르침의 법을 알기에 울림과 같은 법인[如響忍]을 얻었다 말하고,

8층 부분은 2지위를 포함하고 있다.

① 제8 부동지는 하는 작용이 없는 신통으로 3가지 세간에 자재함이며,

② 제9 선혜지는 법사가 하나의 음성으로 연설함이다.

9층 또한 2지위를 포함하고 있다.

제10 법운지와 등각이 모두 하나의 생이 되기 때문이다.

10층은 여래의 지위이다.

둘째, 십행을 밝혔다. 십행이 바로 십바라밀이기 때문이다.

앞의 7가지 행은 경문의 뜻이 뚜렷하고,

제8 난득행은 큰 서원으로 성취한 신통 등이기 때문이며,

제9 선법행은 일생에 관계된 바이니 힘이 최상이기 때문이며,

제10 진실행은 오직 여래의 지혜에 이르러야 비로소 원만하기 때문이다.

이는 곧 해당 지위가 스스로 모든 지위를 포괄하지만, 앞에서는 십지를 섭수하였다. 이는 뒤의 모든 지위를 섭수하였기 때문이다.

10층으로써 2가지 뜻을 모두 나타냈다. 이 또한 해당비구가 해당 지위에서 10지위를 모두 섭수하여 겨우 마치고 성불을 말한 것과 같기 때문이다.

앞에서는 제6 지위에 붙여 섭수하였고, 여기에서는 제5 지위에 붙여 섭수하였다. 앞에서는 정보를 들어 섭수하였고, 여기에서는 의보를 들어 섭수한 것은 지위마다 앞보다 더 훌륭함을 모두 밝혔기 때문이다.

셋째, 모두 지위를 나타내지 않고, 다만 보살이 行으로써 근기에 나아가기에 현재 거처하는 수승한 과보가 점차 더욱 훌륭함이다.

10이란 그지없음을 나타내는 수효이다.

앞의 제1~4 4층은 재물의 보시이다. 뒤에서 뒤로 갈수록 점차 어렵다.

다음 제5~6 2층은 集法의 보시이다. 앞은 얕고 뒤는 깊다.

다음 제7~8 2층은 법을 얻음이다. 앞은 좁고 뒤는 넓음이다.

뒤의 제9~10 2층은 현재의 수승한 공덕이다. 앞은 원인이고 뒤는 결과이다.

위의 3가지 뜻을 총괄하면 因果行位 등의 법으로 법보계장자의 집을 만든 것이다.

四 問答因緣

(4) 문답의 인연

經
爾時에 善財 見是事已하고 白言호되 聖者여 何緣致此淸

淨衆會며 種何善根하야 獲如是報니잇고
長者가 告言하사대 善男子야 我念過去에 過佛刹微塵數劫하야 有世界하니 名圓滿莊嚴이오 佛號는 無邊光明法界普莊嚴王이라 如來應正等覺十號圓滿이시니 彼佛入城에 我奏樂音하며 幷燒一丸香하야 而以供養하고 以此功德으로 廻向三處하니 謂永離一切貧窮困苦하며 常見諸佛과 及善知識하며 恒聞正法이라 故獲斯報로라

그때, 선재동자는 이런 것을 보고 여쭈었다.

"거룩하신 이여, 무슨 인연으로 이처럼 청정한 대중이 모이기에 이르렀으며, 어떤 선근을 심어서 이런 과보를 얻은 것입니까?"

장자가 말하였다.

"선남자여, 내가 생각하니, 과거에 부처 세계의 티끌 수 겁 이전에 세계가 있었는데, 그 이름은 '원만장엄세계'라 하고, 부처님 이름은 '무변광명법계보장엄왕불'이다. 여래, 응공, 정등각 열 가지 명호가 원만하였다.

그 부처님이 성에 들어오실 적에 나는 음악을 연주하였고, 아울러 하나의 향을 살라 공양하였다.

그런 공덕으로 세 곳으로 회향하였다.

이른바 일체 빈궁과 곤액을 영원히 여의었고,

부처님과 선지식을 언제나 뵈오며,

언제나 바른 법을 들었다.

이 때문에 이런 과보를 얻은 것이다.

● 疏 ●

於中에 先問後答이라
廻向三處者는 謂離貧窮은 招前四層之報요 二三兩果는 卽後六重이라 一丸之微 因願力故報勝이오 又表萬行混融하야 發起向佛이면 則隨一行하야 無不具矣니 何果不階리오

이 부분은 앞은 물음이고, 뒤는 대답이다.

'세 곳으로의 회향'이란, 가난에서 벗어남이란 앞의 4층 과보를 불러들임이며, '부처님과 선지식의 친견'과 '바른 법을 들음' 2가지 과보는 뒤의 6층 과보를 불러들임이다.

이는 하찮은 '하나의 향'이 원력으로 인한 때문에 과보가 뛰어나며, 또한 모든 行이 모두 원융하여 부처를 향하려는 발심이 있으면 하나의 행을 따라 모든 게 갖춰지지 않음이 없음을 나타낸 것이다. 그 무슨 과보인들 한 단계씩 올라가지 못할 일이 있겠는가.

第四 謙己推勝

4. 몸을 낮추면서 선지식의 훌륭함을 추켜올리다

經

善男子야 我唯知此菩薩無量福德寶藏解脫門이어니와
如諸菩薩摩訶薩은
得不思議功德寶藏하며

入無分別如來身海하며
受無分別無上法雲하며
修無分別功德道具하며
起無分別普賢行網하며
入無分別三昧境界하며
等無分別菩薩善根하며
住無分別如來所住하며
證無分別三世平等하며
住無分別普眼境界하야
住一切劫호되 無有疲厭하나니
而我云何能知能說彼功德行이리오

    선남자여, 나는 오직 이 보살의 한량없는 복덕 보장 해탈문을 알 뿐이지만,

    저 보살마하살은

불가사의한 공덕의 보장을 얻고,

분별없는 여래의 몸 바다에 들어가며,

분별없는 위없는 법 구름을 받고,

분별없는 공덕의 도구를 닦으며,

분별없는 보현행의 그물을 일으키고,

분별없는 삼매의 경계에 들어가며,

분별없는 보살의 선근이 평등하고,

분별없는 여래의 머무신 곳에 머무르며,

분별없는 삼세의 평등함을 증득하고,
분별없는 보안의 경계에 머무르며,
일체 겁에 머물면서도 고달픔이 없다.
내가 그런 공덕의 행을 어떻게 알며, 어떻게 말할 수 있겠는가.

● 疏 ●

謙己云菩薩等者는 世寶·三寶 蘊積十重之中일새 故云寶藏이오
常用無盡일새 是爲無量福德이라
後推勝中에 當法顯勝일새 故功德寶藏이 皆不思議니 卽是總句오
入無分別下는 別明이니 由無分別而具諸法일새 故不思議니라

몸을 낮추는 부분에서 보살 등을 말한 것은 세간의 보배와 삼보가 10층의 안에 쌓여 있기에 '寶藏'이라 말한 것이고, 언제나 사용해도 그지없기에 '한량없는 복덕'이라 한 것이다.

뒤의 선지식의 훌륭함을 추켜올리는 부분에서는 해당 법의 훌륭함을 밝히기에 공덕보장이 모두 불가사의하다. 이는 총상의 구절이며, '入無分別' 이하는 별상으로 밝혔다. 분별이 없음으로 말미암아 모든 법을 갖추었기에 불가사의하다.

經

善男子야 於此南方에 有一國土하니 名曰藤根이오
其土에 有城하니 名曰普門이며
中有長者하니 名爲普眼이니

汝詣彼問호되 菩薩이 云何學菩薩行이며 修菩薩道리잇고 하라

時에 善財童子 頂禮其足하며 遶無數帀하며 殷勤瞻仰하고 辭退而去하니라

　선남자여, 여기서 남쪽에 한 나라가 있는데, 그 이름을 '등근국'이라 한다.

　그 나라에 성이 있는데, 그 이름은 '보문'이며,

　그곳에 장자가 있는데, 그 이름은 '보안'이라 한다.

　그대는 그를 찾아가 '보살이 어떻게 보살의 행을 배우며, 보살의 도를 닦는가.'를 묻도록 하라."

　그때, 선재동자는 그의 발에 엎드려 절하고 수없이 돌며, 은근한 마음으로 우러러 사모하면서 하직하고 떠나갔다.

◉ 論 ◉

'周徧推求寶髻長'者는 明徧觀心境空有와 三界定亂하야 升進無依無得無證之定門이오

'市中而見'者는 明寂亂이 等也라 若望十住中인댄 解脫長者 卽入三昧는 明身含佛刹之門이니 表創居定體어니와 此十行中定은 明行體恒定일세 表處生死市鄽하야 攝化衆生호되 無虧定體니 明動用俱寂하야 性自離故니라

'遽卽往詣頂禮'者는 速會其定體하야 不遲滯也라

已下正擧申請中에 '執善財手'者는 引接也오

將詣所居하야 示其舍宅하야 令善財觀察者는 令知所因也오

舍宅이 淸淨光明眞金所成者는 約位인댄 以禪波羅蜜로 爲主하고
餘九로 爲伴이니 明定體 白淨無垢하야 報成光明眞金으로 爲舍宅
之大體라

白銀爲牆者는 以禪體爲戒니 戒爲防護義오

玻瓈爲殿者는 以禪體顯智成忍이니 此寶 似水精明淨이나 然有
衆色不同이오

紺瑠璃寶而爲樓閣者는 以禪體로 而作精進觀照하야 更增明淨
淸潔也오

硨磲妙寶而爲其柱者는 以禪爲行하야 住持諸法故오

已下 自餘莊嚴은 以次依十波羅密하야 次第排之니 十層樓閣도
亦準此十波羅密하야 從下向上排之하야 自有次第니라

宅開八門者는 一面에 各有兩門하야 四方都八也니 明八正道行
也라

第十層中엔 明第十智波羅密이 圓會三世佛因果호되 一念而滿
하야 敎化衆生과 及入涅槃이 總皆不移也니 約智境界 法爾如斯
故오

已下 九層中엔 初以檀度오 二以戒오 三忍이라 配之自有次第니
竝是以行報生表法이니라

爲善財說本因中에 云호되 我念過去에 過佛刹微塵數劫하야 有世
界하니 名圓滿莊嚴이오 佛號는 無邊光明法界普莊嚴王이니 彼佛
入城時에 我奏樂音하며 幷燒一丸香하야 以此供養하고 廻向三處하

야 得此果報所居舍宅如是'者는 明得定體 以十住位中已得이니 言佛刹微塵爲數量者는 明定越迷塵에 自智慧現하야 入此十行禪門故라 故表越迷塵智現에 以善說法으로 爲樂音이니 表因定起慧也니 定香을 但燒一丸에 五分法身이 周備라

'廻向三處'者는 但入此隨行寂用無礙定門에 卽能永離貧乏하며 常見諸佛과 及善知識하며 恒聞正法이 是爲三處니 如經具言이니라 '我唯知此菩薩無量福德寶藏解脫門'者는 明隨行寂用無礙定門이 能攝福智와 及以大慈大悲四攝四無量法하야 皆在其內일세 是故로 號此長者하야 名爲寶髻니 表此隨行定門이 總爲鬢攝法義오 自餘는 如文自具니라

此一段은 是第五離癡亂行이니 以禪波羅密로 爲主오 餘九로 爲伴이니 約智門中인댄 諸位同治어니와 約位之中인댄 此位는 治世間出世間定亂不自在障이라

如此長者의 十層樓閣이 總攝十住十行十廻向十地十一地와 及佛果하야 皆悉通收니 以法界無依無性禪으로 爲體故로 皆以自體無依無住禪體中十波羅密로 以爲莊嚴이니라

論主 以頌釋曰

無作自性禪園苑에

普光明智爲大宅하고 差別觀照嚴樓閣이라

布施法食滿衆生이오 淨戒寶衣恒普著이며

精進慈心爲婇女오 禪心善達世間智며

五地通明菩薩住오 寂滅般若第六層이며

七層方便住生死오 無功八層用自在며
九層一生法王居오 第十層中佛果滿이라
如是次第而修學이 畢竟不居初中末이니
以此衆法利群生일새 依正二報於中得이로다
此는 畧釋大況이어니와 廣意는 如文하니 意明一行中에 十行齊行하야
無始無終이니 例皆如是니라

"보계장자를 두루 찾았다."는 것은 마음과 경계의 空과 有, 삼계의 선정과 산란을 두루 관찰하여, 의지함이 없고 얻음이 없고 증명함이 없는 선정 법문으로 올라감을 밝힌 것이다.

"저자 가운데 있는 것을 보았다."는 것은 고요함과 시끄러움이 평등함을 밝힌 것이다. 만약 십주를 상대로 살펴보면, 해탈장자가 삼매에 든 것은 그의 몸에 부처의 세계를 포함한 법문임을 밝힌 것이니, 처음 선정의 본체에 거처함을 나타낸 것이지만, 이 십행에 있어서의 선정은 행의 본체가 언제나 선정임을 밝힌 것이다. 따라서 생사의 저잣거리에 머물면서 중생을 교화하되 선정의 본체가 이지러짐이 없음을 나타낸 것이다. 동함의 작용에도 모두 고요하여 성품이 스스로 여읨을 밝힌 때문이다.

"곧바로 나아가 발에 엎드려 절하였다."는 것은 선정의 본체를 빠르게 알고서 지체하지 않음을 말한다.

이하에서 거듭 법을 청한 부분에서, '선재동자의 손을 잡은 것'은 이끌어서 맞이함이며,

'거처하는 곳으로 데리고 가서 그의 집을 보여주면서 선재동자

에게 살펴보도록 한 것'은 원인이 되는 바를 알도록 함이며,

"집이 해맑게 빛나는 진금으로 만들어졌다."는 것은 지위로 말하면 선정바라밀로 주체를 삼고 나머지 9가지로 객체를 삼은 것이다. 선정의 본체가 순백청정하고 때가 없어서 과보로 성취한 빛나는 진금으로 집의 대체로 삼았음을 밝힌 것이다.

"백은으로 담장을 쌓았다."는 것은 선정의 본체가 계를 성취하는 것으로 방비하고 수호한다는 뜻을 삼은 것이며,

"파리로 전각을 만들었다."는 것은 선정의 본체로 지혜를 드러내 인욕을 성취함이다. 이 보배가 수정처럼 빛나고 맑지만 수많은 빛깔이 있는 것과는 같지 않으며,

"연보라색 유리보배로 누각을 만들었다."는 것은 선정의 본체로 정진의 관조를 삼아 다시 밝고 청정함을 더함이며,

"차거의 미묘한 보배로 그 기둥을 만들었다."는 것은 선정으로 행을 삼아 모든 법을 주지한 때문이다.

아래의 나머지 장엄은 차례로 십바라밀에 따라서 그 순서를 배열하였다. 10층 누각 또한 십바라밀에 준하여 아래로부터 위로 행하면서 배열하여 그 나름 차례가 있다.

"집에는 8개의 문이 열려 있다."는 것은 1면마다 각기 2개의 문이 있어 사방으로 8개이니, 8정도의 행을 밝힌 것이다. 제10층에서는 제10 지혜바라밀이 삼세 부처의 인과를 원만히 회통하면서도 한 생각의 찰나에 원만하여 중생을 교화하는 것과 열반에 듦이 모두 제자리에서 꼼짝하지 않음을 밝힌 것이다. 지혜 경계의 법이 그

와 같은 것을 들어 말한 까닭이다.

　이하 9층에서는 첫 층은 보시바라밀로, 둘째 층은 지계바라밀로, 셋째 층은 인욕바라밀로 짝지어 나가면 그 자체에 차례가 있다. 아울러 이런 행업의 과보에 의해 태어난 법을 나타낸 것이다.

　선재동자를 위해 本因을 설법한 가운데, "내가 생각하니, 과거에 부처 세계의 티끌 수 겁 이전에 세계가 있었는데, 그 이름은 '원만장엄세계'라 하고, 부처님 이름은 '무변광명법계보장엄왕불'이다. 여래, 응공, 정등각 10가지 명호가 원만하였다. 그 부처님이 성에 들어오실 적에, 나는 음악을 연주하였고, 아울러 하나의 향을 살라 공양하였다. 그런 공덕으로 세 곳으로 회향하였다. 이런 과보로 거처한 집이 이와 같음을 얻었다."고 말한 것은 선정의 본체를 얻음이 십주 지위에서 이미 얻었음을 밝힌 것이다.

　"부처 세계의 미진으로 수량을 삼는다."고 말함은 선정이 미혹의 미진을 초탈함에 스스로 지혜가 나타나면서 이 십행의 선정 법문에 들어감을 밝힌 것이다. 따라서 미혹의 미진을 초탈함에 지혜가 나타나자, 설법을 잘하는 것으로 즐거운 음악을 삼았음을 나타낸 것이니, 선정을 인해서 지혜가 일어남을 나타낸 것이다. 하나의 定香을 올리는 것만으로 五分法身이 두루 갖춰져 있다.

　"세 곳으로 회향하였다."는 것은 행을 따르는 고요와 작용에 걸림 없는 선정 법문에 들어가는 것이다. 이는 궁핍을 영원히 여의는 것, 모든 부처와 선지식을 항상 친견하는 것, 바른 법을 언제나 듣는 것을 3곳이라 한다. 이는 경문에 구체적으로 말한 바와 같다.

"나는 오직 이 보살의 한량없는 복덕 보장 해탈문을 알 뿐이다."는 것은 행을 따르는 고요와 작용에 걸림 없는 선정 법문이 복덕과 지혜 및 대자대비와 4섭법, 4무량법을 포괄하여 모두 그 가운데 있음을 밝히고 있기에 장자의 명호를 '寶髻'라 한다. 이는 행을 따르는 선정 법문이 총체로 法義를 거둬들임을 나타낸 것이며, 나머지는 경문에 그 나름 잘 갖춰져 있다.

이 단락은 제5 離癡亂行이다. 선정바라밀로 주체를 삼고, 나머지 9가지로 객체를 삼는다. 지혜 법문으로 말하면 모든 지위를 똑같이 다스리지만, 지위를 기준으로 말하면 이 지위는 세간과 출세간의 선정과 산란에 자재하지 못한 장애를 다스리는 것이다.

이 법보계장자의 10층 누각은 십주·십행·십회향·십지·11지와 불과를 모두 포괄하여 모두 통틀어 거두는 것이다. 법계의 의지함이 없고 성품이 없는 선정으로 본체를 삼기에 모두 자체의 의지함이 없고 머묾이 없는 선정 본체 가운데 십바라밀로 인하여 장엄으로 삼는다.

논주가 게송으로 해석하였다.
작위 없는 자성의 선정 동산에
보광명지로 큰 집 삼고
각기 다른 관조로 누각 장엄하여라
法食 보시하여 중생 배불려 주고
청정한 계율 보배 옷을 항상 입으며
정진의 자비 마음으로 아름다운 여인 삼고

선정의 마음으로 세간 지혜 잘 알며

5층은 보살의 십주 통달하고

적멸 반야는 6층이며

7층은 방편으로 생사에 머물고

공용 없는 8층은 그 작용 자재하며

9층은 일생의 법왕 거처하고

10층은 불과 원만하여라

이처럼 차례대로 닦고 배움이

결국 처음, 중간, 끝에도 거처하지 않으리

이 여러 법으로 중생의 이익 삼기에

의보와 정보 2가지 모두 그 속에서 얻어라.

이상은 간단하게 대강 해석한 것일 뿐, 자세한 뜻은 경문에서 말한 바와 같다.

그 뜻은 하나의 행 가운데 10가지의 행을 한꺼번에 행하여 시작도 없고 마침도 없음을 밝힌 것이다. 모두 이와 같은 예이다.

第六 普眼長者 寄善現行【鈔_ 寄善現行者는 慧能顯發三諦之理하야 般若現前故니라】

國名藤根者는 夫藤根이 深入於地하야 上發華苗하나니 表善現行般若證深하야 能生後得이니 後得이 隨物而轉인세 故取類於藤이라

城名普門者는 實相般若 無所不通故니라

長者名普眼者는 觀照般若 無不見故니라
第一 依敎趣求

제6. 보안장자, 선현행 선지식 【초_ 선현행에 붙여 말한 것은 그 지혜가 三諦의 이치를 밝혀 반야가 앞에 나타나기 때문이다.】

나라 이름을 '등나무 뿌리[藤根]'라 말한 것은 등나무 뿌리는 땅 속 깊이 파고 들어가 위로 꽃과 싹을 피어내기 때문이다. 선현행의 반야는 증득함이 심오하여 후득지를 잘 낳아줄 수 있음을 밝힌 것이다. 후득지는 중생을 따라 전변하기에, 등나무에 비유를 들어 말하였다.

성의 이름을 '보문'이라 말한 것은 실상반야로 통하지 않은 바가 없기 때문이다.

장자의 이름을 '보안'이라 말한 것은 관조반야로 보지 않은 바가 없기 때문이다.

1. 가르침을 따라 선지식을 찾아가 법을 구하다

經
爾時에 善財童子 於寶髻長者所에 聞此解脫已하고
深入諸佛無量知見하며
安住菩薩無量勝行하며
了達菩薩無量方便하며
希求菩薩無量法門하며
淸淨菩薩無量信解하며

明利菩薩無量諸根하며
成就菩薩無量欲樂하며
通達菩薩無量行門하며
增長菩薩無量願力하며
建立菩薩無能勝幢하며
起菩薩智하며
照菩薩法하고
漸次而行하야 至藤根國하야 推問求覓彼城所在할세 雖歷艱難이나 不憚勞苦하고 但唯正念善知識敎하야 願常親近承事供養하며 徧策諸根하야 離衆放逸하니라

그때, 선재동자가 법보계장자의 도량에서 이런 해탈문을 듣고서,

부처님들의 한량없는 지견에 깊이 들어가고,
보살의 한량없는 훌륭한 행에 안주하고,
보살의 한량없는 방편을 통달하고,
보살의 한량없는 법문을 추구하고,
보살의 한량없는 신심과 이해를 청정히 하고,
보살의 한량없는 모든 근기를 예리하게 하고,
보살의 한량없는 욕망을 성취하고,
보살의 한량없는 수행을 통달하고,
보살의 한량없는 원력을 증장하고,
보살의 이길 이 없는 당기를 세우고,

보살의 지혜를 일으키고,

보살의 법을 비추면서,

차츰차츰 나아가 등근국에 이르러서 보문성이 어디 있는가를 물었다.

비록 어려운 일을 겪으면서도 괴로움을 거리끼지 않고, 오직 선지식의 가르침만을 바르게 생각하면서, 항상 가까이 모시고 섬기며 공양하고자 여러 감관을 두루 독려하면서 모든 방일함을 떨쳐버렸다.

● 疏 ●

言'深入諸佛無量知見'者는 無量에 有二義하니
一은 多故니 卽權智境이오
二는 無分量故니 卽實慧境이니 境無量故로 智亦無量이라
知見도 亦二義니
一은 別이니 謂知는 卽是智오 見은 卽是慧니 卽照二境之智慧오
二는 通者니 謂知見二字 俱是如來能證이니 如實知彼義故로 卽無障礙智니라
若爾인댄 何假重言고 爲揀比知라 所以言見이오 爲揀肉眼見일세 所以云知니 此如世親般若論에 釋悉知悉見이라 入은 謂證達이라 餘句는 易了니라【鈔_ '知見'已下는 二는 釋知見이니 於中亦二니 先은 別이니 依法華論이오 後는 通이니 卽般若論이니 論云 如來悉知是諸衆生便足이니라 何故로 復說如來悉見是諸衆生고 若不說如

來悉見是諸衆生이면 或謂如來 以比智知로 恐生如是心故니라 若爾인댄 但言如來悉見是諸衆生便足이니라 何故로 復說如來悉知是諸衆生고 若不說如來悉知是諸衆生이면 或謂如來以肉眼等見으로 爲防是故라하야 說知見二語라】

(1) "부처님들의 한량없는 지견에 깊이 들어갔다."고 말한 '한량없음[無量]'에는 2가지 뜻이 있다.

① 많기 때문이다. 이는 방편지혜의 경계이다.

② 분량을 헤아릴 수 없기 때문이다. 이는 진실지혜의 경계이다. 경계가 한량없기 때문에 지혜 또한 한량없다.

'지견' 또한 2가지 뜻이 있다.

① 별상이다. 知는 곧 외면의 智이며, 見은 곧 내면의 慧이다. 방편지혜와 진실지혜의 2경계를 관조하는 智慧이다.

② 통상이다. 知見 2자는 모두 여래의 증득 주체이다. 여실히 그 이치를 알기 때문에 이는 장애가 없는 지혜이다.

그렇다면 어찌하여 이처럼 거듭 말하였는가.

이는 '미루어서 아는[比量知]' 것과는 다른 점을 밝히기 위해 見이라 말하였고,

육안으로 보는 것과는 다른 점을 밝히기 위해 知라 말하였다.

이는 세친반야론에서 '悉知·悉見'으로 해석한 것과 같다.

'深入諸佛'의 入은 증득으로 통달함을 말한다.

나머지 구절은 이해하기 쉽다.【초_ '知見' 이하는, 둘째는 '지견'에 대한 해석이다. 이 또한 2가지 뜻이 있다. ① 별상이다. 법화

론을 따른 것이다. ② 통상이다. 이는 천친보살의 금강반야바라밀경론을 따른 것이다. 논에서 말한 바는 다음과 같다.

"여래는 모든 중생이 곧 구족함을 알고 있다. 무엇 때문에 다시 여래는 모든 중생을 본다고 말한 것일까?

만약 여래는 모든 중생을 본다고 말하지 않으면, 혹시라도 比智로 아는 것이라는 이런 마음을 낼까 두려워한 까닭이다.

그렇다면 여래는 모든 중생이 모두 구족함을 보았다고 말할 뿐이다. 무엇 때문에 다시 여래는 모든 중생을 안다고 말한 것일까? 만약 여래는 모든 중생을 안다고 말하지 않으면, 혹시라도 여래의 육안 등으로 본다고 생각할 것이다. 이를 막기 위한 까닭이다."

이로 보면 知見의 2가지 뜻을 알 수 있다.】

二趣後는 可知니라

(2) 뒤의 선지식을 찾아감은 말하지 않아도 알 수 있다.

第二 見敬諮問

2. 친견하여 절을 올리고 법을 묻다

經

然後에 乃得見普門城에 百千聚落이 周匝圍遶하야 雉堞崇崚하고 衢路寬平하며 見彼長者하고 往詣其所하며 於前頂禮하고 合掌而立하야

白言호되 聖者여 我已先發阿耨多羅三藐三菩提心호니
而未知菩薩이 云何學菩薩行이며 云何修菩薩道리잇고

이처럼 묻고 찾은 뒤에 보문성을 보았는데, 백천 마을이 주위에 둘러 있고 성 위의 담장은 높고 길거리는 넓고 평평하였다.

보안장자가 머무는 도량을 발견하고서, 그곳으로 나아가 그의 앞에 엎드려 절하고 합장하고 서서 말하였다.

"거룩하신 이여, 저는 이미 아뇩다라삼먁삼보리심을 내었습니다.

그러나 보살이 어떻게 보살의 행을 배우며, 어떻게 보살의 도를 닦는지를 알지 못합니다."

● 疏 ●

諸問中에 先見依正의 百千聚落이 周匝圍繞者는 眷屬般若也오 雉堞崇峻者는 般若防非일새 高而無上也니 五板 爲堵오 五堵 爲雉니 堞은 卽女牆이라 衢路寬平者는 般若諸佛常行이라 非權徑故로 蕩然無涯니라【鈔_ 眷屬般若者는 然般若有五하니 一은 實相般若니 卽所證理오 二는 觀照般若니 卽能證智오 三은 文字般若니 卽能詮敎라 古惟有三이어늘 新說有五하니 加第四境界般若니 實相은 唯悟眞境이오 兼後智體어니와 今境界는 通事니 六塵之境이 皆 爲境界이라 五는 眷屬般若니 卽與慧同인 幷諸心心所라 今此具五니 城 爲實相이오 長者 爲觀照오 釋無量中에 已有境界하고 今有眷屬하며 文字는 通四니라】

법의 요체를 묻는 가운데 의보와 정보 부분의 '백천 마을이 두루 에워싸고 있는 것을 먼저 봄'은 권속반야이며,

"성 위의 담장은 높다[雉堞崇峻]."는 것은 반야가 그릇됨을 막아 주기에 높아서 위가 없음이다. 5板을 堵라 하고 5堵를 雉堞이라 하니, 이는 곧 女牆(몸을 숨겨 적을 공격할 수 있도록 성 위에 낮게 덧쌓은 담) 이다.

"길거리는 넓고 평평하였다."는 것은 반야는 제불이 언제나 행하는 것이어서, 임시로 다니는 길이 아니기에 끝없이 드넓은 것이다.【초_ '권속반야'란 그러나 반야에는 5가지가 있다.

① 실상반야, 이는 증득 대상의 이치이다.

② 관조반야, 이는 증득 주체의 지혜이다.

③ 문자반야, 이는 의논 주체의 가르침이다.

예전에는 이 3가지뿐이었는데, 새로운 학설에 따라 5가지가 있다.

④ 경계반야를 더하였다. 실상반야는 오직 眞諦의 경계만을 깨닫고, 후득지의 본체를 겸하였지만, 여기에서의 경계는 사법계에 통한다. 6진 경계가 모두 경계이다.

⑤ 권속반야이다. 이는 慧와 동시인 모든 마음과 마음의 작용이다.

여기에서는 이처럼 5가지 반야를 갖추고 있다.

城은 실상반야이고, 장자는 관조반야이며, 無量을 해석한 가운데 이미 경계반야가 있고, 여기에 권속반야가 있으며, 문자반야

는 위의 4가지에 모두 통한다.】

第三 稱讚授法
先은 讚이오 後善男子下는 授己法界니
於中二니
先은 能療病이니 卽下化衆生이오 後善男子我又下는 明能合香하야 上供諸佛이라
今은 初라

3. 선재동자를 칭찬하면서 법을 전수하다
(1) 찬탄이며,
(2) '善男子' 이하는 자기의 법계를 전수함이다.
이는 2단락이다.
(ㄱ) 질병을 치료하는 주체이다. 이는 아래로 중생을 교화함이며,
(ㄴ) '善男子我又' 이하는 향을 합하여 제불께 공양함을 밝혔다.
이는 '(ㄱ) 질병 치료의 주체'이다.

經

長者 告言하사대 善哉善哉라 善男子여 汝已能發阿耨多羅三藐三菩提心이로다
善男子야 我知一切衆生諸病하야 風黃痰熱과 鬼魅蠱毒과 乃至水火之所傷害인 如是一切所生諸疾을 我悉能

以方便救療하노라

善男子야 十方衆生의 諸有病者 咸來我所에 我皆療治하야 令其得差하며 復以香湯으로 沐浴其身하야 香華瓔珞과 名衣上服으로 種種莊嚴하고 施諸飮食과 及以財寶하야 悉令充足하야 無所乏短하나니라

 보안장자가 말하였다.

 "훌륭하고 훌륭하다. 선남자여, 그대가 이미 아뇩다라삼먁삼보리심을 내었구나.

 선남자여, 나는 일체중생의 모든 질병을 알고 있다.

 중풍, 황달, 가래, 열병, 귀신 들림, 독충의 독기, 물에 빠졌거나 불에 덴 상처, 이처럼 발생한 모든 질병을 나는 모두 방편으로 치료하고 있다.

 선남자여, 질병을 앓고 있는 시방의 중생이 모두 나에게 찾아오면, 나는 모두 치료하여 그들을 치유하여 주고, 또한 향탕으로 그들의 몸을 씻겨 향과 꽃과 영락과 좋은 의복으로 가지가지 잘 꾸며주고, 음식과 재물을 보시하여 모두가 조금도 부족함이 없게 해주었다.

◉ 疏 ◉

文二니
先除身病하고 後治心病이라
前中亦二니

先은 治無不能이요 後善男子十方下는 來者皆治하고 兼與身樂이라

경문은 2단락이다.

① 질병을 없애주고,

② 마음의 병을 다스림이다.

'① 질병을 없애줌' 또한 2가지이다.

앞은 치료하지 못할 질병이 없고,

뒤의 '善男子十方' 이하는 찾아오는 이들은 모두 치료해주고, 겸하여 몸의 쾌락까지 주었다.

經

然後에 各爲如應說法호되
爲貪欲多者하야 敎不淨觀하며
瞋恚多者에 敎慈悲觀하며
愚癡多者에 敎其分別種種法相하며
等分行者에 爲其顯示殊勝法門하며
爲欲令其發菩提心하야 稱揚一切諸佛功德하며
爲欲令其起大悲意하야 顯示生死無量苦惱하며
爲欲令其增長功德하야 讚歎修集無量福智하며
爲欲令其發大誓願하야 稱讚調伏一切衆生하며
爲欲令其修普賢行하야 說諸菩薩이 於一切刹一切劫住에 修諸行網하며
爲欲令其具佛相好하야 稱揚讚歎檀波羅蜜하며

爲欲令其得佛淨身하야 悉能徧至一切處故로 稱揚讚歎
尸波羅蜜하며
爲欲令其得佛淸淨不思議身하야 稱揚讚歎忍波羅蜜하며
爲欲令其獲於如來無能勝身하야 稱揚讚歎精進波羅蜜
하며
爲欲令其得於淸淨無與等身하야 稱揚讚歎禪波羅蜜하며
爲欲令其顯現如來淸淨法身하야 稱揚讚歎般若波羅蜜
하며
爲欲令其現佛世尊淸淨色身하야 稱揚讚歎方便波羅蜜
하며
爲欲令其爲諸衆生住一切劫하야 稱揚讚歎願波羅蜜하며
爲欲令其現淸淨身이 悉過一切諸佛刹土하야 稱揚讚歎
力波羅蜜하며
爲欲令其現淸淨身이 隨衆生心悉使歡喜하야 稱揚讚歎
智波羅蜜하며
爲欲令其獲於究竟淨妙之身하야 稱揚讚歎永離一切諸
不善法이니 如是施已하고 各令還去케하노라

그런 뒤에 그들에게 각기 알맞은 법을 말해주었다.

탐욕이 많은 이를 위해서는 부정관을 가르쳤고,

미워하고 성내는 일이 많은 이를 위해서는 자비관을 가르쳤고,

어리석음이 많은 이를 위해서는 가지가지 법의 모양을 분별하도록 가르쳤고,

탐진치 3독을 모두 지닌 이를 위해서는 뛰어난 법문을 보여주었고,

그들로 하여금 보리심을 내도록 하고자, 일체 부처님의 공덕을 칭찬하였고,

그들로 하여금 크게 가엾이 여기는 생각을 일으키도록 하고자, 생사의 한량없는 고뇌를 보여주었고,

그들로 하여금 공덕을 더욱 키워주고자, 한량없는 복덕과 지혜를 닦고 모으는 것을 찬탄하였고,

그들로 하여금 큰 서원을 세우도록 하고자, 일체중생을 조복하는 것을 칭찬하였고,

그들로 하여금 보현행을 닦게 하고자, 보살들이 일체 세계, 일체 겁에 여러 가지 행을 닦았음을 말해주었고,

그들로 하여금 부처의 거룩한 모습을 갖추게 하고자, 보시바라밀을 칭찬하였고,

그들로 하여금 부처의 청정한 몸을 얻어 모든 곳에 이르게 하고자, 지계바라밀을 칭찬하였고,

그들로 하여금 부처님의 청정하고 불가사의한 몸을 얻게 하고자, 인욕바라밀을 칭찬하였고,

그들로 하여금 여래의 이길 이 없는 몸을 얻게 하고자, 정진바라밀을 칭찬하였고,

그들로 하여금 청정하고 같을 이 없는 몸을 얻게 하고자, 선정바라밀을 칭찬하였고,

그들로 하여금 여래의 청정한 법신을 드러내게 하고자, 반야바라밀을 칭찬하였고,

그들로 하여금 세존의 청정한 몸을 나타내게 하고자, 방편바라밀을 칭찬하였고,

그들로 하여금 중생을 위하여 일체 겁에 머물게 하고자, 서원바라밀을 칭찬하였고,

그들로 하여금 청정한 몸을 나타내어 일체 부처님 세계를 지나가게 하고자, 역바라밀을 칭찬하였고,

그들로 하여금 청정한 몸을 나타내어 중생의 마음을 따라 기쁘게 하고자, 지혜바라밀을 칭찬하였고,

그들로 하여금 최고의 청정하고 미묘한 몸을 얻게 하고자, 일체 착하지 않은 법을 영원히 여읠 것을 칭찬하였다.

이처럼 보시하고 각각 돌아가도록 하였다.

◉ 疏 ◉

二治心病 亦二니

先은 明除惑이니 義通大小하고 後'爲欲令其'下는 令其成益이니 此唯大乘이라

有十六句니

初五는 通顯大心行願이오

次十은 別明十度之因이 感十身之果니

施滿他心일세 故相好悅物이오

戒徧止惡일새 故淨身徧至오
忍兼忍理일새 故不思議오
進策萬行일새 故無能勝이오
禪唯一心일새 故無與等이오
般若照理일새 故顯法身이오
方便은 顯用일새 色身可覩오
願窮來際일새 住劫無窮이오
力不可搖일새 悉過一切오
智窮事法일새 故隨物成身이라
後一句는 總離諸惡일새 故究竟淨妙니라

② 마음의 병을 다스리는 것 또한 2가지이다.

먼저 除惑을 밝힘이니 의미가 대승과 소승에 모두 통하고,

뒤의 '爲欲令其' 이하는 그로 하여금 이익을 성취케 하려는 것이다. 이는 오직 대승이다.

16구이다.

첫째, 제1~5구는 큰마음의 수행과 서원을 전체로 밝혔고,

다음 제6~15의 10구는 십바라밀의 원인이 十·身의 과보를 얻게 됨을 별개로 밝혔다.

보시바라밀은 남의 마음에 만족을 주기에 아름다운 몸매로 중생을 기쁘게 하고,

지계바라밀은 두루 악업을 막아주기에 청정한 몸이 두루 이르며,

인욕바라밀은 인욕의 이치를 겸하였기에 불가사의하고,

정진바라밀은 모든 행을 경책하여 분발하기에 그 누구도 이길 이가 없으며,

선정바라밀은 오직 한 마음이기에 그 누구와도 함께할 수 없고,

반야바라밀은 이치를 관조하기에 법신을 나타내며,

방편바라밀은 작용을 나타내기에 색신을 볼 수 있으며,

원바라밀은 미래 겁까지 다하기에 머무는 겁이 끝이 없고,

역바라밀은 흔들지 못하기에 모두 일체를 초월하며,

지바라밀은 일의 법을 다하였기에 중생을 따라 몸을 이룸이다.

맨 끝의 제16구는 모든 악업을 모두 여의었기에 최고의 경지에서 청정하고 미묘하다.

二 上供佛行

㈐ 위로 제불께 공양하다

經

善男子야 我又善知和合一切諸香要法하니
所謂無等香과 辛頭波羅香과 無勝香과 覺悟香과 阿盧那跋底香과 堅黑栴檀香과 烏洛迦栴檀香과 沈水香과 不動諸根香이니 如是等香을 悉知調理和合之法이로라
又善男子야 我持此香하야 以爲供養하고 普見諸佛하야

所願皆滿하니 所謂救護一切衆生願과 嚴淨一切佛刹願과 供養一切如來願이니라
又善男子야 然此香時에 ――香中에 出無量香하야 徧至十方一切法界一切諸佛衆會道場하야 或爲香宮하고 或爲香殿하며 如是香欄檻과 香垣牆과 香却敵과 香戶牖와 香重閣과 香半月과 香蓋와 香幢과 香旛과 香帳과 香羅網과 香形像과 香莊嚴具와 香光明과 香雲雨 處處充滿하야 以爲莊嚴하니라

　선남자여, 나는 또한 여러 가지 향을 화합하는 주요한 법을 잘 알고 있다.

　이른바 같을 이 없는 향, 신두바라향, 이길 이 없는 향, 깨달음의 향, 아로나발저향, 굳은 흑전단향, 오락가전단향, 침수향, 모든 감관을 흔들지 않는 향이다.

　이와 같은 여러 향을 조리하여 화합하는 법을 모두 알고 있다.

　또한 선남자여, 나는 이 향으로 공양하고, 여러 부처님을 뵈면서 원하는 바를 모두 만족하였다.

　이른바 일체중생을 구호하는 서원, 일체 부처 세계를 깨끗이 하는 서원, 일체 여래께 공양하는 서원이다.

　또한 선남자여, 이 향을 사를 적에 하나하나의 향에서 한량없는 향기가 나와 시방 일체 법계, 일체 부처님 도량에 두루 풍겨, 향의 궁궐이 되기도 하고, 향의 전각이 되기도 하며, 이처럼 향의 난간, 향의 담장, 향의 망루, 향의 창호, 향의 누각, 향의 반월, 향의 일

산, 향의 당기, 향의 번기, 향의 휘장, 향의 그물, 향의 형상, 향의 장엄거리, 향의 광명, 향의 구름비가 곳곳에 가득히 장엄하였다.

● 疏 ●

供佛行中三이니

初는 知香體라 辛頭者는 卽信度河也오 波羅는 是岸이니 卽彼河岸之香이라 阿盧那跋底는 此云赤色極이라 烏洛迦者는 西域蛇名이니 其蛇 有毒하야 繞此檀樹故니라 和合者는 戒定慧等이 融無礙故니라

次는 興供起願이오

後는 能成大供이니 文處 竝顯하다

부처에게 공양하는 행에는 3가지가 있다.

① 향의 체성을 앎이다.

'신두'란 신도하이며,

'바라'는 언덕을 말하니 곧 강 언덕의 향기이다.

'아로나발저'는 중국에서는 '적색의 극치'라는 뜻이다.

'오락가'란 서역의 뱀 이름이다. 그 뱀은 맹독을 지니고 있는데, 몸통으로 전단나무를 둘러싸면 독기가 풀리기 때문이다.

'화합'이란 계정혜 등을 융통하여 걸림이 없기 때문이다.

② 공양을 올리면서 서원을 일으킴이며,

③ 큰 공양을 성취함이다. 문장의 처리가 모두 뚜렷하다.

第四 謙己推勝

4. 몸을 낮추면서 선지식의 훌륭함을 추켜올리다

經

善男子야 **我唯知此令一切衆生普見諸佛歡喜法門**이어니와

如諸菩薩摩訶薩은 **如大藥王**하야 **若見若聞**이어나 **若憶念**이어나 **若同住**어나 **若隨行往**이어나 **若稱名號**에 **皆獲利益**하야 **無空過者**하며

若有衆生이 **暫得値遇**면 **必令消滅一切煩惱**하고 **入於佛法**하야 **離諸苦蘊**하며 **永息一切生死怖畏**하고 **到無所畏一切智處**하며 **摧壞一切老死大山**하고 **安住平等寂滅之樂**하나니

而我云何能知能說彼功德行이리오

　　선남자여, 나는 오직 이 일체중생으로 하여금 모든 부처님을 두루 보고 기뻐하게 하는 법문을 알 뿐이지만,

　　저 보살마하살은 큰 약왕과도 같아서 보는 이, 듣는 이, 생각하는 이, 함께 있는 이, 따라다니는 이, 이름을 일컫는 이들이 모두 이익을 얻어 헛된 이가 없으며,

　　어떤 중생이 잠깐이라도 만나면,

　　반드시 일체 번뇌가 사라지고,

불법에 들어가 모든 괴로움을 여의며,

일체 생사의 공포가 영원히 없어지고,

두려움이 없는 일체 지혜에 이르며,

일체 늙고 죽음의 산이 무너지고,

평등하고 고요한 즐거움에 머물게 된다.

내가 그런 공덕행을 어떻게 알며, 어떻게 말할 수 있겠는가.

● 疏 ●

推勝中이니 謙己知一中에 謂身心病除하야 成二世樂일세 故皆歡喜오 以香普供하야 得佛十身이어니 則何佛不見고 餘立可知니라

선지식의 훌륭함을 추켜올린 부분이다.

몸을 낮추어 그 하나만을 안다는 부분에서, 몸과 마음의 병을 없애어 2세의 즐거움을 성취하였기에 모두 기뻐하였고, 향으로 널리 공양하여 부처의 10가지 몸을 얻었는데, 그 어떤 부처를 보지 못할 턱이 있겠는가.

나머지는 모두 말하지 않아도 알 수 있다.

經

善男子야 於此南方에 有一大城하니 名多羅幢이오
彼中有王하니 名無厭足이니
汝詣彼問호되 菩薩이 云何學菩薩行이며 修菩薩道리잇고
하라

時에 善財童子 禮普眼足하며 遶無量匝하며 殷勤瞻仰하고 辭退而去하니라

　　선남자여, 이 남쪽에 큰 성이 있는데, 그 이름은 '다라당'이라 한다.

　　그곳에 왕이 있는데, 그 이름은 '무염족왕'이라 한다.

　　그대는 그를 찾아가 '보살이 어떻게 보살의 행을 배우며, 보살의 도를 닦는가.'를 묻도록 하라."

　　그때, 선재동자는 보안장자의 발에 절하고 한량없이 돌며, 은근한 마음으로 우러러 사모하면서 하직하고 떠나갔다.

● 論 ●

'雄堞崇峻'은 重堞最高曰雄이오 雄重曰堞이며 城高曰崇이오 難升曰峻이니 明此善知識이 住第六行中에 智慧 重重無盡하야 尊高難入故오

'衢路寬平'者는 三空智慧 蕩無涯際하야 世及出世에 智無不周라

'對治諸病'者는 世間四大不和病은 以湯藥으로 治오 如煩惱病은 以五停心觀과 十波羅密로 治라

'善合諸香'者는 以戒定慧解脫法身智身香으로 隨根普熏에 自佛出現이라

如上之事는 皆約事表法이니 有事有法하야 皆含世間出世間二義니라

如十住中第六正心住에 以海幢比丘 入寂滅定하야 身出化雲하

501

야 偏周饒益은 表第六住中般若寂用無礙門이어니와 今此十行位中 第六般若善現行中엔 擧純用是寂하야 得成就寂靜身語意行이니라

如上能療治衆生病者는 實有是行이어니와 表法者인댄 '風病'은 明想念多者니 以數息對治하야 引令內止方便으로 令所緣心息하야 順無作定하야 顯智用神通하야 利化一切오

'黃病'은 表貪欲多者니 對以不淨觀이오

'痰熱病'者는 表愚癡多者니 對以十二緣生觀이오

'鬼魅病'者는 表取著妙相하야 不離魔業과 及天報神通이니 對以法空觀이오

'蠱毒'者는 表一切有所得心이 能生一切諸纏害業이오 愛業은 喩水오 瞋業은 喩火니 如是等病을 皆能對治니라

如合和諸香者도 亦實有如是行이어니와 表法者인댄 卽明智慧로 善說敎香하야 令熏淨諸惡執業故라 隨諸惡業이 爲臭며 隨智慧行이 爲香이니

如'辛頭波羅香'者는 辛頭者는 卽明阿耨達池西面金牛口中에 所出大河 流入信度國이오 '波羅'者는 此云岸也니 明此香이 出此河之岸上이라 表此第六善現行의 三空智慧와 四辨無礙 如彼大池 涌出四河에 潤澤大地하며 復成大海하야 一切戒定慧解脫解脫知見의 五分法身香이 皆生其中이니 若有衆生이 聞而入信이면 皆得度脫하야 超升彼岸이라 經擧其一이니 餘三河는 準此知之니라

'阿盧那跋底香'者는 此云赤色鮮明香이니 表赤色이 是南方正色

이라又表離爲虛無며爲日이며爲明이며爲心이니以離法心故라離
는猶麗也니像此位三空四辨의無相智慧光明이麗於一切衆生
心境하야皆得智慧解脫香故라

烏洛迦栴檀香者는烏洛迦는蛇名이오栴檀者는香樹也니明此
蛇最毒일새常患毒熱하야以身遶此香樹에其毒氣便息이니表若
有衆生이聞說心境俱空하야本無體相하며無有處所하야無一法
可得之香하고信而悟入하면一切煩惱毒熱이自然淸淨이라

餘香은如名可解니如是八種智慧香으로熏諸衆生의邪見識種하
야令依八正道行하야入如來智慧香故라

善男子야我唯知此令一切衆生普見諸佛歡喜門은明如上對
治諸法智慧로開發諸佛智慧方便하야皆令衆生으로入佛智慧하
야皆歡喜故라

'雉堞崇峻'은 重堞이 가장 높은 것을 雉라 하고, 치가 겹으로
된 것을 堞이라 하며, 성이 높은 것을 崇이라 하고, 오르기 어려운
것을 峻이라 한다. 이는 선지식이 제6 선현행 중에 머물 적에 지혜
가 거듭거듭 그지없이 드높아서 들어가기 어려움을 밝힌 것이며,

"길거리는 넓고 평평하였다."는 것은 我空·法空·俱空 3가지
지혜가 넓어서 끝이 없어 세간과 출세간에 그 지혜가 두루 통하지
않음이 없기 때문이다.

"모든 질병을 잘 다스린다."는 것은 세간의 사대육신이 조화롭
지 못한 질병은 탕약으로 다스리고, 가령 번뇌와 같은 병은 5停心
觀[數息觀, 分別觀, 慈悲觀, 因緣觀, 不淨觀]과 십바라밀로 다스리는 것

503

이다.

"여러 가지 향을 잘 화합한다."는 것은 戒·定·慧·解脫·法身·智身의 향으로 근기에 따라 널리 훈습함에 자신의 부처가 나타나는 것이다.

위와 같은 일은 모두 현상의 일을 들어 법을 나타낸 것이다. 현상의 일도 있고 법도 있어 모두 세간과 출세간이라는 2가지 뜻을 포함하고 있다. 예컨대 십주 가운데 제6 정심주에서 해당비구가 적멸선정에 들어가 몸에 변화의 구름을 내어 두루 이익을 주었던 것은 제6 정심주 부분의 반야 寂·用이 걸림 없는 법문임을 나타낸 것이지만, 여기에서는 십행의 지위 가운데 제6의 반야선현행은 순수한 작용이 고요하여, 고요한 몸과 말과 뜻의 행을 성취하였음을 들어 말한 것이다.

위와 같이 중생의 질병을 치료한다는 것은 실로 이런 행이 있지만, 법을 나타내면 다음과 같다.

중풍은 생각이 많은 자를 밝혔다. 數息觀으로 치료하여 인도하면서 內止의 방편으로 반연하는 바의 마음을 쉬게 하여, 작위 없는 선정을 따라서 지혜 작용의 신통을 나타내어 일체중생에게 이롭게 교화함이며,

황달은 탐욕이 많은 자를 나타낸다. 이는 不淨觀으로 다스리며,

痰熱의 병이란 어리석음이 많은 자를 나타낸다. 이는 12緣生觀으로 다스리며,

귀신 들린 병이란 미묘한 모양에 집착하여 魔業과 天報의 신

통을 여의지 못함을 나타낸다. 이는 法空觀으로 다스리며,

蠱毒이란 일체 얻으려는 바의 마음이 일체 모든 해로운 속박의 업을 낳게 됨을 나타낸 것이며,

애욕의 업은 물에 비유하고,

성냄의 업은 불에 비유한다.

이와 같은 병들을 모두 다스리는 것이다.

여러 가지 향을 화합한다는 것 또한 실제로 이와 같은 일이 있지만, 법으로 나타내면 지혜로 가르침의 향을 잘 말하여 그 향기에 젖어 모든 악한 집착의 업을 청정하게 함을 밝힌 것이다.

모든 악업을 따름이 악취이고, 지혜의 행을 따름이 향기이다.

예컨대 '신두바라향'의 '신두'란 아뇩달지 서쪽, 황금 소의 입에서 나오는 커다란 강물이 信度國으로 흘러감을 밝힌 것이며, '바라'는 중국에서는 '언덕[岸]'이라는 뜻이다. 이 향기가 이 강의 언덕 위에서 나온 것임을 밝혔다.

이는 제6 선현행의 아공·법공·구공 3가지 지혜와 걸림 없는 4가지 변재가 마치 커다란 연못에서 4줄기의 강물이 솟구쳐 촉촉이 대지를 적셔주고, 다시 큰 바다를 이루는 것처럼, 일체의 계·정·혜·해탈·해탈지견 오분법신향이 모두 그 속에서 나온다. 만약 어느 중생이 듣고서 신심을 지니면 모두 해탈을 얻어 피안에 뛰어오르게 된다. 경문에서는 하나만을 들어 말하였다. 나머지 3줄기 강물은 이에 준하면 알 수 있다.

'아로나발저향'이란 중국에서는 '선명한 적색의 향[赤色鮮明香]'

이라는 뜻이다. 적색은 남방의 正色임을 나타낸다. 또한 離卦(☲)는 허무이고, 卦象으로는 태양, 밝음, 마음이 됨을 나타낸 것이다. 이는 마음을 본받은 까닭이다. 離는 '걸려 있다[麗].'는 뜻과 같다. 이 지위에서는 3가지 공과 4가지 변재의 모양이 없는 지혜 광명이 일체중생의 마음 경계에 걸려 있어 모두 지혜해탈향을 얻음을 상징하기 때문이다.

'오락가전단향'의 '오락가'는 뱀의 이름이며, 전단은 향나무다. 이 뱀이 가장 맹독을 지닌 까닭에 언제나 독의 열기를 풀고자 몸으로 전단나무를 두르면 그 독기가 곧 사라짐을 밝힌 것이다. 어떤 중생이 마음과 경계가 모두 공하여 본래 體相이 없고 처소도 없어, 그 어느 법 하나도 얻을 수 없는 향이라는 설법을 듣고서 이를 믿고 깨달음을 얻으면 일체 번뇌의 독 열기가 절로 시원해짐을 나타낸 것이다.

나머지 향은 명칭과 같이 이해할 수 있다.

이와 같은 8가지의 지혜 향으로 일체중생의 삿된 견해의 식 종자를 그을려 줌으로써, 그들로 하여금 8정도의 행에 의지하여 여래의 지혜 향에 들어가도록 한 때문이다.

"선남자여, 나는 오직 이 일체중생으로 하여금 모든 부처님을 두루 보고 기뻐하게 하는 법문을 알 뿐이다."는 것은 위와 같이 모든 법을 다스리는 지혜로 모든 부처의 지혜 방편을 개발하여, 모두 중생으로 하여금 부처의 지혜에 들어가 모두 기쁨을 얻도록 함을 밝힌 때문이다.

一

第七 無厭足王 寄無著行【鈔_ 寄無著行者는 方便涉有호되 不迷於空하야 事理無濡하야 不捨不受일새 故名無著이라】
第一 依敎趣求

제7. 무염족왕, 무착행 선지식【초_ 무착행에 붙여 말한 것은 방편으로 유에 관계하면서도 공에 혼미하지 않아 사법계와 이법계에 막힘이 없어 버리지도 않고 받지도 않기에 그 이름을 무착행이라 하였다.】

1. 가르침을 따라 선지식을 찾아가 법을 구하다

經

爾時에 善財童子 憶念思惟善知識敎하며 念善知識이 能攝受我하며 能守護我하며 令我於阿耨多羅三藐三菩提에 無有退轉하야 如是思惟하야 生歡喜心과 淨信心과 廣大心과 怡暢心과 踊躍心과 欣慶心과 勝妙心과 寂靜心과 莊嚴心과 無着心과 無礙心과 平等心과 自在心과 住法心과 徧往佛刹心과 見佛莊嚴心과 不捨十力心하고 漸次遊行하야 經歷國土村邑聚落하야 至多羅幢城하야 問無厭足王의 所在之處한대 諸人이 答言호되 此王이 今者에 在於正殿하야 坐師子座하사 宣布法化하야 調御衆生하사대 可治者治하고 可攝者攝하며 罰其罪惡하고 決其諍訟하고 撫其孤窮하야 皆令永斷殺盜邪婬하며 亦令禁

止妄言兩舌惡口綺語하며 又使遠離貪瞋邪見이니이다
時에 善財童子 依衆人語하야 尋卽往詣하니라

그때, 선재동자가 선지식의 가르침을 기억하고 생각하며,

선지식은 나를 거두어 주고 나를 보호하며, 나로 하여금 아뇩다라삼먁삼보리에서 물러서지 않도록 하리라 생각하였다.

이처럼 생각하고서 환희한 마음, 청정한 믿음의 마음, 광대한 마음, 화창한 마음, 날뛰는 마음, 경축의 마음, 미묘한 마음, 고요한 마음, 장엄한 마음, 집착이 없는 마음, 걸림 없는 마음, 평등한 마음, 자재한 마음, 법에 머무는 마음, 부처 세계에 두루 찾아가는 마음, 부처의 장엄을 보는 마음, 열 가지 힘을 버리지 않는 마음을 내었다.

차츰차츰 나라를, 고을을, 마을을 지나서 다라당성에 이르러, 무염족왕이 머무는 곳을 물었더니, 여러 사람이 대답하였다.

"그 왕은 지금 정전에 계시면서 사자법좌에 앉아 법의 교화를 펼쳐 중생을 조복할 적에, 다스려야 할 이는 다스리고 거두어 줘야 할 이는 거두어 주며, 죄 있는 이는 벌을 내리고, 다투는 송사를 판결하며, 외롭고 나약한 이를 어루만져 모두 살생, 훔치는 일, 삿된 음행을 길이 끊게 하고, 거짓말, 이간하는 말, 욕설, 꾸미는 말을 못하게 하며, 또한 탐욕과 성냄과 삿된 소견을 여의게 합니다."

그때, 선재동자가 여러 사람의 말을 따라 왕을 찾아갔다.

● 疏 ●

趣求中에 先은 念教成益이오 後 '漸次' 下는 趣求後友니 旣入其國에

必聞其政이라

言多羅者는 此云明淨이오 幢者는 建立이니 表無著行이 依般若淨明하야 立勝行故니라

王名'無厭足'者는 如幻方便호되 化無所著일새 故無疲厭心이라

　선지식을 찾아가 법을 구한 부분에서 앞은 가르침을 생각하면서 이익을 성취함이며, 뒤의 '漸次' 이하는 뒤의 선지식에게 찾아감이다. 이미 그 나라에 들어가 반드시 그 나라의 정사를 들었다.

　'多羅'라 말한 것은 중국에서는 '밝고 청정함[明淨]'이란 뜻이다.

　幢이란 세운다는 것이다. 집착 없는 행이 반야의 청정한 밝음을 의지하여 수승한 행을 세움을 나타낸 때문이다.

　왕의 이름을 '無厭足'이라 말한 것은 허깨비와 같은 방편으로 교화하되 집착하는 바가 없기에 고달프거나 싫어하는 마음이 없는 것이다.

第二. 見敬諮問

2. 친견하여 절을 올리고 법을 묻다

經

遙見彼王이 坐那羅延金剛之座하니
阿僧祇寶로 以爲其足하고 無量寶像으로 以爲莊嚴하고
金繩爲網하야 彌覆其上하며 如意摩尼로 以爲寶冠하야

莊嚴其首하며 閻浮檀金으로 以爲半月하야 莊嚴其額하며 帝靑摩尼로 以爲耳璫하야 相對垂下하며 無價摩尼로 以爲瓔珞하야 莊嚴其頸하며 天妙摩尼로 以爲印釧하야 莊嚴其臂하며 閻浮檀金으로 以爲其蓋호되 衆寶間錯으로 以爲輪輻하며 大瑠璃寶로 以爲其竿하며 光味摩尼로 以爲其臍하며 雜寶爲鈴하야 恒出妙音하며 放大光明하야 周徧十方한 如是寶蓋로 而覆其上이라

阿那羅王이 有大力勢하사 能伏他衆하야 無能與敵하며 以離垢繒으로 而繫其頂하고 十千大臣이 前後圍遶하야 共理王事하며 其前에 復有十萬猛卒이 形貌醜惡하고 衣服褊陋하야 執持器仗하고 攘臂瞋目에 衆生見者 無不恐怖라 無量衆生이 犯王敎勅호되 或盜他物하며 或害他命하며 或侵他妻하며 或生邪見하며 或起瞋恨하며 或懷貪嫉하야 作如是等種種惡業하면 身被五縛하고 將詣王所하야 隨其所犯하야 以治罰之호되 或斷手足하고 或截耳鼻하며 或挑其目하고 或斬其首하며 或剝其皮하고 或解其體하며 或以湯煮하고 或以火焚하며 或驅上高山하야 推令墮落이라 有如是等無量楚毒하야 發聲號叫함이 譬如衆合大地獄中이니라

善財 見已하고 作如是念호되 我爲利益一切衆生하야 求菩薩行하며 修菩薩道어늘 今者此王이 滅諸善法하고 作大罪業하야 逼惱衆生하며 乃至斷命호되 曾不顧懼未來

惡道어니 云何於此에 而欲求法하야 發大悲心하야 救護
衆生이리오
作是念時에 空中有天이 而告之言호되 善男子야 汝當憶
念普眼長者善知識敎하라하야늘 善財 仰視而白之曰我
常憶念하야 初不敢忘이로라 天이 曰善男子야 汝莫厭離
善知識語하라 善知識者는 能引導汝하야 至無險難安穩
之處니라
善男子야 菩薩의 善巧方便智 不可思議며 攝受衆生智
不可思議며 護念衆生智 不可思議며 成熟衆生智 不可
思議며 守護衆生智 不可思議며 度脫衆生智 不可思議
며 調伏衆生智 不可思議니라
時에 善財童子 聞此語已하고 卽詣王所하야 頂禮其足하
고 白言호되 聖者여 我已先發阿耨多羅三藐三菩提心호
니 而未知菩薩이 云何學菩薩行이며 云何修菩薩道리잇
고 我聞聖者는 善能敎誨라하니 願爲我說하소서

    무염족왕이 나라연 금강법좌에 앉아 있는데,

    아승지 보배로 법좌 다리를 만들었고,

    한량없는 보배 형상으로 장엄하였으며,

    황금실로 그물을 떠서 그 위를 덮었고,

    여의마니주로 보관을 만들어 그 머리를 장엄하였으며,

    염부단금으로 반월을 만들어 그 이마를 장엄하였고,

    제청마니로 귀걸이를 만들어 양쪽에 쌍으로 드리웠으며,

값을 매길 수 없는 보배로 영락을 만들어 그 목에 걸었고,

하늘 마니로 팔찌를 만들어 그 팔뚝을 단장하였으며,

염부단금으로 일산을 만들었는데, 여러 보배를 사이사이 장식하여 수레바퀴 살을 만들었고,

큰 유리보배로 그 줄기를 만들었으며,

광미마니로 그 꼭지를 만들었고,

여러 가지 보배로 풍경을 만들어 언제나 아름다운 소리가 울려 나왔으며,

큰 광명을 쏟아내어 시방에 두루 한 이러한 보배 일산으로 그 위를 덮었다.

그 아래 앉은 아나라왕은 큰 세력이 있어 다른 대중들을 굴복시켜 대적할 이가 없으며, 때 없는 비단으로 정수리에 묶었고, 십천 대신이 앞뒤에 둘러 있으면서 나랏일을 처리하였다.

그 앞에는 또다시 십만 군졸이 있는데, 그 추악한 얼굴에 누추한 의복으로, 무기를 손에 들고 팔을 뽐내고 눈을 부릅뜨고 있어, 보는 사람마다 모두 그들을 무서워하지 않는 이가 없었다.

한량없는 중생이 왕의 법령을 범하되, 남의 물건을 훔치거나, 남의 목숨을 살해하거나, 남의 아내를 간통하거나, 삿된 소견을 내거나, 원한을 내거나, 탐욕과 질투를 품는, 이런 가지가지 악업을 저지르면, 그의 몸을 오랏줄로 묶어 왕의 앞에 끌고 와 저지른 죄에 따라서 형벌을 내리되, 손발을 끊기도 하고, 귀와 코를 베기도 하며, 그의 눈을 뽑거나 그의 머리도 자르고, 그의 가죽을 벗기거

나 그의 몸을 오려내며, 끓는 물에 삶거나 타는 불에 지지고, 높은 산으로 끌고 올라가서 떨어뜨리기도 하였다. 이런 고통이 한량이 없어 부르짖고 통곡하는 것이 마치 '모든 고통을 죄다 모아놓은 대지옥[衆合大地獄]'과도 같았다.

선재동자가 이를 보고서 이런 생각을 하였다.

'나는 일체중생에게 이익을 주고자 보살의 행을 구하고 보살의 도를 닦는데, 지금 이 왕은 선한 법이라곤 하나도 없고, 큰 죄업을 지으면서 중생을 핍박하고, 심지어는 사람의 목숨을 빼앗으면서도 일찍이 미래에 떨어질 악도의 길을 두려워하지 않으니, 어떻게 그에게서 법을 구하여, 대비심을 일으켜 중생을 구제하고 수호할 수 있겠는가.'

이런 생각을 할 적에 공중에서 어떤 하늘이 말하였다.

"선남자여, 그대는 보안장자 선지식의 가르침을 생각하라."

선재동자가 우러러보면서 말하였다.

"나는 언제나 생각하면서 애당초 감히 잊은 적이 없다."

하늘이 말하였다.

"선남자여, 그대는 선지식의 말을 버리지 말라. 선지식은 그대를 인도하여 험난하지 않은, 편안한 곳으로 이르게 할 것이다.

선남자여, 보살의 뛰어난 방편지혜를 헤아릴 수 없으며,

중생을 거두어 주는 지혜를 헤아릴 수 없으며,

중생을 생각하는 지혜를 헤아릴 수 없으며,

중생을 성숙시키는 지혜를 헤아릴 수 없으며,

중생을 수호하는 지혜를 헤아릴 수 없으며,

중생을 해탈시키는 지혜를 헤아릴 수 없으며,

중생을 조복시키는 지혜를 헤아릴 수 없다."

그때, 선재동자는 이런 말을 듣고서 왕의 처소에 나아가 그의 발에 엎드려 절하고 여쭈었다.

"거룩하신 이여, 저는 이미 아뇩다라삼먁삼보리심을 내었습니다.

그러나 보살이 어떻게 보살의 행을 배우며, 어떻게 보살의 도를 닦는지를 모르겠습니다.

제가 듣자오니 거룩하신 이께서 잘 가르쳐주신다 하니, 바라건대 저를 위하여 말해주십시오."

● 疏 ●

先見에 有四니

一은 見勝依正이오 二 其前復有 下는 觀其逆化오 三 善財見已 下는 不了生疑오 四 作是念時 下는 空天曉喩니

於中二니

先은 令憶前教眞實하야 使不生疑오 後 善男子菩薩善巧 下는 辨後行深玄하야 令其信入이라 然善財 雖常憶敎이로되 而生疑者는 逆行難知故니 貪盜此世하야 不疑婆須 瞋癡現損일새 故勝熱·此王이 竝生疑怪니라

言 深玄 者는 通達非道故니라 梁攝論戒學中에 明菩薩 逆行殺等

하야 生無量福하고 得無上菩提니 要大菩薩이라아 方堪此事니라
此有二種하니
一은 實行이오 二는 變化라
實行者는 了知前人이 必定作無間業호대 無別方便으로 令離此惡일새 唯可斷命하야 使其不作이라 又知前人이 若捨命已에 必生善道니라
又菩薩自念호대 我行殺已면 必墮地獄일새 爲彼受苦니 彼雖現受輕苦나 必得樂果니라 瑜伽菩薩地戒品之中에 亦同此說이라
言變化者는 卽當此文 下王自說이라
二時善財下는 敬問이니 可知니라

 (1) 바라본 부분에는 4가지가 있다.

 ㈀ 뛰어난 의보와 정보를 봄이며,

 ㈁ '其前復有' 이하는 교화를 거스른 그들의 봄이며,

 ㈂ '善財見已' 이하는 교화를 거스른 뜻을 알지 못하여 의심을 냄이며,

 ㈃ '作是念時' 이하는 하늘이 말해줌이다.

'하늘이 말해줌'은 2단락이다.

 ① 선재로 하여금 앞 선지식의 진실한 가르침을 생각하여, 의심을 내지 않도록 함이며,

 ② '善男子菩薩善巧' 이하는 뒤의 선지식 행위가 심오하고 현묘함을 말하여, 선재로 하여금 믿고 들어가도록 함이다. 그러나 선재동자가 언제나 선지식의 가르침을 생각하면서도 의심을 한 것

515

은 逆行을 알기 어렵기 때문이다. 이 세간의 이익을 탐한 나머지 바수밀다 여인이 성냄과 어리석음으로 손해를 나타냈던 일을 의심하지 않았기에 승열바라문과 이 무염족왕에게 모두 의심을 내거나 이상하게 생각한 것이다.

'심오하고 현묘하다.'고 말한 것은 도가 아닌 것을 통달하였기 때문이다. 양섭론 戒學 부분에서, 보살이 살생 등의 역행으로 한량없는 복덕을 내고, 위없는 보리지혜를 얻음을 밝힌 바 있다. 요컨대 큰 보살만이 바야흐로 이런 일을 감당할 수 있다.

여기에는 2가지가 있다.

㉠ 실행이며,

㉡ 변화이다.

실행이란 앞의 사람이 반드시 무간지옥의 업을 지었음을 잘 알지만, 별도의 방편으로 이런 악행에서 벗어나게 할 수 없기에, 오직 그의 목숨을 끊어 그로 하여금 더 이상의 악업을 짓지 않도록 하려는 것이다.

또한 앞의 사람이 목숨을 버린 뒤에는 반드시 좋은 길에 태어남을 알 수 있다.

또한 보살이 스스로 "내가 살생을 행하면 반드시 지옥에 떨어질 것이다. 그를 위해 지옥의 고통을 받을 것이다. 그가 비록 현재는 가벼운 고통이야 받겠지만 반드시 그는 좋은 과보를 얻을 것이다."고 생각하였다.

유가보살지 戒品에서도 또한 이와 같이 말하였다.

'변화'라 말한 것은 이 경문의 아래 부분에서 무염족왕이 스스로 말한 부분에 해당한다.

(2) '時善財' 이하는 공경하는 마음으로 절을 올리고 법의 요체를 물음이다. 이는 설명하지 않아도 알 수 있다.

第三 授己法界
中二니
初는 授法方便이라

3. 자기의 법계를 전수하다

이는 2단락이다.

(1) 법을 전수하는 방편

經

時에 阿那羅王이 理王事已에 執善財手하고 將入宮中하사 命之同坐하시고

그때, 아나라왕은 왕의 일을 마치자, 선재의 손을 잡고서 궁중으로 들어가 자리를 함께하면서 말하였다.

● 疏 ●

執手同坐는 示無間之儀니 表攝彼加行으로 令趣眞故니라

손을 잡고서 함께 앉은 것은 두 사람의 사이가 없는 거동을 보

517

여준 것이다. 그를 받아들이는 加行으로 眞諦에 나아가도록 함을
나타낸 까닭이다.

二. 正示法界

令證相應이라

(2) 바로 법계를 보여주다

하여금 증득하여 상응하도록 함이다.

經

告言하사대 善男子야 汝應觀我所住宮殿하라
善財 如語하야 卽徧觀察하니 見其宮殿이 廣大無比하
야 皆以妙寶之所合成이며 七寶爲牆하야 周匝圍遶하고
百千衆寶로 以爲樓閣하며 種種莊嚴이 悉皆妙好하고 不
思議摩尼寶網으로 羅覆其上하며 十億侍女 端正殊絶하
야 威儀進止 皆悉可觀이오 凡所施爲 無非巧妙하야 先
起後臥하야 軟意承旨러라

"선남자여, 그대는 내가 머무는 궁전을 보라."

선재동자는 왕의 말과 같이 두루 살펴보니,

그 궁전은 비길 데 없이 넓고 큰데 모두 미묘한 보배를 모아 만
들었으며,

칠보로 담장을 쌓아 주위를 둘러 쳤고,

백천 가지 보배로 누각을 만들었으며,

가지가지 장엄이 모두 아름답고 훌륭하였고,

불가사의한 마니보배 그물로 그 위를 덮었으며,

십억 시녀들이 단정하고 아름다워 위의와 오고 가는 모습이 모두 볼 만하였고,

모든 하는 일들이 뛰어나지 않은 게 없었으며,

먼저 일어나고 뒤에 누우면서 공순한 마음으로 뜻을 받들었다.

◉ 疏 ◉

於中에 四니 一은 擧果令入이라

이의 부분은 4단락이다.

(ㄱ) 과보를 들어 들어가도록 함이다.

經

時에 阿那羅王이 告善財言하사대 善男子야 於意云何오 我若實作如是惡業인댄 云何而得如是果報와 如是色身과 如是眷屬과 如是富饒와 如是自在리오

그때, 아나라왕이 선재에게 말하였다.

"선남자여, 어떻게 생각하는가. 내가 만약 진실로 이와 같은 악업을 짓는다면, 어떻게 이와 같은 과보, 이와 같은 육신, 이와 같은 권속, 이와 같은 부귀, 이와 같은 자재함을 얻을 수 있겠는가.

● 疏 ●

二는 以實顯權이라

(ㄴ) 實敎로 權敎를 밝혔다.

經

善男子야 我得菩薩如幻解脫호니
善男子야 我此國土의 所有衆生이 多行殺盜와 乃至邪見일새 作餘方便하야 不能令其捨離惡業이니라
善男子야 我爲調伏彼衆生故로 化作惡人이 造諸罪業하고 受種種苦하야 令其一切作惡衆生으로 見是事已하고 心生惶怖하며 心生厭離하며 心生怯弱하야 斷其所作一切惡業하고 發阿耨多羅三藐三菩提意케하노라
善男子야 我以如是巧方便故로 令諸衆生으로 捨十惡業하고 住十善道하야 究竟快樂하며 究竟安穩하며 究竟住於一切智地케하노라

선남자여, 나는 보살의 요술과 같은 해탈을 얻었다.

선남자여, 나의 국토에 있는 중생들이 살생과 절도 내지 삿된 소견을 가진 이가 많기에, 다른 방편으로는 그들의 악업을 도저히 버리도록 할 수 없었다.

선남자여, 나는 그와 같은 중생을 조복하기 위하여, 악업을 짓는 사람으로 변화하여 많은 죄업을 짓고 가지가지 고통을 받으면서, 일체 악업을 짓는 중생으로 하여금 이를 보고서 마음에 두려운

생각을 내고, 싫어하는 마음을 내고, 겁내는 마음을 내어 그들이 지었던 모든 악업을 끊고 아뇩다라삼먁삼보리심을 내도록 하고자 하였다.

선남자여, 나는 이와 같은 뛰어난 방편으로써 중생으로 하여금 열 가지 악업을 버리고 열 가지 선한 도를 행하여, 마침내 즐겁고, 마침내 평안하고, 마침내 일체 지혜의 지위에 머물게 하고자 하였다.

● 疏 ●

三은 示其所得이라
於中에 初名如幻者는 了生如幻故로 以幻化幻이요
次我此國下는 明法門業用이요
後我以如是下는 明法門勝益이라

㈐ 그 얻은 바를 봄이다.

그 가운데 첫째, "요술과 같다."고 명명한 것은 중생이 요술과 같음을 알기 때문에 요술로써 요술을 교화함이고,

다음 '我此國' 이하는 법문의 하는 일과 작용을 밝혔으며,

뒤의 '我以如是' 이하는 법문의 훌륭한 이익을 밝혔다.

經

善男子야 我身語意는 未曾惱害於一衆生이니
善男子야 如我心者인댄 寧於未來에 受無間苦언정 終不

521

發生一念之意하야 **與一蚊一蟻**로 **而作苦事**어든 **況復人耶**아 **人是福田**이니 **能生一切諸善法故**니라

선남자여, 나의 몸, 말, 뜻은 일찍이 그 어느 한 중생도 괴롭힌 적이 없다.

선남자여, 내 마음에는 차라리 미래 세계에 무간지옥의 고통을 받을지언정 끝까지 한 생각이라도 모기 한 마리, 개미 한 마리를 괴롭히려는 생각을 내지 않을 것이다. 하물며 사람을 괴롭힐 턱이 있겠는가. 사람은 복전이라, 일체 모든 선한 법을 낼 수 있기 때문이다.

◉ 疏 ◉

四는 直顯實得慈念之深이라 然諸位至七에 皆方便故로 休捨와 觀自在와 開敷樹華는 多約慈悲니라

㈃ 실로 자비의 생각이 깊음을 직접 밝혔다.

그러나 모든 십주, 십행, 십회향, 십지의 지위는 제7 불퇴주, 제7 무착행, 제7 수순일체중생회향, 제7 원행지 등에 이르러서는 모두 방편을 말한 까닭에 휴사우바이, 관자재보살, 개부일체수화주야신은 대체로 자비를 들어 말하였다.

第四 謙己推勝

4. 몸을 낮추면서 선지식의 훌륭함을 추켜올리다

善男子야 我唯得此如幻解脫이어니와
如諸菩薩摩訶薩은
得無生忍하야 知諸有趣 悉皆如幻하며
菩薩諸行이 悉皆如化하며
一切世間이 悉皆如影하며
一切諸法이 悉皆如夢하야 入眞實相無礙法門하며
修行帝網一切諸行하야 以無礙智로 行於境界하며
普入一切平等三昧하야 於陀羅尼에 已得自在하나니
而我云何能知能說彼功德行이리오

 선남자여, 나는 오직 요술과 같은 해탈을 얻었을 뿐이지만,
 저 보살마하살은 무생법인을 얻어,
 모든 세계가 모두 요술과 같음을 알고,
 보살의 모든 행이 모두 요술과 같으며,
 일체 세간이 모두 그림자와 같고,
 일체 모든 법이 모두 꿈과 같아 진실한 모양의 걸림이 없는 법문에 들어가며,
 제석천왕의 그물 같은 일체 모든 행을 닦아, 걸림 없는 지혜로써 경계에 행하고,
 일체 평등 삼매에 널리 들어가 다라니에 이미 자재함을 얻었다.
 내가 그런 공덕의 행을 어떻게 알며, 어떻게 말할 수 있겠는가.

● 疏 ●

推勝云無生忍者는 由了如幻하야 方證此忍故며 又後位中에 當此忍故니라

　선지식의 훌륭함을 추켜올린 부분에서 '무생법인'을 말한 것은 요술과 같음을 앎으로 연유하여 비로소 이 무생법인을 증득하기 때문이며, 또한 뒤의 지위가 이 무생법인에 해당하기 때문이다.

經

善男子야 於此南方에 有城하니 名妙光이오 王名은 大光이니

汝詣彼問호되 菩薩이 云何學菩薩行이며 修菩薩道리잇고 하라

時에 善財童子 頂禮王足하며 繞無數匝하고 辭退而去하니라

　선남자여, 여기에서 남쪽으로 성이 있는데, 그 이름을 '묘광'이라 하고,

　왕의 이름은 '대광'이라 한다.

　그대는 그를 찾아가 '보살이 어떻게 보살의 행을 배우며, 보살의 도를 닦는가.'를 묻도록 하라."

　그때, 선재동자가 왕의 발에 절하고 수없이 돌고서 하직하고 떠나갔다.

● 論 ●

阿那羅王者는 此云無厭足也니 如十住第七住慈悲位는 以休捨優婆夷로 表之오

此十行第七慈悲行은 以無厭足王으로 表之하야 以明治惡人之行에 自化作惡하고 自苦治之하야 令實衆生으로 厭世修德하야 成菩提道오

第七廻向은 以觀世音으로 主之오

第七遠行地中엔 以夜天名開敷樹華로 主之니 如是 皆是隨位成就慈悲之別名이라

自餘는 如經具明하니라

此是第七無著行善知識이니 以方便波羅密로 爲主오 餘九로 爲伴이니

約智門中인댄 諸位通治어니와 約位門中인댄 以治處生死中染淨二行不自在障하야 令得住生死中大智大悲 得自在故니라

'아나라왕'은 중국에서는 '無厭足'이라 한다.

예컨대 십주의 제7 불퇴주의 자비 지위는 휴사우바이로 나타내고, 이 십행의 제7 무착행의 자비 수행은 무염족왕으로 나타내어, 악인의 행을 다스릴 적에 자신이 악한 사람으로 변화하여 악업을 짓고 자신의 고통으로 다스리면서, 실제 중생으로 하여금 세간을 싫어하고 공덕을 닦아 보리의 도를 성취하도록 함을 밝혔으며,

제7 수순일체중생회향은 관세음보살을 위주로 하였고,

제7 원행지에서는 개부일체수화주야신을 위주로 하였다.

이와 같이 모두 지위에 따라 자비를 성취한 별칭이다.

나머지는 경문에서 구체적으로 말한 바와 같다.

이는 제7 선현행의 선지식이다. 방편바라밀로 주체를 삼고 나머지 9가지로 객체를 삼는다.

지혜 법문으로 말하면 모든 지위를 통틀어 다스리지만, 지위 법문으로 말하면 생사 중에 처하여 오염과 청정 2가지의 행이 자재하지 못한 장애를 다스려서, 생사 가운데 머물면서 대지와 대비가 자재함을 얻도록 하였다.

一

第八 大光 寄難得行
第一 依敎趣求

제8. 대광왕, 난득행 선지식
1. 가르침을 따라 선지식을 찾아가 법을 구하다

經

爾時에 善財童子 一心正念彼王所得幻智法門하며 思惟彼王如幻解脫하며 觀察彼王如幻法性하며 發如幻願하며 淨如幻法하며 普於一切如幻三世에 起於種種如幻變化하야 如是思惟하고
漸次遊行하야 或至人間城邑聚落하며 或經曠野巖谷險難호되 無有疲懈하야 未曾休息한 然後에 乃至妙光大城

하야 而問人言호되 妙光大城이 在於何所오

人咸報言호되 妙光城者는 今此城이 是니 是大光王之所住處니이다

時에 善財童子歡喜踊躍하야 作如是念호되

我善知識이 在此城中하시니

我今必當親得奉見하야

聞諸菩薩所行之行하며

聞諸菩薩出要之門하며

聞諸菩薩所證之法하며

聞諸菩薩不思議功德하며

聞諸菩薩不思議自在하며

聞諸菩薩不思議平等하며

聞諸菩薩不思議勇猛하며

聞諸菩薩不思議境界廣大淸淨이로다

그때, 선재동자는 한결같은 마음으로 그 왕이 얻은, 요술과 같은 지혜 법문을 바르게 생각하며,

그 왕의 요술과 같은 해탈을 생각하고,

그 왕의 요술과 같은 법성을 관찰하며,

그 왕의 요술과 같은 서원을 내고,

그 왕의 요술과 같은 법을 청정히 하며,

널리 일체 요술과 같은 삼세에 가지가지 요술과 같은 변화를 일으켜 이렇게 생각하면서 차츰차츰 남쪽으로 내려갔다.

혹은 인간의 도시와 고을과 마을에 이르기도 하고, 혹은 거친 벌판과 산골짜기와 험난한 곳을 지나면서도 고달픈 생각이 없어 한 번도 멈추지 않았다.

그처럼 걸은 후에야 묘광의 큰 성에 이르러 사람들에게 "묘광성이 어디냐?"고 물었다.

사람들이 모두 말하기를, "이 성이 묘광성이다. 이 성이 대광왕께서 계시는 곳이다."고 하였다.

그때, 선재동자는 기쁜 마음에 발을 구르면서 이렇게 생각하였다.

'나의 선지식이 이 성에 계시니, 나는 지금 반드시 친히 뵈옵고, 보살이 수행하였던 행을 들을 것이며,

보살의 가장 중요한 법문을 들을 것이며,

보살이 증득한 법을 들을 것이며,

보살의 불가사의한 공덕을 들을 것이며,

보살의 불가사의한 자재함을 들을 것이며,

보살의 불가사의한 평등을 들을 것이며,

보살의 불가사의한 용맹을 들을 것이며,

보살의 불가사의한 경계의 광대한 청정을 들을 것이다.'

● 疏 ●

趣求中 先念前이라【鈔_ 寄難得行者는 無障礙願力이라야 乃能得故니라】

선지식을 찾아가 법을 구한 부분의 앞은 앞의 선지식을 생각함이다.【초_ 난득행에 붙여 말한 것은 장애가 없는 원력만이 이를 얻을 수 있기 때문이다.】

後漸次下는 趣後니 於中에 初는 推求得知라
城名妙光者는 前位는 悲增이어니와 今得無住妙慧하여 運衆生故니라
王名大光者는 慈定之智 無不該故요 廣大願中에 皆徹照故니라
後時善財童子下는 自慶當益이라

뒤의 '漸次' 이하는 뒤의 선지식을 찾아감이다.

그 가운데 첫째는 추구하여 앎을 얻으려는 것이다.

성의 이름을 '妙光'이라 한 것은 앞의 지위는 大悲의 증장이지만, 여기에서는 머문 곳이 없는 미묘한 지혜[無住妙慧]를 얻어 중생을 교화하기 때문이다.

왕의 이름을 '大光'이라 한 것은 자비 선정의 지혜[慈定之智]가 갖춰져 있지 않음이 없기 때문이며, 광대한 서원 가운데 모두 철저하게 비춰보기 때문이다.

뒤의 '時善財童子' 이하는 해당 이익을 스스로 경하함이다.

第二. 見敬諮問

2. 친견하여 절을 올리고 법을 묻다

經

作是念已하고 入妙光城하야 見此大城하니

以金銀瑠璃와 玻瓈眞珠와 硨磲瑪瑙의 七寶所成이며

七寶深塹이 七寶圍遶하야 八功德水 盈滿其中하고 底布金沙하며

優鉢羅華와 波頭摩華와 拘物頭華와 芬陀利華 徧布其上하며

寶多羅樹 七重行列하고 七種金剛으로 以爲其垣하야 各各圍遶하니

所謂師子光明金剛垣과 無能超勝金剛垣과 不可沮壞金剛垣과 不可毁缺金剛垣과 堅固無礙金剛垣과 勝妙網藏金剛垣과 離塵淸淨金剛垣이라

悉以無數摩尼妙寶로 間錯莊嚴하고 種種衆寶로 而爲埤堄하며 其城縱廣이 一十由旬이오 周廻八方에 面開八門하야 皆以七寶로 周徧嚴飾하고 毘瑠璃寶로 以爲其地하야 種種莊嚴이 甚可愛樂이며

其城之內에 十億衢道 一一道間에 皆有無量萬億衆生이 於中止住호되

有無數閻浮檀金樓閣이 毘瑠璃摩尼網으로 羅覆其上하며

無數銀樓閣이 赤眞珠摩尼網으로 羅覆其上하며

無數毘瑠璃樓閣이 妙藏摩尼網으로 羅覆其上하며

無數玻瓈樓閣이 無垢藏摩尼王網으로 羅覆其上하며

無數光照世間摩尼寶樓閣이 日藏摩尼王網으로 羅覆其上하며
無數帝靑摩尼寶樓閣이 妙光摩尼王網으로 羅覆其上하며
無數衆生海摩尼王樓閣이 焰光明摩尼王網으로 羅覆其上하며
無數金剛寶樓閣이 無能勝幢摩尼王網으로 羅覆其上하며
無數黑栴檀樓閣이 天曼陀羅華網으로 羅覆其上하며
無數無等香王樓閣이 種種華網으로 羅覆其上하며
其城에 復有無數摩尼網과 無數寶鈴網과 無數天香網과 無數天華網과 無數寶形像網과 無數寶衣帳과 無數寶蓋帳과 無數寶樓閣帳과 無數寶華鬘帳之所彌覆하고 處處建立寶蓋幢旛하며
當此城中하야 有一樓閣하니 名正法藏이라 阿僧祇寶로 以爲莊嚴하고 光明赫奕이 最勝無比하야 衆生見者 心無厭足이어든 彼大光王이 常處其中이러라
爾時에 善財童子 於此一切珍寶妙物과 乃至男女六塵境界에 皆無愛着하고 但正思惟究竟之法하며 一心願樂見善知識하야

　이런 생각을 하고서 묘광성으로 들어가 성안을 둘러보았다.
　금, 은, 유리, 파리, 진주, 차거, 마노의 칠보로 이뤄졌고,
　칠보로 된 깊은 해자가 칠보로 둘러싸여 있는데 8가지 공덕의 물이 그 가운데 가득 출렁이고, 바닥에는 금모래가 깔려 있으며,

우발라꽃, 파두마꽃, 구물두꽃, 분타리꽃이 그 위를 덮었으며,

보배 다라나무가 7겹으로 줄지어 서 있고, 일곱 가지 금강으로 만들어진 담장이 각각 둘려 있었다.

이른바 사자광명 금강 담장,

더 이상 뛰어날 수 없는 금강 담장,

깨뜨릴 수 없는 금강 담장,

무너뜨릴 수 없는 금강 담장,

견고하고 장애 없는 금강 담장,

훌륭한 그물광 금강 담장,

티끌 없이 청정한 금강 담장이다.

모두 수없는 마니보배로 사이사이 장엄하고, 가지가지 보배로 성 위의 담을 만들었다.

성의 가로세로는 10유순이고, 둘레는 8면인데, 면마다 8개의 문을 내어 모두 칠보를 둘러 장식하고, 비유리 보배로 그 땅을 만들어, 가지가지 장엄이 매우 사랑스러웠다.

성안에는 십억의 도로가 있는데, 하나하나 도로 사이에는 모두 한량없는 만억 중생이 그 사이에 살고 있는데,

수없는 염부단금 누각들이 비유리 마니 그물로 그 위를 덮었고,

수없는 은 누각들이 적진주 마니 그물로 그 위를 덮었으며,

수없는 비유리 누각들이 묘장 마니 그물로 그 위를 덮었고,

수없는 파리 누각들이 무구장 마니왕 그물로 그 위를 덮었으며,

수없는 광명이 세간에 비치는 마니 누각들이 일장 마니왕 그

물로 그 위를 덮었고,

　수없는 제청마니 누각들이 묘광 마니왕 그물로 그 위를 덮었으며,

　수없는 중생 바다 마니왕 누각들이 불꽃 광명 마니왕 그물로 그 위를 덮었고,

　수없는 금강 보배 누각들이 이길 수 없는 당기 마니왕 그물로 그 위를 덮었으며,

　수없는 흑전단 누각들이 하늘 만다라꽃 그물로 그 위를 덮었고,

　수없는 무등향왕 누각들이 가지각색 꽃 그물로 그 위를 덮었다.

　그 성에는 또 수없는 마니 그물, 수없는 보배 풍경 그물, 수없는 하늘 향 그물, 수없는 하늘 꽃 그물, 수없는 보배 형상 그물, 수없는 보배 옷 휘장, 수없는 보배 일산 휘장, 수없는 보배 누각 휘장, 수없는 보배 화만 휘장들이 가득 덮여 있었고, 곳곳마다 보배 일산과 당기, 번기를 세웠다.

　이 성중에 하나의 누각이 있는데, 그 이름을 '정법장'이라 한다. 아승지 보배로 장엄하였는데, 광명이 찬란하여 가장 훌륭하기에 비길 데 없었다. 이를 보는 중생들은 싫어하는 마음이 없었다.

　그 대광왕은 언제나 그 가운데 있었다.

　그때, 선재동자는 이 일체 진귀한 보물 내지 남자, 여자, 6진 경계에 모두 애착이 없고, 다만 최고 경계의 법을 바르게 생각하며, 하나같은 마음으로 선지식을 만나기만을 원하면서,

● 疏 ●

初見中三이니

初는 見依報中에 二니

先은 所見殊勝이라 云十由旬者는 欲明圓滿이니 旣有十億衢道에 道各無量衆生인댄 豈世間十小由旬之所能受리오 故此中事物은 皆應圓融表法이니 如理思之니라

後爾時善財下는 能見無染이라

(1) 바라본 부분은 3단락이다.

(ㄱ) 의보를 바라본 부분은 2가지이다.

① 보이는 것마다 뛰어남이다.

'10유순'이라 말한 것은 원만함을 밝히고자 함이다. 앞서 십억 거리에 거리마다 각기 한량없는 중생이 있다고 말한 것으로 보면, 어떻게 세간의 작은 10유순으로 이처럼 많은 수효를 수용할 수 있겠는가. 이 때문에 이의 사물은 모두 원융함으로 법을 나타낸 것이다. 이치대로 이처럼 생각해야 한다.

② 뒤의 '爾時善財' 이하는 보는 주체가 오염됨이 없음을 말한다.

經

漸次遊行하야 見大光王이 去於所住樓閣不遠한 四衢道中에 坐如意摩尼寶蓮華藏廣大莊嚴師子之座하시니 紺瑠璃寶로 以爲其足하고 金繒爲帳하고 衆寶爲網하고 上妙天衣로 以爲茵褥이라

其王이 於上에 結跏趺坐호되
二十八種大人之相과 八十隨好로 而以嚴身하사
如眞金山하야 光色熾盛하며
如淨空日하야 威光赫奕하며
如盛滿月하야 見者淸凉하며
如梵天王이 處於梵衆하며
亦如大海하야 功德法寶 無有邊際하며
亦如雪山하야 相好樹林으로 以爲嚴飾하며
亦如大雲하야 能震法雷하야 啓悟群品하며
亦如虛空하야 顯現種種法門星象하며
如須彌山하야 四色普現衆生心海하며
亦如寶洲하야 種種智寶 充滿其中하니라

    차츰차츰 걸어가 대광왕이 거처하는 누각과 얼마 멀지 않은 사거리에서 여의주 보배로 만든 연화장으로 광대하게 장엄한 사자법좌에 앉아 있는 것을 보았다.

    연보라색 유리 보배로 사자법좌의 다리를 만들었고,
    황금 비단으로 휘장을 만들었으며,
    여러 보배로 그물을 만들었고,
    가장 좋은 하늘 옷으로 좌보를 만들었다.
    대광왕이 그 위에 가부좌하고 앉아 있었다.
    28가지 거룩한 모습, 80가지 잘생긴 모습으로 몸을 장엄하여,
    진금산처럼 빛이 치성하였고,

맑은 하늘의 태양처럼 위엄 어린 광채가 빛났으며,
보름달처럼 보는 이마다 시원해하였고,
범천왕이 범천 대중 가운데 있는 것 같았으며,
또한 큰 바다와 같아서 공덕의 보배가 끝이 없었고,
또한 설산과 같아서 잘생긴 모습의 숲으로 꾸몄으며,
또한 큰 구름처럼 법의 우레가 진동하여 많은 중생을 깨우쳤고,
또한 허공처럼 가지가지 법문의 별들을 나타냈으며,
또한 수미산처럼 네 가지 빛이 중생의 마음 바다에 비쳤고,
또한 보물섬처럼 가지가지 지혜 보배가 그 가운데 가득하였다.

● 疏 ●

二는 見王正報라
處四衢道者는 以四無量으로 用四攝法하야 攝衆生故니라
二十八相者는 因未滿故니라

(ㄴ) 왕의 정보를 바라봄이다.

사거리에 거처하였다는 것은 4무량심[慈·悲·喜·捨無量心]으로써 四攝法[布施·愛語·利行·同事攝]을 운용하여 중생을 받아들인 때문이다.

'28가지 거룩한 모습'이란 因地가 원만하지 못한 때문이다.

於王座前에 有金銀瑠璃와 摩尼眞珠와 珊瑚琥珀과 珂

貝璧玉과 諸珍寶聚와 衣服瓔珞과 及諸飮食이 無量無邊하야 種種充滿하며

復見無量百千萬億上妙寶車와 百千萬億諸天妓樂과 百千萬億天諸妙香과 百千萬億病緣湯藥資生之具인 如是一切 悉皆珍好하며 無量乳牛 蹄角金色이며 無量千億端正女人이 上妙栴檀으로 以塗其體하고 天衣瓔珞으로 種種莊嚴하야 六十四能을 靡不該練하고 世情禮則을 悉皆善解하야 隨衆生心하야 而以給施호되 城邑聚落 四衢道側에 悉置一切資生之具어든

一一道傍에 皆有二十億菩薩이 以此諸物로 給施衆生하니

爲欲普攝衆生故며

爲令衆生歡喜故며

爲令衆生踊躍故며

爲令衆生心淨故며

爲令衆生淸凉故며

爲滅衆生煩惱故며

爲令衆生으로 知一切義理故며

爲令衆生으로 入一切智道故며

爲令衆生으로 捨寃敵心故며

爲令衆生으로 離身語惡故며

爲令衆生으로 拔諸邪見故며

爲令衆生으로 淨諸業道故러라

왕의 법좌 앞에는 금, 은, 유리, 마니, 진주, 산호, 호박, 가패, 구슬, 많은 보배 더미, 의복, 영락과 모든 음식이 한량없고 그지없이 가득 쌓였다.

다시 보니, 한량없는 백천만억 훌륭한 수레, 백천만억 하늘의 풍류, 백천만억 하늘의 미묘한 향, 백천만억 질병에 필요한 탕약과 살림살이 도구, 이와 같이 일체 모든 것이 진귀하고 아름다웠으며,

한량없는 젖소의 발굽과 뿔은 금빛이며,

한량없는 천억의 단정한 여인들은 가장 미묘한 전단향을 몸에 바르고, 하늘 옷과 영락으로 가지가지 장엄하여, 64가지의 재능을 갖추지 않음이 없었고, 세간의 인정과 예법을 모두 잘 알았다.

그들은 중생의 마음을 따라서 보시하되 성중이나 고을이나 마을이나 길거리에서 모든 생활도구를 쌓아두었다.

모든 하나하나의 길가에서 20억 보살이 이런 물건으로 중생에게 보시하였다.

  중생을 널리 거두어 주고자 함이며,
  중생을 기쁘게 하기 위함이며,
  중생을 발 구르게 하기 위함이며,
  중생의 마음을 청정케 하기 위함이며,
  중생을 시원하게 하기 위함이며,
  중생의 번뇌를 없애주기 위함이며,
  중생으로 하여금 모든 이치를 알도록 하기 위함이며,

중생으로 하여금 일체 지혜의 도에 들어가도록 하기 위함이며,

중생으로 하여금 원수 맺는 마음을 버리도록 하기 위함이며,

중생으로 하여금 몸과 말로 짓는 악업을 여의도록 하기 위함이며,

중생으로 하여금 삿된 소견을 뽑아주기 위함이며,

중생으로 하여금 모든 업을 청정케 하기 위함이다.

◉ 疏 ◉

三은 主伴攝生이라

於中에 亦三이니

先은 列所施니 通情非情이라 六十四能은 義如別說이라

次一一道下는 明能施人이니 卽是助伴이오

後爲欲普攝下는 明其施意니라

　(ㄷ) 주체와 객체가 중생을 받아들임이다.

　이 부분 또한 3가지이다.

　① 보시할 바를 먼저 나열하였다. 유정과 무정에 모두 통한다. '64가지의 재능'에 관한 뜻은 별도로 말한 바와 같다.

　② '一一道' 이하는 보시 주체의 사람을 밝혔다. 이는 보조 인물의 객체이다.

　③ '爲欲普攝' 이하는 보시의 의도를 밝혔다.

539

> 經
>
> 時에 善財童子 五體投地하야 頂禮其足하며 恭敬右遶하야 經無量匝하고 合掌而住하야 白言호되 聖者여 我已先發阿耨多羅三藐三菩提心호니 而未知菩薩이 云何學菩薩行이며 云何修菩薩道리잇고 我聞聖者는 善能誘誨라하니 願爲我說하소서

그때, 선재동자는 두 팔꿈치, 두 무릎, 이마를 땅에 대고 그의 발에 절하고, 공경하여 오른쪽으로 한량없이 돌고 합장하고 서서 말하였다.

"거룩하신 이여, 저는 이미 아뇩다라삼먁삼보리심을 내었습니다.

그러나 보살이 어떻게 보살의 행을 배우며, 보살의 도를 닦는지 모르겠습니다.

제가 듣자오니 거룩하신 이께서 잘 가르쳐주신다 하니, 바라건대 저를 위하여 말해주십시오."

● 疏 ●

二三. 敬問은 可知니라

(2) 경례, (3) 법의 요체를 물음은 설명하지 않아도 알 수 있다.

―

第三 授己法界

中三이니

一은 總示法門이라

3. 자기의 법계를 전수하다
이는 3단락이다.
(1) 총체로 법문을 보이다

經

時에 王이 告言하사대 善男子야 我淨修菩薩大慈幢行하며 我滿足菩薩大慈幢行호라

그때, 왕이 말하였다.

"선남자여, 나는 보살의 대자당 행을 청정하게 닦았으며, 나는 보살의 대자당 행을 만족하였다.

◉ 疏 ◉

謂大慈首出이니 離染圓滿故니라

큰 사랑의 마음으로 왕위에 오름을 말한다. 오염을 여읨이 원만하기 때문이다.

二 明得法因緣

(2) 법을 얻은 인연을 밝히다

|經|

善男子야 我於無量百千萬億으로 乃至不可說不可說
佛所에 問難此法하야 思惟觀察하며 修習莊嚴호라

    선남자여, 나는 한량없는 백천만억 내지 말할 수 없이 말할 수 없는 부처님의 도량에서 이 법을 묻고 생각하고 관찰하고 닦아서 장엄하였다.

● 疏 ●

問難은 是聞慧니 以三種慧로 莊嚴此慈니라

    묻고 논란함은 聞慧이다. 3가지 지혜[聞·思·修]로 이 사랑의 마음을 장엄하였다.

三 明其業用

    (3) 그 업용을 밝히다

|經|

善男子야 我以此法으로 爲王하며
以此法으로 敎勅하며
以此法으로 攝受하며
以此法으로 隨逐世間하며
以此法으로 引導衆生하며

以此法으로 令衆生修行하며
以此法으로 令衆生趣入하며
以此法으로 與衆生方便하며
以此法으로 令衆生熏習하며
以此法으로 令衆生起行하며
以此法으로 令衆生安住思惟諸法自性하며
以此法으로 令衆生安住慈心하야
以慈爲主하야 具足慈力하야 如是令住利益心과 安樂心과 哀愍心과 攝受心과 守護衆生不捨離心과 拔衆生苦無休息心하며
我以此法으로 令一切衆生으로 畢竟快樂하야 恒自悅豫하며 身無諸苦하고 心得淸凉하며 斷生死愛하고 樂正法樂하며 滌煩惱垢하고 破惡業障하며 絶生死流하고 入眞法海하며 斷諸有趣하고 求一切智하며 淨諸心海하야 生不壞信케호라
善男子야 我已住此大慈幢行하야 能以正法으로 敎化世間호라
善男子야 我國土中一切衆生이 皆於我所에 無有恐怖케호라
善男子야 若有衆生이 貧窮困乏하야 來至我所하야 而有求索이면 我開庫藏하야 恣其所取하고 而語之言호되 莫造諸惡하며 莫害衆生하며 莫起諸見하며 莫生執着하라

汝等貧乏이 若有所須인댄 當來我所와 及四衢道하야 一切諸物의 種種具足을 隨意而取호되 勿生疑難이어다호라
善男子야 此妙光城所住衆生이 皆是菩薩에 發大乘意로대 隨心所欲하야 所見不同하니
或見此城이 其量狹小하며
或見此城이 其量廣大하며
或見土砂로 以爲其地하며
或見衆寶로 而以莊嚴하며
或見聚土로 以爲垣牆하며
或見寶牆이 周匝圍遶하며
或見其地에 多諸瓦石하야 高下不平하며
或見無量大摩尼寶로 間錯莊嚴하야 平坦如掌하며
或見屋宅이 土木所成하며
或見殿堂과 及諸樓閣과 堦墀牕闥과 軒檻戶牖이 如是一切無非妙寶하나니
善男子야 若有衆生이 其心淸淨하야 曾種善根하야 供養諸佛하며 發心趣向一切智道하야 以一切智로 爲究竟處하며 及我昔時修菩薩行에 曾所攝受면 則見此城의 衆寶嚴淨이어니와 餘皆見穢니라
善男子야 此國土中一切衆生이 五濁世時에 樂作諸惡일세 我心哀愍하야 而欲救護하야 入於菩薩大慈爲首隨順世間三昧之門호니 入此三昧時에 彼諸衆生의 所有怖畏

心과 惱害心과 寃敵心과 諍論心인 如是諸心이 悉自消滅하니 何以故오 入於菩薩大慈爲首順世三昧에 法如是故니라

善男子야 且待須臾하라 自當現見하리라

時에 大光王이 卽入此定하신대

其城內外 六種震動하야 諸寶地寶牆과 寶堂寶殿과 臺觀樓閣과 階砌戶牖이 如是一切 咸出妙音하야 悉向於王하야 曲躬敬禮하며

妙光城內의 所有居人이 靡不同時에 歡喜踊躍하야 俱向王所하야 擧身投地하며

村營城邑의 一切人衆이 咸來見王하고 歡喜敬禮하며

近王所住鳥獸之屬이 互相瞻視하야 起慈悲心하고 咸向王前하야 恭敬禮拜하며

一切山原과 及諸草樹 莫不廻轉하야 向王敬禮하며

陂池泉井과 及以河海 悉皆騰溢하야 流注王前하며

十千龍王이 起大香雲하야 激電震雷하야 注微細雨하며

有十千天王하니 所謂忉利天王과 夜摩天王과 兜率陀天王과 善變化天王과 他化自在天王인 如是等이 而爲上首하야 於虛空中에 作衆妓樂하며

無數天女 歌詠讚歎하야 雨無數華雲과 無數香雲과 無數寶鬘雲과 無數寶衣雲과 無數寶蓋雲과 無數寶幢雲과 無數寶旛雲하야 於虛空中에 而爲莊嚴하야 供養其王

하며

伊羅婆挐大象王이 以自在力으로 於虛空中에 敷布無數大寶蓮華하야 垂無數寶瓔珞과 無數寶繒帶와 無數寶鬘과 無數寶嚴具와 無數寶華와 無數寶香하야 種種奇妙로 以爲嚴飾하며

無數婇女 種種歌讚하며

閻浮提內에 復有無量百千萬億諸羅刹王과 諸夜叉王과 鳩槃茶王과 毘舍闍王이 或住大海하며 或居陸地하야 飮血噉肉하야 殘害衆生이라가 皆起慈心하야 願行利益하며 明識後世하야 不造諸惡하며 恭敬合掌하야 頂禮於王하니

如閻浮提하야 餘三天下와 乃至三千大千世界와 乃至十方百千萬億那由他世界中에 所有一切毒惡衆生도 悉亦如是러라

　　선남자여, 나는 이 법으로 왕이 되었고,
　　이 법으로 가르치며,
　　이 법으로 거두어 주고,
　　이 법으로 세간 중생을 따르며,
　　이 법으로 중생을 인도하고,
　　이 법으로 중생을 수행케 하며,
　　이 법으로 중생을 나아가게 하고,
　　이 법으로 중생에게 방편을 주며,

이 법으로 중생이 익히게 하고,

이 법으로 중생이 행을 일으키게 하며,

이 법으로 중생이 모든 법의 자성에 머물면서 생각하게 하고,

이 법으로 중생으로 하여금 사랑의 마음에 머물면서,

사랑의 마음으로 근본을 삼아 사랑의 힘을 갖추고,

이와 같이 이익을 주려는 마음, 안락한 마음, 불쌍히 여기는 마음, 거두어 주는 마음, 중생을 수호하여 버리지 않는 마음, 중생의 고통을 뽑아주되 멈추지 않는 마음에 안주하도록 하였다.

나는 이 법으로써 중생으로 하여금 끝까지 쾌락한 삶으로 항상 기쁘며,

몸에는 모든 고통이 없고 마음은 청량하며,

생사의 애착을 끊고 바른 법의 낙을 즐기며,

번뇌의 때를 씻고 악업의 장애를 깨뜨리며,

생사의 흐름을 끊고 진실한 법의 바다에 들어가며,

모든 삼계의 길을 끊고 일체 지혜를 구하며,

마음 바다를 청정히 하고 무너지지 않는 신심을 내도록 하였다.

선남자여, 나는 이미 대자당의 행에 머물면서 바른 법으로 세간을 교화하였다.

선남자여, 내 나라에 있는 일체중생은 모두 나의 처소에서 두려워함이 없다.

선남자여, 어떤 중생이 빈궁하고 궁핍하여 나에게 와서 요구하는 것이 있으면, 나는 고방의 문을 열어놓고 마음대로 가져가도록

하고서 그에게 말하였다.

'나쁜 짓을 하지 말고, 중생을 해치지 말고, 여러 가지 소견을 일으키지 말고, 집착의 마음을 내지 말라.

너희들이 가난하여 만약 필요로 한 바가 있으면 나를 찾아오거나 사거리를 찾아가라. 일체 가지가지 두루 갖춰져 있는 모든 물건을 마음대로 가져가되 의심을 내거나 어려워하지 말라.'

선남자여, 이 묘광성에 사는 중생들은 모두 보살에 의해 대승의 뜻을 냈지만, 마음의 원하는 바에 따라서 소견이 똑같지 않다.

어떤 이는 이 성이 좁다고 보고,

어떤 이는 이 성이 넓다고 보며,

어떤 이는 흙과 자갈의 땅이라 보고,

어떤 이는 많은 보배로 장엄하였다고 보며,

어떤 이는 흙을 모아 담을 쌓은 것으로 보고,

어떤 이는 보배 담장이 둘려 있다고 보며,

어떤 이는 땅에 돌과 자갈이 많아서 울퉁불퉁하다고 보고,

어떤 이는 한량없는 마니보배로 사이사이 장엄하여 손바닥처럼 평탄하다고 보며,

어떤 이는 집들이 흙과 나무로 지어졌다고 보고,

어떤 이는 궁전, 누각, 층계, 창호, 난간, 문의 이런 모든 것이 미묘한 보배 아닌 게 없다고 보기도 하였다.

선남자여, 만약 중생이 그 마음이 청정하여 선근을 심어 부처님께 공양하며, 일체 지혜의 길로 나아갈 마음을 내어 일체 지혜로써

끝까지 이르는 곳을 삼으며, 내가 과거에 보살행을 닦을 적에 일찍이 거두어 주었던 사람이면, 이 성의 수많은 보배로 장엄한 청정을 볼 수 있지만, 다른 이들은 모두 더러운 것만 보이는 것이다.

선남자여, 이 국토에 있는 중생이 다섯 가지 혼탁한 세상[劫濁·命濁·衆生濁·煩惱濁·見濁]에서 악업 짓는 것을 좋아하기에 나는 가엾이 여기는 마음으로 그들을 구호하고자, 보살의 사랑의 마음을 으뜸 삼아 세간을 따르는 삼매에 들어갔다.

이 삼매에 들어갈 때에, 그 중생들이 가졌던 두려워하는 마음, 괴롭히는 마음, 원수 맺는 마음, 다투는 마음인 이런 마음들이 모두 사라졌다.

무엇 때문일까?

보살의 사랑의 마음을 으뜸 삼아 세간을 따르는 삼매에 들어갈 적에 법이 그와 같기 때문이다.

선남자여, 잠깐만 기다리도록 하라. 스스로 보게 될 것이다."

그때, 대광왕이 이런 삼매에 들어가자, 묘광성의 안팎이 여섯 가지로 진동하여 보배 땅, 보배 담장, 보배 강당, 보배 궁전, 누각, 섬돌, 창호, 이처럼 그 모든 것에서 미묘한 음성이 울려 나오면서 모두 왕을 향하여 몸을 굽혀 절을 올렸으며,

묘광성 내에 사는 사람들이 모두 한꺼번에 기쁜 마음으로 발을 구르면서 모두 왕이 있는 곳을 향하여 땅에 엎드렸으며,

마을이나 영문이나 성이나 고을에 사는 사람들도 모두 찾아와 왕을 보고서 기뻐하면서 절을 올렸으며,

왕의 처소에 가까이 있던 새와 짐승들도 서로 바라보면서 자비의 마음을 내고, 모두 왕을 향하여 공경하고 절을 올렸으며,

일체 산과 들, 초목들도 몸을 돌려 왕을 향하여 절을 올렸으며,

언덕과 연못, 시냇물과 샘 줄기, 강과 바다가 모두 넘쳐 솟구쳐 왕의 앞으로 흘러갔으며,

십천의 용왕은 향기 구름을 일으켜 번개 치고 뇌성이 진동하면서 보슬비를 내렸으며,

십천의 천왕이 있는데, 도리천왕, 야마천왕, 도솔타천왕, 선변화천왕, 타화자재천왕 등 이와 같은 이들이 상수의 천왕이 되어 허공에서 여러 가지 음악을 울렸으며,

수없는 천녀들은 노래하고 찬탄하면서 수없는 꽃 구름, 수없는 향 구름, 수없는 보배 화만 구름, 수없는 보배 옷 구름, 수없는 보배 일산 구름, 수없는 보배 당기 구름, 수없는 보배 번기 구름을 내리면서 공중에서 장엄하여 왕에게 공양하였다.

이라바나 큰 코끼리는 자재한 힘으로 허공에서 수없는 큰 보배 연꽃을 펼쳐놓았으며, 수없는 보배 영락, 수없는 보배 띠, 수없는 보배 화만, 수없는 보배 장엄거리, 수없는 보배 꽃, 수없는 보배 향을 드리워 가지가지 기묘한 것으로 장엄하였으며,

수없는 여인들은 가지가지로 노래하고 찬탄하였다.

염부제 내에서는 또한 한량없는 백천만억 나찰왕, 야차왕, 구반다왕, 비사사왕이 바다에 있기도 하고 육지에 살기도 하면서, 피를 마시고 살점을 먹으면서 중생을 해쳤다가 모두 자비의 마음을

일으켜 중생에게 이익되는 일을 행하기를 원하였으며, 후세의 일을 분명히 알고서 악업을 짓지 않으며, 공경하고 합장하면서 왕에게 예배하였다.

　　염부제와 같이 다른 삼천하 내지 삼천대천세계, 시방의 백천만억 나유타 세계에 있는 일체 악독한 중생 또한 모두 이와 같이 변하였다.

● 疏 ●

於中五니
一은 以法攝化오 二 我國土中 下는 以無畏攝이오 三 若有衆生 下는 以財寶攝이오 四 此妙光城 下는 隨機徧攝이오 五 善男子此國土中 下는 以三昧攝이니 於中二니 先은 以言告오 後 時大光王 下는 正以定示하야 顯定業用이라
情與非情이 咸成勝益者는 謂同體大慈로 物我無二故니 如世間王이 德合乾坤이면 則麟鳳來儀하고 寶璧呈瑞은 況於出世慈力이 不令草木屈膝耶아

　　이 부분은 5단락으로 나뉜다.

　　㈀ 법으로써 중생을 받아들여 교화함이며,

　　㈁ '我國土中' 이하는 두려움이 없는 것으로써 중생을 받아들임이며,

　　㈂ '若有衆生' 이하는 재물과 보배로써 중생을 받아들임이며,

　　㈃ '此妙光城' 이하는 근기를 따라 두루 중생을 받아들임이며,

㈤ '善男子此國土中' 이하는 삼매 중에서 중생을 받아들임이다.
이는 2단락이다.
① 말로써 일러줌이며,
② '時大光王' 이하는 바로 선정으로 보여주면서 선정의 業用을 나타냄이다.

유정과 무정이 모두 뛰어난 이익을 이룬 것은 同體의 대자비로 나와 남이 둘이 없기 때문이다. 세간의 제왕 공덕이 건곤에 부합하면 기린과 봉황의 상서가 찾아오고, 보배의 상서가 나타나게 된다. 하물며 출세간의 자비의 힘으로 초목으로 하여금 무릎을 굽히게 하지 못할 턱이 있겠는가.

第四 謙己推勝
4. 몸을 낮추면서 선지식의 훌륭함을 추켜올리다

經
時에 大光王이 從三昧起하사 告善財言하사대
善男子야 我唯知此菩薩大慈爲首隨順世間三昧門이어니와
如諸菩薩摩訶薩은
爲高蓋니 慈心普蔭諸衆生故며
爲修行이니 下中上行을 悉等行故며

爲大地니 能以慈心으로 任持一切諸衆生故며
爲滿月이니 福德光明을 於世間中에 平等現故며
爲淨日이니 以智光明으로 照耀一切所知境故며
爲明燈이니 能破一切衆生心中諸黑闇故며
爲水淸珠니 能淸一切衆生心中諂誑濁故며
爲如意寶니 悉能滿足一切衆生의 心所願故며
爲大風이니 速令衆生으로 修習三昧하야 入一切智大城中故니
而我云何能知其行이며
能說其德이며
能稱量彼福德大山이며
能瞻仰彼功德衆星이며
能觀察彼大願風輪이며
能趣入彼甚深法門이며
能顯示彼莊嚴大海며
能闡明彼普賢行門이며
能開示彼諸三昧窟이며
能讚歎彼大慈悲雲이리오

그때, 대광왕이 삼매에서 일어나 선재동자에게 말하였다.

"선남자여, 나는 오직 이 보살의 큰 사랑을 으뜸으로 삼아 세간 중생을 따르는 삼매문을 알 뿐이지만,

저 보살마하살은

높은 일산이다. 자비의 마음으로 많은 중생을 널리 덮어주기 때문이다.

행을 닦음이다. 하·중·상품의 행을 평등하게 행하기 때문이다.

대지이다. 사랑의 마음으로 일체 모든 중생을 맡아 지니기 때문이다.

보름달이다. 복덕의 광명을 세간에 평등하게 비춰주기 때문이다.

빛나는 태양이다. 지혜 광명으로 일체 알아야 할 경계를 비춰주기 때문이다.

밝은 등불이다. 일체중생의 마음속 어둠을 깨뜨려주기 때문이다.

물 맑히는 구슬이다. 일체중생의 마음속을 속이고 아첨하는 혼탁을 맑혀주기 때문이다.

여의주이다. 일체중생의 소원을 모두 만족시켜 주기 때문이다.

큰 바람이다. 중생들로 하여금 빨리 삼매를 닦아서 일체 지혜의 큰 성에 들어가게 하기 때문이다.

내가 어떻게 그런 행을 알 수 있으며,

그런 공덕을 밀할 수 있으며,

그런 복덕의 큰 산을 헤아릴 수 있으며,

그런 공덕의 뭇 별을 우러를 수 있으며,

그런 큰 서원의 바람 둘레를 관찰할 수 있으며,

그런 깊은 법문에 들어갈 수 있으며,

그런 장엄한 큰 바다를 볼 수 있으며,

그런 보현행의 문을 밝힐 수 있으며,

그런 삼매의 굴을 열어 보여줄 수 있으며,

그런 대자비의 구름을 찬탄할 수 있겠는가.

● 疏 ●

先은 謙己知一이니 慈本爲物일새 名順世間이오 高出衆行일새 故名爲首니 卽是幢義니라 餘竝可知니라

앞은 나는 하나만을 알 뿐이라고 몸을 낮춤이다. 사랑은 본래 중생을 위함이기에 '세간을 따른다.'고 말하며, 여러 행보다 뛰어나기에 으뜸이라 말하니, 이는 높다란 당간의 뜻이다. 나머지는 아울러 말하지 않아도 알 수 있다.

經

善男子야 於此南方에 有一王都하니 名曰安住오 有優婆夷하니 名曰不動이니 汝詣彼問호되 菩薩이 云何學菩薩行이며 修菩薩道리잇고하라

時에 善財童子 頂禮王足하며 遶無數匝하며 慇懃瞻仰하고 辭退而去하니라

선남자여, 여기서 남쪽으로 하나의 도읍이 있는데, 그 이름은 '안주'라 하며,

그곳에 우바이가 있는데, 그 이름은 '부동'이라 한다.

그대는 그를 찾아가 '보살이 어떻게 보살의 행을 배우며, 보살의 도를 닦는가.'를 묻도록 하라."

그때, 선재동자는 왕의 발에 엎드려 절하고 수없이 돌며, 은근한 마음으로 우러러 사모하면서 하직하고 떠나갔다.

● 論 ●

大光王이 入菩薩大慈爲首三昧하사 顯所行慈心業用의 饒益自在하야 令後學者로 倣之하야 以明無依之智로 入等衆生心에 與之同體하야 無有別性하야 有情無情이 皆悉同體니 入此三昧所感業故로 令一切衆生과 及以樹林涌泉으로 悉皆歸流하고 悉皆低枝하고 悉皆稽首하며 夜叉羅刹로 悉皆息惡이니 以明智隨一切衆生하야 皆與同其業用하야 一性無二니라

如世間帝王이 有慈悲於人하야도 龍神이 順伏하며 鳳集麟翔이어든 何況人焉而不歸仰가 況此大光王은 智徹眞源하고 行齊法界하사 慈心爲首하야 神會含靈에 與衆物而同光하야 爲萬有之根本이 如摩尼寶 與物同色호되 而本色不違하며 如聖智無心하야 以萬物心爲心호되 而物無違也니 明同體大慈悲心이 與物同用하야 對現色身하야 而令發明故니라

山原及諸草樹 無不廻轉하야 向王禮敬하며 陂池泉井과 及以河海 悉皆騰溢하야 流注王前者는 以智境大慈로 法合如此니 若衆生情識所變之境인댄 卽衆生이 不能爲之어니와 如蓮華藏世界中엔 境界 盡作佛事니 以是智境이오 非情所爲故라 聖者 以智歸情

에 令有情衆生의 報得無情草木山泉河海로 悉皆隨智廻轉은 以末爲本故니 如世間에 有至孝於心하야도 冰池涌魚와 冬竹抽筍이 尙自如斯어든 況眞智從慈者歟아

此第八行中엔 明智從悲行用故로 以是列衆之中에 先標十千龍王하야 以爲衆首者는 表智恒遊空하야 垂慈雨法일새 以龍遊空興雲注雨로 表之오

次如天王自在已下諸衆은 皆明以大慈爲首三昧業用所招之衆이니 如文具明이오

從頂禮於王已下에 有四行半經은 明攝化廣狹과 及推德善財升進이니라

此是第八難得行善知識이니 以願波羅密로 爲主오 餘九로 爲伴이니 約智門中인댄 諸位通治어니와 約位門中인댄 治第八行中智悲不自在障하야 令得自在하야 大慈爲首하고 智爲先導니라

已前은 以慈修智어니와 已後에 第九第十二位는 以智行悲니 前十住中도 亦如是며 後十廻向十地도 亦倣此意니 明以無功之智用으로 成慈悲等衆生之業用하야 無自功可成호되 如來十力四無畏任運自至니라

　대광왕이 보살의 대자비를 으뜸으로 삼은 삼매에 들어가, 행한 바 자비심의 업용이 자재하게 이익을 베풂을 나타내어, 후학자로 하여금 이를 본받아 의지함이 없는 지혜로, 중생의 똑같은 마음에 들어가 하나의 몸으로 생각하고, 별다른 자성이 없으므로 유정과 무정이 모두 하나의 몸임을 밝힌 것이다.

이런 삼매에 들어가서 얻어온 바의 업이기에 일체중생과 나무 숲, 솟는 물로 하여금 모두 그곳으로 머리를 돌려 물줄기가 흐르게 하고, 모두 나뭇가지를 낮추고 모두 고개를 숙이게 하며, 야차와 나찰로 하여금 모두 악행을 멈추도록 하였다. 이로써 지혜가 일체중생을 따라 모두 그 하는 일과 작용을 함께하여 하나의 성품으로 둘이 아님을 밝힌 것이다.

예를 들면, 세간의 제왕이 사람들에게 자비심을 가진 것만으로도 용과 신이 순종하고 봉황이 모여들고 기린이 상서를 보이는데, 하물며 사람들이 귀의하여 우러르지 않을 수 있겠는가. 더욱이 대광왕의 지혜는 진여의 본원을 통달하고, 행이 법계와 똑같은데다가 자비심을 으뜸으로 삼았다. 이에 신명이 중생과 회통함에 모든 중생과 광명을 같이하여, 만유의 근본이 되었다. 이는 마치 마니주가 사물과 그 빛깔을 같이하면서도 본래의 빛깔을 어기지 않는 것과 같으며, 슬기로운 지혜가 무심하여 중생의 마음으로 마음을 삼으면서도 중생을 어기지 않는 것과 같다. 하나의 몸으로 생각하는 대자비심이 중생과 작용을 같이하면서, 나의 몸을 나타내어 그들을 깨우쳐줌을 밝혔기 때문이다.

산과 들, 모든 풀과 나무들이 자체를 돌려서 왕에게 향하여 공경하는 마음으로 절을 올리지 않음이 없으며, 언덕과 연못, 시냇물과 우물, 강과 바다가 모두 넘쳐나 왕의 앞으로 흘러든 것은 지혜경계의 대자비로 법이 이와 같기 때문이다.

만약 중생의 情識으로 변화하는 경계라면 중생으로서는 이런 일을 할 수 없지만, 연화장 세계 속에서는 경계가 모두 불사를 짓는 것이다. 이는 지혜 경계이지, 정식으로 할 수 있는 바가 아니다.

성자가 지혜로써 정식에 돌아가 유정 중생이 과보로 얻은 무정물, 풀·나무·산·샘·강·바다로 하여금 모두 지혜를 따라 돌리게 하는 것은 지말로 근본을 삼은 것이다. 예컨대 세간에 지극한 효심만 있어도 연못의 얼음 속에서 물고기가 뛰쳐나오고, 겨울에 죽순이 나오는 일들이 있다. 오히려 이와 같은 일도 있는데, 하물며 진여의 지혜로 자비를 따르는 자야 오죽하겠는가.

이 제8행에서는 지혜가 자비를 따르는 행의 작용을 밝힌 까닭에 열거한 대중 가운데 十千의 용왕을 먼저 표시하여 대중의 상수로 삼은 것은 지혜가 언제나 공에 노닐면서 자비를 드리워 법을 내림을 나타낸 것이다. 이 때문에 용이 허공에 노닐면서 구름을 일으켜 비를 내리는 것으로 나타낸 것이다.

다음 '천왕 자재' 이하는 모든 대중은 모두 대자비를 첫머리로 삼는 삼매의 업용으로 초래한 대중임을 밝힌 것이다. 이는 경문에서 구체적으로 밝힌 바와 같다.

"왕의 발에 엎드려 절하였다." 이하 4행 반의 경문은 중생 교화의 넓고 좁음과 공덕을 추켜올리고 양보하면서 선재동자로 하여금 위로 나아가게 함을 밝힌 것이다.

이는 제8 난득행의 선지식이다. 원바라밀로 주체를 삼고 나머지 9가지로 객체를 삼는다. 지혜 법문으로 말하면 모든 지위를 통틀어 다스리지만, 지위 법문으로 말하면 제8 난득행에서 지혜와 자비의 자재하지 못한 장애를 다스려 자재하게 하여, 대자비를 첫머리로 삼고 지혜로 선도를 삼는다.

앞에서는 자비로써 지혜를 닦는 것이지만, 뒤의 제9 선법행, 제10 진실행 2지위는 지혜로써 자비를 행하는 것이다. 앞의 십주 또한 이와 같고, 뒤의 십회향과 십지 또한 이런 뜻과 같다. 하는 일이 없는 지혜 작용으로써 자비의 중생과 함께 하는 일과 작용을 성취함으로써 스스로의 공부로 이룰 수 없지만, 여래의 십력과 4무외가 마음에 맡겨 절로 이르러 옴을 밝힌 것이다.

第九 不動優婆夷 寄善法行
自發心來로 於一切法에 無不得定하야 煩惱·二乘이 不能動故오 亦令衆生으로 心不動故오 以智修慈일세 故示以女니라
居安住王都者는 王子位故니 智契實法하야 不爲緣壞를 名爲安住니라【鈔_ 寄善法行은 說法授人하야 動成物軌하야 思擇修習一切法故니라】
第一 依敎趣求

제9. 부동우바이, 선법행 선지식

발심 이후로 일체 법에 선정을 얻지 않음이 없어, 번뇌와 이승이 그를 흔들지 못하기 때문이며, 또한 중생으로 하여금 마음이 흔들리지 않도록 하기 때문이며, 지혜로써 사랑을 닦기에 여인으로 보여준 것이다.

왕의 도읍에 안주하여 거처한 것은 왕자의 지위이기 때문이다. 지혜가 실상의 법에 계합하여 인연으로 무너지지 않기에 그 이름을 '안주'라 한다.【초_ 선법행에 붙여 말한 것은 설법으로 사람에게 전수하여, 움직일 적마다 중생의 준칙을 이루어 일체 법을 생각하고 선택하고 닦고 익히기 때문이다.】

1. 가르침을 따라 선지식을 찾아가 법을 구하다

經

爾時에 善財童子- 出妙光城하야 遊行道路할제
正念思惟大光王敎하며
憶念菩薩大慈幢行門하며
思惟菩薩隨順世間三昧光明門하며
增長彼不思議願福德自在力하며
堅固彼不思議成熟衆生智하며
觀察彼不思議不共受用大威德하며
憶念彼不思議差別相하며
思惟彼不思議淸淨眷屬하며
思惟彼不思議所作業하고
生歡喜心하며 生淨信心하며 生猛利心하며 生欣悅心하며
生踊躍心하며 生慶幸心하며 生無濁心하며 生淸淨心하며
生堅固心하며 生廣大心하며 生無盡心하야
如是思惟하고 悲泣流淚하야 念善知識이 實爲希有니

出生一切諸功德處며
出生一切諸菩薩行이며
出生一切菩薩淨念이며
出生一切陀羅尼輪이며
出生一切三昧光明이며
出生一切諸佛知見이며
普雨一切諸佛法雨며
顯示一切菩薩願門이며
出生難思智慧光明이며
增長一切菩薩根芽로라
又作是念호되善知識者는
能普救護一切惡道하며
能普演說諸平等法하며
能普顯示諸夷險道하며
能普開闡大乘奧義하며
能普勸發普賢諸行하며
能普引到一切智城하며
能普令入法界大海하며
能普令見三世法海하며
能普授與衆聖道場하며
能普增長一切白法이라하야
善財童子 如是悲哀思念之時에 彼常隨逐覺悟菩薩如

來使天이 於虛空中에 而告之言호되
善男子야
其有修行善知識敎면 諸佛世尊이 悉皆歡喜하시며
其有隨順善知識語면 則得近於一切智地하며
其有能於善知識語에 無疑惑者면 則常値遇一切善友하며
其有發心하야 願常不離善知識者면 則得具足一切義利니
善男子야 汝可往詣安住王都하면 卽當得見不動優婆夷大善知識하리라
時에 善財童子 從彼三昧智光明起하야 漸次遊行하야 至安住城하야 周徧推求不動優婆夷 今在何所오한대
無量人衆이 咸告之言호되 善男子야 不動優婆夷는 身是童女로 在其家內하야 父母守護하야 與自親屬無量人衆으로 演說妙法이니이다
善財童子 聞是語已에 其心歡喜함이 如見父母하야 卽詣不動優婆夷舍하니라

    그때, 선재동자가 묘광성에서 나와 길을 걸으면서,

    바른 생각으로 대광왕의 가르침을 생각하고,

    보살의 대자당 수행 법문을 기억하며,

    보살의 세간을 따르는 삼매광명 법문을 생각하고,

    그 불가사의한 서원과 복덕의 자재한 힘을 증장하며,

그 불가사의한 중생을 성숙시키는 지혜를 견고히 하고,

그 불가사의한 함께 수용할 수 없는 큰 위덕을 관찰하며,

그 불가사의한 각기 다른 모양을 기억하고,

그 불가사의한 청정 권속을 생각하며,

그 불가사의한 짓는 업을 생각하여,

기뻐하는 마음을 내고, 청정한 신심을 내고, 맹렬하게 날카로운 마음을 내고, 기쁨의 마음을 내고, 좋아서 발을 구르는 마음을 내고, 경하하는 마음을 내고, 혼탁함이 없는 마음을 내고, 청정한 마음을 내고, 견고한 마음을 내고, 광대한 마음을 내고, 그지없는 마음을 내었다.

이처럼 생각하고 서글픈 마음에 눈물을 흘리면서 생각하였다.

'선지식은 진실로 보기 드문 분이다.

일체 공덕의 처소를 내고,

일체 보살의 행을 내며,

일체 보살의 청정한 생각을 내고,

일체 다라니 법륜을 내며,

일체 삼매의 광명을 내고,

일체 부처님의 지견을 내며,

일체 부처님의 법 비를 널리 내리고,

일체 보살의 서원 법문을 나타내 보이며,

생각할 수 없는 지혜의 광명을 내고,

일체 보살의 뿌리와 싹을 더욱 키워주었다.'

또 이런 생각을 하였다.

'선지식은 일체 악도를 널리 구호하고,

모든 평등한 법을 널리 연설하며,

일체 평탄하고 험난한 길을 널리 보여주고,

대승의 깊은 이치를 널리 밝혀주며,

보현의 모든 행을 널리 권하여 일으키고,

일체 지혜의 성에 널리 인도하여 이르게 하며,

법계의 큰 바다에 두루 들어가게 하고,

삼세 법계의 바다를 널리 보게 하며,

많은 성인의 도량을 널리 열어주고,

일체 순백의 청정한 법을 널리 더욱 키워주었다.'

선재동자가 이처럼 슬퍼하고 생각할 때, 항상 따라다니면서 보살을 깨우쳐주는 여래의 일을 보살피는 하늘이 공중에서 말하였다.

"선남자여, 선지식의 가르침대로 수행하면 부처님 세존이 모두 기뻐하시며,

선지식의 말을 따르면 일체 지혜의 지위에 가까워지며,

선지식의 말에 의혹이 없으면 항상 일체 선지식을 만날 것이며,

그 마음을 내어 항상 선지식을 떠나지 않으려는 서원을 세우면, 일체 이치를 두루 넉넉히 갖출 것이다.

선남자여, 그대가 '안주성' 도읍을 찾아가면, 반드시 부동우바이 큰 선지식을 만나게 되리라."

그때, 선재동자가 그 삼매의 지혜 광명에서 일어나 차츰차츰

가다가 '안주성'에 이르러, 부동우바이가 어디 있을까? 이곳저곳을 두루 찾았다.

한량없는 사람들이 모두 말하였다.

"선남자여, 부동우바이는 동녀의 몸으로서 그의 집 안에 있는데, 부모의 보호를 받으면서 자기의 친속과 한량없는 대중에게 미묘한 법을 연설하고 있습니다."

선재동자는 이 말을 듣고 기뻐하기를 마치 부모 뵌 듯이 하여 곧바로 부동우바이의 집으로 찾아갔다.

● 疏 ●

趣求中二니 先은 依教오 後는 趣求라

前中有五니

一은 思修前法이오

二'生歡喜'下는 因修得益이니 無濁은 約無他오 淸淨은 約自體니라

三'如是思惟'下는 推功歸友니 至此偏悲者는 修悲將滿故오

四'又作是念'下는 廣歎友能이오

五'善財童子如是悲哀'下는 勝緣印勸이니 於中先印이라

天字兩用이니 故晉本에 云'如來使天과 隨菩薩天이라'하니 隨菩薩天은 是已業行之神이오 如來使天은 是佛力攝生神이니 但修行位已著일새 皆有二天이 常隨其人이라

後'汝可詣'下는 勸詣後友라

二'時善財童子從彼'下는 趣求後友니 可知니라

선지식을 찾아가 법의 요체를 구하는 부분으로, 이는 2단락이다.

⑴ 가르침을 따르고,

⑵ 선지식을 찾아가 법의 요체를 구하였다.

'⑴ 가르침' 부분은 5단락이다.

① 앞의 법을 생각하고 닦음이며,

② '生歡喜' 이하는 수행으로 인하여 이익을 얻음이다.

"혼탁함이 없다[無濁]."는 것은 다름이 없는 것으로 말하였고, '청정'은 자체를 들어 말하였다.

③ '如是思惟' 이하는 공덕을 추켜올려 선지식에게 돌리는 것이다. 이에 이르러 유독 슬퍼한 것은 大悲를 닦음이 머지않아 원만한 때문이다.

④ '又作是念' 이하는 선지식의 능력을 자세히 찬탄하였다.

⑤ '善財童子如是悲哀' 이하는 좋은 인연을 인정하고 권하였다. 그 가운데 먼저 인정하였다.

'天' 자는 2가지 뜻으로 쓰인다. 이 때문에 60화엄경에 이르기를, "여래의 심부름을 하는 하늘[如來使天]과 보살을 따르는 하늘[隨菩薩天]"이라 말하였다. '보살을 따르는 하늘'은 자신이 지은 업행의 신이며, '여래의 일을 보살피는 하늘'은 부처의 힘으로 중생을 섭수하는 신이다. 다만 수행의 지위가 이미 나타났기에 모두 두 하늘이 그 사람을 항상 따르는 것이다.

뒤의 '汝可詣' 이하는 뒤의 선지식에게 찾아갈 것을 권함이다.

⑵ '時善財童子從彼' 이하는 뒤의 선지식에게 찾아감이다. 이

는 말하지 않아도 알 수 있다.

第二 見敬諮問
2. 친견하여 절을 올리고 법을 묻다

> **經**
>
> 入其宅內하야 見彼堂宇의 金色光明이 普皆照耀하야 遇斯光者 身意清凉하고 善財童子 光明觸身에 即時獲得五百三昧門하니
> 所謂了一切希有相三昧門과 入寂靜三昧門과 遠離一切世間三昧門과 普眼捨得三昧門과 如來藏三昧門이라 得如是等五百三昧門하야 以此三昧門故로 身心柔軟이 如七日胎하며 又聞妙香이 非諸天龍乾闥婆等人與非人之所能有하고
> 善財童子 前詣其所하야 恭敬合掌하고 一心觀察하야 見其形色에 端正殊妙하야 十方世界一切女人도 無有能及이어든 況其過者아 唯除如來와 及以一切灌頂菩薩이며 口出妙香과 宮殿莊嚴과 幷其眷屬이 悉無與等이어든 況復過者아 十方世界一切衆生이 無有於此優婆夷所에 起染着心하고 若得暫見이면 所有煩惱 悉自消滅함이 譬如百萬大梵天王이 決定不生欲界煩惱인달하야 其有見

此優婆夷者도 所有煩惱 應知亦然하야 十方衆生이 觀此女人에 皆無厭足이오 唯除具足大智慧者러라
爾時에 善財童子 曲躬合掌하고 正念觀察하야 見此女人의 其身自在 不可思議며 色相容顔이 世無與等이며 光明洞徹하야 物無能障이며 普爲衆生하야 而作利益하며 其身毛孔에 恒出妙香하며 眷屬無邊하고 宮殿第一이며 功德深廣하야 莫知涯際하고 心生歡喜하야 以頌讚曰

守護淸淨戒하고　　　修行廣大忍하사
精進不退轉하야　　　光明照世間이로다

爾時에 善財童子 說此頌已하고
白言호되 聖者여 我已先發阿耨多羅三藐三菩提心호니 而未知菩薩이 云何學菩薩行이며 云何修菩薩道리잇고 我聞聖者는 善能誘誨라하니 願爲我說하소서

　그의 집 안에 들어서서 그의 집을 살펴보니, 금빛 광명이 널리 모두 비치는데, 이 광명을 받는 이는 몸과 뜻이 시원하였다.

　선재동자의 몸에 광명이 비치자, 곧바로 5백 가지의 삼매 법문을 얻었다.

　이른바 모든 희유한 모양을 아는 삼매의 문,

　고요한 데에 들어가는 삼매의 문,

　일체 세간을 멀리 여의는 삼매의 문,

　보안으로 모두 버리는 삼매의 문,

　여래장 삼매의 문이다.

이와 같은 5백 가지의 삼매 법문을 얻었다.

이런 삼매 법문을 얻었기에 몸과 마음의 부드러움이 마치 이레 된 태아와 같으며, 또한 풍겨나는 미묘한 향기가 하늘, 용, 건달바 등 사람과 사람 아닌 이들이 소유할 수 있는, 그런 향이 아니었다.

선재동자가 부동우바이의 처소에 나아가 공경하며 합장하고 한결같은 마음으로 살펴보았다.

그 용모는 단정하고 남달리 아름다워서 시방세계의 그 어떤 여인으로서도 따라갈 수 없었다. 하물며 그보다 뛰어날 사람이 있겠는가. 오직 여래와 일체 관정보살만큼은 제외된다.

우바이의 입에서 미묘한 향기가 나오는 것과 궁전의 장엄과 아울러 그 권속들까지도 모두 그와 같을 이가 없었다. 하물며 그보다 뛰어날 사람이 있겠는가.

시방세계의 일체중생이 이 우바이의 도량에서 오염된 마음을 일으키는 자가 없으며, 잠깐 보기만 하여도 모든 번뇌가 절로 사라졌다. 이는 마치 백만의 대범천왕은 결정코 욕계의 번뇌를 내지 않는 것처럼, 우바이를 친견한 자의 번뇌 또한 그러함을 알 수 있으며, 시방 중생이 이 여인을 보고서 모두 싫어하는 생각이 없었다. 오직 큰 지혜를 두루 갖춘 이만큼은 제외된다.

그때, 선재동자가 허리를 굽혀 합장하고 바른 생각으로 관찰하였다.

그 여인의 몸은 자재하여 헤아릴 수 없고,

색상과 용모는 이 세상에 그와 같은 이가 없으며,

광명은 밝게 통하여 가릴 물건이 없고,

널리 중생을 위하여 이익을 지으며,

그 몸의 모공에서는 언제나 미묘한 향기가 나오고,

권속은 그지없고, 궁전은 제일이며, 공덕은 깊고 넓어서 끝을 알 수 없었다.

이에 기쁜 마음으로 게송을 읊어 찬탄하였다.

청정한 계율 지키고

광대한 인욕 닦아 행하면서

정진으로 물러서지 않아

광명이 세간 널리 비추네

그때, 선재동자는 게송을 마치고 여쭈었다.

"거룩하신 이여, 저는 이미 아녹다라삼먁삼보리심을 내었습니다.

그러나 보살이 어떻게 보살의 행을 배우며, 보살의 도를 닦는지 모르겠습니다.

제가 듣자오니 거룩하신 이께서 잘 가르쳐주신다 하니, 바라건대 저를 위하여 말해주십시오."

● 疏 ●

見中에 分二니

先은 見依獲益이오 後善財童子前詣下는 見正超倫이라

二爾時善財曲躬下는 敬問이니 可知니라

(1) 바라본 부분은 2단락으로 나뉜다.

(ㄱ) 의보의 얻은 이익을 바라봄이며,

(ㄴ) '善財童子前詣' 이하는 여느 정보보다 뛰어남을 바라봄이다.

(2) '爾時善財曲躬' 이하는 공경하는 마음으로 절을 올리고 법의 요체를 물음이다. 이는 말하지 않아도 알 수 있다.

第三 稱讚授法
於中에 先은 讚이라

3. 선재동자를 칭찬하면서 법을 전수하다
(1) 찬탄

經

時에 不動優婆夷 以菩薩柔軟語와 悅意語로 慰喩善財하야 而告之言하사대 善哉善哉라 善男子여 汝已能發阿耨多羅三藐三菩提心이로다

그때, 부동우바이는 보살의 부드러운 말, 기쁨을 주는 말로써 선재동자를 위로하여 말하였다.

"훌륭하고 훌륭하다. 선남자여, 그대는 아뇩다라삼먁삼보리심을 내었다.

一

後正授法界

於中二니 先은 示法門名體요 後는 徵業用之境界라

今은 初라

(2) 바로 자기의 법계를 전수하다

이는 2단락이다.

(ㄱ) 법문의 명제 체성을 보여줌이고,

(ㄴ) 업용의 경계를 물음이다.

이는 '(ㄱ) 법문의 명제'이다.

經

善男子야

我得菩薩難摧伏智慧藏解脫門하며

我得菩薩堅固受持行門하며

我得菩薩一切法平等地總持門하며

我得菩薩照明一切法辯才門하며

我得菩薩求一切法無疲厭三昧門호라

선남자여,

나는 보살의 꺾거나 굴복시키기 어려운 지혜법장 해탈의 문을 얻었으며,

나는 보살의 견고하게 받아지니는 수행의 문을 얻었으며,

나는 보살의 일체 법에 평등한 지위의 다라니 문을 얻었으며,

나는 보살의 일체 법을 밝히는 변재의 문을 얻었으며,

나는 보살의 일체 법을 구하여 고달픔이 없는 삼매의 문을 얻었다."

◉ 疏 ◉

不同前例요 而擧五法者는 亦同九地 當法師位에 須廣知故니라
五中에 初二는 所持內德이니
一은 智慧無覊를 偏名解脫이니 有智則煩惱不可壞요 取著無能勝이라 故云難摧伏이오 此智包容일새 故名爲藏이니라
二는 受持堅固일새 偏得行名이니 謂遇惡衆生이라도 而能堪忍하고 徧生諸趣호되 而心不迷라 故云堅固니라
三은 卽能持深入法門하야 得法性地면 則無不持矣니라
四는 卽外化니 由正思佛法하야 明照差別일새 故得辯才하야 能轉法輪하야 稱衆生欲이니라
五는 卽上求니 一心求法일새 故云三昧니 近佛無厭하고 受法無足故니라

앞의 예와는 달리 5가지 법을 들어 말한 것은 또한 제9의 지위란 법사의 지위에 해당하기에 반드시 널리 알아야 함과 같기 때문이다.

5가지 법 가운데 앞의 2가지는 지녀야 할 내면의 덕이다.

① 지혜의 구속이 없는 것을 유독 해탈이라 말한다. 지혜가 있으면, 번뇌가 이를 무너뜨릴 수 없으며, 집착이 이를 이길 수 없기

에 '꺾거나 굴복시키기 어렵다[難摧伏].'고 말하며, 그 지혜는 모든 것을 포용하기에 그 이름을 광 내지 창고[藏]라고 말한다.

② 받아지님이 견고하기에 行의 이름을 유독 얻은 것이다. 흉악한 중생을 만날지라도 이를 감당하고 참으며, 모든 세계에 두루 태어난다 할지라도 마음이 혼미하지 않기에 이를 '견고'하다고 말한다.

③ 이는 지님의 주체이다. 법문에 깊이 들어가 법성의 지위를 얻으면 지니지 않음이 없다.

④ 이는 밖으로의 교화이다. 바르게 불법을 생각하여 각기 다른 양상을 밝게 비춰봄에 연유하여 변재를 얻어 법륜을 굴리기에, 중생의 원하는 것에 맞추는 것이다.

⑤ 이는 위로 보리를 구함이다. 한결같은 마음으로 법을 구하기에 삼매이다. 부처를 가까이하여 싫어함이 없으며, 법을 받음에 만족함이 없기 때문이다.

二. 徵業用之境界

於中四니

一은 徵問이오 二는 顯難이오 三은 重請이오 四는 廣答이라

(ㄴ) 업용의 경계를 묻다

이 부분은 4단락이다.

① 물음이며,

② 논란을 밝힘이며,

③ 거듭 청함이며,
④ 자세히 답함이다.

經

善財童子 言호되 聖者여 菩薩難摧伏智慧藏解脫門과 乃至求一切法無疲厭三昧門이 境界云何니잇고
童女 言하사대 善男子야 此處難知니라
善財 白言호되 唯願聖者는 承佛神力하사 爲我宣說하소서 我當因善知識하야 能信能受하며 能知能了하야 趣入觀察하며 修習隨順하야 離諸分別하야 究竟平等호리이다

선재동자가 말하였다.
"거룩하신 이여, 보살의 꺾거나 굴복시키기 어려운 지혜장 해탈문 내지 일체 법을 구하여 고달픔이 없는 삼매의 문이란 그 경계가 어떠합니까?"

동녀는 대답하였다.
"선남자여, 그 자리는 알기 어렵다."

선재가 말하였다.
"바라건대 거룩하신 이여, 부처의 신통력을 받들어 저를 위하여 말해주십시오.
저는 선지식으로 인하여 믿고 받아 지니고 알고 통달하여, 나아가 관찰하고 닦아 익히며 따라서 모든 분별을 여의고 최고의 경계로 평등하겠습니다."

● 疏 ●

上三은 可知니라

위의 3가지[微問, 顯難, 重請]는 말하지 않아도 알 수 있다.

四廣答

中二니

先은 明得法因緣하야 以彰深遠하야 釋上難知오

二는 顯其業用하야 以酬初問이라

今은 初라

④ 자세히 답하다

이는 2단락이다.

첫째, 법을 얻은 인연을 밝혀 그 심오하고 원대함을 나타내어 위에서 말한 불가사의함을 해석하였고,

둘째, 그 하는 일과 작용을 밝혀, 첫 물음에 답하였다.

이는 '첫째, 법을 얻은 인연'이다.

經

優婆夷 言하사대 善男子야 過去世中에 有劫하니 名離垢오 佛號는 修臂며 時有國王하니 名曰電授오 唯有一女하니 卽我身이 是라 我於夜分廢音樂時에 父母兄弟 悉已眠寢하고 五百童女도 亦皆昏寐어늘 我於樓上에 仰觀星

宿라가 於虛空中에 見彼如來 如寶山王하사 無量無邊天
龍八部諸菩薩衆의 所共圍遶로 佛身이 普放大光明網
하사 周徧十方하야 無所障礙하며 佛身毛孔에 皆出妙香
하고 我聞是香에 身體柔軟하야 心生歡喜하니라
便從樓下하야 至於地上하야 合十指爪하고 頂禮於佛하며
又觀彼佛의 不見頂相하야 觀身左右 莫知邊際하고 思惟
彼佛의 諸相隨好호되 無有厭足하야 竊自念言호되 此佛
世尊이 作何等業이완대 獲於如是上妙之身하야 相好圓
滿하고 光明具足하며 眷屬成就하고 宮殿嚴好하며 福德
智慧 悉皆清淨하고 總持三昧 不可思議며 神通自在하고
辯才無礙인가하니라
善男子야 爾時如來 知我心念하사 即告我言하사대
汝應發不可壞心하야 滅諸煩惱하며
應發無能勝心하야 破諸取着하며
應發無退怯心하야 入深法門하며
應發能堪耐心하야 救惡衆生하며
應發無迷惑心하야 普於一切諸趣受生하며
應發無厭足心하야 求見諸佛호되 無有休息하며
應發無知足心하야 悉受一切如來法雨하며
應發正思惟心하야 普生一切佛法光明하며
應發大住持心하야 普轉一切諸佛法輪하며
應發廣流通心하야 隨衆生欲하야 施其法寶하라하시니라

善男子야 我於彼佛所에 聞如是法하고 求一切智하며 求佛十力하며 求佛辯才하며 求佛光明하며 求佛色身하며 求佛相好하며 求佛衆會하며 求佛國土하며 求佛威儀하며 求佛壽命호라 發是心已에 其心堅固함이 猶如金剛하야 一切煩惱와 及以二乘이 悉不能壞러라

善男子야 我發是心已來로

經閻浮提微塵數劫토록 尙不生於念欲之心이어든 況行其事아

爾所劫中에 於自親屬에도 不起瞋心이어든 況他衆生가

爾所劫中에 於其自身에도 不生我見이어든 況於衆具에 而計我所아

爾所劫中에 死時生時와 及住胎藏에도 未曾迷惑하야 起衆生想과 及無記心이어든 況於餘時아

爾所劫中에 乃至夢中에 隨見一佛도 未曾忘失이어든 何況菩薩十眼所見이리오

爾所劫中에 受持一切如來正法하야 未曾忘失一文一句하며 乃至世俗所有言辭도 尙不忘失이어든 何況如來金口所說가

爾所劫中에 受持一切如來法海하야 一文一句를 無不思惟하며 無不觀察하고 乃至一切世俗之法도 亦復如是하며

爾所劫中에 受持如是一切法海하야 未曾於一法中에 不得三昧하고 乃至世間技術之法도 一一法中에 悉亦如是

하며

爾所劫中에 住持一切如來法輪하야 隨所住持하야 未曾廢捨一文一句하며 乃至不曾生於世智오 唯除爲欲調衆生故며

爾所劫中에 見諸佛海하야 未曾於一佛所에 不得成就淸淨大願하고 乃至於諸化佛之所에도 悉亦如是하며

爾所劫中에 見諸菩薩修行妙行하고 無有一行도 我不成就하며

爾所劫中에 所見衆生을 無一衆生도 我不勸發阿耨多羅三藐三菩提心하고 未曾勸一衆生하야 發於聲聞辟支佛意하며

爾所劫中에 於一切佛法에 乃至一文一句도 不生疑惑하며 不生二想하며 不生分別想하며 不生種種想하며 不生執着想하며 不生勝劣想하며 不生愛憎想이로라

善男子야 我從是來로

常見諸佛하고

常見菩薩하고

常見眞實善知識하야

常聞諸佛願하며

常聞菩薩行하며

常聞菩薩波羅蜜門하며

常聞菩薩地智光明門하며

常聞菩薩無盡藏門하며
常聞入無邊世界網門하며
常聞出生無邊衆生界因門하야
常以淸淨智慧光明으로 除滅一切衆生煩惱하며
常以智慧로 生長一切衆生善根하며
常隨一切衆生所樂하야 示現其身하며
常以淸淨上妙言音으로 開悟法界一切衆生호라

우바이가 말하였다.

"선남자여, 과거 세계의 이구겁(離垢劫)에 부처님의 명호는 '수비'라 하는데, 그 당시 '전수(電授)'라는 국왕이 하나의 딸을 두었다. 그가 바로 나의 몸이다.

나는 음악 소리가 그치는 한밤중에 부모와 형제 모두 잠들고, 5백 동녀 또한 잠이 들면, 나는 누각 위에서 별을 보다가 허공에 계시는 부처님을 뵈었다.

부처님은 보배산과 같았고, 한량없고 그지없는 하늘, 용, 팔부신장, 보살들이 둘러싸고 있었다. 부처님 몸에서 큰 광명 그물을 쏟아내어 시방세계에 걸림 없이 두루 펼쳤고, 부처님 몸의 모공마다 모두 미묘한 향기가 나왔다.

나는 그 향기를 맡고서 나의 몸이 부드러워졌고 마음에는 기쁨이 솟았다.

나는 누각에서 내려와 땅에 서서 열 손가락을 모아 부처님께 예배하였고, 또한 부처님을 살펴보았으나 정수리를 볼 수 없었으며, 좌우를 살펴보았으나 끝닿은 데를 알 수 없었고, 부처님의 거룩한 모습과 잘생긴 모양을 생각하였으나 싫어하는 마음이 없었다.

나는 스스로 곰곰 생각하였다.

'부처님 세존께서는 어떠한 업을 지었기에, 이처럼 훌륭한 몸을 얻어, 거룩한 모습이 원만하고 광명이 구족하며, 권속을 많이 두고 궁전을 아름답게 장엄하며, 복덕과 지혜가 모두 청정하고, 다라니와 삼매가 불가사의하며, 신통이 자재하고 변재가 걸림이 없는 것일까?'

선남자여, 그때, 여래께서 나의 생각을 아시고 말씀하셨다.

'너는 깨뜨릴 수 없는 마음을 내어 모든 번뇌를 없애도록 하라.

이길 수 없는 마음을 내어 모든 집착을 깨뜨리도록 하라.

물러서지 않는 마음을 내어 깊은 법문에 들어가도록 하라.

참고 견디는 마음을 내어 악업 중생을 구제하도록 하라.

미혹이 없는 마음을 내어 널리 모든 길에 몸을 받아 태어나도록 하라.

만족함이 없는 마음을 내어 부처님 친견하고자 하되 멈추지 말도록 하라.

만족할 줄 모르는 마음을 내어 모두 일체 여래의 법비를 받도록 하라.

바르게 생각하는 마음을 내어 널리 일체 부처님의 광명을 내도록 하라.

크게 머물러 지니는 마음을 내어 널리 일체 부처님의 법륜을 굴리도록 하라.

널리 유통하려는 마음을 내어 중생의 원하는 바를 따라 법보를 널리 베풀도록 하라.'

선남자여, 나는 부처님이 계신 곳에서

이러한 법문을 들었고,

일체 지혜를 구하였으며,

부처의 열 가지 힘을 구하였고,

부처의 변재를 구하였으며,

부처의 광명을 구하였고,

부처의 육신을 구하였으며,

부처의 잘생긴 모습을 구하였고,

부처의 법회 대중을 구하였으며,

부처의 국토를 구하였고,

부처의 위의를 구하였으며,

부처의 수명을 구하였다.

이런 마음을 내고서 그 마음의 견고함이 금강과 같아서 일체 번뇌와 이승이 모두 깨뜨릴 수 없었다.

선남자여, 내가 이런 마음을 낸 이후로 염부제의 티끌 수 겁을 지내도록 오히려 탐욕을 생각하는 마음조차 내지 않았는데, 하물며 그런 탐욕의 일을 행할 턱이 있겠는가.

그러한 겁 동안에 나의 친족에게도 성내는 마음을 일으키지 않았는데, 하물며 다른 중생에게 일으켰겠는가.

그러한 겁 동안에 나의 몸에도 '나'라는 소견조차 내지 않았는데, 하물며 많은 도구에 나의 것이라는 생각을 냈겠는가.

그러한 겁 동안에 죽을 때, 태어날 때, 모태에 있을 때에도 일찍이 미혹하여 중생이라는 생각이나 선도 악도 아닌 무기심을 내지 않았는데, 하물며 나머지 다른 때에 냈겠는가.

그러한 겁 동안에 꿈속에서 한 부처님을 뵌 것도 잊은 적이 없는데, 하물며 보살의 열 눈으로 본 것이야 잊을 턱이 있겠는가.

그러한 겁 동안에 일체 부처님의 바른 법을 받아 지니어, 일찍이 한 글자 한 구절도 잊지 않았고, 내지 세속의 말까지도 잊지 않았는데, 하물며 부처님의 입으로 말씀하신 것이야 잊을 턱이 있겠는가.

그러한 겁 동안에 일체 여래의 법 바다를 받아 지니어, 한 글자 한 구절도 생각하지 않은 적이 없고 관찰하지 않은 적이 없으며, 내지 일체 세속의 법 또한 그와 같이 하였다.

그러한 겁 동안에 이러한 일체 법 바다를 받아 지니고 일찍이 하나의 법에서도 삼매를 얻지 못한 적이 없으며, 내지 세간 기술의 법까지도 하나하나 법을 모두 또한 그와 같이 하였다.

그러한 겁 동안에 일체 여래의 법륜을 지니면서 지닌 곳을 따라서 한 글자 한 구절도 버린 적이 없으며, 한 번도 세간 지혜를 내지 않았다. 오직 중생을 조복하기 위한 것은 제외하였다.

그러한 겁 동안에 부처 바다를 뵙고 그 어느 한 부처님의 도량에서도 청정한 큰 서원을 성취하지 못한 게 없으며, 내지 여러 화신 부처님의 도량에서도 모두 또한 그와 같이 하였다.

그러한 겁 동안에 여러 보살이 수행한 미묘한 행을 보고서 그 어느 한 가지 행도 내가 성취하지 못한 것이 없었다.

그러한 겁 동안에 내가 본 중생들을 그 어느 한 중생에게도 아뇩다라삼먁삼보리심을 내도록 권하지 않은 적이 없지만, 그 어느 한 중생에게도 성문이나 벽지불의 뜻을 일으키도록 권한 일이 없었다.

그러한 겁 동안에 일체 불법 내지 한 글자 한 구절까지도 의혹을 내지 않았고,

두 생각을 내지 않았으며,

분별하는 생각을 내지 않았고,

가지가지 생각을 내지 않았으며,

집착하는 생각을 내지 않았고,

우열의 생각을 내지 않았으며,

사랑하고 미워하는 생각을 내지 않았다.

선남자여, 나는 그때부터 언제나 부처님을 친견하고,

언제나 보살을 친견하고,

언제나 진실한 선지식을 친견하여

언제나 부처님의 서원을 듣고,

언제나 보살의 행을 듣고,

언제나 보살의 바라밀다문을 듣고,

언제나 보살의 지위 지혜 광명 문을 듣고,

언제나 보살의 무진장 문을 듣고,

언제나 그지없는 세계의 그물에 들어가는 문을 듣고,

언제나 그지없는 중생계를 내는 원인의 문을 듣고서,

언제나 청정한 지혜의 광명으로 일체중생의 번뇌를 없애고,

언제나 지혜로 일체중생의 선근을 낳아주고 키워주며,

언제나 일체중생의 좋아하는 바를 따라 그 몸을 나타내고,

언제나 청정하고 가장 훌륭한 말로써 법계의 일체중생을 깨우쳐주었다.

● 疏 ●

分六이니

一은 擧往見佛이 爲發心緣이라

二 便從樓下는 內興觀念爲發心因이니 先觀後念하야 念福智等이 卽前五法之因이니 神通自在 是行堅固니라

三 善男子爾時下는 佛勸發心하야 能成前五니 有十種心하니 初二는 成智慧오 次一은 成總持오 次二는 成神通이오 次二는 成三昧오 後三은 成辯才니라 故上來取斯十句하야 釋五法門이라

四 善男子我於彼下는 正明發心堅固니라

五 我發是心已來下는 經久無違니라

六 我從是來下는 彰發心勝益이니 卽前五因之果니라

경문은 6단락으로 나뉜다.

㉠ 지난 과거 세계에 부처를 친견함이 발심의 반연이 됨을 들어 말하였고,

586

㉠ '便從樓' 이하는 안으로 부처의 모습을 보고서 스스로 생각을 일으킴이 발심의 원인이 됨을 들어 말하였다. 앞에서는 부처의 모습을 보고 뒤에서는 생각하여, 부처의 복덕과 지혜 등을 생각함이 바로 앞 5가지 법의 원인이다. 신통의 자재가 이런 행이 견고한 데서 이뤄진 것이다.

㉡ '善男子爾時' 이하는 부처가 발심할 것을 권하여 앞의 5가지를 성취케 하였다.

여기에는 10가지의 마음이 있다.

첫째 2가지 마음은 지혜를 성취함이며,

다음 1가지 마음은 다라니를 성취함이며,

다음 2가지 마음은 신통을 성취함이며,

다음 2가지 마음은 삼매를 성취함이며,

뒤의 3가지 마음은 변재를 성취함이다.

따라서 위에서 이 10구를 취하여 5가지 법문을 해석하였다.

㉢ '善男子我於彼' 이하는 바로 발심의 견고함을 밝혔고,

㉣ '我發是心已來' 이하는 오랜 겁을 지나도록 어김이 없음이며,

㉥ '我從是來' 이하는 발심의 뛰어난 이익을 밝혔다. 이는 앞의 5가지 원인에 의한 결과이다.

二 顯其業用

둘째, 그 하는 일과 작용을 밝히다

> 經

善男子야 我得菩薩求一切法無厭足莊嚴門하며 我得一切法平等地總持門하야 現不思議自在神變하노니 汝欲見不아
善財 言호되 唯라 我心願見이니이다
爾時에 不動優婆夷 坐於龍藏師子之座하사 入求一切法無厭足莊嚴三昧門과 不空輪莊嚴三昧門과 十力智輪現前三昧門과 佛種無盡藏三昧門하사 入如是等一萬三昧門하시니
入此三昧門時에 十方各有不可說佛刹微塵數世界 六種震動호되 皆悉清淨瑠璃所成이라 一一世界中에 有百億四天下百億如來 或住兜率天하고 乃至般涅槃하며 一一如來 放光明網하사 周徧法界하며 道場衆會 清淨圍遶하며 轉妙法輪하야 開悟群生이러라
時에 不動優婆夷 從三昧起하사 告善財言하사대 善男子야 汝見此不아 善財 言호되 唯라 我皆已見이니이다

　선남자여, 나는 보살이 일체 법을 구하여 싫어함이 없는 장엄문을 얻었고,
　나는 일체 법이 평등한 지위의 다라니 문을 얻어서,
　불가사의한 자재의 신통변화를 나타내고자 하는데, 그대는 보고자 하는가?"
　선재동자가 말하였다.

"예, 저는 신심으로 보고자 원합니다."

그때, 부동우바이는 용장 사자법좌에 앉아서, 일체 법을 구하여 싫어함이 없는 장엄 삼매문, 공하지 않은 법륜 장엄 삼매문, 열 가지 힘의 지혜 법륜이 앞에 나타나는 삼매문, 부처 종성의 그지없는 법장[佛種無盡藏] 삼매문에 들어가고, 이와 같은 1만 가지 삼매문에 들어갔다.

이와 같은 삼매문에 들어갈 때, 시방으로 각각 말할 수 없는 부처 세계의 티끌 수 세계가 여섯 가지로 진동하였는데, 모두 청정한 유리로 이루어졌다.

하나하나의 세계에는 백억 사천하와 백억 여래가 있는데, 어떤 이는 도솔천에 계시고, 열반에 들기도 하며,

하나하나 여래께서 광명 그물을 쏟아내어 법계를 두루 덮어주었고,

도량에 모인 대중이 청정하게 둘러 있으며,

미묘한 법륜을 굴리어 중생을 깨우쳐주었다.

그때, 부동우바이가 삼매에서 일어나 선재에게 말하였다.

"선남자여, 그대는 이를 보았는가?"

선재가 말하였다.

"예, 저는 모두 보았습니다."

● 疏 ●

於中四니

一은 許現이니 卽擧五法中二오

二는 申請이오

三은 正現이니 入一萬三昧者는 於一求法無厭三昧에 卽入一萬이
니 明知餘解脫等도 亦攝多門이오

四는 出定印述이니 並可知니라

이 부분은 4단락이다.

㉠ 신통변화를 보여줄 것을 허락하였다. 이는 5가지 법 가운데 2가지를 들어 말하였다.

㉡ 보여주기를 청하였다.

㉢ 바로 보여주었다.

"1만 가지 삼매문에 들어갔다."는 것은 법을 구함에 싫어함이 없는 하나의 삼매가 바로 1만 삼매에 들어감이다. 분명히 알아야 할 것은, 나머지 해탈 등 또한 수많은 법문을 포괄하고 있다는 점이다.

㉣ 선정에서 나와 인정하고 말하였다. 이는 아울러 말하지 않아도 알 수 있다.

第四 謙己推勝

4. 몸을 낮추면서 선지식의 훌륭함을 추켜올리다

優婆夷 言하사대 善男子야 我唯得此求一切法無厭足三
昧光明하야 爲一切衆生하야 說微妙法하야 皆令歡喜어니와
如諸菩薩摩訶薩은 如金翅鳥 遊行虛空에 無所障礙하야
能入一切衆生大海하야 見有善根已成熟者하고 便卽執
取하야 置菩提岸하며
又如商客하야 入大寶洲하야 探求如來十力智寶하며
又如漁師하야 持正法網하고 入生死海하야 於愛水中에
漉諸衆生하며
如阿修羅王하야 能徧扥動三有大城의 諸煩惱海하며
又如日輪이 出現虛空하야 照愛水泥하야 令其乾竭하며
又如滿月이 出現虛空하야 令可化者로 心華開敷하며
又如大地 普皆平等하야 無量衆生이 於中止住하야 增長
一切善法根芽하며
又如大風이 所向無礙하야 能拔一切諸見大樹하며
如轉輪王이 遊行世間하야 以四攝事로 攝諸衆生하나니
而我云何能知能說彼功德行이리오

우바이가 말하였다.

"선남자여, 나는 오직 이 일체 법을 구함에 싫어함이 없는 삼매의 광명을 얻어, 일체중생에게 미묘한 법을 말하여 모두 기쁨을 줄 뿐이지만,

저 보살마하살들이 금시조처럼 허공을 날면서 걸림 없이 모든

중생 바다에 들어가 선근이 성숙한 중생을 보고서 곧 들어다가 보리지혜의 피안에 두며,

또한 장사꾼처럼 보물섬에 들어가 여래의 열 가지 힘과 지혜의 보배를 구하며,

또한 어부처럼 바른 법의 그물을 들고서 생사의 바다에 들어가 애욕의 물속에서 중생들을 건져내며,

아수라왕처럼 삼계 큰 성의 모든 번뇌 바다를 두루 들쭉이며,

또한 해가 허공에 뜨듯이 애욕의 진흙에 비추어 메마르게 하며,

또한 보름달이 허공에 뜨듯이 교화할 수 있는 사람의 마음 꽃을 피우게 하며,

또한 땅덩이가 두루 평등하듯이 한량없는 중생이 그 가운데 머물면서 일체 선법의 싹을 더욱 키우게 하며,

또한 큰 바람이 향하는 곳에 걸림이 없듯이, 일체 삿된 소견의 나무를 뽑아버리며,

또한 전륜왕처럼 세간에 다니면서 사섭법의 일로 모든 중생을 거두어 준다.

내가 그런 공덕의 행을 어떻게 알며, 어떻게 말할 수 있겠는가.

第五 指示後友

5. 뒤의 선지식을 소개하다

善男子야 於此南方에 有一大城하니 名無量都薩羅오
其中에 有一出家外道하니 名曰徧行이니
汝往彼問호되 菩薩이 云何學菩薩行이며 修菩薩道리잇고
하라
時에 善財童子 頂禮其足하며 遶無量匝하며 殷勤瞻仰하
고 辭退而去하니라

　선남자여, 여기서 남쪽에 큰 성이 있는데, 그 이름은 '무량도살라'라 하고,

　그 성에 한 명의 출가한 외도가 있는데, 그 이름은 '변행'이라 한다.

　그대는 그를 찾아가 묻되, '보살이 어떻게 보살의 행을 배우며, 보살의 도를 닦는가.'라고 물어라."

　그때, 선재동자는 그의 발에 예배하고 한량없이 돌며, 은근한 마음으로 우러러 사모하면서 하직하고 떠나갔다.

◉ 疏 ◉

都薩羅者는 此云喜出生이니 謂此城中에 出生無量歡喜之事故
니 以智度圓滿이면 則能無所不生이니 友名徧行은 巧智隨機하야
無不行故니 名眞實行이라 示外道者는 能行非道오 又非道不染이
라 故曰出家니라 餘는 可知니라

　'도살라'란 중국에서는 '기쁨을 낳는다.'의 뜻이다. 이 성에서는

한량없는 기쁨의 일을 낳기 때문이다. 지혜바라밀이 원만하면 생겨나게 하지 못할 바가 없다.

선지식의 이름을 '변행'이라 한 것은 뛰어난 지혜로 근기를 따라 행하지 않음이 없기 때문에 그 이름을 '진실행'이라 한다.

외도라 보여준 것은 도가 아닌 것을 행하기 때문이며, 또한 도가 아닌 것에 물들지 않기에 '출가'라고 말한다.

나머지는 말하지 않아도 알 수 있다.

● 論 ●

問曰 何故此位에 念善知識하야 悲泣流淚는 何意니잇고
答曰 爲明從智修悲하야 滿佛十力故니라
又問曰 此位善知識이 何故爲女니잇고
答曰 如下文에 云過去에 有佛하니 號曰 修臂니 修者는 長也니 明引接義니 表此從無功之智로 以願波羅密行慈하야 接引一切衆生故오
'王名電授'者는 是智也니 爲明智能破迷하야 見道速疾이 如電光也오
'唯有一女'者는 慈悲也니 明第六行으로 至第七行은 以悲修智어니와 自第八行已去는 以智修慈悲故라 故以王女로 表之니 是童女者는 第八住第八行已前慈位는 猶有染習이어니와 此第九住第九行은 從智起悲하야 無有染習故니 故以童女로 表之니라 在家에 父母守護者는 以方便으로 爲父며 智度로 爲母오 以守護慈心으로 爲

女니 無染障故라

淨習障은 至十一地方無니 如十定品中에 灌頂菩薩이 猶三求推覓호되 不見普賢者 其樣式이 是也니라

善男子야 我得菩薩摧伏智慧藏解脫門者는 明第九法師行中에 善摧邪論하야 世無當者하야 已入如是十力智分故니 如下文에 云我於彼佛所에 聞如是法하고 求一切智하며 求佛十力하며 求佛辯才라하니라

又以法師位中에 表行素潔淸高하며 慈悲和悅하야 謙下無慢일새 以女表之니 非卽女也니라

善財 入其宅內하야 見彼堂宇의 金色光明이 普皆照耀者는 明此第九法師位에 悲室敎光의 所燭故오

觸善財身에 卽得五百三昧門者는 意有五門하니

一은 了相本淨하야 自體光明이오

二는 達心境無依하야 不居空有일새 性自寂靜이오

三은 如是三昧 能於世間에 無所染著이오

四는 以普眼捨得三昧者는 明智眼無依를 名之爲捨며 善知萬有를 名之爲得이오

五는 如來藏三昧門者는 明一智之內에 含容萬德이니 擧此五數하야 以明五百이 都含五位의 五百法門이라

善財 入此三昧에 如七日胎者는 同此位中에 以智入慈하야 柔和適悅也오

一切衆生이 見此女人에 皆無染著心하고 一切煩惱 自然消滅者

는 明智相福資 仁慈端正하야 無染愛業으로 以受其身하야 所生之身이 無有婬相일세 天人이 恭敬하고 見者惑亡이라
善財 以一行頌으로 歎此女人이 修戒忍精進三種行하야 得光明照世間身은 如經具明하니라
以優婆夷 入定하사 顯求一切法無厭三昧門하사 令善財見은 如文具明이오
'以不空輪三昧'者는 須學世間出世間하야 皆具足故오
'十力智輪三昧'者는 會佛差別智輪滿故오
'佛種無盡藏三昧門'者는 智無不含하야 化無斷絕故라 此三三昧는 是總이오 一萬三昧는 是別이니 明一多相容自在하야 入因陀羅網教門이오 已下는 推德升進이라
此是第九善法行中善知識이니 以力波羅密로 爲主오 餘九로 爲伴이니 約智門中인댄 諸位通治어니와 約位門中인댄 治說法不自在障하야 令得自在니라

물었다.
"무엇 때문에 이 지위에서 선지식을 생각하면서 눈물을 흘리며 우는 것은 무슨 뜻인가?"

답하였다.
"지혜로부터 大悲를 닦아서 부처의 십력을 원만케 함을 밝힌 까닭이다."

또 물었다.
"이 지위의 선지식은 무엇 때문에 여자인가?"

답하였다.

"아래의 경문에서 '과거에 부처가 있는데, 그 명호를 修臂라 한다.'고 하였다. 修란 길다는 뜻이다. 이는 긴 팔로 이끌어서 맞이한다는 뜻을 밝혔다. 이는 하는 일이 없는 지혜로부터 원바라밀의 자비를 행하여 일체중생을 이끌어서 맞이함을 나타낸 때문이다.

왕의 이름을 '電授'라 말한 것은 지혜이다. 지혜가 미혹을 타파하여 見道의 빠름이 번갯불과 같음을 밝힌 것이다.

'오직 하나의 여인'이란 자비이다. 제6 선현행으로부터 제7 무착행에 이르기까지는 자비로써 지혜를 닦지만, 제8 난득행 이후는 지혜로써 자비를 닦음을 밝혔기 때문이다. 이 때문에 王女로 이를 나타낸 것이다.

童女라는 것은 제8 동진주와 제8 난득행 이전의 자비 지위는 오히려 오염의 습기가 있지만, 제9 법왕자주와 제9 선법행은 지혜로부터 자비를 일으켜 오염의 습기가 없기 때문에 동녀로 이를 나타낸 것이다.

'집에 있으면서 부모의 보호를 받는다.'는 것은 방편바라밀로 아버지를 삼고, 지혜바라밀로 어머니를 삼으며, 수호하는 자비심으로 딸을 삼은 것이다. 이는 오염의 장애가 없기 때문이다.

'습기의 장애를 청정히 함'은 11지에 이르러야 비로소 사라지는 것이다. 예컨대 십정품 가운데 관정보살이 오히려 3차례나 찾았음에도 보현을 보지 못한 것은 그 양식이 이에 해당된다."

"선남자여, 나는 보살의 꺾거나 굴복시키기 어려운 지혜법장 해탈의 문을 얻었다."는 것은 제9 법사행 가운데 삿된 논을 잘 격파하여, 세간에 이를 당적할 자가 없어, 이미 이와 같은 십력 지혜의 부분에 들어감을 밝힌 때문이다.

예컨대 아래 경문에서 "내가 그 부처님 도량에서 이와 같은 법을 들었고, 일체 지혜를 구하며, 부처의 십력을 구하고, 부처의 변재를 구한다."고 하였다.

또한 법사의 지위에서 행이 청정고결하고, 자비가 온화하여 겸손으로 오만이 없음을 나타내기 때문에 여자로 이를 나타낸 것이지, 단순한 여인이 아니다.

"선재동자가 그의 집 안에 들어가 그 집의 금빛 광명이 널리 모두 비춤을 보았다."는 것은 제9 법사의 지위에서 大悲 집의 가르침 광명이 비추는 바를 밝힌 것이며,

"선재동자의 몸에 광명이 비치자, 곧바로 5백 가지의 삼매 법문을 얻었다."는 것은 그 뜻에 5가지 문이 있다.

① 모양이 본래 청정하여 자체의 광명을 잘 아는 것이며,

② 마음과 경계가 의지함이 없음을 통달하여 공과 유에 머물지 않기에 성품이 스스로 고요함이며,

③ 이와 같은 삼매가 세간에 물는 바 없으며,

④ 普眼으로 버리고 얻은 삼매란 지혜의 눈이 의지함이 없음을 버림이라 하고, 萬有를 잘 아는 것을 얻음이라 함을 밝힌 것이며,

⑤ 여래장 삼매문이란 하나의 지혜 속에 1만 가지 공덕을 포함함을 밝힌 것이다. 이 5가지의 수를 들어, 5백 가지가 5위의 5백 법

문을 모두 포함함을 밝힌 것이다.

"선재동자가 이 삼매에 들어감에 이레 된 태아와 같다."는 것은 이 지위 가운데 지혜로써 자비에 들어가 부드럽고 기뻐함과 같으며,

"일체중생이 이 여인을 보고서 모두 오염의 집착하는 마음이 없고 모든 번뇌가 절로 사라졌다."는 것은 지혜의 모양과 복덕의 바탕이 인자하고 단정하여 오염의 애착이 없는 업으로 그 몸을 받아, 태어난 그 몸에 음란의 모습이 없기 때문에 하늘과 사람이 공경하고, 보는 이는 미혹이 사라짐을 밝힌 것이다.

선재동자가 하나의 게송으로 이 여인의 지계·인욕·정진 3가지 행을 닦아 광명이 세간을 비추는 몸을 얻음을 찬탄한 것은 경문에서 밝힌 바와 같다.

우바이가 선정에 들어가 일체 법을 구하는 데 싫증이 없는 삼매문을 밝혀, 선재동자로 하여금 이를 보도록 한 것은 경문에서 구체적으로 밝히고 있다.

'不空輪 삼매'란 반드시 세간과 출세간을 배워 모두 구족하기 때문이며,

'십력 지혜 법륜 삼매'란 부처의 차별지 법륜을 회통하여 원만하기 때문이며,

'부처 종성의 그지없는 법장 삼매문'이란 지혜가 포함하지 않음이 없어 교화의 단절이 없기 때문이다. 이 3가지 삼매는 총상이고, 1만 삼매는 별상이다. 하나와 많음이 서로 포용함이 자재하여 인드라망의 教門에 들어감을 밝힌 것이다.

이하는 공덕을 추켜올리면서 위로 나아가게 함이다.

　이는 제9 선법행의 선지식이다. 역바라밀로 주체를 삼고, 나머지 9가지로 객체를 삼는다. 지혜 법문으로 말하면 모든 지위를 통틀어 다스리지만, 지위 법문으로 말하면 설법의 자재하지 못한 장애를 다스려서 자재함을 얻도록 하는 것이다.

―

第十徧行外道 寄眞實行

第一 依教趣求【鈔_ 十徧行外道寄眞實行은 智度已圓하야 稱於二諦하야 言行不虛일세 故名眞實이라】

　　제10. 변행외도, 진실행 선지식

　　1. 가르침을 따라 선지식을 찾아가 법을 구하다【초_ '제10. 변행외도, 진실행 선지식'은 지혜바라밀이 이미 원만한 나머지, 진제와 속제가 하나가 되어 언행이 헛되지 않기에 그 이름을 '진실행'이라 한다.】

經

爾時에 **善財童子** 於不動優婆夷所에 得聞法已하고 專心憶念所有教誨하야 皆悉信受하야 思惟觀察하고 漸漸遊行하야 經歷國邑하야 至都薩羅城하야 於日沒時에 入彼城中하야 廛店隣里四衢道側에 處處尋覓徧行外道하니라

그때, 선재동자기 부동우바이의 도량에서 법문을 듣고, 오롯한 마음으로 가르침을 기억하여 모두 믿고 받아들여 생각하고 관찰하면서, 서서히 길을 가면서 여러 나라와 마을을 지나서 도살라성에 이르렀다.

해질 무렵, 그 성중에 들어가 상점, 마을, 사거리를 다니면서 곳곳에서 변행외도를 찾았다.

第二. 見敬諮問
2. 친견하여 절을 올리고 법을 묻다

經

城東에 有山하니 名曰善得이라
善財童子 於中夜時에 見此山頂의 草樹巖巘이 光明照耀하야 如日初出하고 見此事已에 生大歡喜하야 作是念言호되 我必於此에 見善知識이라하고
便從城出하야 而登彼山하야 見此外道 於其山上平坦之處에 徐步經行할새 色相圓滿하며 威光照耀하야 大梵天王의 所不能及이며 十千梵衆之所圍遶하고 往詣其所하야 頭頂禮足하며 遶無量匝하며 於前合掌하고 而作是言호되
聖者여 我已先發阿耨多羅三藐三菩提心호니 而我未

知菩薩이 云何學菩薩行이며 云何修菩薩道리잇고
我聞聖者는 善能教誨라하니 願爲我說하소서

도살라성 동쪽에 '선덕산'이 있다.

선재동자가 한밤중에 산의 정상을 바라보니 초목과 바위에서 광명이 밝게 비치어 마치 먼동에 해가 뜨는 듯하였다. 이런 광경을 보고서 기쁜 마음으로 이런 생각을 하였다.

'내가 반드시 여기에서 선지식을 만나려나 보다.'

곧바로 성에서 나와 산으로 올라가, 외도를 바라보니 산 위의 평탄한 곳에서 느린 걸음으로 서서히 거니는데, 몸매 모습이 원만하고 위엄과 광채가 찬란하여 대범천왕으로서도 미칠 수 없으며, 십천의 범천이 호위하고 있었다.

선재동자가 그의 앞에 나아가 엎드려 절하고 한량없이 돌고 합장하고 서서 말하였다.

"거룩하신 이여, 저는 이미 아뇩다라삼먁삼보리심을 내었습니다.

그러나 보살이 어떻게 보살의 행을 배우며, 보살의 도를 닦는지 모르겠습니다.

제가 듣자오니 거룩하신 이께서 잘 가르쳐주신다 하니, 바라건대 저를 위하여 말해주십시오."

◉ 疏 ◉

見中에 中夜見者는 智入生死故니 善財 將入此位故로 上云日沒

入城이라
於山頂者는 表位極故니라 光明照者는 以智慧光으로 破於生死 及 二邊闇故니라

바라본 부분에서 '한밤중에 보았다.'는 것은 지혜가 생사에 들어가기 때문이다. 선재동자가 장차 이 지위에 들어가기 때문에 위에서 "해질 무렵, 그 성중에 들어갔다."고 말하였다.

'산의 정상'이란 지위의 극처를 나타낸 때문이다.

'광명이 비쳤다.'는 것은 지혜 광명으로써 삶과 죽음 및 공과 유, 양쪽의 어둠을 타파한 때문이다.

第三 稱讚授法

3. 선재동자를 칭찬하면서 법을 전수하다

經

徧行이 答言하사대 善哉善哉라 善男子야
我已安住至一切處菩薩行하며
已成就普觀世間三昧門하며
已成就無依無作神通力하며
已成就普門般若波羅蜜호라
善男子야 我普於世間種種方所와 種種形貌와 種種行解와 種種殁生하는 一切諸趣인 所謂天趣와 龍趣와 夜叉

趣와 乾闥婆와 阿修羅와 迦樓羅와 緊那羅와 摩睺羅伽와 地獄과 畜生과 閻羅王界와 人非人等의 一切諸趣에 或住諸見하며 或信二乘하며 或復信樂大乘之道하는 如是 一切諸衆生中에 我以種種方便과 種種智門으로 而爲利益호니

所謂或爲演說一切世間種種技藝하야 令得具足一切巧術陀羅尼智하며

或爲演說四攝方便하야 令得具足一切智道하며

或爲演說諸波羅蜜하야 令其廻向一切智位하며

或爲稱讚大菩提心하야 令其不失無上道意하며

或爲稱讚諸菩薩行하야 令其滿足淨佛國土度衆生願하며

或爲演說造諸惡行에 受地獄等種種苦報하야 令於惡業에 深生厭離하며

或爲演說供養諸佛하야 種諸善根에 決定獲得一切智果하야 令其發起歡喜之心하며

或爲讚說一切如來應正等覺의 所有功德하야 令樂佛身하야 求一切智하며

或爲讚說諸佛威德하야 令其願樂佛不壞身하며

或爲讚說佛自在身하야 令求如來無能暎蔽大威德體케 호라

又善男子야 此都薩羅城中에 一切方所와 一切族類인

若男若女의 諸人衆中에 我皆以方便으로 示同其形하야 隨其所應하야 而爲說法호되 諸衆生等이 悉不能知我是何人이며 從何而至오 唯令聞者로 如實修行케하노니
善男子야 如於此城에 利益衆生하야 於閻浮提城邑聚落의 所有人衆住止之處에도 悉亦如是하야 而爲利益이로라 善男子야 閻浮提內九十六衆이 各起異見하야 而生執着이어든 我悉於中에 方便調伏하야 令其捨離所有諸見하니 如閻浮提하야 餘四天下도 亦復如是하며 如四天下하야 三千大千世界도 亦復如是하며 如三千大千世界하야 如是十方無量世界諸衆生海에도 我悉於中에 隨諸衆生心之所樂하야 以種種方便과 種種法門으로 現種種色身하고 以種種言音으로 而爲說法하야 令得利益케하노라

변행외도가 대답하였다.

"훌륭하고 훌륭하다. 선남자여,

나는 이미 모든 곳에 이르는 보살의 행에 안주하였고,

이미 세간을 두루 관찰하는 삼매의 문을 성취하였고,

이미 의지한 데 없고 작위가 없는 신통력을 성취하였고,

이미 보문 반야바라밀을 성취하였노라.

선남자여, 나는 널리 세간의 가지가지 방소, 가지가지 형상, 가지가지 행과 이해, 가지가지 나고 죽는 일체 세계, 이른바 하늘 세계, 용의 세계, 야차의 세계, 건달바·아수라·가루라·긴나라·마후라가·지옥·축생의 세계, 염라왕 세계, 사람과 사람 아닌 이들의 모

든 세계에서,

혹은 여러 소견에 빠지고, 혹은 이승을 믿고, 혹은 대승을 좋아하는, 이런 중생들 가운데서, 나는 가지가지 방편과 가지가지 지혜의 문으로 그들의 이익이 되어주었다.

이른바 혹은 일체 세간의 가지가지 기예를 연설하여 일체 뛰어난 기술 다라니 지혜를 두루 갖추게 하였고,

혹은 사섭법의 방편을 연설하여 일체 지혜의 도를 두루 넉넉하게 하였으며,

혹은 모든 바라밀을 연설하여 일체 지혜의 지위로 회향하도록 하였고,

혹은 큰 보리심을 칭찬하여 위없는 도의 뜻을 잃지 않도록 하였으며,

혹은 보살의 행을 칭찬하여 부처의 국토를 청정히 하고 중생을 제도하려는 소원을 만족케 하였고,

혹은 악행을 지으면 지옥 따위에 떨어져 가지가지 고통받는 일들을 연설하여 아주 악업을 싫어하도록 하였으며,

혹은 부처님께 공양하여 선근을 심으면 반드시 일체 지혜의 과보를 얻는다고 연설하여 그들에게 기쁜 마음을 내도록 하였고,

혹은 일체 여래, 응공, 정등각의 공덕을 찬탄하고 연설하여 부처의 몸을 좋아하고 일체 지혜를 구하도록 하였으며,

혹은 부처님의 위엄과 공덕을 찬탄하고 연설하여 부처님의 무너지지 않는 몸을 좋아하게 하였고,

혹은 부처님의 자재한 몸을 찬탄하고 연설하여 여래의 가릴 수 없는 큰 위덕의 몸을 구하도록 하였다.

또한 선남자여, 이 도살라성의 모든 곳, 모든 부류의 많은 남녀 가운데서, 나는 모두 가지가지 방편으로 그들의 모습과 같은 몸을 보여주고 그들에게 알맞은 바를 따라서 설법하지만, 그 모든 중생은 모두가 내가 어떤 사람인지, 어디서 왔는지 알지도 못한다. 오직 듣는 이들에게 실상대로 수행케 할 뿐이다.

선남자여, 이 성에서 중생에게 이익을 주었던 것처럼 염부제의 성중과 고을과 마을에 사람이 사는 곳이면 모두 이와 같이 이익을 주었다.

선남자여, 염부제 안에 있는 96종 외도들이 각기 다른 소견을 일으켜 고집을 내세우면, 나는 그 가운데서 방편으로 조복하여, 그들로 하여금 잘못 지닌 소견을 버리도록 하였다.

염부제에서와 같이 나머지 사천하에서도 그처럼 하였고,

사천하에서와 같이 삼천대천세계에서도 그처럼 하였으며,

삼천대천세계에서와 같이 시방의 한량없는 세계의 중생 바다에서도 나는 중생의 좋아하는 마음을 따라서 가지가지 방편, 가지가지 법문으로 가지가지 몸을 나타내고, 가지가지 언어와 음성으로 설법하여 이익을 얻도록 하였다.

● 疏 ●

先은 讚發心이오 後善男子下는 正授法界니

於中二니 先은 彰名體니 有四者는 智徧知故니라 四義雖別이나 而得相成이니

一은 化境普周니 徧行之名이 亦從此立이오

二는 入定觀機오

三은 由無作神通일새 故能徧至前處오

四는 由普門般若일새 故能在定普觀이라 若約別者인댄 無作無依는 用而無住오 普門般若는 無法不窮이라

二'善男子我普於'下는 顯四業用이니 卽分爲四니

一은 明至一切處用이오

二'或住諸見'下는 普觀世間用이니 觀其所宜하야 隨宜說故오

三'又善男子此都薩羅'下는 明無作無依用이니 故云不知從何而至오

四'善男子閻浮提內'下는 普門般若用이니 九十六種을 皆能窮故니라 上來隨勝別配로되 實則義通이라

　　(1) 발심을 찬탄하였고,

　　(2) 뒤의 '선남자' 이하는 바로 자기의 법계를 전수하였다.

　　이는 2단락이다.

　　(ㄱ) 명제의 체성을 밝혔다. 4가지 의의가 있는 것은 두루 아는 지혜이기 때문이다. 4가지 의의는 다르지만 서로가 서로를 이뤄주고 있다.

　　① 교화의 경계가 널리 두루 함이다. '徧行'이라는 이름 또한 이런 뜻으로 세워진 것이다.

② 선정에 들어 근기를 살펴봄이다.

③ 작위 없는 신통으로 앞의 처소에 두루 이른 것이다.

④ 보문반야를 따라 선정에서 널리 관조함이다.

만약 별상으로 말하면, 작위 없고 의지함이 없는 것은 작용하되 머묾이 없음이며, 보문반야는 어떤 법이든 궁구하지 않음이 없다.

㈇ '善男子我普於' 이하는 4가지의 작용을 나타냄이다. 이는 4가지로 나뉜다.

① 일체처에 이르는 작용을 밝혔다.

② '或住諸見' 이하는 널리 세간을 관찰하는 작용이다. 그 적절한 바를 관찰하여 적절한 바를 따라 설법하기 때문이다.

③ '又善男子此都薩羅' 이하는 작위 없고 의지함이 없는 작용을 밝혔다. 이 때문에 "어디서 왔는지 모른다."고 말하였다.

④ '善男子閻浮提內' 이하는 보문반야의 작용이다. 96종은 외도를 모두 들어 말한 때문이다.

위에서는 그 수승함을 따라 개별로 짝했지만 실상은 그 의미가 서로 통한다.

第四 謙己推勝

4. 몸을 낮추면서 선지식의 훌륭함을 추켜올리다

> 經

善男子야 我唯知此至一切處菩薩行이어니와 如諸菩薩
摩訶薩은 身與一切衆生數等하야 得與衆生無差別身하
며 以變化身으로 普入諸趣하야 於一切處에 皆現受生하
며 普現一切衆生之前하야 淸淨光明이 徧照世間하며 以
無礙願으로 住一切劫하야 得如帝網諸無等行하며 常勤
利益一切衆生하야 恒與共居호되 而無所着하며 普於三
世에 悉皆平等하야 以無我智로 周徧照耀하며 以大悲藏
으로 一切觀察하나니 而我云何能知能說彼功德行이리오
善男子야 於此南方에 有一國土하니 名爲廣大오 有鬻香
長者하니 名優鉢羅華니 汝詣彼問호되 菩薩이 云何學菩
薩行이며 修菩薩道리잇고하라
時에 善財童子 頂禮其足하며 遶無量匝하며 殷勤瞻仰하
고 辭退而去하니라

선남자여, 나는 오직 이 일체처에 이르는 보살행을 알 뿐이지만,

저 보살마하살의 몸은 일체중생의 수효와 같이, 중생과 차별이 없는 몸을 얻었으며,

변화의 몸으로 모든 세계에 두루 들어가 모든 곳에 몸을 받아 태어나며,

일체중생의 앞에 널리 몸을 나타내어 청정한 광명으로 세간에 널리 비추며,

걸림 없는 서원으로 일체 겁에 머물면서 제석의 그물처럼 대

등할 이 없는 행을 얻었으며,

언제나 일체중생에게 이익을 주어 항상 함께 거처하면서도 집착한 바 없으며,

삼세에 두루 모두 평등하여 '나'라는 생각이 없는 지혜로 널리 비추며,

대비의 법장으로 일체를 관찰하였다.

내가 그런 공덕의 행을 어떻게 알며, 어떻게 말할 수 있겠는가.

선남자여, 여기서 남쪽으로 한 나라가 있는데, 그 이름을 '광대국'이라 한다.

그곳에 향을 파는 장자가 있는데, 그 이름은 '우발라화'라 한다.

그대는 그를 찾아가 '보살이 어떻게 보살의 행을 배우며, 보살의 도를 닦는가.'를 묻도록 하라."

그때, 선재동자는 그의 발에 엎드려 절하고 한량없이 돌며, 은근한 마음으로 우러러 사모하면서 하직하고 떠나갔다.

◉ 論 ◉

言外道名徧行者는 菩薩이 化邪不化正일세 名爲外道며 凡所修進이 未至究竟一乘의 法界理智妙行이 一多同異自在하며 身土交徹하야 十方世界 如因陀羅網門일세 皆是外道며 如是通凡及聖하야 盡以同行하야 方便引之일세 名爲徧行外道니 卽如此孔丘老莊之流도 亦是其類라 如潛名隱相하야 隨類而行에 衆生이 但受其益이오 總不知誰是誰非니 如是之行이 常徧十方하야 無時不

現함이 如影隨形하며 如響應聲하야 非往來之質이오 以智通萬有하야 常對現色身이라 如下文에 云我已成就普觀世間三昧門하며 已成就無依作神通力하며 已成就普門般若波羅密하야 我普於世間種種方所와 種種形貌와 種種行解로 饒益衆生하며 乃至普徧一切諸趣하야 雖在世間하야 常行利益이나 時諸人衆이 不知從何而至하며 亦無疑怪하야 不知不覺 是何人流라하시니 有衆生處에 一切行徧故라 此是第十眞實行善知識이니 以智波羅密로 爲主오 餘九로 爲伴이니 此位는 治於生死中行不自在障하야 令得自在라 餘廣意는 如文하니라

외도의 이름을 '변행'이라 말한 것은 보살이 삿된 이를 교화하고 바른 이를 교화하지 않기 때문에 그 이름을 외도라 하고,

대체로 닦아가는 바가 최고 경계인 일승의 법계 理智와 妙行이 하나와 많음, 같은 것과 다른 것에 자재하면서 身土가 서로 통하여 시방세계가 인드라망과 같은 법문에 이르지 못하였기에 모두 외도이며,

이처럼 범부와 성인을 통틀어 모두 행을 같이함으로써 방편으로 인도하기에 그 이름을 '변행외도'라 한다. 이는 중국의 공자, 노자, 장자와 같은 무리도 모두 그와 같은 부류이다.

이름을 감추고 모습을 숨기면서 그 유를 따라 행하므로 중생이 그 이익을 받을 뿐, 모두 누가 옳고 누가 그른지 알지 못한다. 이와 같은 행으로 언제나 시방에 두루 행하여 어느 때이든 나타나지 않음이 없다. 이는 마치 그림자가 형체를 따르는 것과 같고, 메아

리가 소리를 따르는 것처럼 오고 가는 바탕이 아니며, 지혜로 만유를 통하여 언제나 몸을 나타내는 것이다.

아래 경문에서 "나는 이미 세간을 두루 관찰하는 삼매의 문을 성취하였고, 의지한 데 없고 작위가 없는 신통력을 성취하였고, 보문 반야바라밀을 성취하였다. 나는 널리 세간의 가지가지 방소, 가지가지 형상, 가지가지 행과 이해로 중생에게 도움을 주었으며, 나아가 일체 모든 세계에 널리 몸을 나타내어 비록 세간에 머물면서 언제나 이익을 주지만, 당시 모든 중생은 내가 어디서 왔는지 알지 못하며, 또한 의심도 없어 어떤 부류의 사람인지 도저히 알지 못하고 깨닫지 못한다."고 하였다. 이는 중생이 있는 곳에 일체행을 두루 행한 때문이다.

이는 제10 진실행의 선지식이다. 지혜바라밀로 주체를 삼고, 나머지 9가지로 객체를 삼는다. 이 지위는 생사 속에서 행이 자재하지 못한 장애를 다스려 자재하게 하는 것이다. 나머지 자세한 뜻은 경문에서 말한 바와 같다.

前十住는 是入佛所住法門之樣이오 此十行은 是普賢行之樣式이오 十地는 倣此而成이오 十廻向은 是以此十住十行中에 和融慈悲願力하야 起智興悲하야 令使不偏修出世涅槃과 及染淨二障하고 使得常居十方一切生死海中하야 依自體法界佛果하야 普賢大行이 恒常充滿하야 如因陀羅網境界無礙門故니 以是로 安立十廻向門하야 和會智悲와 世及出世하야 咸使融通하야 依本自在故라 使偏修定業하야 求出世者로 和融無量想念하야 起大智用하야

無定亂故로 安立十廻向이라

    앞의 십주는 부처가 머무는 법문에 들어가는 양식이며,

    이 십행은 바로 보현행의 양식이며,

    십지는 이와 같이 성취하는 것이며,

    십회향은 이 십주와 십행 가운데 자비의 원력을 융화하여 지혜와 자비를 일으켜 세간을 벗어난 열반 및 오염과 청정 2장애에 치우쳐 닦지 않도록 하고, 언제나 시방 일체의 생사 바다 속에 거처하면서 자체 법계의 불과를 의지하여 보현의 위대한 行이 언제나 충만하여 인드라망 경계의 걸림 없는 법문과 같음을 얻도록 한 것이다. 이로써 십회향문을 세워서 지혜와 자비, 세간과 출세간을 융화 회통하여, 모두 융통케 하여 근본에 의거하여 자재하게 하기 때문이다.

    이는 선정의 업에 치우쳐 수행하여 출세간만을 추구하는 자로 하여금 한량없는 상념을 융화하고 회통하여 대지혜의 작용을 일으켜 선정과 산란함이 없게 한 까닭에 십회향을 세우는 것이다.

已上 十善友寄十行 竟하다

    위에서 10명의 선지식을 십행에 붙여 설명한 부분을 끝마치다.

                      입법계품 제39-8 入法界品 第三十九之八
              화엄경소론찬요 제105권 華嚴經疏論纂要 卷第一百之五

화엄경소론찬요 ㉓
華嚴經疏論纂要

2024년 12월 20일 초판 1쇄 발행

편저자 혜거
발행인 박상근(至弘) • 편집인 류지호 • 편집이사 양동민
편집 김재호, 양민호, 김소영, 최호승, 하다해, 정유리 • 디자인 쿠담디자인
제작 김명환 • 마케팅 김대현, 이선호 • 관리 윤정안
콘텐츠국 유권준, 김대우, 김희준
펴낸 곳 불광출판사 (03169) 서울시 종로구 사직로10길 17 인왕빌딩 301호
　　　　대표전화 02) 420-3200 편집부 02) 420-3300 팩시밀리 02) 420-3400
　　　　출판등록 제300-2009-130호(1979. 10. 10.)

ISBN 978-11-7261-113-2 04220
ISBN 978-89-7479-318-0 04220(세트)

값 35,000원

잘못된 책은 구입하신 서점에서 바꾸어 드립니다.
독자의 의견을 기다립니다. www.bulkwang.co.kr
불광출판사는 (주)불광미디어의 단행본 브랜드입니다.